70
80
50
60
40
30
20
10
NW
W
80
70

DER GROSSE ATLAS DER
WELT
GESCHICHTE

SCHOTTLAND
Nordsee
DÄNEMARK
Wisby
Kalmar
Ostsee
Riga
Dünaburg
Memel
Kowno
Königsberg
RUSSISCHE
FÜRSTENTÜM
Danzig
Edinburgh
Berwick
Carlisle
IRLAND
Dublin
York
Chester
Boston
ENGLAND
Bristol
London
Southampton
Kopenhagen
Flensburg
Lübeck
Wismar
Hamburg
Bremen
Stettin
Amsterdam
Utrecht
Frankfurt a. d. Oder
Magdeburg
POLEN
Brügge
Antwerpen
HEILIGES
RÖMISCHES
REICH
Gent
Köln
Leipzig
Breslau
Boulogne
Calais
Cambrai
Prag
Krakau
Lemberg
Rouen
Beauvais
Frankfurt
Nürnberg
Caen
Paris
Straßburg
Regensburg
TISCHER
EAN
Rennes
Troyes
Ulm
Augsburg
Wien
Buda
Orléans
Tours
FRANKREICH
Basel
Pest
Klausenburg
Akk
La Rochelle
Châlon
Besançon
UNGARN
Rochefort
Limoges
Clermont
Lyon
Mailand
Belgrad
Bordeaux
Verona
Venedig
Genua
Santiago
Léon
Toulouse
Nimes
Florenz
Adriatisches Meer
Bayonne
Narbonne
Marseille
Ancona
Ragusa
Vitoria
Adrianopel
Konstan
PORTUGAL
Saragossa
Korsika
Rom
Barcelona
BYZANTIN
SPANIEN
Bari
Neapel
Toledo

DER GROSSE ATLAS DER WELT GESCHICHTE

Herausgegeben von
Kate Santon und Liz McKay

Parragon
Bath • New York • Cologne • Melbourne • Delhi
Hong Kong • Shenzhen • Singapore • Amsterdam

Entwurf und Realisation: Atlantic Publishing

Abbildungen: Courtesy Getty Images. Detaillierter Abbildungsnachweis Seite 320

Parragon Books Ltd
Chartist House
15–17 Trim Street
Bath, BA1 1HA UK
www.parragon.com

Übersetzung aus dem Englischen: Heinrich Degen, München;
Jürgen Lassig, Kipfenberg-Arnsberg; Carsten Jung, Hamburg
Lektorat: Christoph Eiden, Nazire Ergün, Kirsten Lehmann, Antje Seidel
Koordination: trans texas publishing services GmbH, Köln

ISBN: 978-1-4748-0889-7

Printed in Poland

Inhalt

VIZEKÖNIGREICH NEUSPANIEN
ATLANTISCHER OZEAN
Audiencia von Neu-galicien
Monterrey
Saltillo
St. Augustine
Durango
Golf von Mexiko
San Luis Potosí
Havanna
Guadalajara
Tampico
Audiencia von Santo Domingo
Guanajuato
Mérida
Mexiko
Veracruz
Campeche
Santiago
Audiencia von Mexiko
Oaxaca
Santo Domingo
Audiencia von Guatemala
Karibisches Meer
Guatemala
Maracaibo
Granada
Coro
Caracas
Santa Marta
Cartagena
Cumaná
Panama
Mérida
Audiencia von Panama
Audiencia von Santa Fé
Bogotá
unerforschtes spanisches Gebiet
Cali
Popayán
Pasto
PAZIFISCHER OZEAN
Quito
Audiencia von Quinto
Guayaquil
Amazonas
Tumbes
VIZEKÖNIGREICH PERU
Cajamarca
Moyobamba
unerforschtes spanisches Gebiet
Trujillo
Audiencia von Lima
Lima
Cuzco
La Paz
Arequipa
La Plata
Arica
Potosí
Audiencia von Charcas
Salta
Asunción
Tucumán
Corrientes
N
Mendoza
Córdoba
Valparaiso
Santiago
Buenos Aires
Audiencia von Chile
Concepción
ATLANTISCHER OZEAN
0
500 km
0
500 Meilen

Einleitung

Die Geschichte der Menschheit reicht mehrere hunderttausend Jahre zurück. Die ältesten bekannten Funde von menschlichen Skeletten wurden in Afrika gemacht. Von dort aus breiteten sich die Vorfahren des heutigen Menschen allmählich aus, besiedelten alle Kontinente, passten sich den jeweils gegebenen Bedingungen vor Ort an und entwickelten die unterschiedlichsten Kulturen. Um 10 000 v. Chr. wurden im Nahen Osten die ersten Pflanzen kultiviert und die ersten Tiere domestiziert. Hier enstanden auch – wie in China und Indien – die ältesten Hochkulturen und die frühesten städtischen Siedlungen.

Ausgehend von diesen ersten Zeugnissen bietet *Das große Buch der Weltgeschichte* – ergänzt durch detaillierte Karten und zahlreiche Fotos – einen Überblick über die gesamte Menschheitsgeschichte in allen Teilen der Erde bis zu den jüngsten Entwicklungen des 21. Jahrhunderts. Dabei stehen nicht nur politische Ereignisse im Zentrum der Betrachtungen, ebenso werden kulturelle Errungenschaften, bahnbrechende Entdeckungen, religiöse Vorstellungen, politische Visionen und das Alltagsleben der Menschen in verschiedenen Epochen und Regionen der Welt dargestellt. Herausragende Persönlichkeiten wie Alexander der Große, Konfuzius, Dschingis Khan oder Mahatma Gandhi finden dabei genauso Berücksichtigung wie weltbekannte Bauten.

Durch die Einordnung all dieser Informationen und Fakten in ihren historischen Kontext erhält der Leser einen anschaulichen Überblick über die Ereignisse. So erlaubt diese moderne Betrachtung der Weltgeschichte ein wachsendes Verständnis für globale Zusammenhänge in unserer Welt.

Die Ursprünge der Menschheit

Die ersten Vorfahren des heutigen Menschen tauchten vor rund zwei Millionen Jahren in Afrika auf. Mit fortschreitender Evolution und wachsenden Fähigkeiten breiteten sie sich von dort weiter aus.

Homo erectus

Der zu den Hominiden (Familie der Menschenähnlichen) zählende Homo habilis gilt heute als frühester Vorfahre der Menschen. Er lebte vor drei bis einer Million Jahren. Von anderen Hominiden unterschied sich der Homo habilis durch ein größeres Gehirnvolumen und durch seine Fähigkeit, grobes Steinwerkzeuge herstellen zu können. Er war vor allem im östlichen und südlichen Afrika beheimatet und verließ diese warme Region mit ihren idealen Bedingungen nicht.

Vor rund 1,6 Millionen Jahren, zu Beginn des Pleistozäns, wurde der Homo habilis von dem Homo erectus abgelöst. Dieser war größer gewachsen und stärker aufgerichtet als der Homo habilis. Sein breiterer und größerer Schädel hatte ein größeres Gehirnvolumen. Trotz einer weniger stark ausgeprägten Kieferpartie hatte der Homo erectus vermutlich ein deutlich affenähnliches Aussehen. Er entwickelte bessere Werkzeuge, wie etwa beidseitig behauene Feuersteinfaustkeile, die zum Töten und Zerlegen der Beute dienten. Ihm wird auch der erstmalige Gebrauch des Feuers zugeschrieben. Das Feuer verbesserte seine Lebensbedingungen und konnte bei der Jagd als wirkungsvolle Waffe eingesetzt werden. Vielleicht waren es diese Fähigkeiten, die den Homo erectus zu weiten Wanderungen befähigten. Seine Spuren fand man weit entfernt von Afrika in Nordeuropa, Asien und im Osten Chinas.

Neandertaler

Etwa um 200 000 v. Chr. tauchte der Homo neanderthalensis auf. Er war kleiner und stämmiger als der Homo erectus und besaß einen niedrigen Schädel mit fliehender Stirn und einem ausgeprägten Überaugenwulst. Der Neandertaler ist biologisch enger mit dem Menschen verwandt als der Homo erectus. Wie der Homo erectus fertigte er verschiedene Werkzeuge, die aber wesentlich stärker differenziert einsetzbar waren, wie etwa Speere, Meißel und Bohrer. Die Bestattung der Verstorbenen vollzog sich in einem rituellen Rahmen: Man fand Skelette, die von Steinen gerahmt oder denen Tierhörner beigegeben waren. Ein im heutigen Iran entdecktes Grab enthielt Pollen, die vermuten lassen, dass der männliche Leichnam bei der Bestattung mit Blumen bestreut wurde. Offensichtlich lebten die Neandertaler in sozialen Gemeinschaften und kümmerten sich als Gruppe um alte und kranke Angehörige, denn man fand Skelette mit Symptomen von Knochenkrankheiten wie Arthritis in fortgeschrittenem Stadium. Die auf Europa und den Nahen Osten beschränkten Neandertaler starben vermutlich um 35 000 v. Chr. aus, eventuell bedingt durch das Auftreten anderer Arten wie des Homo sapiens.

Oben: Die Höhle von Lascaux in Südfrankreich birgt die berühmtesten Zeugnisse altsteinzeitlicher Kunst (ca. 15 000–3000 v. Chr.). Das Leben als Nomaden wird mit Bildern von Kühen, Stieren, Pferden und Hirschen geschildert.
Linke Seite: In Java gefundener versteinerter Schädel eines Homo erectus.

Homo sapiens

Im Herzen Afrikas entwickelte sich um 100 000 v. Chr. eine neue Hominidenart, der Homo sapiens oder „vernunftbegabte Mensch", der wie der Homo erectus und der Homo neanderthalensis in andere Regionen der Erde zog. Zu dieser Art gehören auch die heutigen Menschen. Der Homo sapiens besaß nicht mehr das flache, affenähnliche Gesicht des Homo erectus. Sein Schädel war stärker gewölbt als der des Neandertalers und hatte ein größeres Gehirnvolumen. Der Kopf war deutlich länger und der Überaugenwulst weniger ausgeprägt. Allmählich entwickelten sich verschiedene Ausprägungen des Homo sapiens mit Unterschieden in Größe, Hautfarbe und Gesichtszügen. Diese Menschen waren deutlich weiter entwickelt als die Neandertaler. Die von ihnen benutzten effizienten Speere ermöglichten die Jagd auf große Beutetiere aus relativ sicherer Distanz. Sie lebten meist in Höhlen, bauten sich aber auch Hütten oder Zelte als Unterschlupf. Verbesserte Feuerstellen verhinderten das Erlöschen der lebenswichtigen Glut. Aus verschiedensten Materialien wurden Werkzeuge gefertigt: Nadeln aus Knochen, Seile und Schnüre aus Pflanzenfasern und Tiersehnen. Die Kleidung war vermutlich dem extremen Klima der Eiszeit angepasst und trug zum Teil sogar Verzierungen aus Perlen. Um 60 000 v. Chr. wanderte eine Homo-sapiens-Gruppe von Afrika nach Asien und wurde dort zu den Vorfahren der Mongoliden. Etwa 40 000 v. Chr. breitete sich eine andere Gruppe nach Europa und Westasien aus und entwickelte sich zu den Europiden. Die in Afrika verbliebenen Gruppen des Homo sapiens bilden die Ahnen der Negriden.

Ausbreitung des Homo sapiens

Die Entwicklung des Menschen ging schnell voran, und der Wandel des Klimas erlaubte den Menschen, auch neue Gebiete des Globus zu besiedeln.

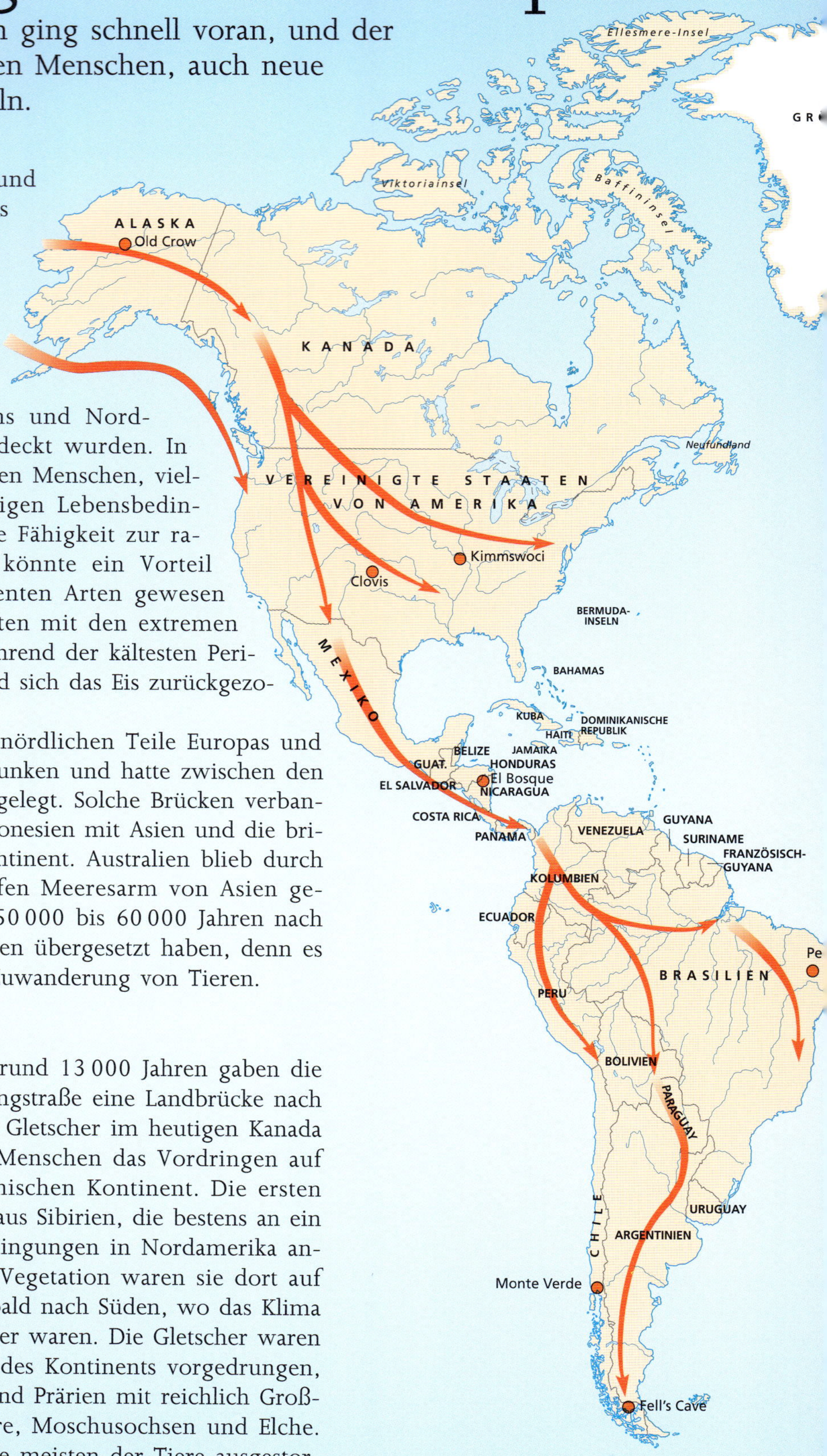

Die Eiszeit

Mit der letzten Eiszeit endete vor rund 13 000 Jahren auch die Epoche des Pleistozän, die zwei Millionen Jahre angedauert hatte. In diesem Zeitraum hatte die Erde extreme Temperaturschwankungen mit einer Serie von Eiszeiten erlebt. Die Temperaturen sanken so stark, dass durch Vergletscherung weite Teile Europas, Asiens und Nordamerikas von dicken Eisschichten bedeckt wurden. In dieser Periode begannen sich die frühen Menschen, vielleicht infolge der besonders schwierigen Lebensbedingungen, schneller zu entwickeln. Ihre Fähigkeit zur raschen Anpassung und Veränderung könnte ein Vorteil gegenüber anderen, weniger intelligenten Arten gewesen sein. Der Homo sapiens kam am besten mit den extremen Bedingungen zurecht: Er wanderte während der kältesten Perioden in wärmere Regionen, und sobald sich das Eis zurückgezogen hatte, besiedelte er neue Gebiete.

Durch die Vergletscherung der nördlichen Teile Europas und Amerikas war der Meeresspiegel abgesunken und hatte zwischen den meisten Kontinenten Landbrücken freigelegt. Solche Brücken verbanden Asien mit Amerika, Japan und Indonesien mit Asien und die britische Insel mit dem europäischen Kontinent. Australien blieb durch einen etwa 70 Kilometer breiten, tiefen Meeresarm von Asien getrennt. Die ersten Menschen, die vor 50 000 bis 60 000 Jahren nach Australien gelangten, müssen mit Booten übergesetzt haben, denn es fehlen Hinweise auf die gleichzeitige Zuwanderung von Tieren.

Einwanderung in Amerika

Mit der beginnenden Erwärmung vor rund 13 000 Jahren gaben die abschmelzenden Eiswüsten an der Beringstraße eine Landbrücke nach Alaska frei. Gleichzeitig zogen sich die Gletscher im heutigen Kanada zurück und ermöglichten den ersten Menschen das Vordringen auf den bis dahin unbesiedelten amerikanischen Kontinent. Die ersten Einwanderer waren mongolide Völker aus Sibirien, die bestens an ein Leben unter den damals extremen Bedingungen in Nordamerika angepasst waren. Wegen der spärlichen Vegetation waren sie dort auf den Fischfang angewiesen und zogen bald nach Süden, wo das Klima milder und das Nahrungsangebot reicher waren. Die Gletscher waren nicht bis in die Mitte und den Süden des Kontinents vorgedrungen, und so gab es dort üppiges Grasland und Prärien mit reichlich Großwild: Bisons, Mammuts, Riesenfaultiere, Moschusochsen und Elche. Doch nach relativ kurzer Zeit waren die meisten der Tiere ausgestor-

ben, entweder durch Überjagung oder durch den Klimawandel, vielleicht auch durch ein Zusammenwirken beider Faktoren. Viele der riesigen Waldgebiete wurden zu unfruchtbaren Wüsten, doch die neuen Bewohner lernten, sich anzupassen, oder zogen weiter nach Süden. So besiedelten Menschen alle Teile des amerikanischen Kontinents. Durch das reichliche Angebot an Jagdwild in den Great Plains behielten die dort lebenden Menschen ihre Lebensweise als Jäger und Sammler bei und wurden zu den Vorfahren der nordamerikanischen Indianer. Die unterschiedlichen Gesellschaften bestanden fast unverändert über mehrere tausend Jahre bis in die jüngste Vergangenheit.

Die ersten Europäer

Etwa 40 000 v. Chr. wanderte der Homo sapiens aus Afrika über den Nahen Osten in Europa ein. Relikte dieser ersten Europäer finden sich gehäuft in Osteuropa und erlauben so Rückschlüsse auf ihre Wanderroute. Nach einem Ort im französischen Departement Dordogne, an dem Archäologen Siedlungen dieser Menschen fanden, wurden sie als Cro-Magnon-Typus bezeichnet. Die geschickten Handwerker fertigten aus Knochen und Geweihen raffinierte Speerspitzen und Harpunen, die nach dem Eindringen in das Beutetier abbrachen und so größere Wirkung erzielten. Die als nomadische Jäger und Sammler in Zelten und einfachen Unterständen lebenden Cro-Magnon-Menschen breiteten sich langsam über ganz Europa aus. Rentiere, Mammut und Auerochsen zählten vermutlich zu ihren wichtigsten Nahrungsquellen.

Mit der zunehmenden Erwärmung veränderten sich Landschaft und Nahrungsangebot. Nach und nach bedeckten dichte Wälder Nordeuropa, in denen nun Wildschweine und Rotwild lebten. Dies machte eine Umstellung der Jagdmethoden erforderlich. Auf Flüssen drangen die Menschen von den Küstenregionen in das dicht bewaldete Landesinnere vor und besiedelten allmählich verschiedene Regionen. Ansiedlung und Erwärmung des Klimas hatten weit reichende Auswirkungen auf die Entwicklung der Menschheit. Mit dem Aussterben der letzten Großwildtiere der Tundra versiegte eine wichtige Nahrungsquelle, und der Mensch lernte, Tiere und Pflanzen für seine Zwecke zu domestizieren. Um 10 000 v. Chr. begann mit der Jungsteinzeit (Neolithikum) eine zunehmend von der Landwirtschaft geprägte Epoche.

Aufkommen der Landwirtschaft

Die Ursprünge der Landwirtschaft

Mit dem Zähmen von Tieren und der Möglichkeit, sie nutzbringend einzusetzen, war der erste und wesentliche Schritt zu einer modernen Zivilisation vollzogen. Nach dem Rückgang der Gletscher waren im westlichen Asien und im Nahen Osten ausgedehnte Grasflächen entstanden, auf denen verdaubare Getreidearten wie Emmer und Einkorn wuchsen. Diese üppigen Weidegründe zogen in großer Zahl Säugetiere wie Ziegen, Gazellen, Rinder und Pferde an, die sich die Menschen dort zu Nutze machten.

Schon um 10 000 v. Chr. begannen die Bewohner des östlichen Mittelmeerraums damit, Pflanzen und Tiere zu domestizieren und durch Zucht zu veredeln. Zunächst hielt man Ziegen- und Schafherden, die neben Fleisch auch Wolle und Milch lieferten. Später wurden Schweine und Rinder gezähmt. Man baute Feldfrüchte wie Bohnen, Linsen und Erbsen an, und wo dies gut gelang, weitete sich der Ackerbau aus. Um 4000 v. Chr. hatte die Landwirtschaft die Jagd als wichtigste Möglichkeit der Nahrungsbeschaffung in fast allen Teilen der Welt abgelöst, die Pazifikinseln und die arktische Tundra ausgenommen. Weil Ackerbau und Viehzucht eine verlässliche Nahrungsversorgung an einem Ort sicherten, war man nicht mehr gezwungen, von Region zu Region zu ziehen. Durch die dauerhafte Ansiedlung an einem festen Platz konnten die Menschen größere Gemeinschaften bilden, die allmählich eine immer differenziertere Gesellschaft hervorbrachten.

Der Anbau von Pflanzen

Die Art der Feldfrüchte, die man anbaute, unterschied sich von Region zu Region. Im Nahen Osten, im so genannten Fruchtbaren Halbmond, waren Weizen und Gerste die wichtigsten Getreidearten. Den vom Einkorn abstammenden Weizen hatte man so kultiviert, dass seine Ähren auf kräftigeren Stängeln saßen und größere Körner trugen. Die reifen Körner wurden gemahlen und das Mehl dann zum Kochen und Brotbacken verwendete. Auch Früchte wie Feigen, Oliven und Datteln wurden geerntet. In den östlichen Teilen Asiens und in China waren Hirse und Reis, der besonders gut auf den feuchten Böden wuchs, die Hauptgetreidesorten. In Süd- und Mittelamerika veredelte man Maispflanzen, damit sie größere Kolben bekamen und kräftiger wuchsen. Hinzu kam der Anbau von Kürbissen, Kartoffeln und Tomaten.

Die Domestikation von Tieren

Weltweit wurden Wildtiere in vielfältiger Weise genutzt, nicht nur als Fleischlieferanten. Rinder, Ziegen und Schafe produzierten Milch. Schafe, Lamas und Alpakas lieferten Wolle und Rinder wertvolles Leder. Schon seit 11 000 v. Chr. hatten die Menschen im Nahen Osten Hunde zur Jagd eingesetzt, später halfen auch andere Tiere, die Produktivität zu steigern. Rinder und Esel zogen Pflug und Wagen, Kamele und Yaks konnten schwere Lasten tragen, und Pferde dienten der Fortbewegung.

In Amerika war die Domestikation von Tieren nicht so weit verbreitet wie in anderen Teilen der Welt. Dies lag vor allem daran, dass die heimischen Tiere schwieriger zu zähmen waren und die Jagd lange profitabler war als die Viehzucht.

Unten: Auf dem Mittelberg bei Nebra (Burgenlandkreis) ausgegrabene Metalläxte.

Linke Seite: Stonehenge nördlich von Salisbury in Südengland ist vielleicht das beeindruckendste Megalithbauwerk aus der Jungsteinzeit in Europa.

Herausbildung von Kulturen

Die menschlichen Gesellschaften wurden immer differenzierter, sie praktizierten verschiedene Künste und Rituale. Die Metallbearbeitung brachte wichtige Veränderungen.

Kulte und Megalithe

Einer der besten Indikatoren für die Herausbildung eines kulturellen Bewusstseins ist die Existenz einfacher religiöser Rituale. Frühe Formen kultischer Verehrung lassen sich bei den Bestattungsritualen der Neandertaler und des frühen Homo sapiens nachweisen. Die Gräber enthielten oft einfache Beigaben wie gefärbte Steine, Samen oder Tierknochen. Später wurden die Toten in bestimmten Positionen, etwa mit angewinkelten Beinen auf der Seite liegend (Hockergräber), und mit persönlichen Gegenständen begraben. Dies deutet auf die Beschäftigung mit einem Weiterleben nach dem Tod und ein zunehmendes spirituelles Bewusstsein der damaligen Menschen hin. Auch in Kunstwerken kommt diese Entwicklung zum Ausdruck. Aus der Zeit um 23 000 v. Chr. hat man mehrere einfache, so genannte Venus-Skulpturen gefunden, die Teil eines frühen Fruchtbarkeitskultes oder einer Göttinnenverehrung gewesen sein könnten. Die einfach gearbeiteten Figuren haben ausgeprägt weibliche Formen mit prallen Bäuchen und Brüsten und könnten Fruchtbarkeitssymbole dargestellt haben.

Um 4000 v. Chr. werden die ersten Megalithe in Europa errichtet. Die Anlagen bestanden aus riesigen, in bestimmten Mustern angeordneten Steinblöcken. Ihre Bestimmung ist nicht ganz geklärt, doch könnten Megalithanlagen wie Stonehenge in England für kultische Zeremonien oder Begräbnisse gedient haben. Viele der Megalithe korrespondieren mit den Bewegungen von Sonne und Sternen, sie könnten als eine Art Kalender fungiert haben. Mit dem Aufkommen der ersten großen Städte nahm die religiöse Verehrung stärker organisierte Formen an.

Kunst

Bereits vor rund 30 000 Jahren war Kunst ein fester Bestandteil im Leben der Menschen. In Frankreich entdeckte Höhlenmalereien gehören zu den ältesten erhaltenen Kunstwerken. Die Bilder stellen Tiere wie Mammuts, Rentiere, Pferde und Vögel dar. Manche bestehen nur aus einfachen Umrissen, während andere raffiniert mit Schattierungen gemalt wurden, um eine plastische Wirkung zu erzielen. Die Künstler verwendeten die Materialien ihrer Umgebung als Farben: Ocker, Eisenoxid, Kalk, Holzkohle und sogar Blut. Handumrisse, wie sie in Europa, Afrika und Australien gefunden wurden, entstanden durch Besprühen der auf die Wand gelegten Hand mit Farbe.

Die frühe Kunst der australischen Aborigines besteht meist aus Felsmalereien oder Petroglyphen. Viele zeigen Knochen und Organe der dargestellten Tiere, während andere mit Linien und geometrischen Mustern die Landschaft abbilden. Deutlich wird die Entwicklung religiöser Vorstellungen erkennbar: Ab 6000 v. Chr. erscheinen Abbildungen der Regenbogenschlange, die nach einem Schöpfungsmythos beim Dahingleiten die Landschaft formte.

In der Kalahari-Wüste fand man zahlreiche Bilder mit Jagdszenen, die um 20 000 v. Chr. entstanden sind. Diese wie auch andere Höhlenmalereien und Petroglyphen könnten Impressionen der Umwelt oder zeremonielle Jagdriten darstellen.

Mit der Differenzierung der verschiedenen Kulturen veränderten sich auch die künstlerischen Me-

dien und die Einsatzbereiche von Kunst. Die aufkommende Töpferei bot, obwohl durchaus funktional orientiert, neue künstlerische Ausdrucksmöglichkeiten. Verzierte Tonwaren könnten als Symbole einer gehobenen sozialen Position oder Zeichen von Reichtum gedient haben. Viele Gefäße und Skulpturen aus Ton waren vermutlich für den rituellen Gebrauch bestimmt, oft wurden sie als Beigaben in Gräber gelegt. Auch Waffen verzierte man zunächst mit einfachen Mustern, die aber zunehmend kunstvoller wurden.

Metallurgie

Eine sehr wichtige technologische Entwicklung war die Fähigkeit, Metalle aus Gestein oder Erz zu gewinnen. Gold- und Kupferablagerungen könnten die Menschen schon früh im Gestein entdeckt haben, doch sie zu gewinnen war schwierig. In Asien wurden etwa ab 9000 v. Chr. Werkzeuge aus Kupfer hergestellt, die Grundlagen des Metallschmelzens waren also schon bekannt. Zu diesen Kenntnissen kam die Fähigkeit, große Mengen Metalls durch Hämmern und Schmieden zu bearbeiten. Um 4000 v. Chr. hatte sich die Kupferbearbeitung bis nach Nordafrika und Europa ausgebreitet. Im Nahen Osten betrieb man den intensiven Abbau oberflächennaher Erzvorkommen, etwa von Malachit. Hier wurden auch erstmals Verfahren wie der Metallguss effektiv eingesetzt. Zunächst dienten Gold- und Kupfergegenstände nur dekorativen Zwecken, doch sie wurden bald zu wichtigen Handelsgütern und trugen sicherlich zur Entwicklung der wirtschaftlich mächtigen Kulturen bei, die in dieser Zeit entstanden. Kupfer und Gold waren sehr geschätzt, doch als weiche Metalle für den harten Einsatz etwa als Waffen wenig geeignet.

Durch die Verarbeitung von Kupfer eignete man sich ein Grundlagenwissen über die Eigenschaften der Metalle an. Schließlich wurde Kupfer mit Zinn zu der wesentlich härteren Legierung Bronze gemischt. Weil Zinn nur in bestimmten Gebieten vorkam – im Nahen Osten, China und Nordwesteuropa –, entwickelte sich auch nur dort eine Bronzezeitkultur. In anderen Gegenden wie Afrika, Amerika und Australien produzierte man bis zur Eisenzeit ausschließlich Werkzeuge aus Stein.

Die Vorzüge der Bronze erlaubten eine vermehrte Produktion von Werkzeugen, Waffen, Kult- und Luxusobjekten – die wichtigste Grundlage für einen wachsenden Wohlstand.

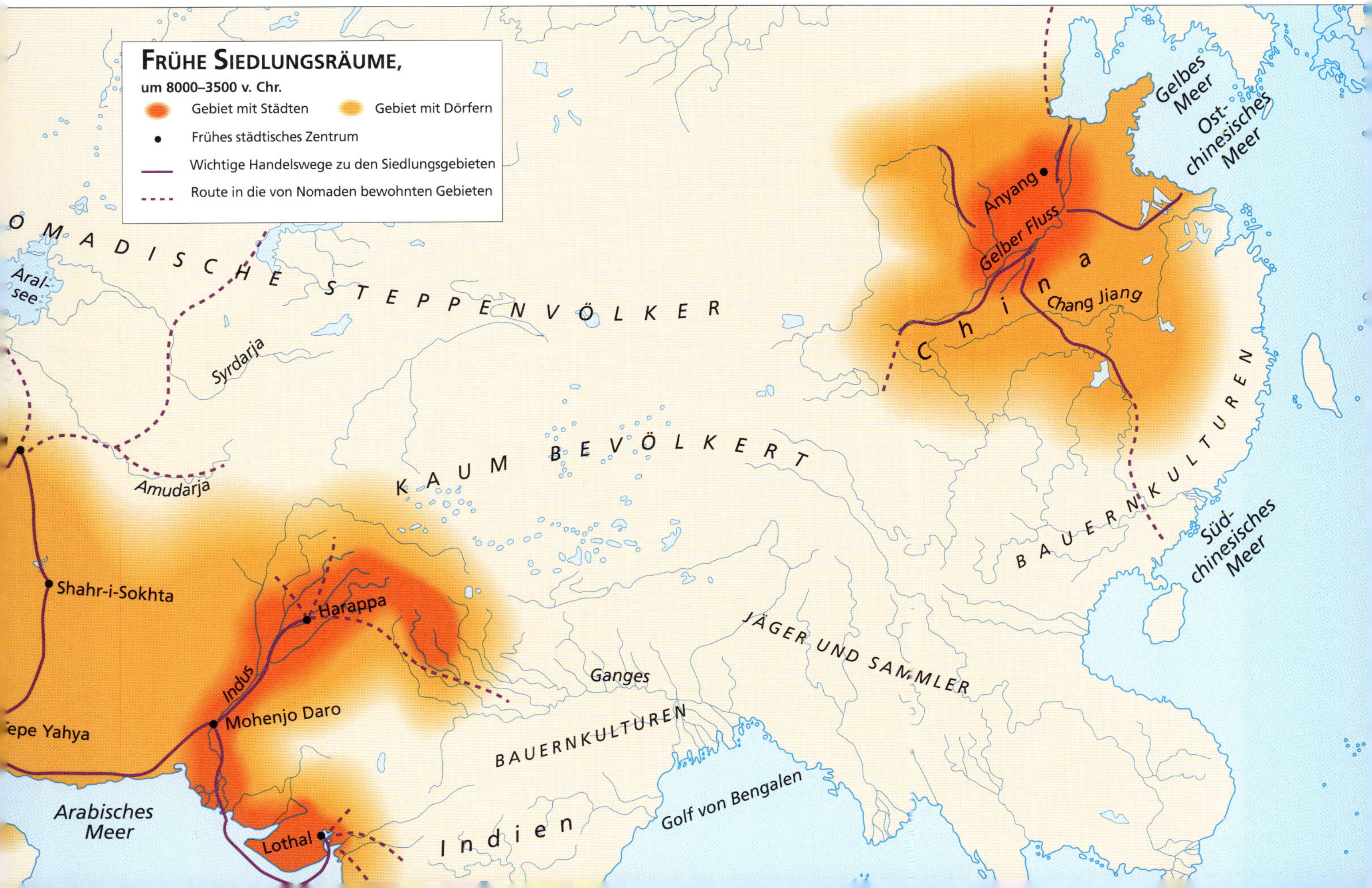

Die ersten Siedlungen

Der Übergang zur Landwirtschaft war die Grundlage für die Herausbildung größerer, dichter gedrängt lebender Populationen. Besonders in fruchtbaren Gebieten, wo der Ackerbau eine größere Zahl von Menschen ernähren konnte, begannen sich größere Siedlungen zu entwickeln. Ausgesprochen fruchtbare Gebiete fanden sich im Nahen Osten und im Nordosten Chinas, wo gemäßigtes Klima und gute Wasserversorgung ideale Voraussetzungen boten. Flüsse und Seen waren bevorzugte Siedlungsräume, denn dort gab es neben ausreichend Wasser meist auch die bessere Bodenqualität. Als sich Bauernkulturen in den Schwemmlandebenen der großen Flüsse Euphrat, Tigris, Nil und Gelber Fluss ansiedelten, entstanden dort bevölkerungsreiche Zentren.

Die ersten wichtigen Siedlungen im Nahen Osten waren Jericho im Jordantal und Çatal Hüyük in der Zentraltürkei. Um 8000 v. Chr. begann der Aufstieg Jerichos von einem kleinen besiedelten Platz zu einer größeren, stärker organisierten Siedlung. Die Bewohner umgaben ihre Stadt zum Schutz mit einem Graben und einer hohen Steinmauer. Ein in die Mauer integrierter runder Steinturm diente vermutlich als Wachturm. Die in der Siedlung gefundenen Schreine mit Gipsstatuen und verzierten Schädeln verweisen auf öffentliche Kultgebäude. Die Stadt Çatal Hüyük war mit einer Grundfläche von 13 Hektar wesentlich größer als Jericho, allerdings nicht befestigt und dichter besiedelt. Die Häuser standen ohne Zwischenraum eng beieinander und hatten keine Tür, der Zugang ins Haus erfolgte über das Dach. Die Einwohner stellten neben Ton- und Korbwaren auch Stoffe her und handelten mit anderen Kulturen. Wie in Jericho gab es hier zentrale Heiligtümer, in denen vermutlich ein Fruchtbarkeitsgott verehrt wurde. Weder Jericho noch Çatal Hüyük verfügten zu diesem Zeitpunkt allerdings über eine Schriftkultur. Um 5000 v. Chr. hatte Çatal Hüyük an Bedeutung verloren, während sich Jericho im Verlauf mehrerer tausend Jahre trotz Erdbeben und Invasionen zu einer Stadt entwickelte.

Die Entdeckung des Pekingmenschen bei Zhoukoudien in der Nähe Beijngs beweist, dass China etwa ab 500 000 v. Chr. vom Homo erectus bewohnt wurde. Die ersten bäuerlichen Gemeinschaften bildeten sich aber erst um 4000 v. Chr. Zum Ende der Jungsteinzeit lebten die Menschen der Longshan-Kultur in Siedlungen und Dörfern am Gelben Fluss und im Südosten des Landes. Obwohl man sich in China auf eine legendäre Xia-Dynastie beruft, entstand dort erst im zweiten Jahrtausend v. Chr. mit der aufkommenden Shang-Dynastie eine Hochkultur.

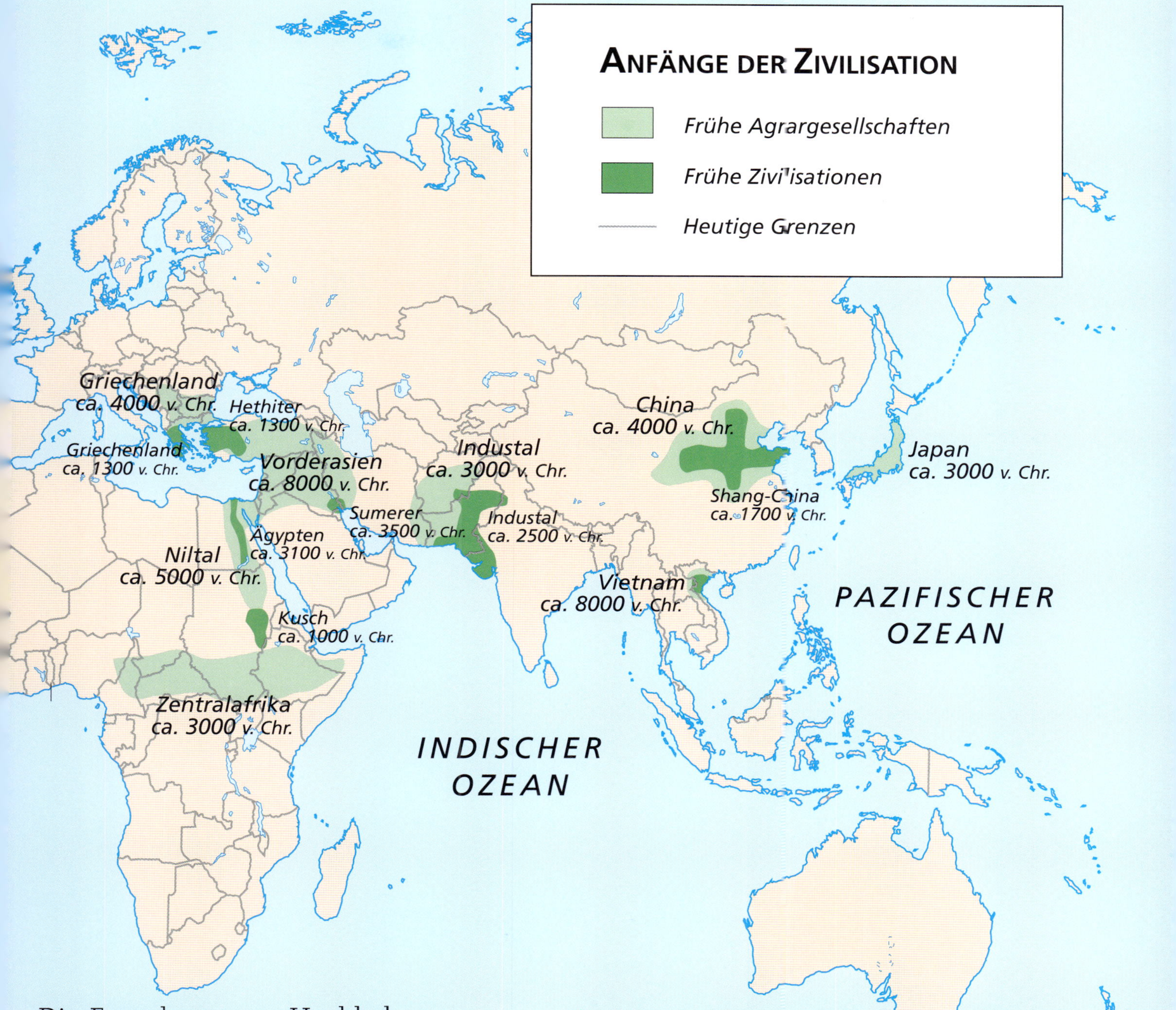

Die Entstehung von Hochkulturen

Als Hochkulturen bezeichnet man üblicherweise komplexer strukturierte Gesellschaften. Die Menschen sind in eine organisierte Kultur eingebunden, die über militärische, administrative und religiöse Gemeinschaftseinrichtungen verfügt. Gleichzeitig bilden sich meist mehrere Gesellschaftsschichten heraus, deren Mitglieder unterschiedliche Macht ausüben und unterschiedlichen Status innehaben. Die Ausbreitung des Handels in dieser Periode durch neue Technologien wie Metallverarbeitung und Töpferei beschleunigte die Herausbildung von Hochkulturen. Besonders Handwerker, die begehrte oder lebensnotwendige Dinge produzierten, profitierten vom frühen Tauschhandel. Auch Gemeinschaften mit hoher landwirtschaftlicher Produktivität waren im Vorteil. In einigen Gebieten war die Entwicklung von Bewässerungssystemen der Schlüssel zur Sicherung gleich bleibend hoher Ernteerträge.

Die Entstehung von Hochkulturen beruht vor allem auf zwei Gegebenheiten: technologischer Fortschritt und Entwicklung einer Schrift zum Festhalten von Veränderungen, Regeln und Riten. Die ersten echten Zivilisationen und Hochkulturen der Frühzeit zeigen alle Ansätze eines Schriftsystems.

Frühe Reiche in Mesopotamien

In den frühen Stadtstaaten zwischen Euphrat und Tigris entwickelten sich zunehmend komplexe Zivilisationen, die bereits schriftliche Aufzeichnungen hinterlassen haben.

Mesopotamien

Das Abschmelzen der eiszeitlichen Gletscherschicht führte zu einem Anstieg des Meeresspiegels, wodurch viele Landbrücken verschwanden und sich die Erdoberfläche veränderte. Weite Abschnitte der amerikanischen Küstenlinie versanken ebenso wie die Landbrücke zwischen Alaska und Asien im Bereich der Beringstraße im Meer. Britannien wurde durch den Atlantik vom europäischen Festland getrennt, dabei bildeten sich Nordsee und Ärmelkanal. Etwa um 5600 v. Chr. durchbrach das Mittelmeer die Landverbindung zwischen der Türkei und Bulgarien, schuf den Bosporus und füllte den dahinter gelegenen Süßwassersee mit Salzwasser – das Schwarze Meer entstand.

Diese Katastrophe vertrieb eine große Zahl von Menschen, die bisher an dem Süßwassersee gelebt hatten. Viele zogen nach Ägypten, andere wanderten in die fruchtbare Gegend zwischen Euphrat und Tigris. Hier entwickelten sich die ersten komplexen Stadtstaaten. Das Gebiet zwischen Euphrat und Tigris im heutigen Irak bezeichnet man historisch als Mesopotamien. Dort siedelten bereits die Sumerer, die sich als Fischer und Bauern betätigten. Das reiche, von den beiden Hauptflüssen und vielen Nebenflüssen bewässerte Land bot genug Ressourcen, um auch größere Populationen zu ernähren. Allmählich entwickelte sich dort eine Reihe von Städten: Tempel und große Gebäude wurden gebaut, und komplexe Sozialsysteme entstanden. Hier erfand man mit der Keilschrift das erste Schriftsystem der Welt. Es diente der Aufzeichnung von Güter- und Warenströmen im aufblühenden Handel. Mesopotamien gilt heute als erste Hochkultur, denn es war keine einzelne große Stadt, sondern eine ganze Region mit Stadtstaaten, die durch eine gemeinsame Kultur und gleiche Wirtschaftsinteressen verbunden war.

Sumer und Akkad

Vor 2340 v. Chr. bildeten die Sumerer und Akkader die Bevölkerungsmehrheit in Mesopotamien. Der südliche Teil wurde von den möglicherweise aus Persien eingewanderten Sumerern beherrscht. Dieses hochentwickelte Volk führte das erste Schriftsystem in der Region ein. Es baute ausgedehnte religiöse Kultzentren und entwickelte eine Bewässerungstechnik, die auch in Trockenperioden die Wasserversorgung sicherte. Um 3500 v. Chr. entstand Uruk als erste sumerische

Unten: Die berühmte Zikkurat in der ehemaligen Stadt Ur im südlichen Irak: Das dreistufige Bauwerk aus dem Jahr 2113 v. Chr. ist mehr als 12 Meter hoch.

Oben: Eine der 300 achaimenidischen Tontafeln mit elamischen Keilinschriften. Die Tafeln dokumentieren die Arbeit der persischen Verwaltung und enthalten Details, wie etwa die den Arbeitern täglich ausgegebenen Essensrationen. Sie gehören zu den wenigen Quellen, die über das Persische Reich vor 500 v. Chr. Auskunft geben.

Stadt am Ufer des Euphrat. Die Zikkurat, ein pyramidenförmiger, dem Gott Anu gewidmeter Tempel, beherrschte das Stadtbild. Die im Zentrum eines religiösen Bezirks gelegene Zikkurat war über eine Treppe zugänglich, die nur Priester betreten durften. Am Ende des vierten Jahrtausends v. Chr. war Uruk die größte Stadt der Welt, doch schon wuchsen weitere Städte heran. Eridu und Ur waren die beiden anderen bedeutenden sumerischen Städte. Wie Uruk bestanden sie aus dicht beieinander stehenden Lehm- und Ziegelbauten, die sich um eine zentrale Zikkurat gruppierten. Jede Zikkurat war einer Gottheit aus dem sumerischen Pantheon geweiht. Der Reichtum dieser Städte wurde durch die Entdeckung der Königsgräber in Ur offenkundig. Die Begräbnisstätte bestand aus 16 Einzelgräbern, die alle wertvolle Grabbeigaben wie Schmuck, Gegenstände aus Gold, Musikinstrumente, kostbare Kleider und Kosmetika enthielten. Noch bemerkenswerter waren die dort gefundenen menschlichen Überreste. Neben den zahlreichen Körpern lagen kleine Becher, die vermutlich Gift enthalten hatten. Vermutlich handelte es sich bei den Toten um Diener, Soldaten und Musikanten, die geopfert wurden, um die königlichen Toten auf der Reise ins Jenseits zu begleiten. Die Stadtstaaten waren durch unbebaute Landflächen voneinander getrennt, die bei der Expansion der Städte zum Streitobjekt wurden. In dieser Frühdynastischen Zeit (2900–2340 v. Chr.) herrschte fast ständig Krieg zwischen den Städten, die wechselnde strategische Allianzen eingingen.

2340 v. Chr. eroberte Sargon, der Herrscher über die akkadische Region im Norden Mesopotamiens, Sumer und unterstellte die zerstrittenen Staaten seiner Herrschaft. Das zunächst halbnomadisch lebende Volk der Akkader war allmählich sesshaft geworden und hatte mächtige Gemeinschaften gebildet. Sargon regierte von seiner neu gegründeten Hauptstadt Akkad aus, die vermutlich in der Nähe des heutigen Bagdad lag und zum Handels- und Verwaltungszentrum der Region wurde. Akkadisch, eine semitische Sprache, löste das Sumerische als Amtssprache ab. Während der 3. Dynastie unter dem Herrscher Urnammu (2064–2046 v. Chr.) verlagerte sich der Schwerpunkt wieder zurück in die Stadt Ur. Das zentralisierte Reich bestand aber nur bis etwa 2000 v. Chr., als interne Streitigkeiten und von außen angreifende Stämme seinen Zusammenbruch herbeiführten.

Die Ursprünge der Schrift

Die wichtigste Errungenschaft der mesopotamischen Kultur war die Erfindung der Schrift. Die früheste Form einer Schrift stammt aus Uruk. Man fand Tontafeln mit einer piktografischen Schrift aus der Zeit um 3300 v. Chr., die zur Aufzeichnung von Güterbeständen diente. Zunächst benutzte man glatte Tontäfelchen oder Zählsteine, um landwirtschaftliche Produkte mengenmäßig zu erfassen. Zur Aufbewahrung versiegelte man sie in „Umschlägen" aus Lehm. Damit die Zahl der darin enthaltenen Täfelchen erkennbar war, wurden mit einem keilförmig gespitzten Griffel außen entsprechende Bildsymbole in den Lehm gedrückt. Später versah man nur noch Lehmplatten mit Symbolen, ohne die Zähltäfelchen aufzubewahren. Die „Wortbilder" stellten Dinge dar – wie „Schaf" oder „Getreide" und ihre jeweilige Anzahl. Allmählich entwickelten sich diese piktografischen Zeichen zu einer Serie von abstrakteren keilförmigen Zeichen, die aus Ideogrammen (für Begriffe und Dinge) und Lautzeichen bestanden. Bald nach ihrer Erfindung nutzte man diese Keilschrift auch für andere Zwecke, etwa für die Aufzeichnung von Ereignissen und Mythen. Das sumerische Schriftsystem wurde von Akkadern und Babyloniern übernommen und angepasst. Und obwohl Sumerisch als gesprochene Sprache um 2000 v. Chr. ausstarb, entwickelte sich die sumerische Keilschrift zur Sprache der Gelehrten und wurde von der schreibkundigen Elite weiterbenutzt. Andere Hochkulturen wie die Ägypter und die Minoer schufen eigene Schriftsysteme, die aber vermutlich auch von der mesopotamischen Tradition beeinflusst wurden. Schließlich entwickelten diese Kulturen alphabetische Systeme. Mit der Übernahme des Alphabets durch die Griechen wurde die Basis für die moderne europäische Schrift geschaffen.

Babylon

Das Auftauchen geschriebener Texte erleichtert das Verständnis der Epochen nach der Frühdynastischen Zeit, besonders was Aufstieg und den Niedergang der verschiedenen Herrscher und Reiche angeht. Der Fall der Stadt Ur 2004 v. Chr. markiert das Ende der Frühdynastischen Zeit und nach einer Zwischenzeit den Anbruch der babylonischen Herrschaft. In den nun folgenden 400 Jahren stritten rivalisierende Dynastien, die bereits einzelne Städte der Region regierten – Babylon, Assur, Mari, Larsa und Isin –, um die zentrale Herrschaft über ganz Mesopotamien. Alle diese Dynastien stammten von den Amoritern ab, semitischen Stämmen, die sich im dritten Jahrtausend v. Chr. in Mesopotamien angesiedelt hatten. Babylon und Assyrien waren die beiden wichtigsten amoritischen Königreiche. Assyrien gelangte unter der Führung von Schamschi-Adad I. (1750–1717 v. Chr.) zu Einfluss in der Region, der intensive Handelsbeziehungen zu Anatolien im Norden aufbaute und den mächtigsten Staat in Mesopotamien schuf. Der allmähliche Niedergang Assyriens ermöglichte den Aufstieg des im Süden gelegenen Stadtstaats Babylon unter seinem Herrscher Hammurabi (1729–1686 v. Chr.). Hammurabi, ein gelehrter Mann, ist durch seinen umfangreichen Gesetzeskodex bekannt, in dem er vielfältige Aspekte, wie die Festlegung von Preisen für Agrargüter oder die Bestrafung bestimmter Vergehen, regelt. Zu diesen Bestrafungen gehörte auch das Gottesurteil am Fluss: Der Verurteilte musste eine vorbestimmte Strecke unter Wasser schwimmend überwinden, überlebte er, war er rehabilitiert. Unter Hammurabi wurden auch viele neue Disziplinen der Wissenschaft, wie Astronomie und Mathematik, eingeführt. Man entwickelte ein auf der Zahl 60 basierendes Zählsystem, dem wir bis heute die Einteilung der Stunde in 60 Minuten und des Kreises in 360 Grad verdanken.

Die Teilung Mesopotamiens in Assyrien im Norden und Babylonien im Süden war nicht von Dauer. Die babylonische Gesellschaft wurde allmählich von der wohlhabenderen Zivilisation Assyriens assimiliert, obwohl Babylon kulturell führend war. Diese frühe babylonische Periode fand 1595 v. Chr. ihr Ende, als die Hethiter, ein in Anatolien ansässiges mächtiges Volk, die Stadt plünderten.

Die Hethiter

Die Hauptstadt der indogermanischen Hethiter, Hattuša, lag in der kargen Gebirgsregion Zentralanatoliens. Die kriegerischen Hethiter schufen nach und nach ein ausgedehntes Königreich, das den gesamten nördlichen Mittelmeerraum beherrschte und sogar Ägypten bedrohte. Sie unterhielten eine kampfstarke Armee und

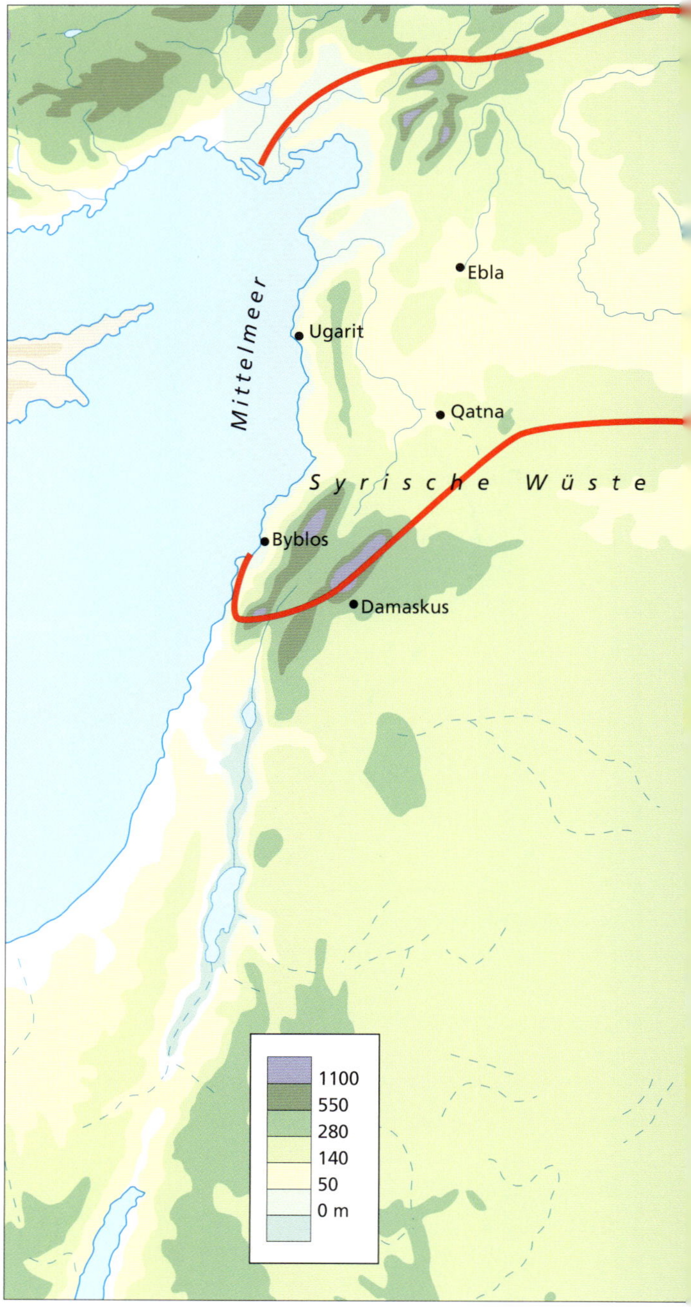

nutzten als Erste von Pferden gezogene Streitwagen als Angriffswaffe. Zwischen 1650 und 1200 v. Chr. unterstand das Hethiterreich einem einzigen mächtigen, zentralistisch regierenden König, der gleichzeitig oberster Feldherr war. Im Zuge der Ausdehnung des Territoriums ging man zu einem System mit Statthaltern und Vasallenkönigen über, deren Loyalität zum „Großen König" häufig durch Heirat abgesichert wurde. Trotzdem kam es zu Rivalitäten, und im 13. Jahrhundert v. Chr. brach eine Zeit der Instabilität an. Um 1200 v. Chr. kollabierte das Hethiterreich endgültig, wohl als Folge der permanenten Kämpfe an seinen wichtigsten Grenzen – mit den Seevölkern entlang der Küste, mit den Ägyptern im Südwesten sowie den Assyrern im Süden.

Der Niedergang Mesopotamiens

Trotz der Bedrohung durch die Hethiter waren die Assyrer das am meisten gefürchtete Volk der Region. Sie eroberten Gebiete, plünderten Städte und massakrierten deren Einwohner. Gleichzeitig erbauten sie prächtige Städte wie Ninive im Norden und ihre Hauptstadt Assur am Tigris. 1224 v. Chr. entrissen sie den Kassiten die Kontrolle über Babylon, die dort seit der Zerstö-

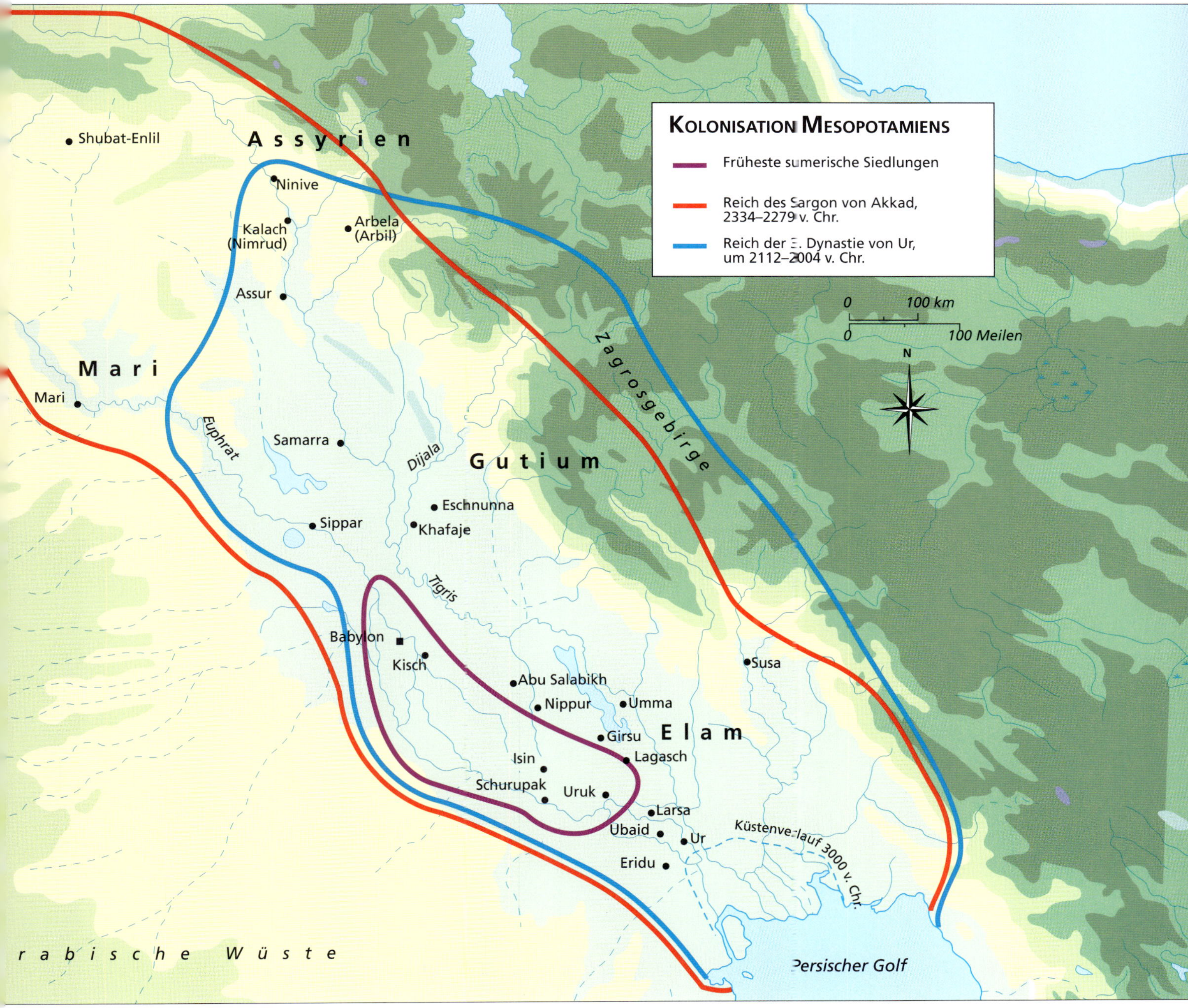

Oben: Teil des Ischtartors in der 100 Kilometer südlich von Bagdad gelegenen ehemaligen Stadt Babylon. Es handelt sich um eine Rekonstruktion, das Original befindet sich Pergamon-Museum in Berlin.
Rechte Seite: Die Ruinen des Palasts von Knossos auf Kreta. Dies ist der größte erhaltene Palastkomplex aus minoischer Zeit. Er wurde zwischen 1900 und 1930 von Sir Arthur Evans ausgegraben und restauriert.

rung der Stadt 1595 v. Chr. geherrscht hatten. Doch dem assyrischen Imperium erging es wie vielen nachfolgenden Reichen, irgendwann wurde es zu groß und konnte nicht mehr effektiv verteidigt werden. Trotz seiner mächtigen Armee führten die ständigen Attacken von Nomadengruppen und Stämmen an den Grenzen zu seiner Schwächung, und die Kontrolle war nur mühsam aufrechtzuerhalten. In seiner Glanzzeit erstreckte sich das assyrische Reich vom Mittelmeer bis zum Iran und vom Persischen Golf hinauf bis nach Anatolien. 612 v. Chr. wurden Assur und Ninive zerstört, und die Meder und Babylonier erhoben sich und forderten ihre Unabhängigkeit. Unter der Führung Nabupolassers (626–605 v. Chr.) besiegten die Babylonier 609 v. Chr. die Assyrer und vernichteten ihr Imperium. Sie bauten Babylon wieder auf und wehrten die Angriffe der Armeen aus Ägypten und Judäa ab. Das Neubabylonische Reich gelangte unter Nebukadnezar (605–562 v. Chr.) – er schuf die berühmten „Hängenden Gärten“ – zu neuer Blüte. 597 v. Chr. eroberte er Jerusalem. Doch nach nur 60 Jahren zerfiel das Reich, und die Perser übernahmen die Macht in Mesopotamien. Mit dem Aufstieg des Persischen Reichs wurde die alte Ordnung abgelöst.

Frühe Hochkulturen

Mesopotamien war die erste, aber nicht die einzige Hochkultur, die im Altertum entstand. Die nördlichen Abschnitte des Niltals, die 3100 v. Chr. von König Menes von Ägypten geeint wurden, boten beste landwirtschaftliche Voraussetzungen für die Entwicklung von Siedlungen, kleinen und sogar größeren Städten. Spätestens seit 7000 v. Chr. siedelten Bauern in Ägypten, und ab dem vierten Jahrtausend v. Chr. gibt es dort Hinweise auf die Verarbeitung von Kupfer. Die Nähe zu Mesopotamien förderte einen ständigen Handel, der zusammen mit der Fruchtbarkeit des Bodens die Grundlagen für die Entwicklung der ägyptischen Zivilisation bildete.

Am Indus im heutigen Pakistan entstanden die ersten großen Städte südlich des Himalaja. Etwa um 3500 v. Chr. begannen sich dort Bauern niederzulassen, im Verlauf eines Jahrtausends entstanden die prächtigen Städte Mohenjo-Daro und Harappa. Die Industal-Kultur entwickelte – ebenso wie die Mesopotamier, mit denen sie regen Handelsaustausch betrieben – eine eigene Schrift und ein religiöses Kultsystem. Diese frühe indische Zivilisation wurde um 1500 v. Chr. von aus dem Westen eindringenden arischen Völkern zerstört.

In China vollzog sich die zivilisatorische Entwicklung völlig unabhängig vom Rest der Welt, denn das Gebirgsmassiv des Himalaja bildete eine unüberwindbare Barriere. Das Volk der Shang schuf eine ganz eigenständige Hochkultur, die technische Entwicklungen in der Metallurgie und eine eigene Schrift hervorbrachte.

Die erste bedeutende europäische Zivilisation war in Griechenland beheimatet, wo die Nähe zum Mittelmeer und zur Ägäis das Entstehen einer eigenständigen Gesellschaft begünstigte. Auf der Insel Kreta entwickelte sich die Kultur der Minoer, die vermutlich um 6000 v. Chr. vom griechischen Festland hier eingewandert waren. Die Minoer erbauten in Knossos einen riesigen Palast mit zahlreichen Altären und Kultstatuen. In der Mitte des zweiten Jahrtausends v. Chr. gelangte ihre Kultur zur Hochblüte. Der Ausbruch des Vulkans auf der Nachbarinsel Thera und die Invasion der Mykener bedeuteten das Ende der minoischen Zivilisation.

Wie ihre griechischen Nachbarn profitierten auch die Etrusker von der Nähe des Meeres und dem Reichtum ihres Landes – nicht nur an fruchtbaren Ackerflächen, sondern auch an Bodenschätzen. Die etruskische Kultur entstand um 800 v. Chr. und macht die erst allmähliche Ausbreitung von hochentwickelten Gesellschaften in Europa deutlich.

Auch auf dem amerikanischen Kontinent formierten sich die ersten Hochkulturen relativ spät. Die Olmeken erbauten um 1200 v. Chr. die ersten bedeutenden Städte Mesoamerikas. Alle diese frühen Hochkulturen werden in den folgenden Kapiteln näher vorgestellt.

Das alte Ägypten

Im alten Ägypten entwickelte sich eine der großartigsten Zivilisationen der Welt. Sie war komplex und differenziert organisiert und hatte über tausende von Jahren Bestand.

Das Land am Nil

Altägypten war der erste zentral regierte Staat der Welt. Der Nil ermöglichte eine hochproduktive Landwirtschaft und damit die Ernährung einer großen Bevölkerung. Um die höhere Fruchtbarkeit des Landes während der jährlichen Überschwemmungen des Nils zu nutzen, war eine enge Zusammenarbeit der einzelnen Siedlungen nötig. Der Fluss war in beiden Richtungen mit Segelbooten einfach zu befahren, das erleichterte Kontakte, Kommunikation und Handel. Von Anfang an war der Nil entscheidend für die Entwicklung der ägyptischen Kultur.

Diese Zivilisation am Nil hatte über mehrere tausend Jahre Bestand; zu ihrem besseren Verständnis wurde eine Chronologie entwickelt, die auf den Angaben eines ägyptischen Priesters und Geschichtsschreibers, Manetho, basiert. Er verfasste eine Chronik der ägyptischen Pharaonen und der 30 Herrscherdynastien. Die Einteilung in größere geschichtliche Abschnitte erfolgte erst später. Die früheste historisch fassbare Epoche ist in die Zeit um 3000 v. Chr. zu datieren, als ein König Menes oder Narmer die Gebiete des Nildeltas (Unterägypten) mit denen des Flusstals (Oberägypten) vereinte, in Memphis eine Hauptstadt errichtete und die 1. Dynastie schuf.

Die frühen Dynastien und das Alte Reich

Die 1. und 2. Dynastie fasst man in der frühen dynastischen Periode zusammen, die bis 2640 v. Chr. dauerte. Der König regierte als uneingeschränkter Herrscher und wurde mit dem Gott Horus und dem Sonnengott Re verbunden. Während dieser Zeit waren die königlichen Grabstätten von Gräbern umgeben, in denen geopferte Untertanen lagen, die dem König auch im Jenseits dienen sollten. Zum Ende der 2. Dynastie ging man dazu über, dem Pharao nur noch symbolische Dienerstatuen beizugeben.

Von 2640 bis 2160 v. Chr. schloss sich das Alte Reich an. Ägypten erlebte eine erste Blütezeit mit großer politischer und gesellschaftlicher Stabilität, in der sich die Dynastien ohne Konflikte ablösten. In dieser Zeit entstanden weithin bekannte Monumente wie die Große Pyramide in Giseh. Die göttliche Autorität des Pharaos wuchs, während meist aus der eigenen Familie stammende hohe Beamte juristische und politische Aufgaben übernahmen. Der leitende Minister, der so genannte Wesir, verwaltete die Steuern und führte die Bücher. Für den Pyramidenbau waren zahlreiche Arbeitskräfte und große Mengen an Material nötig. Neben einfachen Arbeitern waren spezialisierte Facharbeiter und Künstler gefragt, um die Grabstätten zu errichten und vor allem innen künstlerisch auszugestalten. Heutigen Schätzungen zufolge bestand die Bevölkerung damals zu 80 Prozent aus Kleinbauern, die das Land bewirtschafteten und durch ein Abgabensystem die oberen Klassen mit Lebensmitteln versorgten. Als die Priesterschaft begann, die Vielzahl der Gottheiten in einen rationalen Zusammenhang zu bringen, entstand eine strukturierte Religion: Städte wurden zu religiösen Zentren für bestimmte Götter. Das Alte Reich endete mit dem Tod von König Phiops II., der nach seiner Thronbesteigung als Sechsjähriger angeblich 94 Jahre regiert haben soll. Nach seinem Tod, am Ende der 6. Dynastie, brach das Reich auseinander, die zentralistischen Strukturen von Politik und Wirtschaft lösten sich auf. In der Ersten Zwischenzeit von 2160 bis 2040 v. Chr. wurde die Regierung in Memphis gestürzt, es folgte eine von Unruhen und Kämpfen geprägte Periode.

Das Mittlere Reich

Aus den kriegerischen Auseinandersetzungen zwischen Dynastien im Norden und im Süden ging schließlich Mentuhotep II. als Sieger hervor. Damit beginnt das Mittlere Reich, das von 2040 bis 1785 v. Chr. bestand und neue Stabilität brachte. Die königliche Residenz lag nun im unterägyptischen Theben, das sich zu einer der prächtigsten Städte Ägyptens entwickelte. Nachfolger Mentuhoteps wurde Amenemhet I. Um seine Position zu stärken, schuf er ein System der Mitregentschaft. Er beteiligte seinen Sohn und Erben Sesostris I. an der Macht und demonstrierte damit zugleich dessen Ansprüche auf den Thron des Pharaos nach seinem Tod. Der ländlichen Oberschicht räumte er mehr Macht ein, um sich so deren Unterstützung zu sichern. Sesostris III. schuf später eine neue Mittelklasse aus Bauern, Handwerkern und Kaufleuten und organisierte die Verwaltung so, dass die Beamten dem Wesir und dem König unterstellt waren. Eine Abfolge langer Regentschaften förderte das wirtschaftliche und künstlerische Aufblühen dieser Ära. Das politische Zentrum wurde nach Itsch-taui (Lischt) verlegt, das religiöse

Das Alte Reich
Siedlung oder Stadt, um 3250–2000 v. Chr.
Nekropole
Königsgrab, um 3250–2650 v. Chr.
Beamtengrab, um 2500–2000 v. Chr.
Pyramide, um 2500–2000 v. Chr.
Mine/Rohstoff
Gold
Wüstenroute
N
0
100 km
0
100 Meilen
Mittelmeer
antiker Küstenverlauf
Delta
Tell er-Rub'a
UNTERÄGYPTEN
PALÄSTINA
Totes Meer
220
110
50
20
0 m
Sinai
Abu Roasch
Heliopolis
Giseh
Saujet el-Arjan
el-Arijan
Tura (Kalkstein)
Abusir
Memphis
Sakkara
Wadi Garawi (Kalzit)
Dahschur
Tarchan
Seila
Medum
(Kupfer)
Sedment el-Gebel
Ehnasije el-Medineh
Deschascheh
(Kupfer)
(Türkis)
Wadi Maghara
Golf von Suez
Golf von Akaba
Oase Bahrija
Wadi esch-Scheich (Feuerstein)
Nazlet Awlad esch-Scheich (Feuerstein)
Sawaris
Gebel el-Teir
Tuna el-Gebel
Ostwüste
Oase Farafra
Beni Hasan
Deir el-Malak
Scheich Sa'id
(Kupfer)
Scheich Atija
El-Amarna
Mer
Hatnub (Kalzit/Alabaster)
Westwüste
Dara
Deir el-Gabrawi
El-Matmar
el-Mostagedda
Assiut
El-Badari
Rotes Meer
Hamamijeh
Qau el-Kebir
ÄGYPTEN
Achmim
Dendera
Hagarsa
Nag ed-Deir
Nag el-Mamaria
Abydos
El-Ballas
El-Amra
Abadija
Naqada
(Kalkstein)
Armant
Oase Dachla
Gebelein
El-Mo'alla
(Kupfer)
MEDJA
Mohameriya
Elkab
El-Kula
Hierakonpolis
Oase Charga
Balat
Edfu
(Kupfer)
Assuan (Roter Granit/Diorit/Gneis)
Qubbet el-Hawa
Elephantine
OBERÄGYPTEN
Irtjet
(Kupfer)
Wawat
(Diorit/Gneis)
Toschqa
Nubische Wüste
Nil
Buhen
Satju

Oben: Die Pyramiden in Giseh waren die Pharaonengrabstätten des Alten Reichs. Sie sollten beeindrucken und bleibende Erinnerung sein.
Rechte Seite: Tutanchamuns Totenmaske aus Gold, Lapislazuli und Edelsteinen: Sie wiegt rund 11 Kilogramm.

blieb in Memphis. In dieser Zeit entstand die klassische ägyptische Bilderschrift der Hieroglyphen.

Am Ende der Periode folgte zwischen 1785 und 1550 v. Chr. die Zweite Zwischenzeit mit innenpolitischen Wirren, die zu einer Dezentralisierung der politischen Macht führten. Dies begünstigte den Einfall der Hyksos, die dann auch nachfolgend das Land für einige Zeit beherrschten. Sie verlegten die Hauptstadt in das Nildelta. Es folgte ein technologischer Aufschwung: Neue Bautechniken und Verfahren zur Waffenfertigung wurden entwickelt und der von Pferden gezogene Streitwagen eingeführt. Doch die Spannungen zwischen Ägyptern und Hyksos nahmen zu, bis Amosis I. der Herrschaft der Hyksos ein Ende bereitete. In dieser Periode wurde auch ein Berufsheer aufgebaut und der Handel mit anderen Ländern ausgedehnt.

Das Neue Reich

Amosis I. begründete das Neue Reich, das von 1550 bis 1069 v. Chr. bestand. Theben war die neue Hauptstadt, und Amun-Re wurde zum Götterkönig. Ägypten entwickelte sich zur führenden Großmacht, der Pharao führte erfolgreiche Feldzüge gegen Mächte in Asien, vergrößerte so sein Reich und brachte Kriegsgefangene ins Land, die zum Tempelbau herangezogen wurden. Die Grundlagen für das ägyptische Reich waren damit geschaffen. Die Pharaonen des Neuen Reichs sind verhältnismäßig gut dokumentiert. Zu ihnen gehörte auch Königin Hatschepsut, deren Regentschaft sehr friedlich verlief. Sie überließ ihrem wichtigsten Minister Senemut einen Großteil der Amtsgeschäfte. Unter ihrem Stiefsohn Thutmosis III., ihr Nachfolger auf dem Thron, erhielt das Reich die größte Ausdehnung. Im Krieg gegen die syrisch-palästinensische Koalition eroberte und plünderte er hunderte von Städten. Die nach Ägypten überführten Reichtümer bescherten dem Land am Nil ein Jahrhundert des Wohlstands und des Friedens. Unter Amenophis IV. kam es dann etwas später zu großen Umwälzungen. Er nahm den Namen Echnaton an und gründete weit ab von Theben in Amarna am Nil die neue Hauptstadt Achetaton. Ein neuer, für alle Untertanen verpflichtender Glaube wurde eingeführt, der den Sonnengott Aton als einzigen Gott anerkannte. Der bis dahin so mächtige Gott Amun und die gesamte vielgestaltige Götterwelt wurden abgeschafft. Konkurrierende Kulte wurden verboten, die Tempel Amuns geschlossen und ihre Schätze konfisziert. Echnaton ging als erster monotheistischer Herrscher in die Geschichte ein. Er vertrat seinen Glauben jedoch mit fanatischer Besessenheit. Nach seinem Tod kehrte das Land rasch zu den alten Traditionen und Formen der Götterverehrung zurück, Echnatons Hauptstadt wurde aufgegeben. Bald darauf folgte ihm der heute vielleicht berühmteste Pharao, Tutanchamun, auf den Thron, dessen Regierungszeit jedoch historisch betrachtet nicht sehr ereignisreich war. Die Entdeckung seiner intakten Grabstätte 1922 verhalf ihm posthum zu Berühmtheit. Mit Ramses I. kam 1295 v. Chr. der erste Ramesside auf den Thron, einer der mächtigsten und autoritärsten Pharaonen. Doch zum Ende des Neuen Reichs war das Land geschwächt und zerbrach erneut in zwei Teile.

Die Dritte Zwischenzeit dauerte von 1069 bis 747 v. Chr., kein Pharao konnte die alleinige Macht erlangen. Es herrschten in den verschiedenen Teilen des Reichs konkurrierende Dynastien. 747 v. Chr. gelang es aber dem nubischen König Panchi, den Norden und Süden Ägyptens noch einmal zu vereinigen.

Spätzeit und griechisch-römische Periode

Die damit einsetzende Spätzeit umfasst die Periode von 747 bis 332 v. Chr. Die nubischen Pharaonen stellten wieder eine landesweit gültige Ordnung her und ermöglichten durch Veränderungen in der kultischen Tradition, dass die Tochter des Königs die Position von Amuns Gattin einnehmen konnte. Die Assyrer bedrohten allerdings mit ihren wiederholten Überfällen die Stabilität des Landes, und 664 v. Chr. gelang ihnen die Eroberung Thebens. Das Land stand bis 653 v. Chr. unter assyrischer Herrschaft, als Psammetich I. es wieder befreite und vereinte. Er verstärkte sein Heer mit griechischen Söldnern und förderte deren Ansiedlung ebenso wie die von anderen Ausländern, um der Wirtschaft und dem Handwerk des Landes neue Impulse zu geben. Necho II. wurde 610 v. Chr. König, er begründete die ägyptische Flotte und begann mit dem Bau eines Kanals vom Nil zum Roten Meer, der jedoch unvollendet blieb. 525 v. Chr. fielen die Perser ein und stürzten Psammetich III. Nach vielen Revolten und internen Machtkämpfen zwischen Dynastien erlangte Ägypten zum Ende des 5. Jahrhunderts v. Chr. erneut seine Unabhängigkeit. 343 v. Chr. marschieren die Perser erneut ein und vertrieben den letzten ägyptischen König Nektanebo II. nach Nubien.

Die persische Herrschaft dauert mehr als ein Jahrzehnt, bevor sie 332 v. Chr. von den Griechen abgelöst wurde. Nachdem Philipp II. von Makedonien 336 v. Chr. ermordet worden war, folgte ihm sein Sohn Alexander auf den Thron. Zwischen 334 und 332 v. Chr. vertrieb Alexander die Perser aus Kleinasien

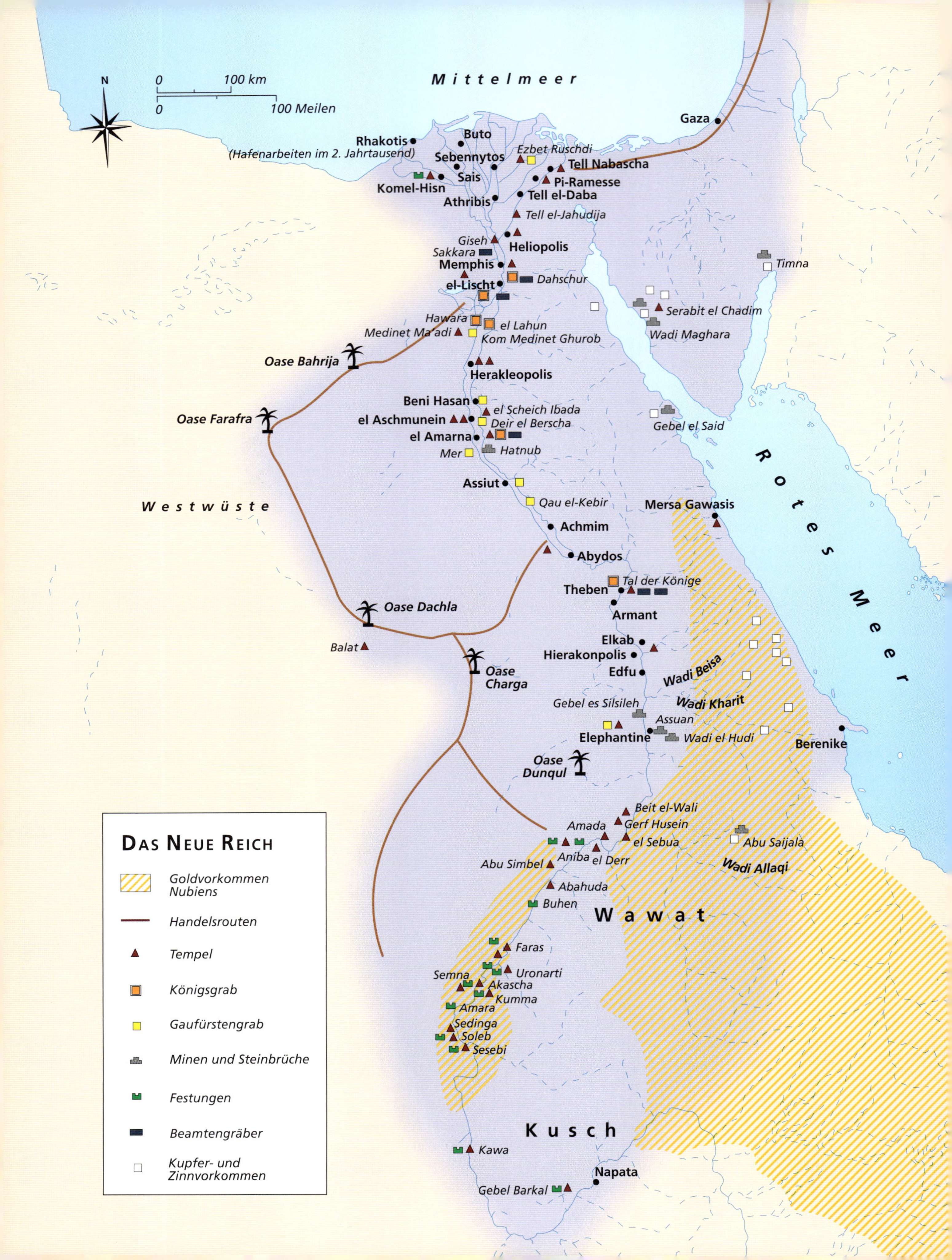

Mittelmeer
N
0
100 km
0
100 Meilen
Gaza
Rhakotis
(Hafenarbeiten im 2. Jahrtausend)
Buto
Ezbet Ruschdi
Sebennytos
Tell Nabascha
Sais
Pi-Ramesse
Komel-Hisn
Athribis
Tell el-Daba
Tell el-Jahudija
Giseh
Heliopolis
Sakkara
Memphis
Timna
el-Lischt
Dahschur
Serabit el Chadim
Hawara
el Lahun
Wadi Maghara
Medinet Ma'adi
Kom Medinet Ghurob
Oase Bahrija
Herakleopolis
Beni Hasan
el Scheich Ibada
Oase Farafra
el Aschmunein
Deir el Berscha
Gebel el Said
el Amarna
Hatnub
Mer
Rotes Meer
Assiut
Qau el-Kebir
Westwüste
Mersa Gawasis
Achmim
Abydos
Tal der Könige
Theben
Oase Dachla
Armant
Balat
Elkab
Hierakonpolis
Oase Charga
Edfu
Wadi Beisa
Wadi Kharit
Gebel es Silsileh
Assuan
Elephantine
Wadi el Hudi
Berenike
Oase Dunqul
Beit el-Wali
Amada
Gerf Husein
el Sebua
Abu Saijala
Aniba
el Derr
Abu Simbel
Wadi Allaqi
Abahuda
Buhen
Wawat
Faras
Uronarti
Semna
Akascha
Kumma
Amara
Sedinga
Soleb
Sesebi
Kusch
Kawa
Napata
Gebel Barkal
DAS NEUE REICH
Goldvorkommen Nubiens
Handelsrouten
Tempel
Königsgrab
Gaufürstengrab
Minen und Steinbrüche
Festungen
Beamtengräber
Kupfer- und Zinnvorkommen

und eroberte den östlichen Mittelmeerraum. 332 v. Chr. marschierte er in Ägypten ein, wo ihn die Bevölkerung als Befreier begrüßte, und der Vertreter des persischen Reichs rasch kapitulierte. Um seine Herrschaft in Ägypten zu legitimieren, zog Alexander zum Orakel des Amun in der libyschen Wüste. Hier wurde er als Sohn des Amun und damit als rechtmäßiger König bestätigt. Nach seiner Inthronisation ließ er die von den Persern zerstörten Tempel wieder aufbauen und legte den Grundstein für Alexandria – der neuen Hauptstadt Ägyptens, die mit zwei Häfen ausgestattet werden sollte. Nach sechs Monaten verließ er Ägypten und starb 323 v. Chr. in Babylon.

Nach seinem Tod wurde sein Reich unter seinen Generälen aufgeteilt. In Ägypten übernahm Ptolemaios die Macht und förderte die Einwanderung von griechischsprachigen Personen, die eine neue Oberschicht bildeten. Ägypten wurde so in die im östlichen Mittelmeerraum und Nahen Osten vorherrschende griechische Kultur eingebunden. In Alexandria, einer blühenden Stadt, erbaute man den Leuchtturm von Pharos, der später zu den sieben Weltwundern gezählt wurde. In ganz Ägypten entstanden neue, von der hellenistischen Kultur geprägte Städte. Zugleich übernahmen aber auch die herrschenden Ptolemäer Traditionen der ägyptischen Kultur: So regierten sie als Pharaonen und führten die Geschwisterehe für das Herrscherpaar ein. Auch die alten Götter wurden weiter verehrt und neue Tempel für sie errichtet.

Mit dem Auftreten der Römer im östlichen Mittelmeerraum verlor die ägyptische Kultur an Bedeutung. Kleopatra regierte von 51 bis 30 v. Chr. und lebte ab 36 v. Chr. mit Marcus Antonius, dem Oberbefehlshaber über den Osten des Römischen Reichs, zusammen. Octavian, der Neffe Julius Caesars, regierte den Westteil und zog 31 v. Chr. siegreich in die Schlacht gegen Antonius und Kleopatra. Im Jahr darauf eroberte Octavian Alexandria, und Antonius und Kleopatra begingen Selbstmord. Als Octavian 27 v. Chr. den Titel Augustus annahm und erster römischer Kaiser wurde, gliederte man Ägypten nicht als gewöhnliche römische Provinz in das Imperium ein, sondern erhielt einen Sonderstatus und wurde persönlicher Besitz von Augustus, der später auch an seine Nachfolger überging. Die Wirtschaft des Landes florierte auch in römischer Zeit, es behielt aber seine griechisch geprägte Kultur bei.

Pyramiden und Gräber

Die Ägypter glaubten an ein Leben nach dem Tod und an eine Fortexistenz des Körpers auf der Erde. Djoser ließ 2650 v. Chr. durch seinen Berater Imhotep in Sakkara die erste Stufenpyramide errichten, die ihm als mächtiges Grabmal diente. Das aus sechs Stufen bestehende Bauwerk wurde in 18 Jahren Bauzeit errichtet. Mit 60 Meter Höhe war sie das erste große Steinbauwerk der Geschichte. Im Inneren barg es am Ende eines 28 Meter tiefen Schachts eine Grabkammer, die mit rotem und schwarzem Granit ausgelegt war. 100 Jahre später entstanden unter dem Pharao Snofru in Medum die ersten „richtigen" Pyramiden, die nun durch eine äußere Verkleidung mit riesigen Steinplatten glatte Oberflächen aufwiesen.

Die drei bedeutendsten Bauwerke ließ sein Sohn Cheops in Giseh errichten. Die Große Pyramide, seine eigene Grabstätte, erreichte eine Höhe von 146 Meter und war mit weißem Kalkstein verkleidet, der in der Sonne schimmerte. Sie bestand aus mehr als zwei Millionen Steinblöcken mit jeweils 2,5 Tonnen Gewicht. Der Eingang war von außen nicht sichtbar, und im Inneren entfaltete sich ein Labyrinth aus Gängen und Schächten. Die so genannte Große Galerie der Pyramide führte schließlich in die Grabkammer des Königs, wo sich der Steinsarkophag befand. Die beiden anderen, geringfügig kleineren Pyramiden entstanden für Cheops Sohn Chephren und seinen Enkel Mykerinos. Um jede Pyramide gruppierten sich weitere Grabstätten und Tempel. In speziellen Tempeln brachte man dem toten König täglich Opfer dar. Chephrens Grab wurde von dem aus Kalkstein gehauenen großen Sphinx bewacht.

Der Leichnam des Pharaos wurde mumifiziert, damit die Geister der Nachwelt ihn wiedererkennen konnten. Durch die Nase wurde das Gehirn entfernt, auch die wichtigsten inneren Organe wurden entnommen und in speziellen Gefäßen aufbewahrt. Dann wurde das Herz wieder in den Körper gelegt, dieser zur Austrocknung mit Natron behandelt und mit Leinentüchern umwickelt. In einem letzten Ritual, dem Öffnen des Mundes, berührten als Götter verkleidete Priester den toten Pharao, um ihm in der Nachwelt die Sprache und die Fähigkeit zu essen und zu trinken zurückzugeben. Nach der Grablegung richtete man über den Toten in 42 Anklagepunkten, war er unschuldig, konnte er künftig mit dem Gott Osiris in der Unterwelt leben. Die schuldig gesprochenen wurden von Monstern verschlungen, und ihre Seele starb.

Die Pharaonen des Neuen Reichs waren zurückhaltender in der Gestaltung ihrer Grabkammern. Sie ließen ihre Gräber im so genannten Tal der Könige aus den Felswänden hauen. Hier entstanden 62 Grabstätten für die Könige der 18.–20. Dynastie. Die umliegenden Hügel bergen hunderte weiterer Gräber von Handwerkern und Adligen mit zahlreichen Inschrif-

Oben: Der Große Sphinx mit den Pyramiden von Giseh im Hintergrund.
Rechte Seite: Statue von Pharao Ramses II. am Tempel von Luxor.

ten, die wichtige Informationen über die dort Bestatteten liefern.

Eine der berühmtesten Grabstätten ist die des jungen Königs Tutanchamun. Während die anderen Gräber geplündert wurden, blieb dieses Grab völlig unberührt, da Geröll den Eingang verschüttet hatte, bis es 1922 von Howard Carter entdeckt wurde. Im Grab fand man rund 3500 Gegenstände, teilweise aus wertvollen Materialen gefertigt, die einen faszinierenden Einblick in das Leben zu Zeiten Tutanchamuns geben.

Götter und Göttinnen

Um die Götter angemessen zu ehren sowie Frieden und Eintracht zu gewährleisten, wurden mit hohem Aufwand Tempel für die Gottheiten errichtet. Die Tempel waren von weitläufigen Arealen umgeben, auf denen sich auch Häuser für Priester, Beamte und Handwerker befanden. Die Tempel dienten nicht als Zentren gemeinsamer Anbetung, sondern waren Heimstatt der Götter. Hier wurden Götter mit Geschenken und Opfern bedacht, um ihr Wohlwollen zu gewinnen.

Die Ägypter verehrten eine Vielzahl von Göttinnen und Göttern, die in unterschiedlichster Form dargestellt wurden und mannigfaltige Attribute besaßen. Ursprünglich waren sie mit bestimmten Eigenschaften verbunden, doch mit veränderten Glaubensvorstellungen wurden auch diese Assoziationen modifiziert. Gott Amun gewann so im Mittleren und Neuen Reich zunehmend an Bedeutung. Die Götter gründeten Familien: Schu und Tefnut zeugten die Himmelsgöttin Nut und den Erdgott Geb. Diese wiederum hatten Osiris, Isis, Seth und Nepthys als Nachkommen. Eine Gottheit, die während der gesamten ägyptischen Geschichte eine herausragende Rolle einnahm, war der Sonnengott. Als Re war die Sonne bereits in der 2. Dynastie eine zentrale Gottheit, in der 5. Dynastie erhob man ihn zum obersten Staatsgott, Pharao wurde als „Sohn der Sonne" verehrt. Im Neuen Reich wurde Re mit dem Gott Amun aus Theben zu Amun-Re verbunden.

Einigen Göttern wurden bestimmte Rollen zugewiesen: Osiris, meist als mumifizierter Mann mit ägyptischer Krone dargestellt, war der König der Unterwelt und Richter über die Verstorbenen. Man verehrte ihn in Abydos und glaubte, dass ein Pharao nach seinem Tod Osiris' Rolle einnahm. Der Nachfolger des Königs verkörperte dann Horus, der als Mann mit Falkenkopf dargestellt und in Edfu angebetet wurde.

Nach den Vorstellungen der Ägypter soll Seth seinen Bruder Osiris ermordet und Horus mit Seth dann um den Thron Ägyptens gekämpft haben. In der Schlacht verlor Horus ein Auge, das ihm später wieder eingesetzt wurde. Das Auge war deshalb ein weit verbreitetes Schutzsymbol.

Darüber hinaus kannte man in Ägypten noch viele andere Götter, die in Privathäusern verehrt wurden. Götterbildern schrieb man übernatürliche Kräfte zu, und viele Menschen trugen Amulette als Schutz.

Alltagsleben in Ägypten

Die meisten Informationen über das ägyptische Alltagsleben stammen aus den in Grabkammern entdeckten Bildern und Inschriften. Berühmte Fundstätten wie Echnatons Residenz in Amarna geben Einblick in Organisation und Struktur der Gesellschaft. Die meisten Häuser hatten drei Haupträume und einen Lagerkeller, einige der größeren Häuser besaßen Badezimmer und Toiletten. Die Räume waren mit Stoffen dekoriert, einfache Öllampen dienten als Lichtquellen.

Die Ägypter schufen ein Rechtssystem mit Gerichten und Richtern und unterhielten eine Art Polizeitruppe. In staatlichen Schulen wurden zukünftige Schreiber und Beamte ausgebildet, die später in der Priesterschaft oder Verwaltung tätig sein sollten. Ein Schreiber brauchte rund zwölf Jahre, um das komplizierte Hieroglyphensystem zu erlernen. Schreibunkundige nahmen dann gegen Bezahlung dessen Dienste in Anspruch. Fachkenntnisse wurden innerhalb der Familie von Generation zu Generation weitergegeben, für Handwerker gab es eine Art Lehrzeit. Ägypten verfügte über kunstfertige Schreiner und Bildhauer. Die Ägypter hatten sich auch auf die Herstellung von Schmuck und Glaswaren sowie die Metallbearbeitung spezialisiert. Sie produzierten Leinengewebe von außergewöhnlich hoher Qualität: Zum Weben eines in Tutanchamuns Grab gefundenen Leinentuchs waren nach Schätzungen rund neun Monate nötig. Die meisten Menschen arbeiteten auf dem Land und wurden zum Bau von Bewässerungsanlagen und Bauprojekten des Pharaos einberufen.

Der Familie wurde in Ägypten ein hoher Rang eingeräumt. Häufig kam es zu Ehen zwischen Cousins und Cousinen. Es gab keine offizielle Zeremonie, nur eine private rechtliche Übereinkunft, die Mann und Frau die gleichen Besitzansprüche zubilligte. Die Alltagskost bestand aus Brot, Früchten und Gemüse, wozu man Bier oder Wein trank. Fleisch verdarb im heißen Klima schnell und war vermutlich Festtagen vorbehalten. Die einfachen Überkleider bestanden aus Leinenstoff, dazu trug man Schmuck; Männer wie Frauen benutzten Schminke.

Das Vermächtnis des alten Ägypten

Die Einflüsse der alten ägyptischen Kultur sind noch heute in Europa wahrnehmbar. Griechen und Römer haben eine Reihe von ägyptischen Traditionen aufgegriffen, wie zum Beispiel den altägyptischen Kalender, der die Grundlage des gregorianischen Kalenders bildete. Ägyptens Geschichte inspiriert noch immer Kunst und Literatur, und bis heute faszinieren uns ägyptische Baukonstruktionen. In einer Reihe von europäischen Städten, von Istanbul bis Paris, stehen ägyptische Obelisken als Symbol von Herrschaft und Macht.

Die ersten chinesischen Dynastien

Die frühen Dynastien lenkten eine Welt mit hohem Entwicklungsstand, in der ausgefeilte Schriftsysteme entstanden und der Konfuzianismus wachsenden Einfluss gewann.

Die Shang-Dynastie

China war bereits seit Jahrtausenden besiedelt, bevor über die ersten Shang-Herrscher Aufzeichnungen gemacht wurden. So lebten schon im Neolithikum im Steppengebiet am Huang He (Gelber Fluss) verschiedene Gruppen unter der Regentschaft von Shang-Königen. Ungefähr 1523 v. Chr. bildeten die Shang ein machtvolles Regime, dessen Einfluss sich auf den gesamten Norden Chinas ausweitete. Obwohl sie vermutlich überwiegend Dorfgemeinschaften gründeten, erbauten die Shang die ersten Städte in China. So entstanden z. B. die beiden Hauptstädte Zhengzhou und Anyang. Die Hauptstadt wurde immer wieder verlegt; änderten sich die Machtverhältnisse, wurde ein anderer Stadtstaat zur Hauptstadt erklärt. Der König war oberster Priester und oberster Heerführer, überdies war er für wirtschaftliche Belange verantwortlich. Kriege waren keine Seltenheit in der Shang-Dynastie; so müssen sich die Städte des Reichs auch gegenseitig bekriegt haben, meistens richteten sich die Aggressionen jedoch gegen feindliche Völker im Norden.

Die Shang hatten einen höheren Zivilisationsstand als die nichtchinesischen Stämme im Norden. Sie entwickelten ausgeklügelte Bronzegusstechniken, mit denen sie kunstvolle Bronzestücke herstellen konnten. Kunsthandwerker verwendeten Materialien wie Jade, Ton und Seide für Werkzeuge, Ornamente und Kleidung, und offensichtlich wurde auch Handel mit anderen chinesischen Regionen getrieben. Sie beteten zu einem Gott, den sie Shangdi nannten, den Herrscher über Sonne und Mond, Wind, Regen und andere Naturkräfte. Shangdi war auch für die menschlichen Sorgen zuständig. Die Shang glaubten an ein Weiterleben nach dem Tod, daher war die Ahnenverehrung ein Teil ihres religiösen Rituals. Zur Religion der Shang gehörte auch, dass Menschen geopfert wurden, meist handelte es sich dabei um Sklaven und Gefangene. Die Erfindung der chinesischen Schriftzeichen geht auf die Shang zurück. Sie wurden bei der Orakelbefragung in Knochen geritzt.

Die Zhou-Dynastie

Um 1028 v. Chr. wurden die Shang vom Volk der Zhou gestürzt; diese kamen aus der Gegend des Flusses Wei im Nordwesten Chinas. Die Zhou waren ehemalige Vasallen der Shang, die aber immer mächtiger wurden, da sie sich mit anderen abtrünnigen Staaten verbündeten. Die Zhou glaubten an ein „Mandat des Himmels", nach dem jede Familie, die als moralisch galt, die Regierungsmacht innehaben konnte. Da die Shang den Zhou unterlegen waren, hatten die Shang ihr Mandat des Himmels verwirkt. Die Zhou dehnten ihren Herrschaftsbereich um die Shang-Gebiete aus, die sich jetzt nach Süden bis zum Chang-Jiang-Fluss (Jangtsekiang) erstreckten. Obwohl die Zhou einen Großteil der Rituale sowie auch den Verwaltungsapparat von den Shang übernahmen, bildeten sie die erste feudalistische Gesellschaft. Das Herrschergebiet der Zhou wurde in Bezirke unterteilt, wobei die königlichen Ländereien dem König und die anderen Güter dem Adel gehörten oder mächtigen Zhou-Familien als Anerkennung für ihre Loyalität zur Verwaltung übergeben wurden. Die Shang-Königsfamilie wurde in einen Bezirk nach Osten vertrieben.

Die Zhou-Könige übten ihre Macht bis 770 v. Chr. aus; dann wurden sie von Völkern aus dem Norden angegriffen und nach Osten vertrieben. Sie verlegten die Hauptstadt nach Luoyang, und das zentrale Königshaus verlor immer mehr Macht an die Feudalherren. Zwischen 475 und 221 v. Chr. kämpfte eine Reihe mächtiger Kriegsherren um die Vormachtstellung. Eine Periode der Zerrissenheit und Unruhen begann, die auch als die Zeit der „Streitenden Reiche" bezeichnet wird. Trotz des politischen Verfalls lebte die Zhou-Kultur fort. Diese Periode wird heute auch die erste Antike der chinesischen Geschichte genannt. Die bekanntesten philosophischen Schulen wie der Konfuzianismus, Daoismus und Legalismus entstanden in dieser Periode. Die Zhou-Dynastie, die 900 Jahre überdauert hatte, wurde schließlich 221 v. Chr. gestürzt, als Sieger ging der Feudalstaat der Qin hervor und vollzog als erste Dynastie die Vereinigung des chinesischen Reichs.

Konfuzius und die Philosophie

Konfuzius, wahrscheinlich 551 v. Chr. geboren, war ein politischer Philosoph und Staatsmann, der für Reformen in der unsicheren Zeit der „Streitenden Reiche" eintrat. Im Jahr 501 v. Chr. wurde er zum Bau- und Justizminister des Staats Lu (der heutigen Provinz Shandong) und später sogar dessen Kanzler. Seine Lehre zeigte Möglichkeiten für eine moralische Staatsführung auf, und da er die Wichtigkeit von Sozialreformen betonte, wurde er ein Idol des Volks. Den Mächtigen war Konfuzius bald ein Dorn im Auge. Er wurde gezwungen, seine Heimat zu verlassen: Begleitet von einer Gefolgschaft zog er fortan durch China. Die Lehre des Konfuzianismus betonte die Bedeutung von Gehorsam in der Familie und die gegenseitige Achtung, was in weitergehende humanistische Vorstellungen mündete. Diese Ansichten standen im Gegensatz zur Philosophie des Daoismus, die zur Rückkehr zu einfachen Sozialregeln aufrief und die materielle Welt ablehnte. Obwohl im Zhou-China anfangs die Legalisten mit ihrem Gehorsam gegenüber den Herrschenden des Staats populärer waren, wurde doch der Konfuzianismus die führende Lehre im 2. Jahrhundert v. Chr.

Frühe chinesische Schrift

Die Inschriften auf den Orakelknochen gehören zu den ältesten Funden chinesischer Schrift. Dabei wurden sowohl Tierknochen als auch polierte Schildkrötenpanzer verwendet. Geistliche ritzten Fragen in die Knochen, die dann ins Feuer geworfen wurden. Die so entstandenen Risse in den Knochen wurden dann von den Geistlichen gedeutet. Danach wurden sowohl das Datum als auch die Antwort auf die ursprüngliche Frage in den Knochen geritzt. Die Schrift bestand aus Piktogrammen. Eine nächste Stufe der chinesischen Schrift waren Inschriften in Bronze, die entweder eingraviert oder in Bronzegefäße eingegossen waren. Die Gefäße dienten hauptsächlich rituellen Zwecken und wurden sowohl in der späten Shang-Periode als auch in der Zhou-Dynastie verwendet. Ab dem 5. Jahrhundert v. Chr. ging man dazu über, die Schriftzeichen mit Pinsel und Tinte meist auf Holz, Bambus oder Seide zu schreiben. Die Schriftzeichen waren immer noch piktografisch, aber im Laufe der Zeit hatte sich ihre Bedeutung gewandelt: Durch die veränderten Schreibwerkzeuge und Materialien wandelte sich auch der Gebrauch der Schrift, und in der späten Zhou-Periode wurde die Schrift für geschichtliche, philosophische und für literarische Aufzeichnungen benutzt.

Unten: Ein so genanntes „gong" – ein Weingefäß, das als Grabbeigabe bei einer adligen Frau gefunden wurde.

Die Amerikaner der Frühzeit

Die frühen Kulturen Amerikas reichten von Gesellschaften halbnomadischer Jäger und Sammler im Norden bis zu den hoch entwickelten Zivilisationen Mesoamerikas.

Mesoamerikanische Zivilisationen – die Olmeken

Die ersten Menschen gelangten um 20 000 v. Chr. als Einwanderer auf den amerikanischen Kontinent und breiteten sich im Verlauf mehrerer tausend Jahre dort aus. Mit den Anfängen der Landbestellung begannen sich einzelne Gruppen niederzulassen. Im letzten Jahrtausend v. Chr. entwickelten sich aus den Dörfern Städte, und Zivilisationen entstanden.

Die erste „Hochkultur" auf dem amerikanischen Kontinent bildeten die Olmeken im Süden von Zentralmexiko aus. Dort lagen ihre wichtigsten Städte San Lorenzo, La Venta and Tres Zapotes. Ihre Blütezeit erreichte die Olmeken-Kultur zwischen 1200 und 600 v. Chr. Viele Errungenschaften und Aspekte ihrer Zivilisation wurden von nachfolgenden Kulturen Mesoamerikas und der Anden übernommen. Die Olmeken errichteten als erste große Zeremonienhügel und Tempelkomplexe, um dort ihre Götter zu verehren. Viele ihrer religiösen Zeremonien beruhten auf Menschenopfern, eine auch später beibehaltene Praxis. Olmekische Bildhauer schufen aus massivem Stein monumentale Kopfskulpturen.

Technisch waren die Olmeken besonders erfolgreich im Anbau von Mais, der in der Region wichtigsten Ackerpflanze. Für landwirtschaftliche Zwecke und zur Entwässerung der fruchtbaren Sumpfgebiete ihrer Heimat legten sie ausgedehnte Bassins und Lagunen an. Die Gesellschaft der Olmeken war streng hierarchisch gegliedert: Es gab die Priesterschaft, die Verwaltungsfunktionäre und die Handwerker, die Güter und kunsthandwerkliche Produkte herstellten. Die Olmeken hinterließen als erste Mesoamerikaner eine auf Hieroglyphen beruhende Schrift, die von ihren Nachfolgern übernommen wurde. Aus nicht bekannten Gründen starb ihre Kultur um 600 v. Chr. aus. Die

Unten: Die Sonnenpyramide von Teotihuacán. Dieser um Christi Geburt erstmals besiedelte Ort entwickelte sich bald zu einer der größten Städte der „Neuen Welt".

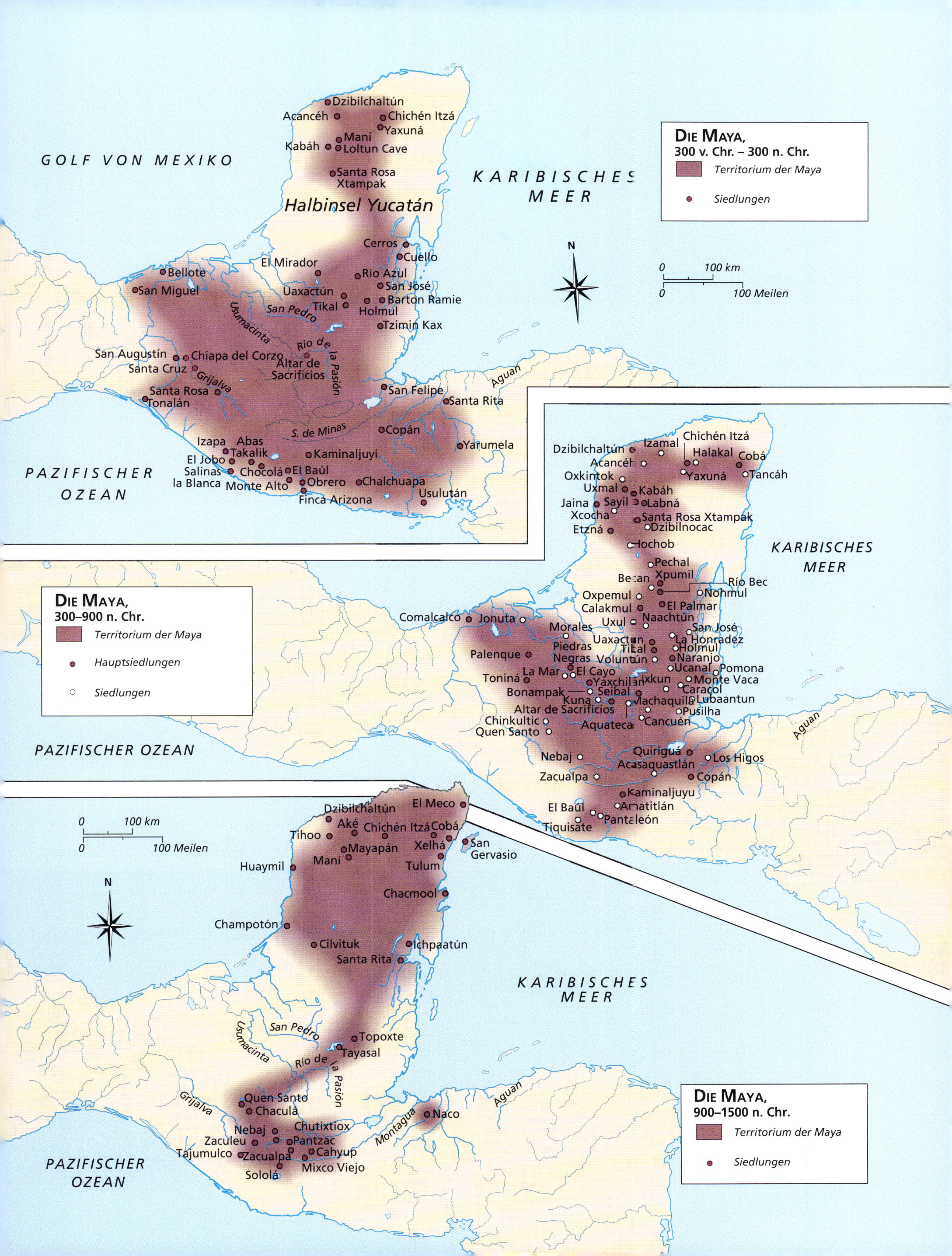

Die Maya,
300 v. Chr. – 300 n. Chr.
Territorium der Maya
Siedlungen
0 100 km
0 100 Meilen
N
GOLF VON MEXIKO
KARIBISCHES MEER
PAZIFISCHER OZEAN
Halbinsel Yucatán
Dzibilchaltún
Acancéh
Chichén Itzá
Yaxuná
Maní
Kabáh
Loltun Cave
Santa Rosa Xtampak
Cerros
Cuello
El Mirador
Río Azul
San José
Uaxactún
Barton Ramie
Tikal
Holmul
San Pedro
Tzimin Kax
Bellote
San Miguel
Usumacinta
Río de la Pasión
San Augustín
Chiapa del Corzo
Santa Cruz
Altar de Sacrificios
Grijalva
Santa Rosa
Tonalán
San Felipe
Santa Rita
Aguan
S. de Minas
Copán
Izapa
Abas Takalik
Yarumela
El Jobo
Kaminaljuyí
Salinas la Blanca
Chocolá
El Baúl
Monte Alto
Obrero
Chalchuapa
Finca Arizona
Usulután
Die Maya,
300–900 n. Chr.
Territorium der Maya
Hauptsiedlungen
Siedlungen
PAZIFISCHER OZEAN
KARIBISCHES MEER
Dzibilchaltún
Izamal
Chichén Itzá
Halakal
Cobá
Acancéh
Oxkintok
Yaxuná
Tancáh
Uxmal
Kabáh
Jaina
Sayil
Labná
Xcocha
Santa Rosa Xtampak
Etzná
Dzibilnocac
Hochob
Pechal
Becan
Xpumil
Río Bec
Oxpemul
Nohmul
Calakmul
El Palmar
Comalcalco
Jonuta
Uxul
Naachtún
Morales
San José
Uaxactun
La Honradez
Palenque
Piedras Negras
Tikal
Holmul
Voluntún
Naranjo
Toniná
La Mar
El Cayo
Ucanal
Pomona
Yaxchilán
Ixkun
Monte Vaca
Bonampak
Seibal
Caracol
Kuna
Machaquila
Lubaantun
Altar de Sacrificios
Pusilha
Chinkultic
Aquateca
Cancuén
Quen Santo
Aguan
Nebaj
Quiriguá
Los Higos
Acasaquastlán
Zacualpa
Copán
Kaminaljuyu
El Baúl
Amatitlán
Tiquisate
Panteleón
0 100 km
0 100 Meilen
N
Dzibilchaltún
El Meco
Aké
Chichén Itzá
Cobá
Tihoo
Mayapán
Xelhá
San Gervasio
Maní
Tulum
Huaymil
Chacmool
Champotón
Cilvituk
Ichpaatún
Santa Rita
KARIBISCHES MEER
Usumacinta
San Pedro
Topoxte
Tayasal
Río de la Pasión
Grijalva
Quen Santo
Chaculá
Aguan
Naco
Montagua
Nebaj
Chutixtiox
Zaculeu
Pantzac
Tajumulco
Zacualpa
Cahyup
Mixco Viejo
Sololá
PAZIFISCHER OZEAN
Die Maya,
900–1500 n. Chr.
Territorium der Maya
Siedlungen

Nachfolge traten die Kultur von Teotihuacán, die Zapoteken und Maya an.

Klassische Kulturen Mesoamerikas

Zunächst folgte auf die Olmeken die Kultur von Teotihuacán im Bereich von Zentralmexiko. Obwohl ihr eigentliches Zentrum in Teotihuacán lag, erstreckte sich ihr Einfluss über ganz Mesoamerika. In ihrer Blütezeit zählte die schachbrettartig angelegte Stadt Teotihuacán mehr als 125 000 Einwohner. Als Ausdruck ihrer religiösen Überzeugung wurden im Zentrum zwei wuchtige Pyramiden für Sonne und Mond errichtet. Die Zapoteken siedelten weiter südlich. Monte Albán, ihre wichtigste Stadt, lag im Gebiet von Oaxaca und beherbergte ebenfalls ausgedehnte Tempel und Paläste.

Der Höhepunkt der klassischen Periode Mesoamerikas wird meist mit der Kultur der Maya verbunden. Dieses Volk stand unter dem starken Einfluss der anderen mesoamerikanischen Kulturen und entwickelte sich parallel zu diesen. Die Maya-Kultur breitete sich über die gesamte Halbinsel Yucatán aus und reichte bis in das heutige Guatemala, das nördliche Belize und nach Honduras. Die Maya errichteten ein Reich aus Stadtstaaten, die von intensiver Landwirtschaft und Handel lebten. Chichén Itzá, Uxmal, Palenque und Calakmul zählen zu den bekanntesten Städten der Maya. In der Zeit zwischen 300 und 900 n. Chr. erreichte ihre Kunst ein solch hohes Niveau, dass man von der klassischen Periode spricht. Die Künstler schufen exquisite Statuen und Reliefs, die sie häufig auch signierten. Die Hieroglyphen der Olmeken wurden weiterentwickelt, und man hielt damit auf großen, dekorativen Steinplatten wichtige Ereignisse und Erfolge bei Kriegszügen fest. Ebenso hoch entwickelt war die Architektur der Maya. Sie brachen Kalkstein und brannten Lehmziegel. Wichtige öffentliche Gebäude wurden verputzt, um ihnen eine glatte und gut dekorierbare Oberfläche zu geben. Wie ihre Vorgänger errichteten die Maya ihre Tempel auf der Spitze von riesigen Stufenpyramiden, um so den Göttern möglichst nahe zu sein. Als kundige Astronomen könnten sie diese Bauten auch als Observatorien genutzt haben. Obwohl im 9. Jahrhundert der allmähliche Niedergang der Maya-Kultur einsetzte, bestanden nachfolgende Kulturen bis ins 15. Jahrhundert, bevor sie nach der Landung der Spanier zerstört wurden.

Nordamerika – Jagdvölker der nördlichen Ebenen

In den Ebenen zwischen Rocky Mountains und Appalachen weideten zum Ende des Pleistozäns zahllose Bisons, Mastodons und Mammuts. Der Überfluss an Nahrung erlaubte den frühen Bewohnern der nördlichen Regionen des amerikanischen Kontinents, über tausende von Jahren als Jäger und Hirtennomaden zu leben. Obwohl mit der Zeit viele der einheimischen Tiere in ihrem Bestand dezimiert und teilweise ausgerottet wurden, blieb das Leben als Jäger und Sammler für viele Menschen lange die bessere Alternative. Die extremen Witterungsbedingungen in den Randgebieten förderten ein Nomadendasein. Um ihre Nahrungsquellen zu erweitern, begannen viele Gruppen und Stämme jedoch damit, sich fest anzusiedeln. So konnten sie Mais, Kürbisse und Bohnen anbauen. Ihre Gesellschaften waren eher klein, aber hierarchisch organisiert. Meist führte ein Häuptling den Stamm an, der auch die Rolle des religiösen Oberhaupts oder des Schamanen übernehmen konnte.

Die Hopewell-Kultur

Obwohl die Mehrheit der Indianer halbnomadische Jäger und Sammler waren, entwickelte sich zwischen 200 und 400 n. Chr. eine blühende Siedlungskultur entlang der Flüsse im Nordosten und Mittleren Westen. Die Hopewell-Kultur breitete sich bis in die Region des heutigen New York, zum Missouri und an die Ufer der Großen Seen aus. Ihr Zentrum lag aber im Tal des Ohio. Die Hopewell-Indianer waren Landwirte, die Sonnenblumen, Mais und Kürbisse kultivierten. Sie betrieben auch über weite Entfernungen hinweg Handel mit anderen Völkern. Sicher gab es Kontakte zu den Maya, von denen sie mexikanische Feldfrüchte wie Bohnen übernahmen und anbauten. Das Volk der Hopewell errichtete große Grabhügel, so genannte Mounds, in denen sie ihre Vorfahren zusammen mit zahlreichen Grabbeigaben bestatteten. Die Mounds waren oft sehr hoch und in verschiedenen geometrischen Formen erbaut. Die Hopewell-Kultur teilte viele Aspekte mit der späteren Mississippi-Kultur, die ab 900 n. Chr. aufblühte und erst durch die Ankunft europäischer Siedler ein Ende fand.

Oben: Cliff-Dwellings der Anasazi-Kultur in Mesa Verde in Colorado. Diese Siedlungen stammen aus dem 12. und 13. Jahrhundert, doch die Anasazi bewohnten diese Region vermutlich schon sehr viel länger.
Linke Seite: Als Chac Mool bezeichnete Steinfigur aus Quintana Roo auf Cancún; vermutlich eine Darstellung des Maya-Regengottes.

Religiöse Verehrung

Der Polytheismus, die Verehrung mehrerer Götter und Göttinnen, war ein Kennzeichen der religiösen Kulte im Amerika der Frühzeit. Die Stämme der nördlichen Plains waren besonders den Naturgewalten ausgesetzt, und wesentliche Teile ihrer Mythologie handelten daher von Naturgeistern und Göttern, die die Elemente kontrollierten. Das Nacherzählen heiliger Mythen und Geschichten war ein zentrales Element der Religion der Nordamerikaner, die in besonderen Ritualen wie Tänzen erzählt wurden. Die Mississippi-Kulturen, die in Ohio und Illinois aufkamen, errichteten große Grabhügel. Viele davon enthielten Massengräber von vermutlich als Opfer dargebrachten Menschen. Einer der größten Mounds in Cahokia barg das Skelett eines erwachsenen Mannes, das auf eine aus Meeresmuscheln gelegte Vogelabbildung gebettet war.

Auch die Maya benutzten riesige Hügel und Pyramiden mit kunstvollen Tempeln auf der Spitze für ihre Zeremonien. Sie vollzogen regelmäßige Rituale, meist mit kleinen Opfern von Mais, Früchten und Blut, um mit den Göttern in Kontakt zu treten. Bei besonders wichtigen Anlässen brachte man Tier- oder Menschenopfer auf speziellen Altären dar. Zu Ehren des Schlangengottes Kalakmul wurden Jungfrauen in mit Schlangen gefüllte Gruben geworfen. Anders als die Nordamerikaner beschränkten die Maya ihre Religion nicht nur auf die Kräfte und Elemente der Natur. Ihre astronomischen Studien waren Teil ihres Glaubens an die Bedeutung von Sternen, Mond und Sonne für das Schicksal der Menschen.

Das alte Indien

Schon früh entwickelten sich Hochkulturen in Indien. Das Erbe dieser alten Reiche prägt noch heute das Leben auf dem Subkontinent.

Erste Menschen, erste Hochkultur

Vor etwa 30 000 Jahren kamen die ersten Menschen auf den indischen Subkontinent. Sie stammten wahrscheinlich aus Afrika und wanderten von dort in die leichter zugängliche nordwestliche Region Indiens, wo sie sich als Jäger und Sammler in kleinen Gruppen ausbreiteten. Man glaubt, dass um 6000 v. Chr. mit der Landwirtschaft und dem Bau kleiner Dörfer begonnen wurde, also etwas später als andernorts. Doch die erste der indischen Hochkulturen erscheint nur wenige Jahrhunderte nach den großen Reichen Mesopotamien und Ägypten und gehört damit zu den ältesten der Welt. Sie bestand nur 750 Jahre lang, zwischen 2500 und 1750 v. Chr., und es ist nur wenig bekannt über die Menschen und ihre Kultur.

Induskultur

Überall auf der Welt entwickelten sich die frühen Hochkulturen in den fruchtbaren Überschwemmungsgebieten der großen Flüsse, in Indien entlang des Indus. Mindestens zwei große Städte dienten als Verwaltungszentren: Harappa im Norden und Mohenjo-Daro im Süden. Um sie herum und auf der 600 Kilometer langen Strecke zwischen den beiden Städten lagen kleinere Orte und Dörfer. Diese Epoche wird Induskultur oder Harappazeit genannt.

Wir wissen nicht, wie diese Menschen sich selbst, ihre Städte und ihre Kultur nannten. Bildzeichen auf Siegeln und Tonscherben zeigen aber, dass es sich um eine Schriftkultur handelte. Ihre Sprache ist bis heute nicht entschlüsselt worden, und vieles, das wohl auf vergänglichen Materialien wie Palmblättern aufgezeichnet war, ist verloren gegangen. Das wenige, was als gesichert angenommen werden kann, wurde durch Ausgrabung der Überreste der großen Städte erschlossen.

Diese Städte waren groß, sie hatten ca. 20 000 bis 30 000 Einwohner, waren aus gebrannten Ziegeln gebaut (das heißt, es gab wohl Wälder als Quelle für Brennholz in der Umgebung) und waren perfekt durchgeplant. Die Straßen bildeten ein deutlich erkennbares rechtwinkliges Straßennetz, und es gab ein ausgefeiltes Wasser- und Abwassersystem und große Lagerhäuser für Getreide.

Die Harapper betrieben intensiv Landwirtschaft: Als Nahrungsmittel bauten sie Gerste und Weizen an und Baumwolle für Textilien, hielten Rinder, Schafe, Ziegen, Schweine, Geflügel, domestizierten Hunde, Kamele und Elefanten. Als hoch organisierte und technisierte Gesellschaft produzierten sie Geschirr, Skulpturen und fein gearbeiteten Schmuck aus Edel- und Halbedelsteinen und trieben Handel mit Sumerern, Mesopotamiern und anderen Kulturen.

Religion in der Harappakultur

Man weiß nichts über die Religionsausübung der Harapper, denn in ihren Städten scheint es keine Tempel oder andere heilige Gebäude gegeben zu haben. Eine Theorie lautet deshalb, dass die Religionsausübung hauptsächlich zu Hause stattfand. Vielleicht bieten uns aber die erhaltene Architektur und entdeckte Gebrauchsgegenstände Ansätze einer Antwort.

Große Badehäuser und die allgegenwärtigen öffentlichen sanitären Anlagen, die man in Harappa, Mohenjo-Daro und anderen Städten gefunden hat, deuten auf rituelle Waschungen und Reinigungen hin, eine Praxis, die später im Hinduismus wieder auftaucht. Artefakte scheinen Vorläufer der hinduistischen Gottheiten darzustellen, wenn etwa auf Siegeln eine gehörnte Figur im Yogasitz zu sehen ist; andere Siegel mit Tieren, mythischen Figuren und offenbar schwangeren Frauengestalten könnten ebenfalls religiöse Bedeutung gehabt haben.

Niedergang der Harappakultur

Die Induskultur scheint um 1750 v. Chr. plötzlich und spurlos verschwunden zu sein. Dafür hat man verschiedene Erklärungen gefunden, wie Klimawandel, verheerende Überschwemmungen – die in dieser Region regelmäßig auftreten – und eine Übernutzung des Landes, welche die durch Überschwemmung verursachten Probleme noch vergrößerte. Die vielleicht populärste Theorie besagt, die Harapper seien von den Ariern erobert worden, also von den nomadischen Kriegern, die um 1750 v. Chr. von Zentralasien aus nach Indien eindrangen. Tatsächlich gibt es Spuren eines Konflikts, besonders in Mohenjo-Daro. Die indoeuropäische Invasion war aber wohl nicht der einzige Grund für das Ende der frühindischen Hochkultur. Ihr Niedergang hat sich wahrscheinlich viel langsamer vollzogen, als man bisher annahm, nämlich durch die Verschmelzung der Harapper mit anderen Kulturen.

REICH DER MAURYA, 322–297 v. Chr.
Griechische Stadtgründung in Nordost-Asien
Königreich von Magadha, um 300 v. Chr.
Reich der Maurya, um 305 v. Chr.
Ausdehnung unter Bindusara, um 295–268 v. Chr.
Reich der Maurya unter Kaiser Aschoka, 232 v. Chr.
Aschokanischer Rechtsstein
Aschokanische Rechtssäule
BHOJAS Völker
Invasion der Skythen, um 170–100 v. Chr.
0 200 km
0 200 Meiler
N
Herat
Hindukusch
Kabul
Alexandria Arachoton (Kandahar)
Taxila
Nikaia
Bukephala
Sangala
Hyphasis (Beas)
Multan
ARACHOSIA
TTARAPATHA
Indus
Alexandria
Sind
Wüste Tharr
Pattala
AVANTI
Gujarat
SURASHTRA
Barygaza
Ujjayini
Sanchi
Narmada
PULINDAS
Sravasti
Mathura
Kapilavastu
Ayodhya
MAGADHA
Kausampi
Prayjaga
Pataliputra (Patna)
Ganges
Bengalen
BHUTAN
NEPAL
Lalja Patan
Lhasa
KAMARUPA
SAMATATA
Tamralipi
alte Küstenlinie
Orissa
unabhängige Stämme
KALINGA
RASHTRIKAS
Dekhan
KARNATA
Amaravati
Arabisches Meer
Golf von Bengalen
SATYAPUTRAS
CHOLAS
PANDYAS
Indischer Ozean
SINGHALESEN
Sri Lanka
WEDDA

Ausbreitung der Arier

Die arischen Eindringlinge waren Krieger, deren Kultur längst nicht so hoch entwickelt war wie die der Völker, auf die sie trafen. Im Zentrum ihrer Kultur stand die Eroberung; ihre Religion dominierte der Gott Indra, ein alles überwindender Sturmgott. Kriegshäuptlinge auf von Pferden gezogenen Streitwagen führten sie in die Schlacht. Sie eroberten die persischen Länder – der Name „Iran" leitet sich von „Arier" ab – und wandten sich anschließend nach Indien, wo sie Stützpunkte im Industal aufbauten und dann durch Nordindien nach den östlich gelegenen Gebieten am Ganges zogen. Hier wandelte sich ihre bisher von Eroberungszügen geprägte Stammeskultur, und die Arier betrieben Viehzucht und wurden zu sesshaften Ackerbauern.

Vedische Kultur

Die erste Zeit der Arier in Indien, ca. 1750 bis 1000 v. Chr., wird auch Rigvedische Zeit genannt, nach dem Rigveda, einer Sammlung religiöser Hymnen, die jahrtausendelang mündlich weitergegeben wurden, bis man sie im 14. Jahrhundert n. Chr. aufschrieb. Dieses Erbe prägt die indische Kultur bis heute. Die eindringenden Arier hielten sich für edler oder überlegener – das führte zur Entwicklung des Kastensystems. Zunächst beschränkten sie sich auf den nördlichen Teil des Indus und des Yamuna und behielten das System des Stammesrats bei, in dem jede Horde, die Janas, von einem Raja regiert wurde. Jede dieser Horden scheint einen Oberpriester gehabt zu haben und in nur zwei soziale Schichten geteilt gewesen zu sein: die arischen Fürsten und das einfache Volk. Dazu kam später eine dritte Klasse: die Eroberten, die „Dasas" genannt wurden, „die Dunklen". Am Ende der Rigvedischen Zeit gab es dann vier Kasten („vanas"), die „caturvanas" („vier Farben"). An der Spitze standen die Priester (Brahmanen), darunter kamen die Krieger (Kshatriyas), dann kam die allgemeine Bevölkerung – Bauern, Handwerker, Kaufleute –, die (Vaisyas), und schließlich die Sudras, die Diener. Dieses erstarrte Kastensystem verwurzelte sich immer tiefer in der Gesellschaft und erstarrte.

Die Spätvedische Zeit von 1000 bis 500 v. Chr. stand ganz im Zeichen der Priester und wird darum auch Brahmanenzeit genannt. In dieser Periode entwickelten sich die ersten Formen des Hinduismus, und die Arier breiteten sich über die dicht bewaldeten Ebenen des Doab zwischen den Flüssen Yamuna und Ganges bis zum Ganges selbst aus. Statt die ansässige Bevölkerung zu erobern, verschmolzen sie mit ihr. Es entstanden mehrere Königreiche, die sich auf Landwirtschaft, Handel und reiche Bodenschätze, wie z. B. Eisen, stützten. Während der Maurya-Dynastie um 300 v. Chr., als Chandragupta Maurya über den Großteil Nordindiens herrschte, entwickelte sich die brahmanische Schrift, mit der sowohl arische Schriften als auch Texte in lokalen Dialekten aufgezeichnet wurden.

Das Reich der Maurya

Im Jahr 326 v. Chr. drang Alexander der Große mit einer militärischen Expedition ins Tal des Indus ein. Dieser Schock war Anlass für die Einigung des Landes und die Errichtung einer zentralen Regierung. Chandragupta Maurya übernahm die Macht im Königreich Maghada (Hauptstadt: Pataliputra), eroberte Nordindien und begründete die Maurya-Dynastie, die bis 185 n. Chr. bestand, als der letzte ihrer Herrscher wahrscheinlich während einer Brahmanenrevolte ermordet wurde. Chandragupta Mauryas Enkel Aschoka dehnte das Reich noch weiter aus. Auf dem Höhepunkt seiner Entwicklung umfasste es ganz Indien, mit Ausnahme des äußersten Südens.

Abgestoßen vom Blutvergießen seiner Eroberungszüge, konvertierte Aschoka zum Buddhismus, der sich im 5. Jahrhundert entwickelt hatte. Der Buddhismus wurde zur dominierenden Religion Nordindiens und verbreitete sich auch über weite Teile Zentralasiens. Nach Aschokas Tod 232 v. Chr. begann das Reich der Maurya sich aufzulösen. Während dieser Auflösung überrannten verschiedene Invasoren das

Oben: Zwei Löwen aus Granit, die jahrhundertelang unter Sand begraben lagen; sie wurden 2004 bei Mahabalipuram, südlich von Madras, durch den Tsunami freigelegt.
Linke Seite: Ein Relief in den Ajanta-Höhlen im Staat Maharashtra (Zentralindien) zeigt einen Buddha. Es entstand zwischen 200 v. Chr. und 650 n. Chr.

Land und ließen es für Jahrhunderte nicht zur Ruhe kommen.

Das Reich der Gupta

Das große Reich der Maurya zersplitterte in kleine Königreiche, doch noch einmal entstand daraus ein allumfassendes Reich, vereint unter den Gupta, die den Hinduismus wieder erstarken ließen und ein goldenes Zeitalter der indischen Kultur einleiteten. Bis um 300 n. Chr. dominierten jedoch die Kuschanas oder Yüe-tsi (Tocharer), Nachkommen nomadischer Mongolenstämme, die eine offene und kosmopolitische Kultur pflegten. Sie trieben Handel mit Zentralasien, China, Persien, Griechenland, Rom und bereicherten damit die indische Kultur in hohem Maße.

Nach dem Ende der Kuschanas sicherten sich die Gupta die Herrschaft über fast den gesamten Subkontinent. Ihr Vorbild war das Reich der Maurya – mit einer Zentralgewalt und einer erneuerten Machtbasis in Pataliputra, von wo aus der Handel und das Gewerbe gesteuert und ein einheitliches Wertesystem propagiert wurde. Daneben ließen sie aber auch ein gewisses Maß an lokaler Selbstverwaltung zu und brachten Indien damit über 100 Jahre Frieden und Stabilität. In dieser Zeit standen die Inder in Kontakt mit aller Welt. Der Handel florierte besonders mit Rom sowie mit Zentral- und Südostasien; er brachte nicht nur neue Waren ins Land, sondern auch neue Ideen. Die Zeit der Gupta-Dynastie gilt als eine der produktivsten und kreativsten Epochen der indischen Geschichte. Kalidasa, Indiens größter Dichter, schrieb Epen und Dramen, und es entstanden die Meisterwerke des Sanskrit. Auch auf den Gebieten der Mathematik, Astronomie, Medizin und Chemie wurde Beachtliches geleistet. Schließlich wurden jedoch um 480 n. Chr. auch die Gupta besiegt, und zwar durch die in mehreren Wellen einfallenden Hunnen (Hunas).

Die griechische Welt

Die antike griechische Kultur hat mit ihrem künstlerischen, politischen und wissenschaftlichen Erbe bis heute die westliche Zivilisation entscheidend mitgeprägt.

Die frühe Ägäis

Die Minoer

Die Bronzezeitkultur der Minoer, die sich auf der Insel Kreta entfaltete, gilt als erste griechische Zivilisation. Sie wurde später nach dem sagenhaften König Minos benannt. Die frühesten Siedlungsspuren auf Kreta gehen auf die Zeit von etwa 7000 v. Chr. zurück. Durch Zuwanderung aus Anatolien und von den Inseln der Ägäis wuchs die Bevölkerung der Insel stetig an. Zwischen 1900 und 1700 v. Chr. entstanden hier mehrere große Paläste, und es entwickelte sich eine differenzierte komplexe Gesellschaft mit einem zentralistischen Machtgefüge. In Knossos befand sich der wichtigste Palast; von dort wurden das Zentrum und der Westen der Insel regiert.

Der Sage nach herrschte König Minos über Kreta. Seine Frau soll das Ungeheuer Minotaurus geboren haben. Es wurde in einem Labyrinth gefangen gehalten, und alle neun Jahre wurden ihm Athener als Menschenopfer dargebracht. Der labyrinthartige Aufbau des Palasts und Wandgemälde von Stieren könnten diese spätere Legende inspiriert haben. Minos war vielleicht ein Priesterkönig, doch seine Existenz ist nicht belegt.

Religion und Rituale spielten in der minoischen Kultur eine wichtige Rolle. Überall auf Kreta wurden Höhlen- und Bergheiligtümer errichtet, in denen Tiere und andere Gaben geopfert wurden. Die Heiligtümer standen vermutlich in enger Verbindung zu den Palästen. Die Minoer produzierten aufwändige Keramik- und Schmuckwaren, die im Tauschhandel bis nach Ägypten und Anatolien gelangten. Auf Siegeln, Tongefäßen und -tafeln hat sich die so genannte Linear-A-Schrift erhalten, die in minoischer Zeit für das zentralistische Verwaltungssystem des Staats benutzt wurde. Der Untergang der Kultur wurde wahrscheinlich durch eine Naturkatastrophe um 1700 v. Chr. eingeleitet, bei der die Paläste und Wohnhäuser von Kreta ebenso zerstört wurden wie die der Nachbarinsel Thera (Santorin). Die geschwächte minoische Hochkultur konnte sich noch bis 1500 v. Chr. halten. Dann geriet die Insel in den Einflussbereich der aufstrebenden Macht Mykene auf dem griechischen Festland, und eine Invasion beendete die minoische Herrschaft.

Mykene

Mykene war die erste Hochkultur der Bronzezeit auf dem griechischen Festland. Es handelte sich dabei nicht um einen mächtigen Stadtstaat, sondern um große, reiche Siedlungen, die auf dem südlichen Festland und der Peloponnes entstanden. Pylos, Tiryns und Mykene bildeten die wichtigsten Zentren der mykenischen Kultur. In den dortigen Grabstätten fanden sich Kriegswaffen wie Schwerter und Dolche als Beigaben, ein Hinweis auf die Bedeutung der kriegerischen Auseinandersetzung in dieser Zeit. Wie die minoische Kultur organisierte sich auch die mykenische Gesellschaft um ein Zentrum, in der Spätzeit handelte es sich dabei um monumentale Burgen mit Palästen. Die Paläste in Mykene, Tiryns und Pylos waren allerdings deutlich kleiner als jene auf Kreta. Sie dienten vermutlich als religiöse, administrative und wirtschaftliche Zentren der umgebenden Siedlungen, die keinen städtischen Charakter hatten. Hier waren Beamte mit einem König als oberster Autorität tätig. Sklaven bildeten die niedrigste Stufe der Gesellschaft. Nach der Niederwerfung der Minoer nutzten die Mykener den Palast von Knossos bis zu seiner Zerstörung 1300 v. Chr. weiter als Verwaltungszentrum. Auf dem Festland fand man in Theben, Pylos und Mykene wie in Knossos Tontafen und Siegelabdrücke mit Linear-B-Schriftzeichen. Die Schrift entstand vermutlich um 1500 v. Chr. und wurde ausschließlich für verwaltungstechnische Zwecke genutzt. Viele der kunstvoll gearbeiteten Waffen und Gegenstände aus Gold stammten aus kretischen Werkstätten, auch die Grabmonumente für die mykenischen Heerführer entstanden nach kretischem Vorbild. An Hängen errichtete man aus Ziegeln oder Steinen so genannte Tholoi – runde Grabkammern mit hohen Kuppeln, in denen die Toten mit Grabbeigaben entsprechend ihres Status bestattet wurden. Anschließend wurden die Kuppeln mit Erde bedeckt. Um 1200 v. Chr. wurden die mykenischen Burgen zerstört, und ihre Kultur erlosch. Die genauen Ursachen des Niedergangs der mykenischen Kultur sind unter Wissenschaftlern nach wie vor umstritten, einer der Gründe könnte die Einwanderung der Dorer aus dem Norden gewesen sein.

Homers Epen

Die ältesten literarischen Quellen Europas sind die epischen Werke Ilias und Odyssee, die im 8. bis 7. Jahrhundert v. Chr. aufgezeichnet wurden. Traditionell werden sie dem ionischen Dichter Homer zugewiesen. Allerdings ist unklar, ob Homer eine historische Person war, sicher ist heute nur, dass die beiden Werke nicht aus einer Feder stammen. Die Epen beschreiben die Schlussphase des Trojanischen Kriegs und die zehnjährige Irrfahrt des Odysseus. Grundlage für den in der Ilias beschriebenen Krieg waren vermutlich kriegerische Auseinandersetzungen um 1260 v. Chr. Die Schilderungen in der Ilias sind eine Mischung aus Sagen und historischen Begebenheiten aus verschiedenen Epochen. Der Ilias zufolge war die Ursache für den Krieg die Entführung von Helena, der Gattin des Königs Menelaos von Sparta, durch den trojanischen Königssohn Paris. Menelaos verbündet sich daraufhin mit seinem Bruder Agamemnon, dem König von Mykene, und zieht mit einem griechischen Heer gegen Troja. Nach zehnjähriger Belagerung endet der Krieg mit der Plünderung Trojas: Die Griechen dringen heimlich mit einem hölzernen Pferd, das sie den vermeintlich sieghaften Trojanern als Geschenk überreichen, in die Stadt ein. Die Odyssee widmet sich der von zahlreichen Abenteuern begleiteten Heimreise des Odysseus.

Aufgrund der komplexen Entstehungsgeschichte der Epen sind die Ilias und Odyssee nur eingeschränkt als historische Quellen nutzbar, dennoch spiegeln die Werke in Teilen mykenische Traditionen und Kampftechniken wider.

Unten: In Knossos befindet sich der wichtigste minoische Palast von Kreta.

Archaische und klassische Zeit

Die Ursprünge des klassischen Griechenlands

Um 900 v. Chr. tritt in Griechenland nach dem Verschwinden der mykenischen Kultur eine neue Kultur in Erscheinung. Der ab 1200 v. Chr. einsetzende Zustrom von Gruppen wie den Dorern aus dem Norden nach Mittelgriechenland und Ägäisbewohnern in den Süden führte zum Verschwinden der mykenischen Kultur. Es folgten die so genannten dunklen Jahrhunderte: Aus dieser Zeit sind in Griechenland kaum Hinterlassenschaften oder Zeugnisse bekannt. Am Ende dieser Epoche kam es dann aber zu einem starken Bevölkerungswachstum, das zu einem Kolonisationsprozess entlang der ionischen Küste führte. Für die ersten Siedlungen boten sich die dortigen fruchtbaren Täler zwischen den Gebirgszügen in Küstennähe an. Um 750 v. Chr. hatten sich viele dieser Siedlungen zu großen Stadtstaaten entwickelt, die unabhängig waren

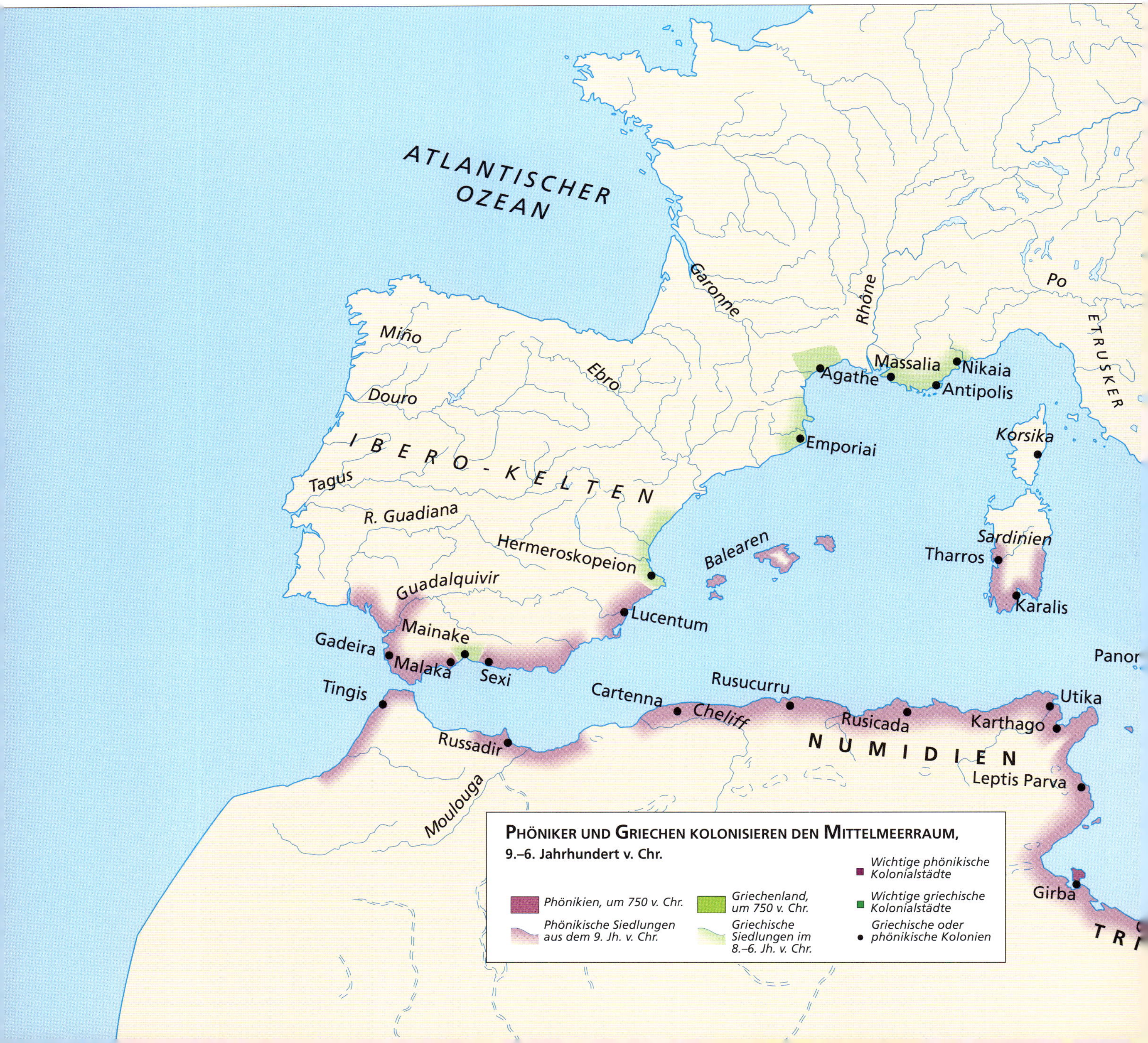

und häufig gegeneinander Krieg führten. Diese Periode von 750 bis 500 v. Chr. wird als archaische Zeit bezeichnet. Die geografische Lage der griechischen Stadtstaaten am Meer machte sie zum natürlichen Ausgangspunkt für maritime Handels- und Entdeckungsreisen. Die Griechen errichteten weit entfernte Kolonien wie Emporiai in Nordspanien und Phasis an der Ostküste des Schwarzen Meeres. Der Handel förderte wiederum das Wirtschaftswachstum und die politische Entwicklung. In den meisten Stadtstaaten bildete sich eine Oberschicht heraus, und mit steigendem Wohlstand konnten die Städte immer prächtiger ausgebaut werden. In klassischer Zeit zwischen 500 und 336 v. Chr. wurde Athen zum Zentrum der griechischen Kultur.

Die Stadtstaaten

Griechenland war im Altertum kein einheitlicher Staat, es bestand vielmehr aus einer Vielzahl von Stadtstaaten. Ein solcher Polis genannter Stadtstaat war oft nur eine kleine Gemeinde, bestehend aus mehreren kleinen Dörfern, die sich um eine befestigte Zufluchtstätte – eine Akropolis – gruppierten. In diese Akropolis konnten sich die Bürger bei einem Angriff flüchten. Die Stadtstaaten waren über Griechenland verstreut, und so ent-

wickelten sie sich sehr unterschiedlich. Bündnisse gegen äußere Feinde hatten stets nur kurz Bestand. Die beiden größten Stadtstaaten, Athen und Sparta, standen sich aufgrund ganz unterschiedlicher Traditionen über fünf Jahrhunderte als Rivalen gegenüber. Athen war die größte Polis mit einer Viertelmillion Einwohner in seiner Blütezeit. In archaischer Zeit gerieten viele Stadtstaaten, darunter auch Athen, unter den Einfluss monarchischer Herrscher oder Tyrannen, oftmals reiche Bürger, die die Gunst des Volks gewinnen und so die Regierungsgeschäfte der Polis bestimmen konnten. In Athen herrschte Peisistratos, einer der wichtigsten Tyrannen, mehr als 30 Jahre lang. Er baute den Fernhandel aus, förderte die Künste und unterstützte religiöse und kulturelle Feste. Sparta hatte sich unter seinem Führer Lykurg zu einem mächtigen Militärstaat mit einer monarchischen Regierungsform entwickelt.

Solche Stadtstaaten gab es überall in der griechischen Welt, die Inseln der Ägäis eingeschlossen. Viele von ihnen schlugen sich während des Peloponnesischen Kriegs (431–404 v. Chr.) entweder auf die Seite Athens oder Spartas.

Das klassische Griechenland

Politik und Kultur

Zwischen 500 und 300 v. Chr. erlebte Griechenland und insbesondere Athen eine Periode mit gewaltigen wirtschaftlichen, politischen und kulturellen Fortschritten. Nach dem Sturz der Tyrannis etablierte sich in Athen 510 v. Chr. für fast 200 Jahre eine Demokratie, eine „Herrschaft des Volks", mit Idealen wie Freiheit und Gleichheit. Unter dem Volk, dem Demos, verstand man alle Bürger, die in Athen selbst oder im zur Stadt gehörenden Umland von Attika lebten. Frauen und Sklaven waren allerdings davon ausgeschlossen. Drei Institutionen bildeten die Regierung: der Areopag, der gewählte Rat der Fünfhundert und die Volksversammlung, in der debattiert und abgestimmt wurde. In dieser Zeit erlebte auch die politische Theorienbildung eine Hochblüte: Mit Sokrates, Plato und Aristoteles wirkten damals einige der größten Philosophen der Geistesgeschichte. Neben der politischen und abstrakten Philosophie erfuhren auch die dramatischen Künste einen gewaltigen Aufschwung mit Dichtern wie Aischylos, Sophokles und Euripides, die die Komplexität menschlicher Existenz auf die Bühne brachten.

Religion

Unabhängig von der politischen Vielfalt in Griechenland hatten die Griechen denselben Pantheon von Göttinnen und Göttern. Viele der Gottheiten stammten aus dem minoischen Kulturkreis, doch einige scheinen auch von asiatischen Göttern, so auch von den Veden inspiriert zu sein. Höchster Gott war Zeus, den man als Gottvater mit dem Himmel, Blitz und Königtum verband. Zusammen mit seinen Brüdern – Poseidon als Herr der Meere und Hades als Gott der Unterwelt – beherrschte er den Kosmos. Der Gipfel des Olymp in Nordgriechenland galt als Sitz der Götter, von wo die zwölf wichtigsten Götter über Glück und Schicksal der sterblichen Menschen bestimmten. Zu ihnen gehörte Hera, Schwester und Gemahlin des Zeus, die Schutzgöttin der Ehe. Apollon wachte über den Lauf der Sonne, über Wahrheit und Heilung. Aphrodite war die Göttin der Liebe, Demeter die Göttin der Fruchtbarkeit und der Ernte. Eine besondere Bedeutung kam dem Gott des Weins, Dionysos, zu, denn er konnte Rausch wie auch Raserei bringen. Das Fest zu Ehren von Dionysos wurde zu einem der wichtigsten Ereignisse im Jahresablauf: Viele der heute noch berühmten Theaterstücke wurden für die Dionysien geschrieben. Offizielle religiöse Handlungen vollzog man in den Tempeln der Akropolis einer Stadt. Zur Akropolis von Athen gehörte der Parthenon, einer der bedeutendsten antiken Tempel, der der Stadtgöttin Athene gewidmet war. Ähnlich hätte jeder Stadtstaat eine Gottheit, die Staat und Bürger beschützte.

Panhellenismus

Bestimmte, mit Gottheiten assoziierte Orte waren allen Griechen heilig und schufen eine gemeinsame griechische Identität. Zu den bedeutendsten gehörte das Orakel von Delphi. Das panhellenische Heiligtum am Berg Parnass war dem Gott Apollon geweiht und galt den Griechen als Mittelpunkt der Erde. Man pilgerte zum dortigen Orakel, um Ratschläge in Fragen von Krieg, Liebe oder Geschäften zu erbitten. Entsprechend war die Priesterschaft von Delphi politisch sehr einflussreich und stand im Zentrum eines Amphiktyonie genannten Zusammenschlusses von Stadtstaaten aus Zentralgriechenland. Delphi war häufig Brennpunkt zwischenstaatlicher Rivalitäten.

Olympia im westlichen Peloponnes war Zeus geweiht und bestand wie Delphi aus einem weitläufigen Komplex von Tempeln, Grabstätten und Schatzkammern, zu denen alle Stadtstaaten Zugang hatten. In Olympia fanden 776 v. Chr. die ersten Olympischen Spiele statt, die der Legende nach ihren Ursprung entweder einem Sieg des Helden Pelops bei einem Wagenrennen verdanken oder auf Herakles zurückgehen. Ursprünglich bestanden die ersten Spiele vermutlich nur aus einer Disziplin, dem Wettrennen, doch allmählich entwickelte sich daraus ein fünftägiges Fest mit Leichtathletik, Ringkämpfen und Opferhandlungen, das große Bedeutung im antiken Griechenland besaß.

Die Perser und der Peloponnesische Krieg

Zur Entwicklung einer griechischen Kultur und Identität trugen wesentlich äußere Feinde bei, wie insbesondere die Perser. 490 v. Chr. startete der Perserkönig Darius I. einen Angriff auf die Städte Athen und Eretria, um sie für die Unterstützung der ionischen Stadtstaaten bei ihrem Aufstand gegen die persischen Besatzer in Kleinasien zu bestrafen. Die Athener waren den Ioniern mit 20 Schiffen zu Hilfe geeilt und hatten die persische Stadt Sardes niedergebrannt. Die Landung der Perser in der Ebene von Marathon, nur 40 Kilometer von Athen entfernt, endete mit dem berühmten Sieg der zahlenmäßig unterlegenen Athener. Dieser erste Perserkrieg hatte eine nachhaltige Wirkung auf Athen, das sich daraufhin zum Bau einer mächtigen Flotte entschloss und damit die Ägäis beherrschte. Als die Perser 480 v. Chr. unter Darius' Sohn Xerxes erneut angriffen, stießen sie über den Thermophylenpass nach Zentralgriechenland vor. Eine kleine, von Leonidas geführte Gruppe Spartaner sollte die Perser aufhalten, was ihnen jedoch nicht gelang. Nach der Zerstörung Athens zog Xerxes weiter, um vor Salamis die Flotte der Athener zu vernichten. Doch die moderneren, leichteren Schiffe der Athener erwiesen sich jener der Perser als überlegen, und Xerxes musste fliehen.

Diese Flotte wurde nachfolgend die Grundlage für Athens Reichtum, und das zur Abwehr der Perser geschlossene Bündnis der griechischen Staaten, in dem Athen eine herausragende Rolle spielte, sollte ein wichtiges Machtinstrument für Athen werden. Die Führungsrolle, die Athen beanspruchte, führte zur Entfremdung zwischen Sparta und Athen, bis es 431 v. Chr. zum Peloponnesischen Krieg kam. Im Kampf zwischen Athen und Sparta standen sich eine See- und eine Landmacht gegenüber. Athen war geschwächt durch den Tod von Perikles, dem Strategen Athens, und durch eine gescheiterte Expedition zur Eroberung Siziliens. Mit persischer Hilfe konnte Sparta eine Flotte bauen und die Athener in der Seeschlacht von Aigospotamoi 405 v. Chr. besiegen. Athen geriet unter die Vorherrschaft Spartas und konnte nie mehr zur alten

Unten: Der Parthenon-Tempel (5. Jh. v. Chr.) auf der Akropolis in Athen ist eines der bedeutendsten Beispiele für dorische Architektur. Linke Seite: Büste von Alexander, der 336 v. Chr. seinem Vater Philipp II. als makedonischer Herrscher folgte.

Größe zurückfinden. Sparta unterlag Theben, das 371 v. Chr. eine Allianz aufständischer Staaten anführte. Die ständigen Auseinandersetzungen zwischen den griechischen Staaten schwächten sie letztendlich gegenüber fremden Mächten, und so gelang es einem makedonischen Herrscher, Philipp II., 338 v. Chr. die Vorherrschaft über die griechischen Staaten zu übernehmen.

Das hellenistische Griechenland

Philipp II. von Makedonien

Bevor Philipp den Thron bestieg, war das im Norden Griechenlands gelegene Makedonien ein politisch zersplittertes und von Teilung bedrohtes Reich. Bedingt durch seine Randlage galt Makedonien nicht allen Griechen als griechischer Kulturraum, manche bezeichnen die Makedonier noch im 4. Jahrhundert v. Chr. als Barbaren.

Als Philipp die Macht in Makedonien übernahm, bedrohten die Illyrer das Reich. Phillip gelang es jedoch, die Illyrer zurückzudrängen und die von den Illyrern besetzten Gebiete zurückzuerobern. Zugleich baute er ein stehendes Heer auf, entwickelte neue Kampftechniken und rekrutierte aus den Reihen des Adels eine elitäre Reitertruppe. Nach der Eroberung Thessaliens ermöglichte die Ausbeutung der dortigen Goldminen die Finanzierung griechischer Söldner und die Zuwendungen für Politiker. Durch ein Bündnis mit einigen Nordstaaten wurde Makedonien in die Amphiktyonie von Delphi aufgenommen. 346 v. Chr. geht er erfolgreich gegen die Phoker, Verbündete der Athener, vor. Philipps Einfluss im Süden

wuchs weiter, als er kleinere Staaten in ihrem Kampf gegen die Bevormundung durch größere Staaten, insbesondere gegen Sparta, unterstützte. Athen widersetzte sich dem Vorgehen Philipps, 340 v. Chr. kämpften Athen und Theben in Chaironeia gegen Philipp und erlitten eine Niederlage. Der Sieg festigte 338 v. Chr. endgültig die Hegemonie Makedoniens über Griechenland.

Alexander der Große

Nach der Ermordung Philipps setzte sich sein jugendlicher Sohn Alexander in der Thronfolge gewaltsam gegen adlige Konkurrenten durch. Alexander war von Aristoteles unterrichtet worden und hatte sich bereits in der Schlacht von Chaironeia bewährt. 334 v. Chr. überschritt er mit einer gewaltigen Armee den Hellespont. Innerhalb von drei Jahren eroberte er ganz Persien und Ägypten, wo er die Stadt Alexandria gründete. Er drang weiter ostwärts über Babylon, Susa und Persepolis bis ins persische Kernland vor. Die eroberten Städte wurden der Kontrolle von Garnisonstruppen unterstellt und ihre Bewohner teilweise versklavt. Alexander zog weiter nach Indien und stieß über den Hindukusch bis zum Indus vor. Die Rebellion seiner erschöpften Truppe zwang Alexander dann allerdings zum Rückmarsch. Kurz nach seiner Rückkehr nach Babylon starb Alexander 323 v. Chr. Der bei seinem Tod erst 33 Jahre alte Alexander hatte sich das Image des unbesiegbaren Herrschers geschaffen. Überzeugt davon, ein Nachkomme von Herakles, Perseus und Zeus zu sein, forderte er von seinen Untertanen göttliche Verehrung. Die Perser mögen dies aus Loyalität akzeptiert haben, Griechen und Makedonier widerstrebte der Kult. Trotzdem wurde Alexander zu einer der faszinierenden Figuren der Geschichte, und viele, vom römischen Feldherrn Pompeius bis Napoleon, eiferten später seinem Vorbild nach.

Nach Alexanders Tod zerfiel sein Reich in den Diadochenkämpfen – seine Generäle kämpften in verschiedenen Teilen des Reichs um die Führung des Imperiums. Schließlich wurde es in drei dynastische Monarchien aufgeteilt: Die Antigoniden erlangten die Herrschaft in Makedonien und Griechenland, die Seleukiden in Vorderasien und die Ptolemäer in Ägypten. Mit dem Niedergang dieser hellenistischen Reiche ab dem 2. Jahrhundert v. Chr. entstanden zwei neue Mächte: In Asien setzten sich die Parther durch und im Mittelmeerraum die Römer.

Das Römische Reich

Das Römische Reich vereinte erstmals weite Teile Europas. Sein institutioneller und politischer Aufbau hat bis heute Auswirkungen.

Die Gründung Roms

Der Sage nach gründeten Romulus und Remus Rom im Jahr 753 v. Chr. Die Zwillingssöhne des Mars waren als Säuglinge ausgesetzt und von einer Wölfin großgezogen worden. Romulus erschlug seinen Bruder im Streit über den Standort der neuen Stadt und wurde zum ersten König eines mächtigen, gefürchteten Stamms. Am Ende seines Lebens soll Romulus von Mars in einer Gewitterwolke weggetragen und zum Gott Quirinius erhoben worden sein.

Tatsächlich lebten aber bereits seit mehreren tausend Jahren Menschen am späteren Standort Roms. Die ersten Römer bildeten eine gut organisierte Gemeinschaft. Man verbündete sich mit latinischen Nachbarstämmen, um die herrschenden Etrusker zu stürzen. Um 265 v. Chr. hatten die Römer ganz Italien unterworfen und entwickelten ein sehr differenziertes Gesellschafts- und Militärsystem. Aus den Reihen des Adels, zu dem auch Etrusker gehörten, wurde ein König bestimmt. Die der Sage nach durch Romulus begründete Monarchie endete 510 v. Chr. mit der Vertreibung des tyrannischen Tarquinius Superbus und der Errichtung der Römischen Republik.

Die Republik

Um einen neuen Tyrannen zu verhindern, wurde ein republikanisches Regierungssystem eingeführt. Die früher dem König zustehenden Befugnisse wurden auf zwei jährlich aus den Reihen des Senats gewählte Konsuln übertragen. Die Senatoren selbst waren hohe Magistratsbeamte, die mittels demokratischer Wahlen ins Amt kamen. Die Verfassung der USA nahm dieses System später zum Vorbild. Die Republik brachte Rom Stabilität und später Wohlstand. Die besiegten italischen Stadtstaaten machte Rom meist zu Verbündeten, deren Bürger als Gegenleistung für die Bereitstellung von Truppen römisches Bürgerrecht gewährt wurde.

Die Punischen Kriege

Durch ihren wachsenden Einfluss im Mittelmeerraum entwickelten sich die Römer zu einer Bedrohung für das mächtige Königreich Karthago in Nordafrika. Der erste von drei Punischen Kriegen begann 264 v. Chr., er endete mit der Niederlage Karthagos und Gebietsgewinnen Roms. Hannibals Angriff in Spanien und sein Vorstoß mit Kriegselefanten über die Alpen bis nach Oberitalien lösten den zweiten Punischen Krieg aus. Nachdem der römische Feldherr Cornelius Scipio Hannibal und die Karthager vernichtend geschlagen hatte, gliederte Rom Spanien als Provinz in sein wachsendes Kolonialreich ein. Der Aufbau einer mächtigen Flotte ermöglichte den Römern weitere Eroberungen, und um 31 v. Chr. hatte Rom den gesamten Mittelmeerraum – Griechenland, Zypern und Kleinasien eingeschlossen – in sein Imperium eingegliedert.

Römische Glaubenswelt

Götterverehrung und religiöse Kulte waren wichtige Faktoren des römischen Lebens. Die römische Religion basierte auf der griechischen Mythologie, doch die Römer gaben den griechischen Göttern eigene Namen und versahen sie mit neuen Attributen und Titeln. Jupiter war als oberste Gottheit des römischen Pantheon so wichtig, dass er vor jedem politischen Akt konsultiert wurde. Der Herr über Blitz und Donner offenbarte den Menschen mittels Himmelszeichen, wie Wettererscheinungen oder Vogelschwärmen, die Zukunft. Weil Jupiter zudem den Lauf der Geschichte beeinflussen konnte, wurden regelmäßig Rituale zu seiner Verehrung abgehalten. Seine Gemahlin Juno galt als Beschützerin der Frauen und Familie. Minerva, die Göttin der Weisheit und Schutzherrin der Handwerker, soll in voller Kriegsrüstung dem Haupt des Jupiters entsprungen sein. Auch der Kriegsgott Mars zählte zu den bedeutenden Göttern der Römer. Weil er zunächst mit Fruchtbarkeit verbunden wurde, erhielt der Frühlingsmonat März seinen Namen. Janus, der Gott der Tore und der Ein- und Ausgänge, wurde oft doppelköpfig dargestellt, um in beide Richtungen schauen zu können. Als ein mit dem Beginn aller Ereignisse verbundener Gott übertrug man seinen Namen auf den Januar, den ersten Monat des Kalenderjahres. Neptun entsprach dem griechischen Wassergott Poseidon und beschützte alle Schiffsreisende. Diesen und vielen weiteren Gottheiten wurde regelmäßig kultische Verehrung entgegengebracht, und an bestimmten, ihnen gewidmeten Tagen wurden sie gefeiert. Man errichtete Tempel als Ort der religiösen Kulte und für die wiederkehrenden Rituale und Opfer. Die stetige Ausdehnung des römischen Herrschaftsbereichs führte aber auch

Das Frühe Rom
Römisches Gebiet, 298 v. Chr.
Bündnis der Samniter, 298 v. Chr.
Von Rom bis 263 v. Chr. erobert
Römische Kolonien, 272 v. Chr.
Unter römischer Kontrolle, um 270 v. Chr.
Karthagische Besitzungen, um 260 v. Chr.
K E L T E N
LIGURER
I L L Y R E R
Adriatisches Meer
igurisches Meer
Tyrrhenisches Meer
Rubikon (Rubico)
Ariminum
Pisae
Arretium
Volaterrae
Sentinum
Ancona
Etruria
Aurinia
Asculum
Volsinii
Hadria
Cosa
Volci
Nepet
Falerii
Caere
Tibur
Alba Fucens
ROMA
Ostia
Praeneste
Latium
Interamna
Arpium
Luceria
Tarracina
Suessa
Saticula
Canusium
Capua
Benevertum
Venusia
Cumae
Neapolis
Brundisium
Tarentum
Metapontum
Thurii
Corsica
Alalia (Aleria)
ardinia
Carales
Rhegium
Locri
Panormus
Lilybaeum
Sicilia
GRIECHISCHE STÄDTE
Straße von Messina
Syracusae
Utica
Carthago
Cossyra

zur Übernahme und Integration fremder Kulte und Religionen. So wurden die ägyptische Göttin Isis und der persische Sonnengott Mithras feste Bestandteile der römischen Kultur.

Das Kaiserreich

Der Feldherr Sulla zwang 82 v. Chr. den römischen Senat, ihm für zehn Jahre diktatorische Rechte zu übertragen. Die Expansion Roms in die gesamte damals bekannte Welt bedeutete für die Republik, dass sie zunehmend von der Stärke ihrer Militärtruppen und damit von deren Heerführern abhängig wurde. In dieser Zeit wuchsen die politischen und gesellschaftlichen Spannungen, es kam zu Unruhen, die die Republik destabilisierten. Eine Reihe von Kriegsherren folgte Sullas Beispiel und wetteiferte um die Macht im Staat, so auch Julius Caesar, ein genialer Politiker und Feldherr, der zunächst im Triumvirat mit Pompeius und Crassus den Senat anführte. Caesar nutzte alle Mittel, um seine Mitstreiter Pompeius und Crassus auszuschalten, und errang 44 v. Chr. die alleinige Herrschaft. Eine von Brutus angeführte Verschwörung republikanischer Senatoren, bei der Caesar ermordet wurde, setzte seinem Regime ein Ende. Caesar hatte seinen Neffen Octavian als Nachfolger vorgesehen, doch der Senat setzte stattdessen Marcus Antonius ein. Die innenpolitischen Unruhen ließen sich jedoch nicht bezwingen. Als Antonius sich mit der ägyptischen Königin Kleopatra verbündete, nahm Octavian dies zum Anlass, gegen seinen Rivalen zu ziehen, und besiegte ihn 31 v. Chr. in der Schlacht von Actium. Dieses Datum gilt heute als Geburtsstunde des römischen Kaiserreichs. 27 v. Chr. verleiht der Senat Octavian den Ehrennamen Augustus. Octavian wählte den Titel „princeps" (Erster), um den demokratischen Schein zu wahren, tatsächlich erhielt er jedoch die Befugnisse eines Alleinherrschers und regierte das Römische Reich als erster Kaiser von 27 v. Chr. bis 14 n. Chr.

Das augusteische Zeitalter galt als ein goldenes Zeitalter, in dem das Reich wuchs, politische Stabilität herrschte sowie Kultur und Künste blühten. Augustus selbst schrieb, er habe ein Rom aus Lehmziegeln vorgefunden und eine Stadt aus Marmor hinterlassen. Nach seinem Tod wurde er vergöttlicht. Sein Nachfolger Tiberius konnte zwar die Stabilität des Staatswesens sichern, doch der Status des Kaisers war noch unsicher, denn eine gesetzliche Nachfolgeregelung fehlte. Caligula und Claudius, die Tiberius als Kaiser folgten, wurden ermordet, der tyrannische und vom Wahn befallene Nero aus dem Amt verbannt.

Mit Kaiser Vespasian (69–79 n. Chr.) gelangt eine neue Dynastie an die Macht. Vespasian prägte die architektonische Gestaltung Roms, unter anderem wurde in seiner Regentschaft das Kolosseum errichtet. Sein Sohn, Kaiser Domitian, der 96 n. Chr. ermordet wurde, ließ Böden und Wände seines Palastes mit blank poliertem Marmor verkleiden, angeblich um möglichen Attentätern kein Versteck zu bieten. Unter Hadrian (117–131 n. Chr.) erlangte das Römische Reich seine größte Ausdehnung. Die folgenden Jahrzehnte waren geprägt von Kriegen gegen Feinde an den Außengrenzen des Imperiums. 476 n. Chr. wird der letzte weströmische Kaiser Romulus Augustulus von ostgermanischen Truppen abgesetzt.

Links: Vorderseite der römischen Tetradrachme aus seleukidischer Zeit.

Die Geburt des Christentums

Unter Kaiser Augustus festigte Rom seine Herrschaft über Palästina, unterstützt von Herodes dem Großen, den die Römer als Statthalter von Judäa einsetzten. Als Jesus von Nazareth seine Lehren predigte und den Menschen die Erlösung im Reiche Gottes versprach, fand er zunächst breite Unterstützung. Die von Jesus und seinen zwölf Jüngern verbreitete Botschaft stieß besonders beim einfachen Volk auf großes Interesse, da es schwer unter der römischen Herrschaft zu leiden hatte. Jüdische Priester verurteilten jedoch die von Jesus verkündete Erlösung als Gotteslästerung, und die Römer betrachteten ihn als Aufrührer.

Durch seine Angriffe auf die herrschenden Schichten und seinen wachsenden Einfluss fiel er in Ungnade und wurde schließlich verhaftet. Die Wirkzeit Jesu war mit ungefähr drei Jahren zwar sehr kurz, doch seine Jünger verbreiteten seine Botschaft über seinen Tod hinaus weiter. Das Christentum fand eine stetig wachsende Anhängerschaft.

Oben: Das Kolosseum hieß ursprünglich Amphitheatrum Flavium, später benannte man es nach einer dort stehenden Kolossalstatue Neros.

Das Kolosseum

Im Verlauf des 1. und 2. Jahrhunderts n. Chr. erfreuten sich Gladiatorenkämpfe immer größerer Beliebtheit, und fast jede römische Stadt besaß eine Arena oder ein Amphitheater Kaiser Vespasian begann 72 n. Chr. im Park von Neros Palast „Domus Aurea" mit dem Bau des Kolosseums. Das in acht Jahren Bauzeit vollende Amphitheater bot bis zu 80 000 Zuschauern Platz. In unterirdischen Gängen wurden Tiere und Menschen, die in der Arena auftraten, gehalten. Die Eröffnungsspiele zogen sich über 100 Tage und Nächte hin, dabei sollen 5000 Tiere getötet worden sein. Die Gladiatoren waren meist Kriegsgefangene oder Sklaven, die zum Kampf bis zum Tode verurteilt worden waren. Das Kolosseum war sowohl eine politische wie auch sportliche Arena. Die dort präsentierten exotischen Tiere und fremden Völker demonstrierten mitten in Rom die Macht und Ausdehnung des Imperiums.

Das römische Heer

Die erfolgreiche Expansion des römischen Imperiums war nur mithilfe disziplinierter und gut organisierter Militärtruppen möglich. Das römische Heer durchlief verschiedene Veränderungsprozesse, doch die grundlegende Organisationsstruktur blieb erhalten. Das stehende Heer war in Legionen eingeteilt, die jeweils aus rund 6000 Mann bestanden. Die kleinste Einheit bildete das „contubernium" mit acht Soldaten, die Zelt und Ausrüstung miteinander teilten. Zehn dieser Einheiten formten eine Zenturie unter dem Kommando eines Zenturio. Sechs solcher Zenturien waren zu einer Kohorte als wichtigste Kampfeinheit zusammengefasst. Eine Legion verfügte über zehn Kohorten, und ihre erste Kohorte bestand aus Elitesoldaten unter Führung eines erprobten Zenturios. Jede Legion besaß eine Adlerstandarte („aquila"). Ihrem Träger kam der Rang direkt nach einem Zenturio zu. Dem Legionskommandeur („legatus") standen sechs Tribunen zur Seite, die einzelne Teile der Truppe im Kampf befehligten. Legatus wie Tribunen waren Anwärter auf einen Sitz im Senat. Beim Ausbruch des zweiten Punischen Kriegs verfügte Rom über das größte Heer im Mittelmeerraum. Zu den sechs Legionen mit 32 000 Fußsoldaten und einer Kavallerie mit 1600 Reitern kamen verbündete Truppen mit 30 000 Infanterie- und 2000 Kavalleriesoldaten. Die unter anderem mit Speer, Bogen und Kurzschwert bewaffneten Legionen bildeten im Zusammenspiel mit den Reitereinheiten eine hocheffiziente Kampftruppe. Die gut organisierte Kommandostruktur erlaubte überraschende taktische Manöver zur Vernichtung des Gegners.

Pompeji

Die Stadt Pompeji an der Westküste Italiens war seit 83 v. Chr. eine römische Kolonie. Wie die Nachbarstadt Herculaneum war Pompeji eine durchschnittlich reiche Stadt des römischen Imperiums. Im Jahr 63 n. Chr. erschütterte ein Erdbeben Pompeji. Zehn Jahre wurden benötigt, um die zahlreichen zerstörten Villen und Tempel wieder aufzubauen. Am 27. August 79 n. Chr. brach der im Norden der Stadt gelegene Vulkan Vesuv aus. Plinius der Ältere war Augenzeuge und berichtete später in Briefen an den Historiker Tacitus von seinen Beobachtungen. Er beschrieb das Erdbeben vor der Eruption, die riesige Rauchsäule und den

DIE PUNISCHEN KRIEGE
1. Punischer Krieg, 264–241 v. Chr.
Von Rom kontrolliert, 264 v. Chr.
Von Karthago kontrolliert, 264 v. Chr.
2. Punischer Krieg, 218–201 v. Chr.
Von Karthago bis 218 v. Chr. dazugewonnen
Von Rom bis 201 v. Chr. erobert
Feldzug Scipios, 218–210 v. Chr.
Römischer Feldzug gegen Makedonien, 216–211 v. Chr.
Feldzug Hannibals, 216–201 v. Chr.
Feldzug Hasdrubals, 208–203 v. Chr.
Feldzug Magos, 205–203 v. Chr.
Schlacht
3. Punischer Krieg, 149–146 v. Chr.
Von Rom annektiert, bis 121 v. Chr.
Maas
Donau
A l p e n
218
Po
218
Metarus 207
Scipio 218, 217, 210
Pisae
Mago 205–203
Corsica
Lacus Trasimenus 217
Roma
Adriatisches Meer
Cannae 216
216
Apollonia
Tarentum
Sardinia
Tyrrhenisches Meer
Croton
211
Messana
241
Lilybaeum
Sicilia
Syracusae
203
Utica
204
Carthago
202
Zama
Hadrumetum
Theveste
Creta
Leptis Magna
Charax

Oben: *Tempel des Apollo in Pompeji. Erst 1748 entdeckte man bei Ausgrabungen die lange vergessene, unter Asche begrabene Stadt wieder.*

Ascheregen aus pyroklastischem Gestein. Über 2000 Menschen starben, als sich eine fast 3 m dicke Schicht aus heißer Asche und Bimsstein über Pompeji legte. Auch das südöstlich vom Vesuv gelegene Herculaneum wurde von einem vulkanischen Schlammstrom verschüttet. Die Stadt wurde aufgegeben und geriet in Vergessenheit, bis sie im 18. Jahrhundert wieder entdeckt wurde.

Die Barbaren

Als Barbaren bezeichneten die Römer und Griechen ursprünglich alle nicht griechisch sprechenden Völker. Wie die Griechen hielten auch die Römer Barbaren für ungebildet, ohne Kultur und Zivilisation. Mit zunehmender Expansion des Römischen Reichs regte sich an den Außengrenzen des Imperiums Widerstand. Besonders an den Grenzen an Rhein und Donau kam es immer wieder zu Unruhen, bei denen römische Befestigungsanlagen attackiert wurden. In einigen Gebieten gewährte man den besiegten Völkern das römische Bürgerrecht, sodass die Männer in der römischen Armee dienen konnten. Auf diese Weise erfuhr das römische Heer in manchen Regionen eine „Germanisierung“: Während die Armee einerseits wesentlich zur Verbreitung von römischer Kultur beitrug, wurde das Militär gleichzeitig nachhaltig durch feindliche Stämme infiltriert.

Im intensiven Kontakt mit der römischen Zivilisation übernahmen vielerorts nichtrömische Bevölkerungsgruppen römische Traditionen und Bräuche, wobei einheimische Kulturen immer stärker zurückgedrängt wurden. Zugleich gewannen immer mehr Gebiete größere Autonomie, es entstanden kleine unabhängige Reiche wie in Gallien, die sich zunehmend gegenüber der bröckelnden Macht in Rom behaupten konnten.

Oben: Büste in einem römischen Badehaus in Herculaneum, das wie die Nachbarstadt Pompeji beim Ausbruch des Vesuv 79 n. Chr. zerstört wurde.

Der Niedergang Roms

Die Auflösung des Römischen Reichs zog sich über mehrere Jahrhunderte hin und hatte verschiedene Ursachen. Mit zunehmender Größe des Imperiums wurde die Kontrolle des Reichs immer schwieriger. In den Randprovinzen übernahmen viele römische Soldaten und Bürger die lokalen Gebräuche. Für zahlreiche Soldaten war zudem ein friedliches Leben als Landbesitzer verlockender als der Militärdienst. Überfälle und Invasionen trugen zur Schwächung des Reichs bei, kleinere Stämme formierten sich zu mächtigen Bündnissen. Die Goten einigten sich unter einer gemeinsamen Führung und schlugen 378 n. Chr. bei Adrianopel die Armee von Flavius Valens, fortan waren sie für die Römer unbesiegbar.

Die gewaltige Ausdehnung des Imperiums führte am Ende des 3. Jahrhunderts unter Kaiser Diokletian zur Dezentralisierung der Verwaltung. Das Reich wurde in vier Herrschaftsgebiete aufgeteilt, die von Tetrarchen verwaltet wurden. Im Inneren wurde das Reich von einer Reihe von Bürgerkriegen erschüttert. Die einzelnen Armeen der Feldherren fühlten sich zunächst ihren Vorgesetzten und dann erst Rom verpflichtet. Manche Feldherren nutzten ihre Truppen im Konkurrenzkampf um den Kaiserthron. Politische Intrigen führten zum raschen Aufstieg und Sturz von Kaisern und zu Instabilität in der Staatsführung.

Das Christentum erhielt unter diesen Umständen immer mehr Zulauf. 313 n. Chr. gestehen die verbündeten Kaiser Konstantin und Licinius den Christen durch ein Toleranzedikt Gleichberechtigung und freie Religionsausübung zu. Nach seinem Sieg 323 über Licinius erhob Konstantin Anspruch auf das gesamte Reich. Sieben Jahre später verlegte er die Reichshauptstadt von Rom nach Byzanz im Osten, das er in Konstantinopel umbenannte. Die einst mächtige Stadt Rom war kaum noch vor Überfällen geschützt und wurde 410 n. Chr. von den Westgoten eingenommen und mehrfach geplündert. Die Absetzung von Romulus Augustulus durch den germanischen Heerführer Odoaker 476 n. Chr. besiegelte das Ende des Weströmischen Reichs. Aus dem Oströmischen Reich entwickelte sich das Byzantinische Reich, das bis 1453 Bestand hatte.

Die Ausdehnung Chinas

Chinas allmähliche Vereinigung und die zunehmende Stärke und Macht der Kaiser führten in ein Zeitalter der Expansion und des wachsenden Handels.

Die Qin-Dynastie

Zwischen 403 und 221 v. Chr. war China in eine Vielzahl so genannter „Streitender Reiche“ zersplittert, die gegeneinander um die Vormachtstellung kämpften. Es kristallisierten sich in dieser Periode im Wesentlichen sieben Staaten heraus. Zwischen 328 und 308 v. Chr. gewann der Staat Qin im Nordwesten die Macht und begann mit seiner territorialen Ausdehnung. Nach und nach übten die Qin immer mehr Druck auf ihre Nachbarn aus, bis sie schließlich 221 v. Chr. erfolgreich jeden Widerstand gebrochen hatten und die Herrschaft über China ergriffen. Der erste Kaiser, der die volle Souveränität über ein vereintes China hatte, war Zheng; er nahm den Titel Qin Shihuangdi an, was so viel wie Erster Erhabener Kaiser von Qin bedeutet.

Seine Herrschaft basierte auf der Schaffung einer straffen, autoritären Verwaltungsstruktur, mit der er seine Macht in dem gewaltigen von ihm annektierten Reich festigte. Er übernahm dabei die Regeln des Legalismus, eine Lehre, die staatliche Macht und Autorität über das Gemeinwohl stellte. Der Grundsatz, nach dem das Volk mit einem strengen Belohnungs- und Bestrafungssystem regiert werden sollte, wurde von Qin Shihuangdi auf brutalste Weise in die Tat umgesetzt. Er ließ die alte Regierungsform des Feudalsystems verbieten und führte stattdessen von einer zentralistischen Bürokratie streng kontrollierte Präfekturen ein. Die Untertanen mussten als Arbeiter für gewaltige Bauprojekte zur Verfügung stehen oder als Soldaten in der Armee dienen. Qin Shihuangdi schuf jedoch andererseits auch eine verbesserte Infrastruktur in China, die späteren Kaisern wie auch der Entwicklung des Landes von Nutzen war. Er ließ Straßen und Kanäle bauen, um die Städte miteinander zu verbinden und die Wege für die Verwalter und Händler zu verkürzen. Und auch die Einführung landesweit einheitlicher Maße, Gewichte und Schriftzeichen vereinfachte den Handel. Trotz dieser Neuerungen und des brutalen Regimes gab es

Unten: Über 7000 überlebensgroße Soldaten, Pferde, Streitwagen und Waffen aus Ton wurden in den Grabanlagen in der Provinz Shaanxi ausgegraben.

XIONGNU (HUNNEN)
Wüste Gobi
Die Große Chinesische Mauer (von Zhao, ca. 30 v. Chr.)
Die Große Chinesische Mauer (von Yen, ca. 290 v. Chr.)
KOGURYO
Xianping
Wüste Ordos
0 200 km
0 200 Meilen
N
Shanggu
Yan
Zhao
Taiyuan
Huang He (Gelber Fluss)
Han
Chi
Zich'uan
Gelbes Meer
SILLA
Wei
TIBETER
Yong
Qin
Xianyang
Song
Luoyang
Han
Yue
Wei
Shu
Shaochun
Nanjing
Guangling
Shu
Pa
Jangtsekiang
Chu
Wu
Pa
Ying
Guiji
Pengli
Ostchinesisches Meer
Changsha
TIAN
Min Yue
Fuzhou
Taibei (Taipeh)
VIETNAMESEN
VIETNAMESEN
Taiwan
Nanhai
KÖNIGREICH NAN YUE
Südchinesisches Meer
Hainan
Ausdehnung des Qin-Gebiets, 316–209 v. Chr.
Eindringende Nomaden 315–201 v. Chr.
Große Chinesische Mauer
Ursprüngliches Territorium der Qin
Ausdehnung bis 316 v. Chr.
Ausdehnung bis 228 v. Chr.
Weitere nach der Vereinigung eroberte Gebiete

weiterhin Feindseligkeiten und regionale Spannungen, und als Qin Shihuangdi elf Jahre nach dem Beginn seiner Herrschaft starb, wurde China vorübergehend wieder in Kriege hineingezogen – die Qin-Dynastie zerbrach.

Die Große Mauer

Der Bau der Großen Chinesischen Mauer war vielleicht eine der beeindruckendsten Leistungen Qin Shihuangdis. Die Konstruktion langer Mauern war nicht neu, und Teile der Großen Mauer waren schon im 7. Jahrhundert v. Chr. von den Zhou errichtet worden. Damals bauten die Vasallenstaaten Verteidigungsmauern, um ihre Hoheitsgebiete abzugrenzen. Die Furcht vor den Nomadenstämmen der Xiongnu (Hunnen) im Norden Chinas ließen die Qin die bestehenden Mauern miteinander verbinden, um so mögliche Eindringlinge abzuwehren. Dabei wurde die Mauer auf mehr als 10 000 Li (ca. 5000 Kilometer) verlängert und wand sich nun durch Gebirge und Wüsten. Die Mauer wurde komplett von Hand errichtet, wozu ausschließlich Steine aus der jeweiligen Gegend verwendet wurden. Garnisonsstationen und Wachtürme wurden in regelmäßigen Abständen entlang der Mauer gebaut. Sie dienten nicht nur der Verteidigung, sondern waren auch ein wichtiges Hilfsmittel für die Kommunikation im Qin-Reich. Trotz des Nutzens, den die Große Mauer brachte – sie forderte vom Volk auch große Opfer: Zur Finanzierung des Unternehmens wurden hohe Steuern erhoben, und tausende Bauarbeiter verloren ihr Leben.

Die Terrakotta-Armee

Qin Shihuangdi hatte 221 v. Chr. in der Nähe der Hauptstadt Xianyang mit dem Bau seines Mausoleums begonnen. Nach seinem Tod im Jahr 210 v. Chr. wurde er in einer riesigen Grabanlage bei Lintong begraben, beigefügt war eine überlebensgroße Armee aus gebranntem Ton in voller Rüstung. Die Armee bestand aus mehr als 7000 Kriegern und Pferden, die in verschiedenen Schlachtformationen aufgestellt waren und die Qin Shihuangdis Macht und Stärke beim Eintritt in ein Leben nach dem Tod bezeugen sollten. Das Grab enthielt auch persönliche Gegenstände und Schmuck. Um sicherzustellen, dass das Grab nach seinem Tode nicht geplündert wurde, hatte Qin Shihuangdi selbstauslösende Armbrüste am Grabeingang installieren lassen, die auf mögliche Grabräuber zielten.

Die Han-Dynastie

Nach dem Tod von Qin Shihuangdi 210 v. Chr. kam es in China zum Bürgerkrieg, der 206 v. Chr. mit der Machtübernahme durch die Han-Dynastie beendet wurde. Die Han blieben für die nächsten 400 Jahre an der Macht und errichteten eines der größten Reiche jener Zeit. Eine frühere Dynastie war im Westen des Han-Staats von Liu Bang gegründet worden, die die Herrschaft der Qin überwand und den Einigungsprozess, den die Qin begonnen hatten, fortführte. Das zentralistische Verwaltungssystem wurde von den Han übernommen, wobei ursprünglich zeitweise auch feudalistische Einschläge wieder eingeführt wurden, da Liu Bang seiner Familie und seinen Günstlingen die Kontrolle über die Lehensgebiete gab. Dies wurde schließlich durch Wu-di, dem ersten bedeutenden Kaiser der Han, abgeschafft und verboten. Während seiner Regentschaft (140–87 v. Chr.) wurde die Zentralregierung wieder eingeführt und ein ziviler Dienst zur Unterstützung der neu gegründeten Provinzregierungen ins Leben gerufen. Der Staat spielte eine entscheidende Rolle in der Wirtschaft: Es gab Staatsmonopole auf Produkte wie Eisen, Salz und Alkohol. Kaiser Wu herrschte weniger brutal als die Qin, und unter ihm wurde der Legalismus schrittweise durch den Konfuzianismus als vorherrschende Ideologie ersetzt.

Gegen Ende seiner Regentschaft verfolgte Wu verstärkt eine Expansionspolitik, und das China der Han dehnte sich bald nach Süden und Südwesten aus. Korea, Vietnam und Zentralasien wurden kolonialisiert, und diese Ausweitung führte zur Erschließung von Handelswegen nach Westen. Die Hauptstadt der westlichen Han-Dynastie war Chang'an, das heutige Xi'an; die neue Hauptstadt wurde später nach einer kurzen Zwischenregierung Luoyang im Osten, und die Dynastie wurde fortan Östliches Han genannt. In dieser späteren Periode ab 25 n. Chr. wurden die Han allmählich immer mehr durch die rivalisierenden Kämpfe der einflussreichen Familien um den Machterhalt und den Einfluss auf die Kaiser geschwächt. Nach einer Reihe von Aufständen und Bürgerkriegen endete das Han-Imperium im Jahr 220 n. Chr.

Die Seidenstraße

Im Laufe der andauernden Kämpfe mit den Xiongnu-Stämmen im Norden versuchten die Han, Bundesgenossen im Kampf gegen die eindringenden Xiongnu zu gewinnen. Dazu gehörte auch das Volk der Yuezhi,

Unten: Ein Goldbecher aus der Tang-Dynastie, der aus einer Schiffsladung stammt. Der gesamte Fund besteht aus 60 000 Teilen.

Linke Seite: Große Mauer, die sich über eine Länge von 7600 Kilometer erstreckt. Einzelne Abschnitte der Mauer waren unter verschiedenen Herrschern entstanden, aber erst in der Zeit der Qin-Dynastie wurden die verschiedenen Teile zur Großen Chinesischen Mauer verbunden.

die in einem Gebiet nördlich von Indien lebten. Die Yuezhi waren ein Volk chinesischer Abstammung, sie hatten sich in Zentralasien angesiedelt und die buddhistische Religion angenommen. Sie hatten aber genauso von der griechischen Kultur profitiert, die seit der Zeit Alexanders des Großen in dieser Region verbreitet war. Wu wollte sich mit den Yuezhi gegen die Xiongnu verbünden und schickte 138 v. Chr. unter der Führung seines Generals Zhang Qian Expeditionen aus, um die Region zu erkunden. Als Zhang Qian schließlich zurückkehrte, brachte er Waren von seinen Reisen mit; auf diese Weise eröffneten die Han den chinesischen Strang der Handelsrouten, die es bereits von Zentralasien nach Europa gab. Die Waren und Kunstgegenstände, die Zhan Qian im Reisegepäck hatte und Wu übergab, waren sehr begehrt: vor allem eine Pferderasse für die Zucht der „himmlischen Pferde" sowie eine neue Erfindung – Glas.

Die Karawanenzüge durch Zentralasien waren relativ sicher, und der Warenaustausch zwischen China, Asien und schließlich Europa gewann zunehmend an Bedeutung. Chinesische Produkte wurden bis Rom gehandelt. Ganz allmählich kam China mit westlicher Kultur in Berührung – und umgekehrt. Die Bezeichnung „Seidenstraße" geht auf die begehrte Ware zurück, die auf der Straße tranportiert wurde. Bald erfreuten sich auch andere Waren aus China steigender Beliebtheit: Lackdosen, Elfenbein, Jade, Pelze und Tee wurden ebenfalls exportiert.

Chinesische Produkte waren aufgrund der äußerst leistungsfähigen Produktionsmethoden von höchster Qualität. Die Chinesen hatten mit Öfen, in denen sie hohe Temperaturen erreichten, eine wirkungsvollere Methode zur Herstellung von Eisen entwickelt und so gleichzeitig auch eine bessere Eisenqualität erzielt. Sie hatten die Arbeitsteilung eingeführt: Jeder Handwerker war Spezialist für nur einen Schritt des gesamten Fertigungsprozesses; so wurden sowohl Qualität als auch Quantität erhöht. Und schließlich hatten sie auch die Papierherstellung erfunden. Auf der Seidenstraße wurden jedoch nicht nur materielle Güter hin und her transportiert, auch der kulturelle Austausch wurde erleichtert, und so fand besonders der Buddhismus seinen Weg nach China.

Religion

Bei der Verknüpfung der asiatischen Reiche spielte die Seidenstraße eine entscheidende Rolle. Im 1. Jahrhundert n. Chr. gelangte der Buddhismus von Indien nach China, und obwohl er anfangs nicht besonders populär war, wurde der Buddhismus ab 386 n. Chr. unter den Wei-Kaisern die vorherrschende Religion. Zu Zei-

ten der Han war die Religion in China in erster Linie von Ahnenverehrung geprägt, ein Charakteristikum chinesischer Religion, das es schon seit den Zeiten der Shang-Dynastie gab.

Durch die Annahme des Konfuzianismus wurde es wichtig, Rituale einzuhalten, die der Verehrung der Vorfahren besondere Bedeutung beimaßen, denn die Ahnen sollten sich bei den Geistern des Himmels für die Lebenden einsetzen. Der Konfuzianismus hob auch die symbiotische Verbindung zwischen dem Einzelnen und dem Staat hervor, wobei die Familie als Bindeglied fungierte, und er machte geltend, dass die Regeln der Familienmoral die gesellschaftliche Grundlage bildeten. Der Buddhismus stand dem Konfuzianismus entgegen, denn nach buddhistischer Lehre ist es die vornehmste Aufgabe des Menschen, durch die Unterdrückung von Begierden und Wünschen die Erleuchtung, das Nirwana, zu erlangen. Erst wenn Wünsche und Verlangen ausgelöscht sind und der Mensch im Laufe eines Lebens das angesammelte „Karma“ aufgelöst hat, kann er den ewigen Kreislauf der Wiedergeburt durchbrechen. Der Buddhismus geriet immer mehr zum Mittelpunkt religiöser Verehrung; der Konfuzianismus wurde nicht abgeschafft, sondern er bildete die ideologische Grundlage, nach der der Staat verwaltet wurde. Das von Kaiser Wu eingeführte Staatsbeamtentum wurde schließlich mit den konfuzianistischen Idealen verknüpft: So war ein Prüfungssystem für die zukünftigen Beamten entwickelt worden, bei dem sie ihr Schulwissen über die Lehre des Konfuzius unter Beweis stellen mussten.

Die Tang-Dynastie

Die Tang-Kaiser

Im Jahr 581 wurde China unter der Sui-Dynastie wieder vereinigt; die Sui regierten 36 Jahre lang; sie trieben den Weiterbau der Großen Mauer und des Kaiser-Kanals voran – damit einher ging eine kostspielige Expansionspolitik in Korea und Vietnam –, bis sie schließlich aufgrund ihrer Prunksucht und der tyrannischen Art, mit der sie Steuern eintrieben, an Macht einbüßten.

Es folgten jahrelange Aufstände, bis die Sui schließlich durch die Tang ersetzt wurden. 624 überredete Li Shimin seinen Vater Li Yuan, gegen die Sui zu rebellieren, dabei kommandierte er selbst die siegreiche Armee. Li Yuan wurde der erste Tang-Kaiser, musste aber bald zu Gunsten seines Sohnes abdanken, der den Namen Tang Taizong annahm. Unter Taizong und anderen frühen Kaisern dieser Dynastie wuchs China zu einem starken, zentralisierten Land, das weniger auf die Aristokratie vertraute, dafür mehr auf die Staatsbeamten setzte. Im Jahr 690 nahm Wu Chao, eine Konkubine des Taizong, den Kaisertitel an, was unter anderem deshalb bemerkenswert war, da sie als einzige Frau jemals chinesische Kaiserin wurde. Unter Kaiser Xuanzong (685–762) erlebte China ein goldenes Zeitalter kultureller Errungenschaften wie die Gründung der Chinesischen Oper, eine Blütezeit der Dichtung, Malerei und Bildhauerei. Die Erfindung des Handdrucks mit Holzlettern ermöglichte es, dass geschriebene Texte in größerer Stückzahl zur Verfügung standen. Auch die kaiserliche Familie nahm den Buddhismus als offizielle Religion an. Buddhismus gehörte von da an als fester Bestandteil zur chinesischen Kultur.

Aufstände

Im 7. Jahrhundert begannen die Tang damit, zur Unterstützung ihrer Expansionspolitik die Armee zu einer starken Militärkraft auszubauen. Das Land weitete sich in einem Maße aus, in dem die Strukturen des

Unten: Eine außerordentliche Rarität: „Cizhou“-Balustervase mit Peoniendekor aus der Zeit der nördlichen Song-Dynastie.

Linke Seite: Ein kantonesischer Opernstar auf der Bühne. Die chinesische Oper geht auf die Tang-Dynastie unter Kaiser Xuanzong zurück, der den „Birnengarten“ gründete, die erste verbürgte Operntruppe Chinas.

Reichs nicht mitwachsen konnten. Das riesige Kaiserreich wurde zunehmend unkontrollierbarer, und 755 schwächte ein groß angelegter Aufstand im Nordosten das Tang-Imperium nachhaltig. Anführer der Rebellion war der General An Lushan, der aus dem Norden stammte, also kein Chinese war, und der ein riesiges Vermögen angehäuft hatte. An Lushan gelang es, Xuanzong aus der Hauptstadt Chang'an zu vertreiben und sich zum Kaiser einer neuen Dynastie zu ernennen; er wurde jedoch 757 vom eigenen Sohn ermordet. Als Folge des Aufstands beendeten die Chinesen die Besetzung Zentralasiens und zogen sich ebenfalls aus der Mongolei und Tibet zurück. Unter dem Aufstand hatten aber auch Ansehen und Einfluss der Kaiserfamilie stark gelitten, und die Macht ging wieder an die Provinzhauptstädte über – und damit letzten Endes an die Generäle und Kriegsherren, die in diesen Außenposten das Sagen hatten.

Die Fünf Dynastien und die Zehn Staaten

Nach einer Reihe massenhafter Bauernrevolten um 870 kam es 907 zum endgültigen Untergang, als der letzte Tang-Kaiser entmachtet wurde. Es folgte eine Periode politischer und gesellschaftlicher Unruhen und Umstürze. Nacheinander regierten fünf kurzlebige Dynastien im Norden, während im Süden zahllose rivalisierende Kriegsherren unabhängige Staaten oder Königreiche gründeten. China war in zehn unterschiedliche Regionen geteilt; erst die Errichtung der Song-Dynastie im Jahr 960 sollte das Land wieder vereinigen. Die Phase fortwährender regionaler Instabilität und politischen Streits führte zum Untergang der aristokratischen Klasse und zum wachsenden Einfluss von Militäreliten und Wirtschaftsmogulen. Die Wirtschaft litt unter Korruption, in vielen Teilen des Landes war wieder Tauschhandel eingeführt worden, und Hungersnöte überzogen den Norden Chinas.

Karakorum
KHITAN
UIGHUREN
Turpan (Turfan)
Hami
Kuqa
Anxi (Guazhou)
Ruoqiang (Charkhlik)
BETISCHES REICH
Lhasa
Ganges
KOGURYO
SILLA
Kaesong
Japanisches Meer
JAPAN
Jojun (Beijing)
Weizhou
Huang He
Gelbes Meer
Luoyang
Chang'an
Hangchou
Ostchinesisches Meer
Chengdu
CHINA
Chang Jiang
NAN CHAO
Guangchou (Kanton)
Südchinesisches Meer
Tamralipti
Golf von Bengalen
PYU
MON
DVARAVATI
KHMER
N
KÖNIGREICH SRI VIJAYA
0
400 km
0
400 Meilen

Europa im Frühmittelalter

In der turbulenten Periode nach dem Zusammenbruch des Römischen Reichs veränderte sich Europa völlig. In dieser Zeit wurden die Grundlagen für den modernen Kontinent Europa gelegt.

Europa nach Rom

Die dem Niedergang Roms folgende Frühmittelalter genannte geschichtliche Periode wird von manchen Historikern als dunkle Jahrhunderte bezeichnet, da sie nur wenige archäologische oder schriftliche Quellen hinterließ. Germanenstämme wie die Goten und die Vandalen übernahmen die Herrschaft in den ehemals römischen Gebieten.

Allmählich entwickelten sich aus den Volksstämmen die späteren Hauptkulturgruppen Europas: Franzosen, Skandinavier, Deutsche und Engländer. Die Germanenstämme waren im ersten Jahrtausend v. Chr. aus Volksgruppen hervorgegangen, die ursprünglich im Ostseegebiet siedelten und sich im Laufe der Jahrhunderte bis zum 3. Jahrhundert n. Chr. im Schwarzmeergebiet im Süden Russlands niedergelassen hatten. 375 drang das Reitervolk der Hunnen in dieses Gebiet ein und vertrieb die Germanenstämme nach Westen in die von den Römern kontrollierten Territorien. Dieser Druck beschleunigte den Niedergang des Römischen Reichs im Westen.

Die Hunnen waren Auslöser einer großen Völkerwanderung in Zentral- und Ostasien. Sie waren Kriegernomaden und stammten vermutlich von den Xiongnu-Stämmen in Nordchina ab, gegen die die Zhou- und die Qin-Dynastien die Große Mauer errichtet hatten. Die Hunnen bedrohten ihre Nachbarstämme durch wilde, kriegerische Attacken ihrer Gebirgskavallerie. Auf ihren Beutezügen nach Westen verbündeten sie sich mit anderen Stämmen, so z. B. mit den Turkvölkern und den Awaren, okkupierten das Land und gewannen an Macht. Im 4. Jahrhundert n. Chr. hatten sich die bis nach Europa eingedrungenen Hunnen in Osteuropa nördlich der Donau im Gebiet des heutigen Ungarn niedergelassen. Unter ihrem Anführer Attila (406–453) fielen die Hunnen regelmäßig brandschatzend in westliche Gebiete bis nach Italien ein und töteten die Bevölkerung ganzer Landstriche. Nach Attilas Tod zogen sich die Hunnen allmählich zurück und begannen sich zu zerstreuen. Zugleich ermöglichte dies den germanischen Völkern, sich auszudehnen und schließlich die Macht in der Region zu übernehmen.

Die Germanenstämme

Es gab im Wesentlichen drei große, nördlich der Alpen siedelnde Germanenvölker: die Nordstämme im südlichen Skandinavien, die im Osten entlang der Flüsse Oder und Weichsel siedelnden Germanen und die Westgermanen, die sich auf das Gebiet zwischen Nordsee und Elbe und Rhein erstreckten. Anfangs waren die Goten die bedeutendste Volksgruppe. Sie waren von Skandinavien aus südwärts in die Weichsel-Region gewandert. Im 3. Jahrhundert spalteten sie sich in zwei sehr unterschiedliche

Oben: König Chlodwig dehnte das Merowingerreich auf große Teile Galliens und den Südwesten Deutschlands aus.
Linke Seite: Eine frühe Darstellung von Bauern beim Pflügen.

Volksbünde auf: die Ostgoten und die Westgoten. Auf ihrer Wanderung nach Süden und nach Osten kamen sie mit der römischen Kultur in Berührung, was nicht ohne Einfluss auf ihre eigene Gesellschaftsform blieb: Sie gründeten Monarchien und bildeten aristokratische Klassen. Die Westgoten waren die ersten, die in Italien einfielen. 410 nahmen sie Rom ein, zogen dann weiter nach Westen, ließen sich in Spanien nieder und machten Toledo zu ihrer Hauptstadt. Im Süden Galliens errichteten sie ein unabhängiges Königreich: Toulouse. Die Ostgoten drangen 489 unter der Führung ihres Königs Theoderich des Großen nach Italien ein und bauten parallel zu den verbliebenen Römern selbst kurzzeitig ein hochzivilisiertes Königreich auf. Die Goten waren frühe Christen: Ihnen ist die erste Übersetzung der Bibel in eine germanische Sprache zu verdanken. Zugleich waren sie auch bemüht, die Lebensweise der Römer zu übernehmen; ihre Bereitschaft, sich anderen Kulturen anzupassen, war aber einer der Gründe für die kurze Lebensdauer ihrer Königreiche. Die Vandalen, eine Gruppe ostgermanischer Stämme, die nach Süden ausgewandert waren, erreichten über Gallien und Spanien schließlich Nordafrika und eroberten 429 Karthago. Sie gründeten ein vom Adel regiertes Reich, in dem alle Spuren der früheren römischen Verwaltung ausgelöscht wurden. 534 beendete schließlich der byzantinische General Belisar das Vandalenreich in Nordafrika.

Die Franken

Die Franken stammten ursprünglich aus der Gegend des Niederrheins. Viele kleine Stammesgruppierungen hatten sich zu einer Konföderation zusammengeschlossen. Unter der Herrschaft der Römer ließen sie sich in bestimmten Gebieten nieder, und so wandelten sie sich in kurzer Zeit von vagabundierenden, kriegerischen Stämmen zu einer sesshaften Gesellschaft. Anfangs waren sie mit Rom verbündet und unterstützten die Römer gegen die Hunnen und Westgoten. Doch unter dem fränkischen König Chlodwig lehnten sie sich 486 gegen Rom auf und errangen die Unabhängigkeit. König Chlodwigs herausragende Leistung bestand darin, die verfeindeten Stammesführer zu vereinen, die die Rheintäler besetzt hielten. Nach seinem Sieg über den römischen Führer Syagrius im Jahr 486 folgten weitere Siege, so z. B. über andere Germanenstämme in Gallien, wie die Burgunder und die Westgoten in Aquitanien. 493 heiratete Chlodwig die burgundische Prinzessin Chrodechildis und konvertierte zum Christentum. Der Übertritt zum römisch-katholischen Glauben ermöglichte Chlodwig, Unterstützung von den Römern, Byzantinern und Galliern zu erhalten und damit die Vormachtstellung der Franken in dieser Region zu sichern. Chlodwig machte Paris zur Hauptstadt des Merowingerreichs. Die Merowinger begründeten ihr Reich mehr auf Eroberung als auf Kolonialisierung und hatten nur einen sehr kleinen zentralen Verwaltungsapparat, der die Regierung bildete. Zur Kontrolle der neuen Gebiete setzte der König Adlige ein. Diese Adligen gewannen in ihren Gebieten allmählich an Macht, besonders eine Familie dominierte im Frankenreich. 751 übernahmen die Karolinger mit Zustimmung des Papstes die Macht im Merowingerreich und Pippin III., der Jüngere, wurde als Pippin I. König des Frankenreichs.

Die großen Königreiche im Mittelalter

Nach dem Zusammenbruch des Römischen Reichs wuchsen in Europa nun neue Mächte heran. Karl der Große gründete eine neue Macht im Westen, während im Osten das Byzantinische Reich die Tradition des Römischen Reichs fortführte.

Karl der Große

Der älteste Sohn von Pippin dem Jüngeren, Karl der Große (768–814), war zweifellos der bedeutendste Kaiser des Frankenreichs. Anfangs regierte er das Königreich zusammen mit seinem Bruder Karlmann, aber nach Karlmanns Tod nur drei Jahre nach ihrer Thronbesteigung wurde Karl der Große 771 Alleinherrscher über das wiedervereinigte Königreich. Durch eine Reihe von Kriegen gegen Länder, die eine ständige Bedrohung entweder gegen die Franken oder die römische Kirche darstellten, festigte Karl der Große seine Macht: So eroberte er 774 das Langobardenreich und besiegte schließlich 804 im letzten Sachsenfeldzug die Sachsen, ein machtvolles Germanenvolk, das sich erfolgreich der Christianisierung widersetzt hatte. Die langen und grausamen Sachsenkriege endeten mit der Zwangstaufe des Sachsenführers Herzog Widukind. Das erklärte Ziel Karls des Großen war die Christianisierung Europas, und so ging er in den eroberten Gebieten rücksichtslos gegen alle vor, die sich weigerten zu konvertieren.

Unten: Krönung Karls des Großen 774 zum König der Lombardei.

In Spanien zog er gegen die Mauren ins Feld, die das Gebiet seit 711 besetzten, und führte 778 einen Feldzug über die Pyrenäen. Es gelang ihm jedoch, in den Pyrenäen eine Pufferzone zwischen Spanien und dem Frankenreich zu schaffen. Die Niederlage Karls des Großen im Tal Roncesvalles (nordöstlich von Pamplona) wurde später in dem mittelalterlichen Epos „Rolandslied" verewigt. Karl der Große hatte Mitteleuropa zu einer christlichen Vormachtstellung verholfen und wurde am 25. Dezember 800 vom Papst in Rom zum Kaiser gekrönt. Damit wurde Karl der Große der erste westliche Kaiser des Römischen Reichs seit Romulus Augustulus, der durch die Kirche inthronisiert wurde. Der Herrscher des Frankenreichs sah sich in der Nachfolge der Römer. Unter Friedrich I. (Barbarossa) wurde die Reichsbezeichnung um den Zusatz „Heilig" ergänzt – eine Bezeichnung, die bis zum Beginn des 19. Jahrhunderts Bestand haben sollte.

Die Erhebung zum Kaiser durch den Papst führte zu Spannungen im Verhältnis zwischen Kirche und Staat, die in den folgenden Jahrhunderten zunahmen. Karl der Große, der sich nur bedingt dem Papst unterordnete, weigerte sich anfangs, seinen neuen Titel formell zu gebrauchen.

Die Wiedereinführung eines weströmischen Kaisers wurde vom Byzantinischen Reich, der Großmacht im Osten mit Sitz in Konstantinopel, nicht anerkannt, sondern als Usurpation angesehen. Dem neuen Kaiser gelang es jedoch, mit dem Frankrenreich eine von den Byzantinern unabhängige Macht zu schaffen, die Konstantinopel im Jahr 812 schließlich anerkennen musste. Die Regierungszeit Karls des Großen war gekennzeichnet vom Beginn einer Vereinigung der deutschen Ge-

EUROPA, um 1000
ISLAND
Europäisches Nordmeer
LAPPEN
NORWEGEN
SCHWEDEN
Uppsala
Birka
Ladoga
Nowgorod
Pleskau
BALTISCHE VÖLKER
SCHOTTLAND
Nordsee
DÄNEMARK
Roskilde
Lund
Ostsee
IROKELTISCHE KÖNIGREICHE
Dublin
Cork
York
WALES
ENGLAND
London
SLAWEN
Hamburg
Bremen
Rhein
KIEWER REICH
POLEN
Wloclawek
Kiew
Krakau
Aachen
Köln
Frankfurt
Rouen
Paris
HEILIGES RÖMISCHES REICH
Lorch
Neutra
ATLANTISCHER OZEAN
Orléans
FRANKREICH
Besançon
UNGARN
Mosaburg
Golf von Biscaya
BURGUND
Lyon
PETSCHENEGEN
Bordeaux
Mailand
Venedig
Donau
Warna
Corunna
Bayonne
Genua
KROATIEN
Avignon
KÖNIGREICH ITALIEN
Nisch
LÉON
KASTILIEN
NAVARRA
ARAGON
Nizza
Adriatisches Meer
BULGARIEN
Fraxinetum
Philippopel
Adrianopel
Korsika
Rom
Benevento
Barcelona
Patrimonium Petri
Bari
Tarragona
Capua
Neapel
BYZANTINISCHES REICH
Thessalonike
Toledo
Salerno
Ägäis
Valencia
Sardinien
Smyrna
EMIRAT VON CÓRDOBA
Balearen
Sevilla
Cartagena
Mittelmeer
Palermo
Sizilien
Sétif
Tunis
Kandia
Kreta
Kairuan
Malta
FATIMIDEN
Tripolis

Oben: Zirkus und Hippodrom mit antiken Spolien im byzantinischen Konstantinopel, um 500 n. Chr.

biete mit Rom und der Vereinigung Nord- und Südeuropas sowie von den ersten Schritten zu einer politischen Einheit Europas. Unter Karl dem Großen blühte aber auch das kulturelle Leben in Europa wieder auf. Während seiner Regentschaft wurden Kirchen und Kathedralen gebaut, und Handwerk und Handel florierten. Bildung und Kunst wurden gefördert, Latein wurde die anerkannte geschriebene und gesprochene Sprache bei Amtsgeschäften und in Gottesdiensten. Diese karolingische Renaissance wird oft als das Ende des Frühmittelalters in Europa betrachtet.

Byzanz

Europa war im Frühmittelalter in zwei Großreiche geteilt: das Frankenreich im Nordwesten und das Oströmische Reich – die Byzantiner – im Südösten. Die byzantinischen Herrscher, die Nachfolger Konstantins des Großen, regierten in der Osthälfte des Römischen Reichs bis ins 15. Jahrhundert. Die byzantinische Kultur wurde hauptsächlich von drei Strömungen geprägt: der römischen, der griechischen und der orientalischen. Der römische Einfluss ist auf die ersten Nachfolger Konstantins zurückzuführen. Insbesondere Justinian I. (527–565) betonte den klassischen römischen Stil. Eine Reihe bedeutender Feldzüge des erfolgreichen Feldherrn Belisar führten zur Rückeroberung Nordafrikas, Spaniens und Italiens. Unter Justinian I. wurde das römische Recht kodifiziert, alle Gesetze aufgezeichnet und veröffentlicht. Der *Corpus iuris civilis* (Sammlung der Rechtsvorschriften) wurde Grundlage für die meisten späteren Kirchen- und Zivilrechtssysteme in Europa.

Während der Herrschaft des Kaisers Herakleios (610–641) dominierte der griechische Einfluss. Die Griechen waren die einflussreichste Bevölkerungsgruppe in Kleinasien, und ihre Sprache wurde in der zweiten Hälfte des 6. Jahrhunderts Amtssprache vor Latein. Herakleios gelang es, die Perser und Awaren, die das Reich bedrohen, zu besiegen. Nach seinem Tod wurde das Byzantische Reich jedoch von der arabischen Expansion bedroht. Vom Südosten waren Araber nach Palästina, Syrien und Persien eingedrungen. Gleichzeitig wurde das Reich durch religiöse Streitigkeiten zwischen verschiedenen theologischen Gruppierungen im Inneren geschwächt. Im 8. und 9. Jahrhundert erschütterte der Bilderstreit – der so genannte Ikonoklasmus – das Reich, Bildverehrer verteidigten heftig das Bild als Symbol und Mittler für den Glauben.

Unter der Herrschaft eines mazedonischen Kaisers, Basileios II., kam es durch die Einverleibung Bulgariens 1014 letztmalig zur Ausweitung des Reichs. Im 11. Jahrhundert war Kaiser Alexios I. gezwungen, den Papst um Hilfe zu bitten, als das Byzantinische Reich durch die Seldschuken bedroht wurde. Das führte 1096 zum ersten Kreuzzug. Durch die folgenden heiligen Kreuzzüge wurden das Byzantinische Reich und Konstantinopel nachhaltig und unwiderruflich geschwächt, und als 1453 die Osmanen Konstantinopel angriffen, konnten die Griechen keinen Widerstand leisten. Ihr letzter Kaiser Konstantin starb im Kampf gegen die Türken an der Mauer seiner Stadt.

Frühe europäische Gesellschaft

Die Pest

Zwischen 541 und 544 brach in Afrika die Beulenpest aus. Sie breitete sich schnell über Nordafrika nach Südeuropa aus; im Jahr 590 – Höhepunkt der Pandemie – fielen ihr vermutlich 25 Prozent der Bevölkerung im Mittelmeerraum zum Opfer. Die Pest wurde als erste Epidemie ungeheuren Ausmaßes unter dem Namen „Justinians-Seuche" aufgezeichnet. Von Flöhen befallene Ratten schleppten die krankheitserregenden Bakterien von Afrika nach Konstantinopel und in den Mittelmeerraum ein. Dabei spielte der Nil als Haupthandelsweg, der den ägyptischen Hafen Alexandria mit Ostafrika verband, eine entscheidende Rolle. Nach Nordeuropa gelangte die Pest zunächst nicht, da es dort noch keinen nennenswerten Handel mit dem Süden gab. Konstantinopel war dagegen besonders stark betroffen.

Aus Quellen zeitgenössischer Historiker, wie z. B. Procopius, dem Rechtsberater Belisars, geht hervor, dass durch die Seuche in Konstantinopel bis zu 10 000 Menschen pro Tag starben. Als Folge der Epidemie traten unzählige Probleme zu Tage; so bereitete die Beseitigung der Leichen besondere Schwierigkeiten, da niemand diese Aufgabe übernehmen konnte oder wollte. Die Toten wurden verbrannt, einfach auf den Straßen liegen gelassen, oder sie verwesten in den Häusern. Dadurch konnte sich die Krankheit aber nur noch schneller ausbreiten, bald kam es zu Hungersnöten, die das Reich zusätzlich schwächten.

Feudalismus

Die mittelalterliche Gesellschaft in Europa gründete auf dem Lehnswesen. Ein Lehnsherr stellt einem Lehnsmann Land zur Verfügung. Der Lehnsmann erbringt dafür dem Lehnsherr Leistungen, im Gegenzug wird er von diesem beschützt. So stellte der König seinen wichtigsten Beamten und Kirchenmännern Land zur Verfügung und sicherte sich so ihre Loyalität und Unterstützung, wenn er Soldaten für die königliche Armee rekrutierte. Diese Adligen teilten wiederum das Lehen mit ihren Untergebenen und machten sie zu Vasallen. Am unteren Ende der sozialen Leiter standen die Bauern oder Leibeigenen. Übermäßige Inanspruchnahme von Bauern und hohe Abgaben führten oft zur wirtschaftlichen Ausbeutung dieser Klasse, und viele vormals freie Landbesitzer wurden gezwungen, ihren wohlhabenden Nachbarn zu dienen. Die Bauern bestellten das Land und erwirtschafteten die Waren, die der Lehnsherr benötigte. Sie mussten hohe Abgaben entrichten. Als Gegenleistung dafür, dass sie auf dem Land ihres Lehnsherrn lebten und arbeiteten, gewährte dieser seinen Vasallen Schutz. Zugleich lag die Gerichtsbarkeit über die Untertanen in den Händen ihrer adligen Lehnsherren.

Die Feudalgesellschaft gründete auf Verträgen und Treueeiden zwischen den Lehnsherren und den Lehnsmännern. Im 14. Jahrhundert zerfiel dieses Feudalsystem aber immer mehr, als die Könige – im Zuge der Einführung von Geld – Söldner anheuern konnten und Berufssoldaten bezahlten. Ein unabhängiges stehendes Heer war für die Herrscher viel effektiver, als sich auf die zuweilen wenig kooperativen Adligen verlassen zu müssen.

Unten: Münze mit Abbildung Königs Coenwulf von Mercia (796–821 n. Chr.); von dieser angelsächsischen Goldmünze wurden bisher nur acht Stück gefunden.

Neue Weltreligionen

Der Islam

Gründer des Islams war der Prophet Mohammed. Er wurde um 570 in ärmlichen Verhältnissen im arabischen Handelszentrum Mekka geboren; nach der Heirat mit einer reichen Witwe wurde er Kaufmann. Mit 40 Jahren begann Mohammed, eine neue Religion zu predigen. Sie fußte auf der Revision sowohl des Judentums als auch des Christentums und sprach vor allem die arabischen Völker an. Mohammed attackierte den Aberglauben und die Götzenverehrung seiner Zeit, durch die er die anderen großen Religionen korrumpiert sah. Die Basis für seine Predigten bildete der Heilige Koran, der nach Mohammeds Aussage das unmittelbare Wort Gottes beinhaltete. Mohammed ermahnte seine Anhänger, ein frommes, moralisches Leben zu führen, voller Respekt für den einen allmächtigen, gerechten und gnädigen Gott. Das Wort „Islam" bedeutet „sich dem Willen Gottes unterwerfen". In diesem Sinne konnte Gottes Barmherzigkeit nur durch regelmäßige Gebete, durch Fasten und Almosen erlangt werden. Anfangs stießen Mohammeds Predigten bei den Kaufleuten in Mekka auf Ablehnung, und sie beobachteten mit Sorge um ihren bisherigen Lebensstil die wachsende Popularität des Islams. Wiederholte Anfeindungen zwangen Mohammed 622 zur Flucht nach Yatrib (das später Medina, „Stadt des Propheten" genannt wurde). Diese Auswanderung, auch „Hidschra" genannt, markiert den Beginn der islamischen Zeitrechnung. In Medina begann Mohammed, seinen Einfluss auszubauen und einen am Ende siegreichen Krieg gegen Mekka zu führen. Im Jahr 630 nahm er die Kaaba als zukünftigen Mittelpunkt der Religion ein, und Mekka musste den Islam anerkennen. Als Mohammed 632 starb, hatte sich der Islam bereits in ganz Mittel- und Südarabien ausgebreitet.

Die Ausbreitung des Islams

Im Laufe der folgenden 100 Jahre verbreitete sich der Islam im Osten bis nach Nordindien und im Westen bis nach Spanien. Diese Verbreitung bewirkte das Vorrücken der arabischen Heere, welche die vormals von Byzanz und Persien beherrschten Länder einnahmen. Als erster einer Reihe von Nachfolgern Mohammeds (die Kalifen) wurde sein Schwiegersohn Abu Bakr gewählt. Nachdem er jeden Widerstand gegen seine Regentschaft zerschlagen hatte, fiel er in Persien, Irak und Vorderasien ein. 636 besiegte der zweite Kalif, Omar I., die Byzantiner in Damaskus und drang in Mesopotamien und Anatolien ein. Von Persien aus verbreitete sich der Islam unter dem Kalifat der Omaijaden weiter nach Osten, eroberte 664 Kabul und 712 Nordindien. Nach der Einnahme von Damaskus 636 begann der Marsch nach Westen; 643 folgte die Eroberung Alexandrias und Ägyptens und 697 der Fall Karthagos. Im Jahr 711 waren arabische Armeen von Nordafrika aus in Spanien eingefallen und auf dem Weg, Frankreich zu erobern. Politische Differenzen und Bürgerkriege führten jedoch immer wieder zur Schwächung des arabischen Reichs, das nie für lange Zeit alle eroberten Gebiete kontrollierte. Der religiöse Einfluss des Islams expandierte gleichwohl weiter –

auch über die Spaltung hinaus, die aus den Kämpfen um die Nachfolge Mohammeds resultierte und in die Hauptrichtungen Sunna und Schia (sowie der zahlenmäßig weniger bedeutsamen Charidjija) mündete.

Die Kalifen

Die ersten Kalifen des islamischen Großreichs, Herrscher, die nach Mohammeds Tod folgten, wurden gewählt. Politische Spannungen, territoriale Ansprüche und Differenzen in der Auslegung des Korans bewirkten jedoch Führungskämpfe, in deren Verlauf 656 Kalif Othman bei einem Aufstand ermordet wurde und sein Rivale Ali (ein Vetter und Schwiegersohn Mohammeds) seine Nachfolge antrat. Ali wurde ebenfalls ermordet, und mit wiederum seinem Nachfolger Moawija I. errang die Omaijaden-Dynastie im Jahr 661 das Kalifat und machte Damaskus zur neuen Hauptstadt – bis 750 die Abbasiden die Macht im Reich übernahmen und fortan von Bagdad aus regierten. Die Abbasiden führten ihre Herkunft auf Mohammeds Onkel zurück und leiteten daraus ihren Anspruch auf das Kalifenreich ab, trotz der von den Omaijaden in Córdoba und Kairo gegründeten rivalisierenden Kalifate.

Die Kämpfe um Mohammeds Nachfolge hatten die bis heute wirksame Teilung des Islam in zwei Hauptströmungen zur Folge. Die Sunniten erkennen die Rechtmäßigkeit der ersten vier Kalifen an und repräsentieren den orthodoxen Islam. Den Schiiten gilt der mit Mohammed direkt verwandte Ali (und seine Nachfolger) bis heute als einzig legitimer Nachfolger des Propheten. Obwohl die Sunniten weltweit die größte islamische Strömung bilden, stellen im heutigen Iran und Irak die Schiiten die muslimische Mehrheit in der Bevölkerung.

Frühes Christentum

Nach dem Leben und dem Tod Jesu – und dem Glauben seiner Jünger an dessen Auferstehung – verbreitete sich der christliche Glaube im ganzen Römischen Reich. Viele Menschen konvertierten zum Christentum und ließen sich taufen, trotz der Gefahr, verfolgt zu werden, und zum Teil auch aus Protest gegen den römischen Kaiser. 313 erkannte Kaiser Konstantin I., der Große, dass sich das Christentum immer weiter ausbreitete; im Toleranzedikt von Mailand legte er die Duldung dieser Religion in seinem Reich fest und nahm wenig später selbst den christlichen Glauben an. Dieser Vorgang stärkte die Autorität der christlichen Kirche, insbesondere in Rom. Das Konzil von Nicaea 325 sollte dazu dienen, den Disput zwischen den verschiedenen Sekten zu beenden; so wurden besonders die arianischen Christen als Ketzer angeprangert. Die Arianer sahen in Jesus ausschließlich einen Menschen und keinen Gott; das Konzil entschied jedoch, dass Jesus beides war, Gott und Mensch. Diese Doktrin wurde zur zentralen Lehre der römischen, griechischen, anglikanischen und protestantischen Kirchen.

Als die christliche Religionsbewegung wuchs, entwickelten sich verschiedene Sekten mit unterschiedlichen Glaubensrichtungen und Riten. Als Folge organisierte sich die Kirche in Bistümern mit den Zentren Rom, Konstantinopel, Alexandria, Antiochia und Jerusalem. Durch den Niedergang des Weströmischen Reichs und das gleichzeitige Vorrücken des Islams lief die christliche Kirche zunächst Gefahr zu zerfallen. Alexandria, Jerusalem und Antiochia fielen an den Islam, und auch Konstantinopel wurde angegriffen, während Rom durch die einfallenden Goten in Bedrängnis geriet. Christliche Missionsstätten sicherten das Überleben der Religion. In Ägypten verbreiteten koptische Christen ihren Glauben entlang des Nils bis nach Nubien und Äthiopien. Im 6. Jahrhundert brachten keltische Missionare das Christentum nach Nordeuropa und bekehrten alle, bis auf die Sachsen. In Asien bekannten sich Millionen von Christen zum Nestorianismus – bis in den Westen Chinas hinein. Zu den Nestorianern gehörten auch die Thomas-Christen in Indien (Apostel Thomas soll ihnen das Christentum gebracht haben). Der Niedergang der Nestorianer setzte mit den Kreuzzügen ein; als Vergeltung verfolgten

hundert dusent ludes · der gothen koning belef dar dot · De
koning ezzele vor dannen to langbarden vñ besat aquileiā
driu iar · vñ do he se nicht gewinnen ne mochte he wolde dan
nen varen · wan dat he sach dat de storke ere iungen van d' stat
vorden · dar van karde he wid' vnde
stormde de stat vñ gewan se vñ to vor
de se al · dannen vor he to langbardē
e paues leo quā to eme vñ bat ene
dat he des landes genade hadde dat louede de koning deme
pauese dar he dat don wolde · dar ūme wart he
geschuldeget van den sinen do segede he · Ich ne
vorchte nicht den paues · En engel stunt bi eme
de hadde en swert nid' hant heddich anders ge
dan he hadde mich irslagen · de koning ezzele umbot deme
keisere do · dat he eme sine suster geue od' he wolde dar ri

Linke Seite: Handschrift mit einer Darstellung Papst Leos I., der den Hunnenkönig Attila bei einem Treffen dazu brachte, Rom zu verschonen.
Oben: Blick vom Ölberg im Osten Jerusalems, Israel, auf den Felsendom und die Mauern der Altstadt.

die Muslime die Christen; im 15. Jahrhundert war das Christentum in Asien fast vollständig verschwunden.

Die Päpste

Der Titel „Papst" kam für den Bischof von Rom erst im 4. Jahrhundert auf. Als erster Inhaber des Heiligen Stuhls wurde der Apostel Petrus angesehen, der im Jahr 67 in Rom den Märtyrertod starb. Daraus leiteten später die Päpste ihren Anspruch ab, in Stellvertretung Christi als Führer der gesamten Christenheit berufen zu sein. In den ersten fünf christlichen Jahrhunderten gab es neben den Bischöfen von Rom weitere Kirchenführer im Oströmischen bzw. Byzantinischen Reich. Durch die Ausbreitung des Islams gingen hier die frühen christlichen Gemeinden jedoch verloren – und so wurde Rom später Mittelpunkt der christlichen Kirche. Der erste bedeutende Papst Leo I. (440–461) verteidigte Rom erfolgreich gegen den Hunnenkönig Attila und gegen die Vandalen. Einer seiner Nachfolger im Amt, Gregor I. (590–604), reformierte das Kirchensystem und den Ritus – nach ihm wurden die gregorianischen Gesänge benannt. Die Kirche stand nun unter päpstlicher Führung und gewann nicht zuletzt dadurch an Einfluss, dass sie sich unter Roms Schutz stellte – sowohl vor der wachsenden Macht des Fränkischen Reichs als auch der fortwährenden Bedrohung durch die islamische Invasion. Ein zweites Zentrum des Christentums enstand in Konstantinopel; hier folgten die Christen in ihren Gottesdiensten einer anderen Liturgie als in den westlichen Christengemeinden. 1054 entwickelte das Christentum zwei wesentliche Strömungen: den Katholizismus in Westeuropa und die orthodoxe Kirche in Teilen Osteuropas, in Russland und im Nahen Osten.

Ab 1059 wurden die Päpste vom Kardinalskollegium gewählt; sie erhielten die päpstliche Souveränität über große Gebiete Italiens. Dieser Reichtum und die

Funktion als geistliche Führer des christlichen Europa gaben ihnen beträchtliche politische Macht – später führte sie diese Macht in bisweilen schwere Konflikte mit anderen europäischen Herrschern.

Das Judentum

Der jüdische Glaube entstand in der Bronzezeit in Mesopotamien; einzelne Stammesgruppen wurden aufgrund ihres monotheistischen Glaubens – sie beteten nur zu einem einzigen Gott – von den anderen ausgeschlossen. Jüdischer Überlieferung zufolge ist Abraham der Stammvater der Juden. Gott hatte mit Abraham als dem Oberhaupt einer Familie einen Bund geschlossen – und das jüdische Volk versteht sich als deren Nachkommen. Zur Zeit Moses (um 1200 v. Chr.) flüchteten die Juden aus der ägyptischen Sklaverei in das Gebiet Kanaan, das Gelobte Land, das spätere Palästina. In Kanaan siedelten seit dem zweiten Jahrtausend v. Chr. semitisch sprechende Völker, und das Gebiet wurde schließlich von den hebräischen Königen Saul, Salomon und David regiert. In dieser Zeit wurde in Jerusalem der große Tempel gebaut, der später zweimal zerstört wurde – 586 v. Chr. von den Babyloniern bei der Invasion Israels und 70 n. Chr. erneut von den Römern. Obwohl sie um 1000 v. Chr. ein mächtiges Königreich errichtet hatten, führte die Invasion der Babylonier und der Assyrer zur Auswanderung der Israeliten. Im Exil wurde der Tempel, der bisher Mittelpunkt ihrer Gottesdienste war, durch Synagogen ersetzt, und die Gebete wurden von Männern der Schrift, so genannten Sofrim, geleitet, den späteren Rabbinern. Das Exil bewirkte weitere jüdische Migration, die Diaspora, und so verstreuten sich die Juden über den gesamten Mittelmeerraum; zur Zeit des Römischen Reichs wurde der jüdische Glaube toleriert und zeitweise sogar mit gesetzlichen Privilegien versehen. 140 v. Chr. entstand der jüdische Staat in Judäa unter der Führung der Hasmonäer-Dynastie.

Im Jahr 6 n. Chr. wurde Judäa jedoch von den Römern annektiert und zur römischen Provinz erklärt. Die Juden wiedersetzten sich der römischen Herrschaft und übernahmen 66 bei ihrem ersten Aufstand für kurze Zeit wieder die Kontrolle über ihr Land. Die Revolte wurde im Jahr 70 von Vespasian niedergeschlagen, Jerusalem wurde niedergebrannt und der Tempel

A s i e n
Aral-
see
Kuga
Turpan
Dunhuang
Samarkand
Buchara
Kashgar
erv
Wüste
Taklamakan
Khotan
Chang'an
Luoyang
Hindu-
kusch
PERSIEN
Himalaya
CHINA
Guangzhou
cher
olf
INDIEN
Arabisches
Meer
Golf von
Bengalen
Süd-
chinesisches
Meer
Südostasien
INDISCHER OZEAN
Ausbreitung des Buddhismus,
Hinduismus und Christentums
Buddhismus
Hinduismus
Christentum

zerstört. Bis zur Bekehrung des Römischen Reichs zum Christentum erlebten die jüdischen Gemeinden eine kulturelle Blütezeit. Um 200 legte der Rabbiner Judah das jüdische Gesetz in der Mischna nieder, die von nun an, zusammen mit der Gemara, den Talmud bildete – neben der Thora (fünf Bücher Mose) das wichtigste Buch im Judentum.

Die Diaspora

Das Wort Diaspora bedeutet „Zerstreuung" und bezieht sich auf die großen Auswanderungszüge der Juden, die Israel teils freiwillig verließen, um sich woanders anzusiedeln, oder aber vertrieben und umgesiedelt wurden. Der Begriff Diaspora umschreibt seither die – physische wie geistige – Existenzweise aller nicht in Israel lebenden Juden, heutzutage aber auch anderer religiöser oder nationaler Minderheiten. In der Römerzeit wurden große jüdische Gemeinden von Kleinasien nach Griechenland und Italien umgesiedelt. In der christlichen Ära setzte sich die Diaspora fort; viele Juden ließen sich im islamischen Spanien nieder, das für seine Toleranz bekannt war. Die geografisch weite Verbreitung jüdischer Gemeinden – die ihre Sprache, ihren Gottesdienst sowie die Gesetze des Handels, wie sie im Talmud vorgeschrieben waren, überall beibehielten – trug mit dazu bei, dass sie als Kaufleute erfolgreich wurden. Hinzu kamen die Beschränkungen jüdischen Landbesitzes in Europa, vor allem in den Feudalgesellschaften Mitteleuropas, sodass sich jüdische Einwanderer meist in den Städten niederließen. Obwohl sie in den Gastländern ein starkes ökonomisches Engagement zeigten, wurde den jüdischen Gemeinden nur begrenzte Toleranz entgegengebracht, und immer wieder wurden sie von feindseligen Herrschern und Monarchen vertrieben.

Gottesdienste

Der wichtigste Text im Judentum ist die Thora, die nach der Überlieferung Gott auf dem Berg Sinai Moses übergeben hatte. Die Thora bildet auch die ersten Bücher im Alten Testament der Christen. Sie ist Sinnbild für den Bund Gottes mit den Menschen und handelt deshalb von der Menschheit. Als Religion bildet das Judentum den Hintergrund für das Christentum und den Islam. Die christliche Lehre von dem einen Gott als Vater, Sohn und Heiligem Geist ist für Juden jedoch ketzerisch. Ebenso ist der islamische Glaube, dass Mohammed der letzte einer Reihe von Propheten (darunter auch Jesus) war, für den jüdischen Glauben inakzeptabel, da die Juden daran glauben, dass der Messias erst noch kommen wird. Der jüdische – ebenso wie der christliche und islamische – Monotheismus erlaubt nur die Verehrung Gottes, nicht aber seiner Stellvertreter auf Erden.

Der Hinduismus

Der Hinduismus ist die älteste der Weltreligionen; diese sehr komplexe Religion hat sich seit 3000 v. Chr. entwickelt, sie verbindet eine Vielzahl von Glaubensrichtungen und -ritualen. Sie kennt keinen Gründer, Propheten oder Lehrer, der den Glauben vereint hat; sie ist auch nicht monotheistisch, sondern verehrt einen weiten Pantheon von Göttern. Die meisten Hindus glauben allerdings an eine einzige universelle Seele, das Brahman. Grundlagen des Hinduismus finden sich im arischen Glauben, der 800 v. Chr. in vier Texten, den Veden, aufgezeichnet wurde.

Im Hindu-Pantheon dominieren Brahma, Vishnu und Shiva. Brahma ist der Schöpfer des Universums und Herr über alle Lebewesen. Vishnu, der Bewahrer kommt in verschiedenen Formen vor: Er kennt neun Inkarnationen. Diese „Fleischwerdungen" treten in Gestalt von Menschen oder Tieren aus religiösen Legenden auf. Als Vishnu wird er mit vier Armen dargestellt und hält einen Stock, eine Muschel, einen Diskus und eine Lotusblüte, und er gilt als freundlicher Gott. Shiva ist der Zerstörer und wird mit dem Tod, aber auch

mit dem Wiederaufbau in Verbindung gebracht. Der Hinduismus wurzelt im Glauben an die Wiedergeburt: Der Mensch ist in einen Kreislauf von Geburt, Tod und Wiedergeburt gebunden. Das Schicksal eines Menschen, das ihn in seinem kommenden Leben ereilt, wird durch die Taten in diesem Leben vorbestimmt. Dieses Schicksal wird auch als Karma bezeichnet. Die Arier hatten ein soziales System entwickelt, aus dem sich das heute noch gültige Kastensystem mit seiner strengen Einteilung in hierarchisch angeordnete gesellschaftliche Schichten entwickelt hat. Um 600 v. Chr. entstanden zwei weitere religiöse Strömungen aus dem Hinduismus. Der Jainismus lehnte das Kastensystem ab und entwickelte ein Prinzip der „drei richtigen Wege", darunter den der Gewaltlosigkeit. Obwohl der Jainismus keine bedeutende religiöse Bewegung wurde, gewann er großen politischen Einfluss. Die zweite Religion, die aus dem Hinduismus entstand, war der Buddhismus.

Der Buddhismus

Buddha bedeutet in Sanskrit „der Erleuchtete"; diesen Namen erhielt Siddhartha Gautama, ein Hindu aus der Kaste der Krieger, der das Religionssystem begründete, aus dem der Buddhismus entstand. Gautama wuchs in luxuriösen Verhältnissen auf und bemerkte früh das Ausmaß an Armut und Leiden um ihn herum, und er erkannte die Unausweichlichkeit des Tods. Er verließ den Palast seiner Familie und ging auf die Suche nach Erleuchtung. Nach sechs Jahren Wanderschaft sowie Studium, Meditation und Askese erlangte er am Fuße eines Feigenbaums die Erleuchtung und erreichte das Nirwana, die alle Wünsche auslöschende Erlösung. Danach wurde er Prediger und Lehrer seiner Doktrin über die vier edlen Wahrheiten und den Weg zur Erleuchtung. Anders als andere Religionen rückt der Buddhismus nicht einen Gott in den Mittelpunkt oder verehrt verschiedene Götter; im Buddhismus steht stattdessen die Erlösung des Einzelnen vom ewigen Leiden im Zentrum. Der Einfluss des Buddhismus reichte weit über Indien hinaus und verbreitete sich um 150 n. Chr. auf den Handelswegen nach China, von dort nach Korea und erreichte 550 Japan. Die Religion breitete sich auch südostwärts nach Burma und Siam aus, bis nach Sumatra und Java wo um 800 der große Tempel von Borobudur erbaut wurde.

Unten: Der Borobudur, eine terrassenförmige Tempelanlage, war das geistige Zentrum des Buddhismus in Java. Er wurde erst im 18. Jahrhundert wiederentdeckt.

Polynesien, Australien, Ozeanien

Die Frühgeschichte Australiens und Polynesiens ist bestimmt von Migration, Seeleuten und Kulturen, deren Glauben die starke Verbundenheit mit ihrer Umwelt widerspiegeln.

Stämme und Völker

Vor 50 000 bis 60 000 Jahren wanderten die ersten Menschen von Asien nach Australien und Ozeanien ein. Sie sind die Vorfahren der heutigen Aborigines, der Ureinwohner Australiens und der polynesischen Inseln; eine andere Gruppe, die Melanesier, besiedelte Inseln im Pazifik, wie Fidschi, Vanuatu, die Solomoninseln und Neuguinea. In Australien und auf den umliegenden Inseln fand sich Nahrung im Überfluss, an den Küsten vor allem Fische und andere Meeresfrüchte. Als der Meeresspiegel im sechsten Jahrtausend v. Chr. stieg, zogen die Menschen landeinwärts und hatten schließlich den gesamten Kontinent in Stammesgebiete aufgeteilt. Viele wanderten nach Osten in den Südpazifik; sie wurden versierte Seefahrer und gelangten bis nach Tonga, Samoa und zu den Marquesasinseln. Von den Marquesasinseln aus entdeckten und besiedelten sie die Hawaiiinseln, die Osterinsel und Neuseeland. Nachdem sie sich so weit von ihrem Ausgangspunkt entfernt hatten, entwickelten sie dort eine eigenständige Tradition und Kultur.

Die einheimischen australischen Stämme pflegten eine große Vielfalt an Sprachen und Traditionen. Als die Europäer nach Australien kamen und die ersten Stämme „entdeckten", zählten sie fast 200 verschiedene Sprachen. Die Mehrzahl der Aborigines lebte als Jäger und Sammler. Mit der Zeit begannen sie, ihre Umwelt zu gestalten, entwickelten Werkzeuge und Techniken und benutzten Feuer zur Jagd und zur Brandrodung.

Religion

Die Kultur der Ureinwohner kreist um ihre Verbindung mit der Erde. Ihr Glaubenssystem ist die „Traumzeit": In der Urzeit lebende Traumwesen erfüllten die Erde mit schöpferischer Kraft. Jene übernatürliche Potenz blieb an besonderen Plätzen (in Bäumen, Felsen und an Wasserstellen) wirksam. Um dieser Schöp-

Linke Seite: Uluru oder Ayers Rock. Der größte Monolith der Welt erhebt sich 318 Meter über den Boden und hat einen Umfang von acht Kilometer. Oben: Die berühmten Statuen der Osterinsel. Sie sind zwischen zwei und zehn Meter hoch.

fungsenergie teilhaftig zu werden, wurden an den entsprechenden Orten heilige Handlungen vollzogen. Die Traumzeit birgt eine komplexe Mythologie, deren einzelne Mythen zugleich Informationen über das Land geben, z. B. wo man Wasserlöcher findet. Die Verknüpfung von Traumzeit und Land verlieh vielen realen Orten eine spirituelle Bedeutung – der berühmteste dieser Orte ist Uluru, der Ayers Rock. Darüber hinaus gibt es animalistische Geister, z. B. den Bunjip, ein teuflisches Wesen, das in Mooren, Flussläufen und Bächen lebt und jeden verjagt, der sich nachts nähert.

Anders die Religion der Polynesier: Ihre Inseln liegen zwar weit voneinander entfernt, aber die Mythologie ist überall gleich – mit einem obersten Gott und einer Reihe untergeordneter Götter, die sich um die Angelegenheiten der Menschen kümmern. Die Schöpfungsmythen beschäftigen sich mit der Entstehung der jeweiligen Insel. Sie wurde entweder von einem himmlischen Angelhaken aus der Tiefe des Meeres gezogen oder als gigantischer Fels vom Himmel geworfen. Wegen der Nähe zum Meer handeln viele Mythen auch von der Seefahrt.

Osterinsel

Rapa-Nui, die Osterinsel, ist berühmt für ihre riesigen steinernen Statuen. Sie wurden von frühen polynesischen Insulanern errichtet, die sich Rapanui nannten. Die Rapanui glaubten an einen obersten Gott und eine Reihe untergeordneter Götter, die ihre verstorbenen Vorfahren sein sollten. Wahrscheinlich stellen die Statuen der Osterinsel diese Vorfahren dar. Fast 900 Statuen sind über die ganze Insel verstreut. Etwa 280 dieser Bildnisse stehen auf steinernen Plattformen, zu denen sie eine große Gruppe kräftiger Männer geschleift haben müssen. Die anderen Statuen stehen oder liegen dort, wo man sie aus dem harten, vulkanischen Gestein geschlagen hat. Zum Teil ragen nur die riesigen Köpfe

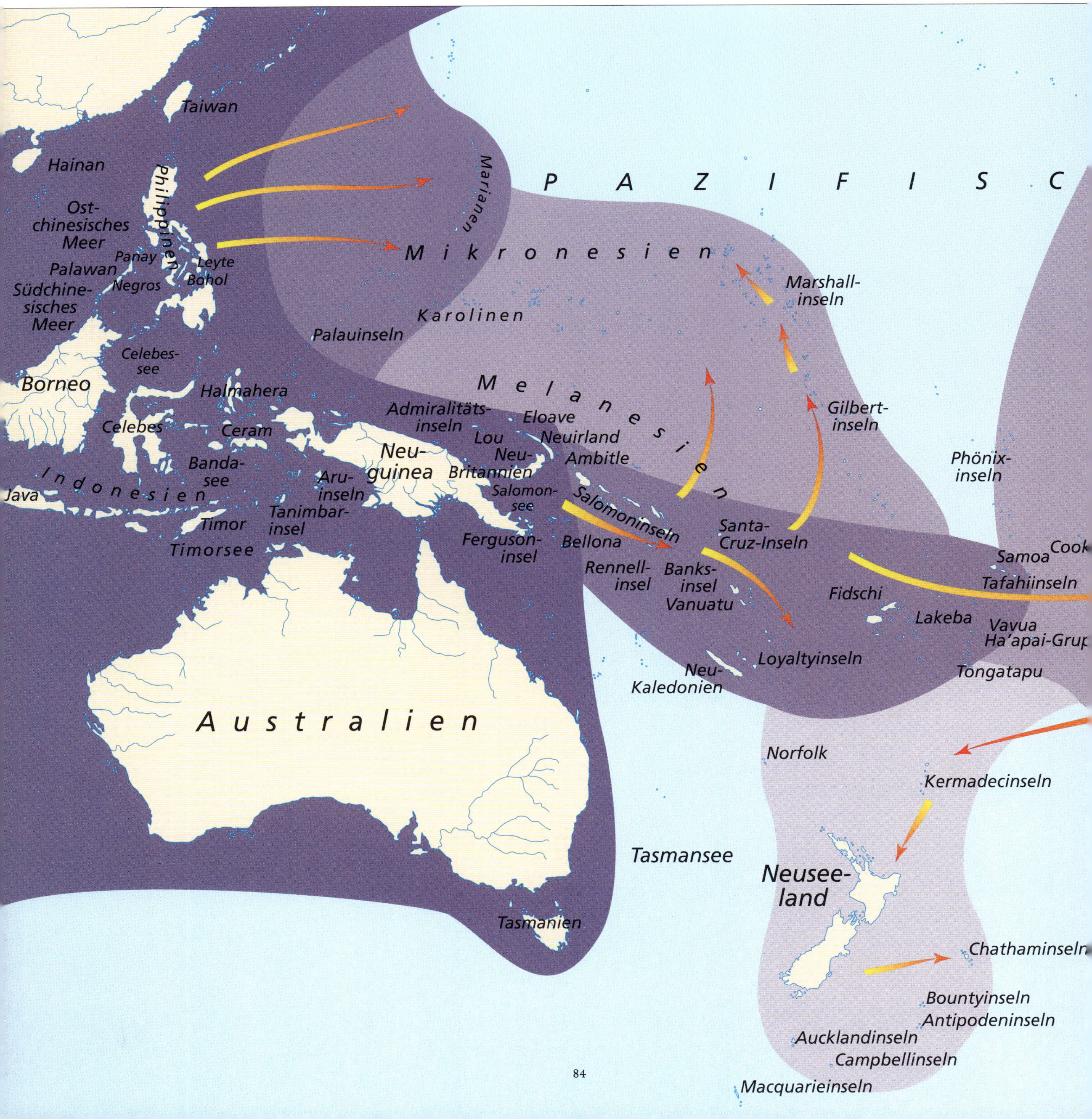

heraus, die Körper bleiben im Erdreich verborgen, und manche tragen Haarknoten aus roter Lava.

Heute ist die Insel baumlos, doch als die ersten Polynesier um 300 landeten, gab es hier dichte Wälder. Bis 1400 waren die meisten Bäume gefällt und zu Brennstoff, Baumaterial und vielleicht auch zu Walzen für den Transport der Statuen verarbeitet worden. Der Verlust der Wälder hatte verheerende Wirkungen auf das gesamte Leben – als der niederländische Admiral Roggeveen die Insel am Ostersonntag 1722 entdeckte, war sie kahl und unfruchtbar, und die einheimischen Stämme kämpften gegeneinander ums Überleben.

Die Wikinger

Wikinger waren hervorragende Seefahrer sowie Abenteurer; als Händler dehnten sie ihren Wirkungskreis im Westen bis nach Amerika, im Osten bis Kiew aus.

Räuber und Händler

Zwischen 750 und 1100 zogen die Skandinavier – Bevölkerungsgruppen aus Dänemark, Schweden und Norwegen – von einem Ort zum anderen; die Dänen und Norweger fuhren hauptsächlich nach Britannien und über den Nordatlantik, während die Schweden in den Osten nach Russland und in Teile Zentralasiens vordrangen. Diese Volksstämme wurden im Laufe der Zeit zusammenfassend als „Wikinger", Nordmänner oder Normannen bezeichnet. Bekannt wurden sie für ihre Beutezüge in Westeuropa. Zunächst nannte man ausschließlich diese Plünderer „Wikinger", und der Begriff wurde als Synonym für Piraterie gebraucht. Der Ursprung des Wortes Wikinger bleibt umstritten: Es könnte entweder aus „Vik" oder „Wic" entstanden sein, was eine kleine Bucht oder eine Flussmündung bezeichnet oder einen Ort, an dem gehandelt wurde. Es wird angenommen, dass die Handelswege zwischen Skandinavien, Britannien und den baltischen Gebieten bereits lange vor den ersten Plünderungszügen bestanden. So waren die Überfälle der Wikinger Ende des 8. Jahrhunderts in Britannien nicht so überraschend, wie historische Quellen vermuten lassen.

Erste Ansiedlung in England

Der erste historisch belegte Überfall in England fand 789 statt, als ein Beamter zur Begrüßung dreier Wikingerboote in Portland an den Strand ging und sofort getötet wurde. Dem folgte 793 der erste größere Bericht eines Wikinger-Überfalls auf die Insel Lindisfarne vor der Küste Northumberlands im Nordosten Englands; das Kloster wurde geplündert und die Mönche

Oben: Lindholm Høje, eine Grabstätte der Wikinger in der Nähe von Ålborg, Dänemark.
Linke Seite: Ein nachgebautes Langschiff der Wikinger mit Drachenkopf unter vollem Segel.

ermordet. Danach folgte in den nächsten Jahrhunderten ein Raubzug nach dem anderen rund um Englands Küsten. Aber nicht alle Wikinger waren Seeräuber, viele waren auch als Bauern und Handwerker tätig. Das Bild der verwegenen heidnischen Nordmänner geht in den meisten Fällen auf Berichte aus christlichen Einrichtungen zurück, die gewöhnlich das Ziel der Wikingerattacken waren.

Es ist bis heute nicht restlos erforscht, warum und wann die Wikinger mit ihren Plünderungsfahrten begannen, aber steigende Bevölkerungszahlen und ein damit verbunder Bedarf an mehr Ackerland und Bodenschätzen, der Wunsch nach Reichtum und Macht – der sich am wachsenden Wohlstand sowohl in Osteuropa als auch im Westen bedienen wollte – und schließlich die Tatsache, dass Klöster schlecht bewacht waren und oft wertvolle Schätze beherbergten, kommen als Faktoren in Betracht. Die ersten Überfälle waren vergleichsweise kleine Blitzattacken; doch 825 besetzten sie die Färöer und siedelten sich auf den Hebriden, den Shetland- und den Orkneyinseln an. Bis zum Jahr 841 hatten sie sich in Dublin, Irland, niedergelassen, und 865 fielen sie in England ein.

Die Wikinger segelten in beeindruckenden Langschiffen über die Meere, die für weite Schiffsreisen ebenso wie für Flussfahrten tauglich waren, und begaben sich um 842 und 862 auf eine Reihe von Raubzügen durch den europäischen Kontinent: So nahmen sie Hamburg und Paris im Handstreich und plünderten die reichen Städte rund um das Mittelmeer. Weiter im Osten griffen sie zur selben Zeit Konstantinopel an, nahmen Kiew ein und unternahmen 860 von den Färöern aus Entdeckungsfahrten nach Island, das sie zwischen 870 und 930 kolonialisierten. 930 wurde auf Island eine Volksversammlung, das so genannte Althing, einberufen – bis heute die Einrichtung der isländischen Volksvertretung.

Die Kolonisierung Britanniens und weitere Expansionen

Die Kolonisierung Britanniens durch das „Große Dänische Heer“ begann im Jahr 865. Diese Truppe bestand aus mehreren tausend Kämpfern, denen es gelang, große Landgebiete in England und Schottland zu besetzen. Zuvor waren Wikinger schon scharenweise an Englands Küsten gelandet, aber sie konnten durch hohe Tributzahlungen in Silber, das so genannte Dänengeld, von einem Angriff abgehalten werden. 867 wurde York eingenommen, und bis 870 hatten die Wikinger die Kontrolle über die Königreiche Ostangelsachsen, Mercia und Northumbria errungen. Nur Wessex blieb unter englischer Hoheit; Alfred der Große verteidigte dieses Gebiet, und nach einer Niederlage, die er den Dänen zufügte, traf er ein Abkommen mit ihnen: Im so genannten Danelaw wurden den Dänen große Teile des Gebiets nördlich der Linie London–Bedford–Chester zugeschrieben. Die Folge: Zwischen 876 und 879 siedelten sie sich zahlreich in England an. Allerdings wurde London 886 von den Angelsachsen zurückerobert. Im Jahr 900 besetzten norwegische Wikinger den Nordwesten Englands, während zwei Jahre später die Iren Dublin zurückeroberten und anschließend die Stadt 15 Jahre halten konnten. Etwa zu dieser Zeit richteten die Wikinger ihr Hauptinteresse auf Frankreich, eroberten zwischen 885 und 886 Paris und richteten sich im Gebiet des Seinebeckens ein. Dies führte 911 zur Gründung der Normandie und zwischen 914 und 936 zur Besetzung der Bretagne.

Entdeckungsfahrten

Inzwischen kam es im Osten 912 und 913 rund um das Kaspische Meer zu mehreren Überfällen, aber um das Jahr 940 herum scheint die Macht der Wikinger langsam nachgelassen zu haben, was man aus der missglückten Belagerung Konstantinopels und einer Reihe von Niederlagen gegen die Engländer schließen kann, die letztlich dazu führten, dass 954 York von den Wikingern befreit wurde. Die Entdeckungsfahrten gingen jedoch weiter; so wurde Grönland etwa ab 985 von den Nordmännern kolonisiert. Zur gleichen Zeit erreichte zum ersten Mal ein Wikingerschiff die Küste Nordamerikas; die Nordmänner hatten sich auf dem Weg von Grönland nach Island verfahren und somit lange vor Kolumbus als Erste Nordamerika entdeckt. Später folgten zwischen 1003 und 1012 weitere Seereisen nach „Vinland“, und es gab vermutlich sogar bis um 1020 eine Wikingersiedlung in L’Anse aux Meadows auf Neufundland.

Assimilation

Zu Beginn des 11. Jahrhunderts war Britannien wieder einmal Ziel groß angelegter Wikingerüberfälle. Diese gipfelten 1014 in der Annexion der Insel durch den dänischen König Sven Gabelbart und seiner Krönung zum König von England; drei Jahre später gab er diesen Titel an seinen Sohn Knut den Großen weiter. König Knut regierte bis 1035 und sicherte sich auch die Macht über Norwegen und Schweden. Seinem Reich fehlte es jedoch an Geschlossenheit, und so endete die Herrschaft über England im Jahr 1042. Obwohl es auch nach der Invasion der Normannen 1066 noch gelegentlich Wikingerüberfälle gab, stabilisierte sich die Lage in Skandinavien langsam, und Raubzüge wurden in zunehmendem Maße unnötig. Im ausgehenden 11. Jahrhundert waren die Wikinger größtenteils in die Bevölkerung der Gebiete integriert, in denen sie sich angesiedelt hatten. Dieser Prozess wurde durch die im 10. Jahrhundert beginnende Christianisierung der Wikinger beschleunigt. Zu Beginn des 12. Jahrhunderts war außerhalb Skandinaviens die Herrschaft der

Lappen
Hladir
NORWEGEN
aupang (Oslo)
SCHWEDEN
Uppsala
Birka
DÄNEMARK
Lund
Roskilde
Hedeby
emen
Ostsee
BALTEN
SLAWEN
Aldeigjuborg
(Staraya Ladoga)
Holmgard
(Nowgorod)
KIEWER
REICH
Kiew
Köln
Frankfurt
ONIGREICH
TFRANKEN
Krakau
Lorch
Neutra
UNGARN
Mosaburg
PETSCHENEGEN
Schwarzes Meer
Donau
Presow
Mailand
Venedig
KÖNIGREICH
Genua
Nizza
KROATIEN
SERBIEN
BULGARIEN
Nisch
Philippopolis
Adrianopel
Konstantinopel
PATRIMONIUM PETRI
ITALIEN
Adria
Korsika
Rom
Bari
Neapel
Thessaloniki
Ägäis
Smyrna
Provinz
Benevento
Sardinien
BYZANTINISCHES REICH
Panormus
(Palermo)
Sizilien
Mittelmeer
Tunis
Kairuan
Malta
Kreta
Chandax
(Chania)
DEN
Tripolis
Überfälle, Handel und Siedlungen der Wikinger um 910
Wikinger-Invasionen

Wikinger weitgehend beendet. Norwegen regierte noch in Island und Grönland, musste 1266 aber die Hebriden und die Isle of Man an Schottland abtreten. Um 1341 begannen die Inuit damit, die auf Grönland siedelnden Wikinger zu vertreiben – ein Prozess, der bis zum Ende des 15. Jahrhunderts anhielt; zu dieser Zeit musste Dänemark auch die Orkney- und die Shetlandinseln wieder an Schottland zurückgeben.

Alltag

Auch wenn die Wikinger hauptsächlich für Piraterie und Überfälle auf Klöster, Häfen und Städte berüchtigt waren, so lebten doch die meisten Menschen im Skandinavien dieser Zeit als friedliche Bauern. Sie wohnten in kleinen Dörfern auf dem Land, bestellten die Felder, ernteten Gerste, Kohl und Bohnen. Sie züchteten Rinder, Ziegen, Schafe und Schweine. Mit Fischfang und Jagen haben sie vermutlich in den für Ackerbau und Viehzucht weniger geeigneten Gebieten den Großteil ihrer Nahrung bestritten; sie lebten vom Tauschhandel und handelten mit Häuten, Walross-Elfenbein und Fellen; dafür erhielten sie Bauholz für ihre Häuser und Metalle wie z. B. Eisen. Wie die Bauern haben sich vermutlich auch die Räuber und Plünderer als Händler betätigt und unternahmen ihre Fahrten nur in den dafür günstigen Jahreszeiten. Wieder andere Wikinger verlegten sich darauf, Schutzgelder, das Dänengeld, zu kassieren, statt weiterhin raubend über die Meere zu segeln. Es scheint auch Wikingergruppen gegeben zu haben, die als bezahlte Söldner in den Diensten von Königen standen, um diese vor anderen Wikingern zu schützen. Die Ausdehnung der Handelsrouten nach Osten, verbunden mit dem gleichzeitigen Vordringen der Araber nach Osteuropa, brachte große Mengen Silbermünzen und Silberschmuck in die Wikingergebiete. Die Wikinger waren selbst auch hervorragende Kunstschmiede, und Silberbroschen gehörten zu ihren beliebtesten kunsthandwerklichen Gegenständen.

Ihre Bauernhäuser hatten eine lang gestreckte, rechteckige Form, sie bestanden aus Holzfachwerk mit Stein oder Torf und hatten Strohdächer. Solch ein Langhaus bestand aus einem einzigen Raum, in dem gekocht, gegessen und geschlafen wurde. Kleinere, halb im Boden eingelassene Nebengebäude dienten als Vorratsräume. Zu Beginn der Wikingerära waren große Ansiedlungen in Skandinavien unbekannt; die ersten richtigen Städte gab es erst am Ende des 8. Jahrhunderts. Mit zunehmendem Wohlstand, der Stabilisierung der Machtverhältnisse und der Entstehung kirchlicher Zentren – als sich die Christianisierung in der Welt der Wikinger immer mehr verbreitete – entwickelten sich jedoch bis 1000 einige Städte.

Vom Heidentum zum Christentum

Ursprünglich waren die Wikinger Heiden. Sie glaubten an eine Vielzahl von Göttern und Halbgöttern, die zu den verschiedenen Lebensbereichen gehörten. Da offenbar keinerlei Anzeichen personengebundener Spiritualität – weder dogmatische Theologie noch Priestertum – überliefert sind, basierte ihre Religion vermutlich auf ritualisierten Regeln, die auch Tieropfer einschlossen. Es gibt jedoch nur wenige Zeugnisse darüber, wie die Wikinger ihre Religion ausübten. Hinweise geben lediglich die Grabstätten oder die vielen Geschichten, die in der so genannten Edda überliefert sind – einer Sammlung von Heldenliedern über die Wikingergötter vermutlich aus der Vorwikingerzeit, die die Grundlage ihres Glaubens bildet. Man nimmt an, dass sie aber erst nach der umfassenden Bekehrung zum Christentum, also irgendwann zwischen dem späten 12. Jahrhundert und der Mitte des 13. Jahrhunderts, aufgeschrieben wurden. Die Geschichten wurden auch eher als Mythologie gesehen und weniger als Grundprinzipien einer Religion. Dennoch gewährt die Edda Einblicke in den Glauben der Wikinger, vor allem was das Verhältnis der Menschen zueinander und ihr Götter-Universum mit allen Schöpfungen und Zerstörungen betrifft. Die wichtigsten Götter waren Odin, Schöpfer und Kriegsgott, Gott der Weisheit, des Tods und der Dichtung; Thor, der Hammer werfende Gott der Kraft und des Wetters; die Geschwister Fryr und Freyja, Gott und Göttin der Fruchtbarkeit und schließlich Loki, Gott des Schalks.

Polytheismus (Vielgötterei) erleichterte es den Wikingern, die christliche Lehre anzunehmen. Sie kamen vermutlich zuerst 725 mit dem Christentum in Kontakt, als die ersten Missionare nach Skandinavien reisten, und danach intensiver als Folge ihrer Überfälle auf christliche Klöster. Im 9. Jahrhundert wurden auch in Skandinavien Missionen gegründet, aber sie bewirkten wenig. Es deutet vielmehr alles darauf hin, dass die Wikinger am ehesten zum Christentum bekehrt wurden, wenn sie sich in christlichen Gebieten wie Britannien und der Normandie niedergelassen hatten und sich in friedlichen Zeiten durch Heirat anpassten. Auch politisch konnte die Taufe in den christlichen Ländern durchaus von Vorteil sein: 878 wurde der Dänenkönig Gutrun nach Anerkennung des Christentums zum Herrscher über Ostangeln ausgerufen.

In Skandinavien verlief der Christianisierungsprozess langsamer, war aber vermutlich, zumindest auf Seiten der Wikingerkönige, ebenso größtenteils politisch motiviert. So konnten sie die Beziehungen zu den christlichen Ländern verbessern und gleichzeitig die skandinavischen Königreiche stabilisieren. Zweifellos sahen die Wikinger sowohl in der Autorität gewährenden Ideologie von der göttlichen Bestimmung als auch in der äußerst effektiven Verwaltung der christlichen Bistümer große Vorteile. Nach der Bekehrung von König Harald Blauzahn 965 und später – vielleicht noch entscheidender – nach der Thronbesteigung Knuts des Großen in England 1016 etablierte sich das Christentum im 11. Jahrhundert auch in Dänemark.

Archäologisch lässt sich der Übergang von der heidnischen Gesellschaft der Wikinger zu der christlichen Periode am deutlichsten an den Bestattungsriten nachvollziehen. Die frühen Wikinger haben ihre Toten

Oben: Die Grabkreuze aus Treibholz wurden in der Nähe einer Siedlung auf Grönland, das um 985 kolonisiert wurde, entdeckt.
Linke Seite: Teil einer Sammlung von Küchengeräten; dieser Topf wurde in der Nähe einer Wikingersiedlung auf Grönland gefunden. Die Wikinger verwendeten für ihre Gebrauchsgegenstände natürliche Materialien wie Knochen und Holz.

vor allem zusammen mit ihren Habseligkeiten verbrannt und die Asche in einer Urne vergraben; die Grabstätte wurde in der Regel durch einen Steinhügel gekennzeichnet. Manchmal hatten diese Grabhügel die Form eines Schiffsrumpfes, wie z. B. in Lindholm Høje in Dänemark, wo einige Gräber auf diese Weise markiert sind. Später beerdigten die Wikinger ihre Toten zusammen mit Werkzeugen, Waffen und Schmuck, und vereinzelt auch mit ihren Schiffen und Pferden. Mit der sich ausbreitenden Christianisierung nahmen die Wikinger jedoch die christliche Sitte an, ihre Toten ohne Grabbeigaben zu bestatten. Weitere Hinweise findet man in einigen frühen skandinavischen Kirchen, die heidnische Motive aufweisen.

Das frühe Japan

Die Japaner ließen nur ausgewählte fremde Einflüsse zu und schufen sich so eine eigene, hoch entwickelte Hof- und Militärkultur.

Das frühe Japan

Japan besteht aus unzähligen Inseln, doch am wichtigsten waren immer die vier größten: Honshu, Kyushu, Shikoku und Hokkaido. Die ersten Zeugnisse einer entwickelten Kultur in Japan wurden in den Tiefebenen der Insel Honshu gefunden. Die Region Yamato gab der ersten Epoche der japanischen Geschichte ihren Namen. Wegen der Insellage war Japan für Jahrtausende frei von äußeren Einflüssen. Die japanische Kultur blühte erst nach der Ankunft von Koreanern und Chinesen auf. Die Hauptstadt der Yamato-Herrscher war Naniwa, das heutige Osaka. Während des 5. und 6. Jahrhunderts n. Chr. lernten die Japaner den Buddhismus kennen und importierten ihn zusammen mit chinesischen Regierungsformen und Schriftzeichen aus China. Besondere Bedeutung bei der Verankerung des Buddhismus als Staatsreligion und bei der Durchführung politischer Reformen wird dem Staatsmann Shotoku Taishi zugeschrieben. Nach seinem Tod im Jahr 622 kam es zunächst zu politischen Machtkämpfen, bei denen sich eine Koalition von Shotokus Gefolgsleuten, unter denen auch sein Sohn war, behaupten konnte. Dieser gelang es, die politischen und verwaltungstechnischen Reformen fortzusetzen, die Shotoku Taishi eingeleitet hatte. Zu Beginn des Jahres 646 wurde somit die Taika-Reform verkündet, und es entstand eine geschriebene Verfassung, die auf konfuzianistischen Ideen basierte. 645 setzte eine Koalition von Herrschern die Taika-Reformen durch. Von nun an galt, dass der Kaiser ein „Sohn des Himmels“ sei und daher mit absoluter Gewalt über alle zuvor unabhängigen Staaten und Stämme der japanischen Inseln herrschen könne. So wurde Japan zum zentralistischen Einheitsstaat.

Unten: Die große Buddhastatue von Kamakura wurde 1252 gegossen und stand ursprünglich im Inneren eines Tempels. Das Gebäude wurde jedoch von einem Tsunami zerstört, und so sitzt der Buddha seit Ende des 15. Jahrhunderts im Freien.

Die Heian-Zeit

Die Heian-Zeit brachte ab 794 eine Periode von Frieden und Wohlstand, in der sich die japanische Kultur unabhängig von chinesischen Einflüssen entwickelte. Der Kaiserhof bezog eine neue Hauptstadt, Heian-kyo (das heutige Kyoto), was „Stadt des Friedens“ bedeutet. Nun entwickelten die Japaner ihre eigene Schrift und ihr eigenes, kompliziertes Hofzeremoniell. Bis 1192 blieb das japanische Kaiserreich in sich stabil, was vor allem der Fujiwara-Familie zu verdanken war. Diese Dynastie enger Berater des Kaisers sicherte sich ihren Einfluss, indem sie ihre Töchter mit der kaiserlichen Familie verheiratete, so wurden sie Großväter zukünftiger Kaiser. Das genügte, um die Politik beeinflussen zu können. Die Verwaltung war nach chinesischem Vorbild aufgebaut. Die Regierungsgeschäfte wurden von einem Staatsrat erledigt, der sich aus den Anführern der mächtigsten Familien zusammensetzte. Diese Familien lagen oft im Streit miteinander, und allmählich traten zwei von ihnen in den Vordergrund: die Taira und die

Minamoto. Ihr Kampf um die Macht in Japan führte schließlich zum offenen Bürgerkrieg, der das Ende der friedlichen Heian-Zeit und des ersten japanischen Kaiserreichs besiegelte.

Die Shogune

Gestützt auf seine Truppen, riss Minamoto Yoritomo 1185 nach seinem Sieg über die Taira die Macht an sich. Die Truppen bestanden aus Samurai-Kriegern – Berufssoldaten aus der Bauernschicht, die sich bald zu einer eigenen Kaste mit eigenem Recht entwickelten.

Yoritomo wurde 1192 vom Kaiser zum Shogun ernannt und herrschte als Militärdiktator. Ein Shogun war eigentlich ein Heerführer, der im Namen des Kaisers regierte. Doch unter diesem Shogun blieb dem Kaiser nurmehr eine repräsentative Funktion. Er bezog ein Einkommen aus eigenen Ländereien und wurde vom Shogun unterstützt, solange er diesen unterstützte. Tat er das nicht, wurde er überstimmt.

Unter den folgenden Shogunen wurden die japanischen Provinzen wieder etwas unabhängiger; ihre Verwalter, die Daimyo, herrschten über die Bevölkerung wie Feudalherren, während sie offiziell immer noch dem Shogun unterstanden. 1335 fand das erste Shogunat ein Ende, als die Hojo-Familie aus dem Amt gedrängt wurde. Doch als Institution blieb das Shogunat noch bis Mitte des 19. Jahrhunderts die maßgebliche politische Kraft Japans.

Die Kreuzzüge

Trotz Zwistigkeiten sammelten sich die Christen Europas 200 Jahre lang immer wieder zu Kreuzzügen, angeblich um das Heilige Land zu „befreien" oder zu „schützen".

Die ersten Kreuzzüge

Im Jahr 1095 bat der Kaiser von Byzanz, Alexios I. Komnenos, Papst Urban II. um christliche Bruderhilfe zur Verteidigung seines von Seldschuken bedrohten Landes. Byzanz wehrte sich schon seit dem 6. Jahrhundert gegen die Araber, aber seit der Niederlage gegen die Seldschuken in der Schlacht von Mantzikert 1071 war das Reich stark bedroht.

Papst Urban II. schickte dem bedrängten byzantinischen Kaiser weit mehr als eine Söldnertruppe: 1095 proklamierte er auf der Synode von Clermont den Heiligen Krieg. In seiner berühmten, mit Begeisterung aufgenommenen Rede gewinnt er die anwesenden Ritter und Fürsten für seinen Plan. Ziel dieses Kriegs sollte es sein, Jerusalem wieder in die Hände der Christenheit zu bekommen. Doch Urban hatte für sein Vorgehen nicht nur religiöse, sondern auch politische Beweggründe. Die großen Truppenbewegungen in den Nahen Osten würden die Kämpfe der Feudalherren in Europa zur Ruhe kommen lassen. Außerdem würde der Kreuzzug den Einfluss des Papstes in Byzanz stärken.

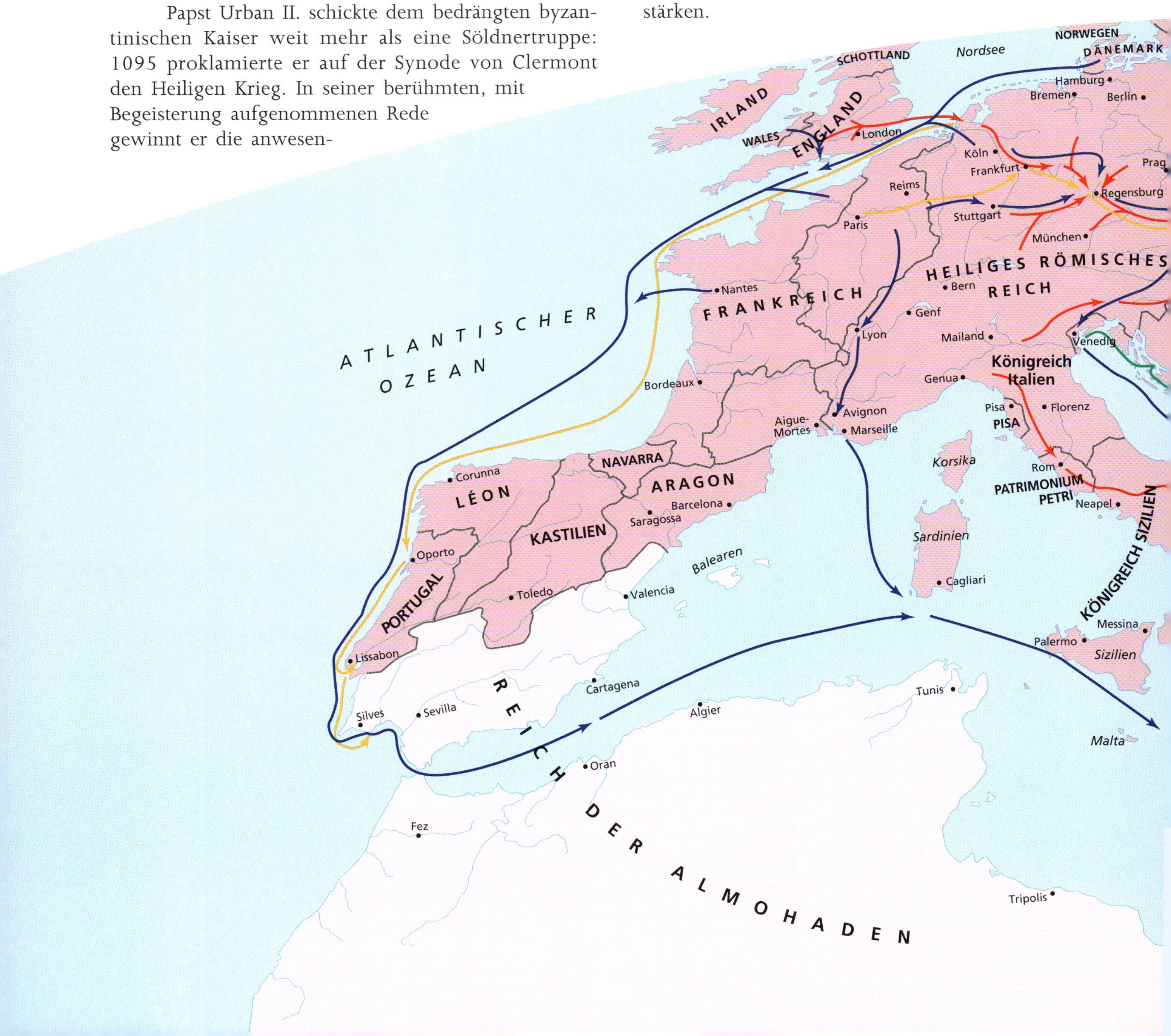

Die Leidenschaft, die Urban weckte, mobilisierte weite Bevölkerungskreise, einfache Menschen, Männer, Frauen und Kinder, die den regulären Truppen als „Kreuzzug des Volkes" vorauseilten und grausame Verwüstungen anrichteten. So ereigneten sich am Nieder- und Mittelrhein die heftigsten bis dahin bekannten Judenpogrome. Als die Massen schließlich in Anatolien ankamen, wurden sie von den Bulgaren und Seldschuken vernichtet.

Die eigentlichen Kreuzritter marschierten geordneter nach Jerusalem und plünderten alle Städte, die auf ihrem Weg lagen. Der zwei Jahre dauernde „Kreuzzug der Fürsten" wurde von einigen der mächtigsten Adligen Europas angeführt. Sie gründeten die Fürstentümer und Grafschaften Edessa, Antiochia, Tripolis und Jerusalem, das 1099 nach langer Belagerung eingenommen wurde. Infolge des ersten Kreuzzugs pilgerten zahlreiche Menschen nach Jerusalem. Wem es gelang, in die Heimat zurückzukehren, wurde dort als Held gefeiert.

Uneinigkeit zwischen den Seldschuken und Fatimiden verhalfen den Christen zum Sieg, doch nach dem 1. Kreuzzug vereinten sich die Gegner, um die Christen zu vertreiben. 1144 eroberten sie Edessa, was schließlich zum 2. Kreuzzug führte. Mithilfe von Bernhard von Clairvaux gelang es Papst Eugen III., den deutschen Kaiser Konrad III. und König Ludwig VII. von Frankreich zum Eingreifen zu bewegen. Doch der 2. Kreuzzug führte zu einer Kette von Niederlagen für die Christen, vor allem vor Damaskus, und endete 1149 mit dem Rückzug der Kreuzfahrer.

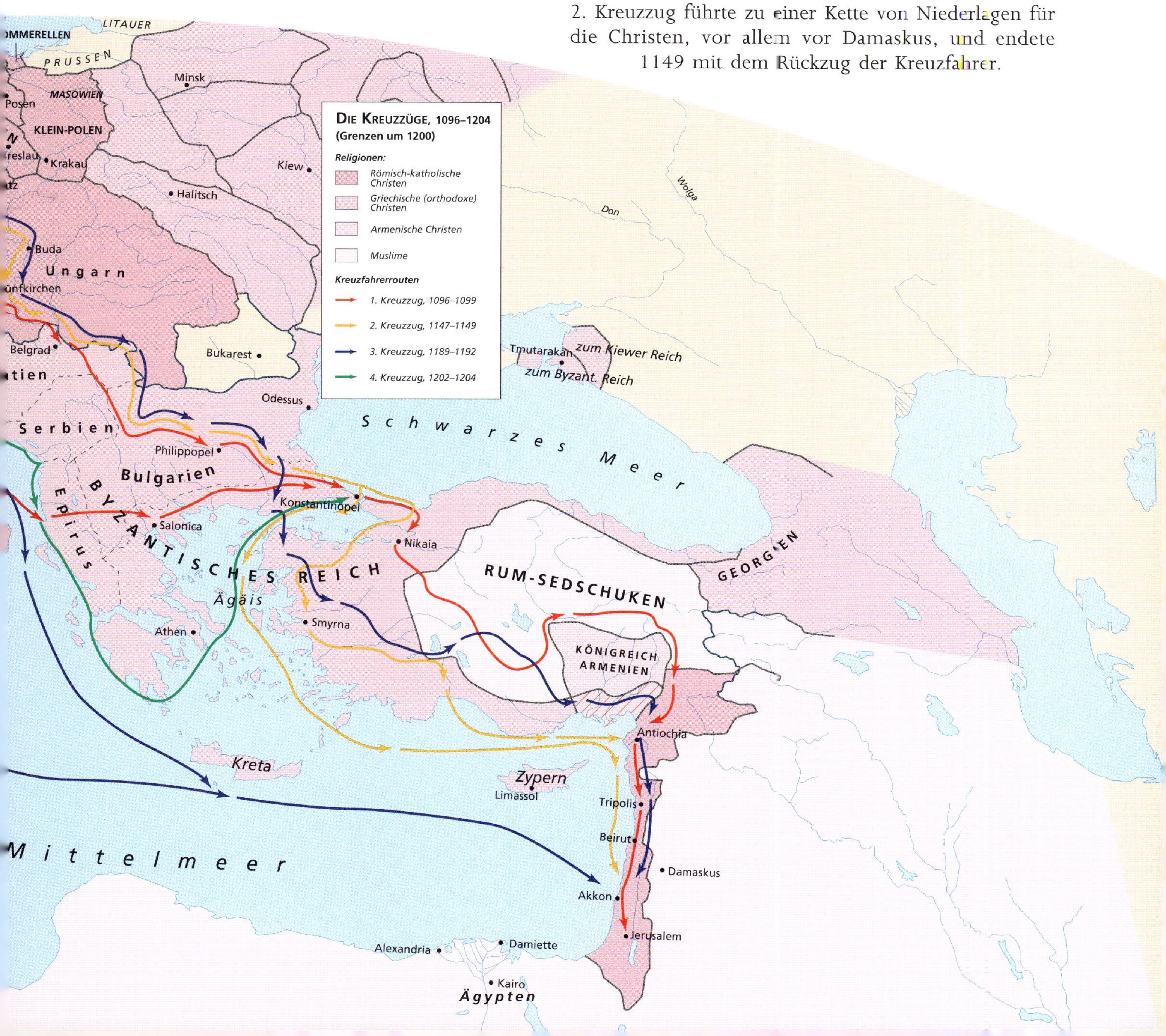

Streit in Europa: Das Heilige Römische Reich

Mit der Kaiserkrönung Karls des Großen im Jahr 800 durch den Papst erhob zum ersten Mal ein westlicher Herrscher in der Nachfolge der Römer den Anspruch auf den Titel eines Kaisers. Byzanz, das sich als der rechtmäßige Erbe des Römischen Reichs sah, protestierte gegen die Erhebung Karls des Großen zum Kaiser. Das Reich Karls des Großen umfasste etwa das heutige Frankreich und Deutschland; 843 teilten es seine Nachkommen im Vertrag von Verdun in drei Staaten auf.

König Otto I., der im Teil östlich der Maas regierte, kam 962 dem Papst gegen die Langobarden zu Hilfe und wurde daraufhin zum Kaiser gekrönt. Ende des 10. Jahrhunderts bestimmten die deutschen Fürsten ihren König durch Wahl; später wurde der Kreis der Wahlberechtigten auf die so genannten Kurfürsten beschränkt. Der deutsche König konnte dann vom Papst zum Kaiser gekrönt werden und übernahm auch die Rolle des Beschützers der Kirche. Obwohl es sich um ein Wahlamt handelte, wurde es oftmals vom Vater auf den Sohn vererbt. Eines der bedeutendsten Geschlechter jener Zeit waren die Staufer, die von 1138 bis 1254 herrschten. Zu ihnen gehörte auch Friedrich I. Barbarossa, unter seiner Regentschaft wurde der Reichsname um den Zusatz „Heilig“ erweitert. Die Macht des Kaisers des „Heiligen Römischen Reichs“ nahm während des 11. und 12. Jahrhunderts ständig zu, was zu Konflikten mit den Päpsten führte.

Kaiser gegen Papst

Der Papst konnte den Kaiser krönen. Und der Kaiser hatte die Macht, einen Papst zu bestimmen. Dieses Wechselspiel endete 1059, als das römische Konzil verkündete, dass weltliche Herrscher nicht mehr befugt seien, kirchliche Würdenträger zu ernennen und einzusetzen (Investitur), schon gar nicht den Papst. Das sollte nur noch dem neu geschaffenen Kardinalskollegium zustehen, das heute noch den Papst wählt. Der dadurch ausgelöste Investiturstreit führte dazu, dass Kaiser Heinrich IV. den Papst „entließ“ und Papst Gregor VII. den Kaiser exkommunizierte. Zugleich wurde Heinrich von gegnerischen Reichsfürsten angegriffen, die die Situation für sich nutzen wollten. Der Investiturstreit mit der Kirche zog sich über 50 Jahre hin und führte zu einem großen Ansehensverlust des Kaisers. Endlich gelang 1122 mit dem Wormser Konkordat ein Kompromiss: Die Investitur wurde abgeschafft, die Wahl der Bischöfe stand nur der Kirche zu. Doch das Ringen zwischen Kaiser und Papst ging auch in den folgenden Jahrhunderten weiter, und die ihm eigentlich untergebenen Reichsfürsten bildeten oftmals einen Gegenpol.

Der 3. und 4. Kreuzzug

1187 eroberte Sultan Saladin Gebiete der Kreuzfahrer in Syrien. Als er auch Jerusalem einnahm, zogen die Verbündeten Friedrich Barbarossa, Kaiser des Heiligen Römischen Reichs, König Philipp II. von Frankreich und der englische König Richard Löwenherz zum 3. Kreuzzug aus, um das Heilige Land zurückzuerobern. Doch Friedrich starb bereits 1190 in Anatolien und ließ die unsichere Allianz zwischen verfeindeten Franzosen und Briten allein. Nach einem Sieg bei Akkar 1191 entbrannte zwischen Philipp und Richard der Kampf um die Führung, und schließlich kehrte Philipp nach Frankreich zurück. Richard schlug mehrere Schlachten gegen Saladin, musste aber 1192 einen Waffenstillstand schließen, der es christlichen Pilgern erlaubte, unbehelligt nach Jerusalem zu reisen, die Stadt aber in den Händen der Muslime ließ. Um den christlichen Pilgern Hilfe und Schutz zu geben, wurde der Deutsche Ritterorden gegründet. Er entwickelte sich später zu einer Söldnerarmee, die ganze Länder beherrschte.

Als Papst Innozenz III. sechs Jahre später zu einem neuen Kreuzzug aufrief, wurde sein Ruf von den Herrschern Europas nicht gehört, denn sie befanden sich – wie z. B. Deutschland – im Streit mit der Kirche, oder sie kämpften wie Frankreich und England gegeneinander. Nur der reiche Stadtstaat Venedig erklärte sich bereit, die Kreuzfahrer auf seinen Schiffen ans Ziel ihrer Wünsche, und zwar nach Ägypten zu bringen. Nach der Einschiffung übernahmen die Venezianer das Kommando und ließen Konstantinopel angreifen, um dort einen neuen Kaiser auf den Thron des Byzantinischen Reichs zu setzen. Die Stadt wurde geplündert und das Lateinische Kaiserreich ausgerufen, das bis 1261 existierte. Die eigentlichen Ziele des Kreuzzugs wurden nicht weiter verfolgt.

Ende des Oströmischen Reichs: Der Fall Konstantinopels

Obwohl der byzantinische Hilferuf Anlass für den 1. Kreuzzug gewesen war und die katholische Kirche auch ihren bedrängten Glaubensbrüdern im Osten zur Hilfe eilte, distanzierten sich die Byzantiner schnell wieder von der römischen Kirche. Denn nicht nur die Türken griffen Byzanz an, sondern auch die christlichen Normannen Siziliens und die Venezianer, die das Reich von Byzanz mit dem 4. Kreuzzug dauerhaft schwächten. 1261 gelang es den Griechen in Konstantinopel, die Venezianer mithilfe Genuas zu verjagen. Eine neue Dynastie, die Palaiologos, übernahm die Macht in der Hauptstadt Konstantinopel und herrschte dort über eine verhältnismäßig homogene griechische Bevölkerung.

Da das Reich weiterhin von Türken und Venezianern bedroht wurde, gab es durchaus Überlegungen, als Schutzmaßnahme die orthodoxe byzantinische Kirche wieder mit der römischen zu vereinigen. In Byzanz konnte sich jedoch niemand wirklich mit dem Gedanken anfreunden, und Rom wollte nicht helfen. Als die Türken angriffen, stand niemand Byzanz bei. Schließlich leisteten nur noch Konstantinopel, die südliche Peloponnes und Trapezunt an der Ostküste des Schwarzen Meeres Widerstand. Im April 1453 führte der osmanische Sultan Mehmet II. nach mehrwöchiger Belagerung den letzten Angriff auf Konstantinopel und nahm nach kurzen Kämpfen die Stadt ein. Der letzte byzantinische Kaiser, Konstantin XI. Dragases, fiel im Kampf. Während die einfache Bevölkerung, die im Verlauf der osmanischen Belagerung die Stadt verlassen hatte, zurückkehrte, wanderten führende byzantinische Gelehrte nach Italien, vor allem nach Florenz und Venedig, aus und nahmen Handschriften antiker Autoren mit. Die Schriften, die dem Westen eine intensive Auseinandersetzung mit der Antike ermöglichten, stellten entscheidende Impulse für die Renaissance dar.

Oben: Die Krak des Chevaliers (Burg der Ritter) in Syrien wurde 1142 von den Johannitern erobert und zu einer Festung ausgebaut
Linke Seite: Miniatur als Schmuckillustration aus einer Universalgeschichte, die die Plünderung Jerusalems durch die Christen 1099 zeigt.

Nowgorod
Fürstentümer von Nowgorod
Warschau
Minsk
POLEN
Russische Fürstentümer
Moskau
Kiew
Odessa
Bulgar
BYZANTINISCHES REICH
Konstantinopel
Schwarzes Meer
REICH DER GOLDENEN HORDE
Neu-Sarai
Wolga
Alt-Sarai
Irtysch
Jenissej
Tiflis
Kaspisches Meer
Aralsee
Damaskus
Urgench
MAMELUKEN-REICH
Täbris
REICH DER KARA KITAI
Syrdarja
Euphrat
Bagdad
ILKCHANAT
Buchara
Taschkent
Kokand
Samarkand
Merw
Amudarja
Kaschgar
Khotan
Kabul
Arabien
Kerman
Medina
Mekka
Persischer Golf
Hormus
TIBET
1294 unabhängig
Indus
Mirath 1329
SULTANAT VON DELHI
Delhi
OMAN
Ganges
Patna
Sana
JEMEN
Gujerat
Bengalen
Somnath
Arabisches Meer
Golf von Bengalen
N
Orissa
Hindu-Staaten
Goa
0
400 km
400 Meilen
Kalikut
Madurai
Ceylon
Feldzüge des Kublai Khan, 1268–1279
Feldzüge des Kublai Khan, 1274–1292
Andere mongolische Feldzüge

Das Mongolenreich

Asien wurde erstmals von den Mongolen vereint. Das Reich der Mongolen war damit die größte jemals geschaffene Landmacht.

Aufstieg der Mongolen

Die Stämme der Mongolen gehörten zu einer Sprachfamilie und zogen durch die Ausläufer der zentralasiatischen Wüste Gobi. Erst als sie unter einem Führer vereint waren, der die einzelnen Stammeshäuptlinge ablöste, wurden diese Nomadenstämme zu einer erfolgreichen Macht, die in der Lage war, den Großteil Asiens und Teile Europas zu erobern. Zu den Mongolen gehörten verschiedene Stammesverbände und Völker, so z. B. Türken, Kitanen, Tataren, Rumanen und Hunnen, die alle schon lange gegen China Kämpfe führten. Die Furcht vor den Hunnen hatte die Chinesen sogar zum Bau der Chinesischen Mauer veranlasst. Die Mongolen waren ausgezeichnete Reiter und gefürchtete Bogenschützen, doch ihre Uneinigkeit und internen Auseinandersetzungen verhinderten zunächst, dass sie zu der Gefahr wurden, die sie später darstellen sollten. Geografisch betrachtet, errichteten die Mongolen das größte Reich in der Geschichte der Menschheit: Es erstreckte sich von der Ostgrenze Deutschlands bis nach Vietnam und von den arktischen Küsten im Norden Russlands bis zum Persischen Golf und dem Indischen Ozean im Süden. Doch lag ihre Leistung nicht nur in der Eroberung einer riesigen Landmasse. Die Mongolenarmee führten den bedeutendsten und bevölkerungsreichsten Mächten ihrer Zeit empfindliche Niederlagen zu, und zwar den Chinesen, den Persern und der Abbasiden-Dynastie im Irak.

Dschingis Khan

Ein Stammesfürst machte es möglich, die zerstrittenen Mongolenstämme zu einem mächtigen Reich zu vereinen. Temudschin wurde um 1160 als Sohn eines Stammeshäuptlings geboren. Doch als sein Vater von den benachbarten Tataren ermordet wurde, verstieß ihn sein Stamm. Der junge Mann fand einen neuen Stamm und erwies sich als furchtloser und charismatischer Anführer. Schließlich wurde er Häuptling des Stammes und unterwarf in einem langen Kriegszug die benachbarten Stämme. 1206 hatte er so die auseinander strebenden Stämme vereint und wurde zum Dschingis Khan, dem „Herrscher über alle".

Der Erfolg Dschingis Khans beruhte auf erfolgreicher militärischer Taktik und vorausschauender Organisation. Er vereinte die Mongolen zu einer schlagkräftigen Reiter-Armee, die ihre Angriffe schnell und präzise ausführte. Die Armee war in Einheiten von 100, 1000 und 10 000 Kämpfern eingeteilt; jede Einheit konnte während einer Schlacht blitzartig umdirigiert werden. Die Truppen waren berüchtigt dafür, dass sie mit ihren Feinden schonungslos umgingen. Viele Städte ergaben sich daher, sobald die Mongolen sich näherten. Häufig wurden die Unterworfenen in die mongolische Armee integriert und verschmolzen dann mit deren Gesellschaft und Kultur, besonders die Turkvölker im westlichen Asien. So wurde das Mongolenreich schließlich von turksprachigen Menschen dominiert.

Dschingis Khan führte Rechtssicherheit ein, indem er die Yasa, eine Gesetzessammlung, aufschreiben ließ. Damit wollte er Abhilfe gegen Streitigkeiten schaffen und so die Einigkeit der Stämme sichern. Selbst für das kleinste Vergehen waren dabei die härtesten Strafen vorgesehen. In Religionsfragen war Dschingis Khan dagegen äußerst tolerant, sodass unter seiner Herrschaft der Buddhismus und der Islam eine Blüte erlebten. In der Außenpolitik galt sein größtes Augenmerk China, das er für den größten Feind des Mongolenreichs hielt. 1211 marschierte er in das Gebiet des nördlichen Chin-Reichs ein. Zwar starb er während dieses Feldzugs, aber dieser Schritt ermöglichte es seinen Nachfolgern, China bis 1241 fast völlig zu erobern. Auch nach Westen zogen seine Armeen und machten ihm die Gebiete um das Kaspische Meer und den südrussischen Kaukasus untertan.

Die Yuan-Dynastie

Nach Dschingis Khans Tod wurde das riesige Mongolenreich in vier Chanate aufgeteilt, jedes von einem direkten Nachkommen regiert. Das Chanat der Goldenen Horde herrschte über Russland, das Changtai-Chanat kontrollierte Zentralasien, das Ilkchanat regierte das westliche Asien (speziell Persien und Irak), während das Großchanat die Mongolei und China umfasste.

1260 wurde Kublai Khan, der Enkel von Dschingis Khan, zum Großkhan. 1264 verlegte er die Hauptstadt von der Mongolei nach Beijing. Er vertrieb die Song-Dynastie im Süden und wurde damit der erste Mongole, der über ganz China herrschte. Die Mongolen pflegten ursprünglich keine Herrscherdynastien, doch unter dem Einfluss der chinesischen Tradition gründete Kublai Khan die Yuan-Dynastie. Obwohl die Yuan-

Kaiser die großen Bauprojekte der chinesischen Kaiser fortsetzten, wie beispielsweise den großen Kanal, blieben sie als Fremdherrscher im Volk unbeliebt, zum Teil weil ihre Herrschaft auf Unterdrückung beruhte. Der Handel wurde eingeschränkt und der Bevölkerung mitunter das Lebensnotwendigste entwendet. Die Mongolen lernten kein Chinesisch und hielten sich von der Bevölkerung auf Distanz. Die mongolischen Regierungsbeamten waren nicht in der Lage, mit den Spitzen der chinesischen Gesellschaft zu kommunizieren, eine Situation, die Feindschaften und Konflikte förderte.

Kublai Khan und seine Nachfolger konnten sich dem Einfluss der chinesischen Kultur aber nicht ganz entziehen. So unterstützten sie die Verbreitung des Buddhismus und festigten die Rolle des Konfuzianismus. Die langsame Sinosierung der Yuan-Kaiser führte schließlich dazu, dass sie ihren Einfluss im übrigen Mongolenreich verloren und in China 1368 von der Ming-Dynastie abgelöst wurden.

Die Goldene Horde

Als Großkhan Ögedai, ein Sohn Dschingis Khans, 1236 in Russland einfiel, war dieses Land kein einheitlicher Staat, sondern ein Zusammenschluss von Fürstentümern, den Rus. Mit einem schnellen Überraschungsangriff gelang den Mongolen der einzig jemals erfolgreiche Winterkrieg auf russischem Gebiet. Sie hatten schon in den 1220er-Jahren Erkundungsritte in die russischen Steppen unternommen, und so konnten sie 1236 gut vorbereitet zuschlagen. Die russische Winterkälte nutzten sie zu ihrem Vorteil, denn jetzt konnten sie über die zugefrorene Wolga tief ins feindliche Gebiet eindringen. Sie zerstörten Städte, töteten die Bevölkerung ganzer Städte und Landstriche (z. B. Kiew 1240) und verwüsteten so weit entfernte Regionen wie Nowgorod. Schließlich errichteten die Mongolen unter ihrem Führer Batü, einem Enkel Dschingis Khans, in Russland einen neuen Staat, das Reich der Goldenen Horde.

Der Großteil der Goldenen Horde zog sich in ihr altes Steppengebiet zurück, von wo aus sie die Rus-Gebiete verwalteten. Sie ernannten örtliche Steuereintreiber, die den Tribut der russischen Fürstentümer einsammelten und mit Terrorherrschaft jeglichen Aufstand verhinderten. Im späten 14. Jahrhundert zerfiel aber die Einheit der Goldenen Horde, und Nachfolgerprobleme führten zu unüberwindbaren Spaltungen. Nach und nach wurden die Mongolen in ihre angestammten Gebiete in der Mongolei und Nordchina zurückgedrängt. Ein Überbleibsel des Chanats der Goldenen Horde existierte als Krim-Chanat noch bis 1783, bevor es von der russischen Zarin Katharina der Großen annektiert und ins Russische Reich einverleibt wurde.

Oben: Persische Illustration, die Dschingis Khan in seinem Zelt zeigt.
Linke Seite: Chinesisches Porträt des Dschingis Khan (1206–1227), der China zum Zentrum des großen Mongolenreichs machte.

Der Schwarze Tod

Beginn und Ausbreitung der Pest

Die Ursprünge der Pest, des „Schwarzen Tods", sind immer noch unbekannt. Manche Forscher meinen, die Mongolen-Armee hätte die Pest aus Asien mitgebracht. Während der Belagerung der Stadt Kaffa sollen die Mongolen Pestleichen über die Stadtmauern katapultiert haben, um die Bewohner der Stadt zur Aufgabe zu zwingen. Die Bürger, die nach Italien flohen, schleppten die Pest dort ein. Von dort breitete sie sich mit rasender Geschwindigkeit über ganz Europa aus und dezimierte die städtische und die ländliche Bevölkerung.

Verbreitet wurde die Pest vor allem durch die Schwarze Ratte, die in ganz Europa heimisch war. Auf diesem Tier hausten Flöhe, die mit *Yarsinia-Pestis*-Bakterien infiziert waren. Andere ansteckende Formen waren die Lungenpest, die sich in der Luft verbreitete und das Atemsystem befiel, sowie die Pest-Sepsis, die zu Blutvergiftungen führte. Da die Bevölkerung bereits durch wirtschaftliche Depressionen und verschiedene Seuchen geschwächt war, hatte die Pest leichtes Spiel. Zwischen 1347 und 1352 raffte sie 30–50 Prozent der europäischen Bevölkerung dahin und tauchte in den folgenden vier Jahrhunderten kurzzeitig immer wieder auf.

Symptome

Am verbreitetsten war die durch Lymphknotenschwellungen („Beulen") gekennzeichnete Beulenpest; die Schwellung konnte die Größe eines Apfels erreichen und wurde meist durch einen Flohbiss im Nacken, in der Achselhöhle oder in der Leiste verursacht. Zuerst war die Beule von rötlicher Farbe, sie wurde langsam blau und dann schwarz – was zu dem bekannten Namen führte. Innerhalb einer Woche war der Kranke tot. Die Lungenpest reizte den Kranken zu Husten und Niesen, auf diese Art wurden die Bakterien äußerst schnell verbreitet. Die Pest-Sepsis führte zum Tod, sobald die Bakterien in den Blutkreislauf gelangten. Die Geschwindigkeit, mit der die Pest ihre Opfer tötete, schockierte die Menschen im Mittelalter, sie verloren den Glauben an die Kirche und die Heilkunst.

Folgen des Schwarzen Tods

Die Pest dezimierte einen Großteil der Bevölkerung, ließ die Wirtschaft zusammenbrechen und erschwerte den Überlebenden das Leben. Zugleich veränderte die Pest grundlegend das soziale Klima im Mittelalter. Der Tod vieler in der Landwirtschaft Tätigen änderte die Situation der Überlebenden, ihre Arbeitskraft war plötzlich sehr gefragt. Sie konnten von Landgut zu Landgut ziehen und höhere Löhne fordern. Um dieser Situation Herr zu werden, erließen viele Länder Gesetze, die die Bewegungsfreiheit der einfachen Landbevölkerung einschränken sollten. Zugleich wurden Vorschriften erlassen, die eine Kleiderordnung für jeden Stand festlegten. Überdies wurde die einfache Bevölkerung durch höhere Abgaben belastet, um die Kriege der Landesherren zu finanzieren. So kam es in Westeuropa häufiger zu Bauernaufständen, und die traditionellen Kräfte, besonders die Kirche, verloren an Einfluss.

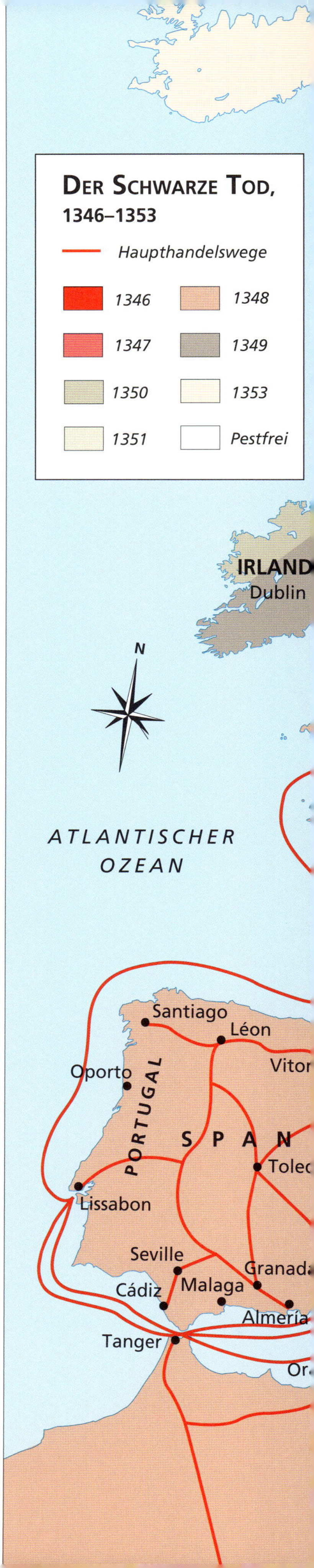

NORWEGEN
SCHWEDEN
Bergen
Kristiania
Tönsberg
Stockholm
Wisby
Kalmar
Åbo
Wiborg
Narwa
Reval
Nowgorod
Pskow
Riga
Moskau
Dünaburg
Memel
Kowno
Smolensk
Königsberg
Danzig
RUSSISCHE FÜRSTENTÜMER
Nordsee
Ostsee
DÄNEMARK
Kopenhagen
Flensburg
Edinburgh
Berwick
Carlisle
York
Chester
Boston
Bristol
London
Lübeck
Wismar
Hamburg
Bremen
Stettin
Amsterdam
Utrecht
Brügge
Antwerpen
Gent
Calais
Boulogne
Köln
Cambrai
Magdeburg
HEILIGES RÖMISCHES REICH
Frankfurt a. d. Oder
POLEN
Leipzig
Breslau
Prag
Krakau
Lemberg
Kiew
Rouen
Beauvais
Frankfurt
Nürnberg
Paris
Troyes
Straßburg
Regensburg
Rennes
Orléans
Ulm
Augsburg
Wien
Buda
Pest
Klausenburg
Cherson
Akkerman
Tours
FRANKREICH
Basel
Châlon
Besançon
UNGARN
Limoges
Lyon
Mailand
Clermont
Bordeaux
Verona
Venedig
Belgrad
Schwarzes Meer
Genua
Toulouse
Nimes
Florenz
Adriatisches Meer
Marseille
Narbonne
Ancona
Ragusa
Adrianopel
Konstantinopel
nach Russland zum Kaukasus
nach Arabien und Asien
Korsika
Rom
BYZANTINISCHES REICH
Bari
Neapel
Amalfi
Brindisi
Sardinien
Korfu
Ägäis
Palma
Balearen
Mittelmeer
Palermo
Messina
Sizilien
Syrakus
Algier
Bougie
Tunis
Kairuan
0 100 km
0 100 Meilen
Tripolis
nach Ägypten

Der Aufstieg Moskaus 1462–1505

Iwan III. vergrößerte sein Großfürstentum Moskau und gründete in Nordrussland ein Reich, das schließlich die Goldene Horde der Mongolen für immer aus Europa verdrängte.

Iwan der Große

Iwan III. Wassiljewitsch, bekannt als Iwan der Große, herrschte von 1462 bis 1505 als Großfürst von Moskau. Er baute auf den Leistungen seiner Vorgänger auf, stärkte die Position von Moskau, vereinte die autonomen Fürstentümer Russlands und drängte die gefürchteten Mongolen zurück. Iwan war der erste der Moskauer Fürsten, die sich „Zar über ganz Russland" nennen konnten.

Iwan, der zunächst mit seinem Vater, Wassili II., regierte, konzentrierte nach dessen Tod seine Kräfte auf die Vereinigung Russlands, ging aber dabei sehr vorsichtig vor. Zunächst wandte er sich der Republik Nowgorod zu, die sich der wachsenden Macht der Moskowiter entziehen wollte und sich darum mit Polen verbündet hatte. Iwan nutzte diese Verbindung als Kriegsgrund, marschierte 1470 nach Nowgorod, besiegte den Stadtstaat und beendete den Bund mit Polen. Nach Jahren der Besatzung akzeptierte die Republik Nowgorod 1478 Iwan als autokratischen Herrscher. Andere Fürstentümer fielen durch Eroberung oder Diplomatie an den Zar. Mit der Einnahme von Twer im Jahr 1485 wurde Russland zum nationalen Einheitsstaat mit einem einzigen Herrscher an der Spitze.

Iwan wurde der erste Alleinherrscher Russlands. Er sah sich als Erbe des zuvor untergegangenen Byzantinischen Reichs, denn ähnlich wie die byzantinische Kirche stand die russisch-orthodoxe Kirche in großer Distanz zu Rom. Auch seine Heirat mit Zoë Sophia Palaiologina, der Nichte des letzten Kaisers von Byzanz, sollte die Kontinuität zum Byzantinischen Reich unterstreichen. Überdies beanspruchte er auch das Wappenbild des zweiköpfigen Adlers aus Byzanz. Iwan stellte sich konsequent über den russischen Adel; die Bojaren mussten sich ihm unterwerfen. Nach seinem Tod folgte ihm sein Sohn, Wassili III., als Zar.

Das Ende der Mongolenherrschaft

Unter der Herrschaft Iwans wurden auch die Mongolen zurückgedrängt. Die Mongolen waren 1223 auf dem Weg von Asien nach Europa in die Fürstentümer der Kiewer Rus eingedrungen, und die Goldene Horde blieb im Wolgagebiet. In diesem Mongolenstaat ließen sich Turkvölker, Tataren, Usbeken und andere zentralasiatische Völker nieder und kassierten die Tributzahlungen von russischen Fürsten. Bevor jedoch Iwan III. gegen die Mongolen zog, waren sie bereits durch den Schwarzen Tod 1346–1347 und durch innere Kämpfe um das Erbe des Chanats geschwächt. Um 1440 herum brach zwischen den Mongolen ein Krieg aus, der schließlich zur Errichtung von fünf unterschiedlichen Chanaten führte.

Als das russische Großfürstentum Moskau aufstieg und sich der Kontrolle der Mongolen allmählich entzog, waren diese Chanate bereits stark geschwächt. 1476 verweigerte Iwan III. Zahlungen an den Khan der Großen Horde, des größten Chanats der geteilten Goldenen Horde. Der Khan, der zu diesem Zeitpunkt in Militäraktionen auf der Krim involviert war, setzte 1480 seine Armee gegen Iwan in Bewegung, während Iwan mit seiner Armee gegen den Khan eilte. Am Fluss Ugra trafen die beiden Parteien aufeinander. Doch es kam zu keiner Schlacht, denn jeder wartete auf seiner Flussseite auf Verstärkung. Iwans Reserve traf schließlich ein, während sich die Armee des Khans nach wochenlangem Warten in bitterer Winterkälte zurückzog, die erste Niederlage in einer langen Reihe, die zur Auflösung der Goldenen Horde führte. Einige Monate später wurde der Khan von einem Rivalen getötet. Iwans Sieg befreite die Russen aber von Tributzahlungen und führte zur Unabhängigkeit.

Der Kreml

Seit dem 11. Jahrhundert stand die Kreml-Festung auf dem Moskauer Borwitzky-Hügel. Die Zitadelle war bereits 1368 unter Iwans Vorgängern erweitert worden, und man hatte das dreieckige, 27,5 Hektar große Areal mit weißen Mauern umgeben. Während der Herrschaft Iwans III. wurde der ganze Komplex erneuert und umgebaut, um die Macht und die Überlegenheit der Moskowiter zu symbolisieren, denn Moskau war nun

das Zentrum des vereinten Russland. Iwan holte sich Baumeister und Architekten aus Italien, die Paläste und Kathedralen für seinen „neuen“ Kreml bauen sollten. Ihre Bauten zeigen keine italienischen Anklänge, sondern sind im russischen Stil errichtet worden.

In den 1470er-Jahren ließ Iwan III. die Mariä-Himmelfahrts-Kirche als Sitz der russisch-orthodoxen Kirche bauen, in der zukünftig alle Krönungen von russischen Herrschern, Versammlungen und Staatsfeierlichkeiten stattfinden sollten. Den Auftrag erhielt der italienische Architekt Aristotele Fioravanti; um sich ein Bild von der russischen Kirchenarchitektur zu machen, reiste Fioravanti durch Russland. Vier Jahre später war die Kathedrale vollendet. Iwan war so zufrieden mit dem Ergebnis, dass er den Architekten festnehmen ließ, um zu verhindern, dass dieser das Land verließ. Fioravanti starb in Gefangenschaft. Auf den Stufen dieser Kathedrale zerriss Iwan den Vertrag, der die russischen Fürsten zu Untertanen der Goldenen Horde gemacht hatte.

Oben: Blick auf den Glockenturm „Iwan der Große“ zwischen den Kathedralen des Kreml.

Iwan gab auch den Bau der Mariä-Verkündigungs-Kathedrale mit ihrer goldenen Kuppel und der Erzengel-Kathedrale in Auftrag, die für viele Jahre die letzte Ruhestätte der russischen Herrscher wurde. Den Facetten-Palast ließ er bauen, um in einem großartigen Thronsaal Hof zu halten und große Feste zu feiern. Spätere Zaren und Zarinnen fügten weitere Gebäude hinzu, z.B. den Terem-Palast und einen riesigen, Iwan dem Großen geweihten vergoldeten Glockenturm.

Europa um 1400

Zersplittert und uneinig, so sah das von Kriegen und Unruhen geprägte Westeuropa im 14. und 15. Jahrhundert aus. In Italien entstanden unabhängige Stadtstaaten, und im Osten begann die nationale Konsolidierung.

Soziale Unruhen

Im 13. Jahrhundert hatte sich der Feudalismus als Gesellschaftsordnung in Europa etabliert. Doch der wirtschaftliche Niedergang und der von Hunger und Seuchen bedingte massive Bevölkerungsschwund führten zu gesellschaftlichen Auflösungserscheinungen. Inflation, hohe Preise und Steuererhöhungen zur Finanzierung der Kriege trafen vor allem die Armen. Auf die Auswirkungen der Pest und die Forderungen der einfachen Bevölkerung reagierte der Adel nur mit verstärkten Kontrollen und Zwangsmaßnahmen.

In Frankreich brach 1358 eine Rebellion aus, die bald das ganze Land erfasste. Bauern erhoben sich gewaltsam gegen den Adel, dem sie die bedrückenden Umstände anlasteten. In vielen Regionen schlossen sich ihnen städtische Handwerker, Kaufleute und sogar Pfarrer an. Diese „Jacquerie" wurde von der Aristokratie massiv unterdrückt. Der Bauernaufstand in England in den 1380er-Jahren war eine ähnliche Reaktion auf die Einführung einer Kopfsteuer. Zwar gelang es den Bauern, ein Treffen mit König Richard II. zu erzwingen – doch der König ließ die Revolte niederschlagen. Dieses Klima von Korruption und Verbrechen spiegelte sich auch in der zeitgenössischen Literatur wider. Die englische Sage von Robin Hood, dem edlen Räuber, der den Reichen nimmt, um den Armen zu geben, verdeutlicht die Ausplünderung der Kleinbauern durch Landbesitzer. Chaucers *Canterbury Tales* (1387) veranschaulichen, wie gängig Korruption in weltlichen wie geistlichen Kreisen damals war. In den Niederlanden und in Deutschland entstanden gesellschaftskritische Fabeln wie Reinecke Fuchs, die oft den Machtkampf zwischen Kirche und Aristokratie thematisierten und beide Gruppen negativ darstellten.

Das abendländische Schisma

Um den gefährlichen Rivalenkämpfen der Adelsgeschlechter in Rom zu entgehen, verlegte der Papst 1309 den Kirchenstaat nach Avignon. Zwischen 1309 und 1377 amtierten sieben französische Päpste in Avignon. Erst Papst Gregor XI. kehrte wieder nach Italien zurück, starb aber kurz danach. Die Römer bestanden auf der Wahl eines Italieners zu seinem Nachfolger. Urban VI. erwies sich als so schwieriger Charakter, dass die Kardinäle ihre Wahl bedauerten. 13 Kardinäle zogen sich nach Fondi zurück, wo sie den Franzosen Klemens VII. zum neuen Papst wählten. Die zwei offiziell gewählten Päpste spalteten die Kirche tief, was zum so genannten abendländischen Schisma führte. Die europäischen Führer mussten entscheiden, welchen Papst sie anerkennen würden – in ihrer Wahl offenbarten sich Allianzen und Brüche innerhalb des damaligen Europa. Zu den Anhängern des französischen Papstes Klemens gehörten Frankreich, Schottland, Kastilien, Aragon, Portugal, Savoyen und Teile Deutschlands. Urban, der römische Papst, fand die Unterstützung Italiens, Englands und der Mehrheit des Heiligen Römischen Reichs. 1409 wurde ein Konzil in Pisa einberufen, um die Spaltung zu überwinden, stattdessen wurde ein dritter Papst gewählt. Das Konzil zu Konstanz beendete schließlich 1417 das Schisma: Die Päpste in Pisa und Avignon wurden abgesetzt, und der römische Papst trat zurück. Mit der Wahl von Martin V. wurde die römische Linie des Papsttums bestätigt.

Oben: Der Dogenpalast in Venedig wurde im 14. Jahrhundert erbaut. Venedigs Lage an der Adria begründete seinen Wohlstand durch den Handel.

Linke Seite: Blick auf die Stadt Florenz, die die Medici zu einem der mächtigsten italienischen Stadtstaaten ihrer Zeit machten.

Italienische Stadtstaaten

In dieser Epoche entstanden im Norden Italiens die mächtigen Stadtstaaten. Durch ihre Lage direkt am Mittelmeer oder an den Handelsrouten von den Häfen nach Europa wurden Städte wie Mailand, Bologna, Florenz, Amalfi, Venedig, Pisa und Genua zu wohlhabenden Handelszentren. Ihren Reichtum nutzten sie, um sich als autonome Mächte mit kommunalen Regierungen unter dem Schutz des Papstes oder Kaisers zu etablieren. Die Stadtstaaten begünstigten die Entstehung der als Signoria bezeichneten Herrschaftsform. Diese meist einer einflussreichen Familie entstammenden Stadtherren betrieben eine aggressive Politik gegenüber rivalisierenden Familien und Nachbarstädten. Da sie selten aus den Reihen des Adels kamen, sondern meist Angehörige loyal mit der Stadt verbundener Kaufmannsfamilien waren, läuteten sie das Ende der Feudalgesellschaft in Italien ein. Für ihre Armeen griffen sie meist auf Söldnertruppen zurück, die unter Führung

HANDELSWEGE, um 1300
Handelsgebiet der Hanse
Handelswege der Hanse
Handelsgebiet von Genua
Handelswege von Genua
Handelsgebiet von Venedig
Handelswege von Venedig
Stadt mit Handelsbeziehungen zu Antwerpen
Seidenerzeugung
Wollerzeugung
Textilerzeugung
Europäisches Nordmeer
Nordsee
Ostsee
NORWEGEN
SCHWEDEN
DÄNEMARK
SCHOTTLAND
IRLAND
ENGLAND
HEILIGES RÖMISCHES REICH
FRANKREICH
POLEN
UNGARN
RUSSISCHE FÜRSTENTÜMER
BYZANTISCHES REICH
PORTUGAL
SPANIEN
ATLANTISCHER OZEAN
Mittelmeer
Adriatisches Meer
Schwarzes Meer
Ägäis
Balearen
Korsika
Sardinien
Sizilien
Donau
Dnjepr
nach Russland und in den Kaukasus
nach Arabien und Asien
nach Arabien
nach Ägypten
Bergen
Oslo
Tönsberg
Stockholm
Wisby
Kalmar
Kopenhagen
Flensburg
Åbo
Wiborg
Narwa
Reval
Nowgorod
Pskow
Moskau
Riga
Dünaburg
Memel
Kowno
Smolensk
Königsberg
Danzig
Lübeck
Wismar
Hamburg
Bremen
Stettin
Frankfurt a. d. Oder
Magdeburg
Leipzig
Breslau
Krakau
Lemberg
Kiew
Cherson
Akkerman
Prag
Wien
Buda
Pest
Klausenburg
Belgrad
Edinburgh
Falkirk
Berwick
Carlisle
York
Dublin
Chester
Boston
Bristol
London
Southampton
Amsterdam
Utrecht
Brügge
Antwerpen
Gent
Lille
Calais
Boulogne
Arras
Cambrai
Köln
Frankfurt
Nürnberg
Regensburg
Straßburg
Ulm
Augsburg
Rouen
Caen
Beauvais
Paris
Troyes
Rennes
Orléans
Tours
Basel
Châlon
Besançon
La Rochelle
Rochefort
Limoges
Clermont
Lyon
Bordeaux
Toulouse
Nîmes
Montpellier
Marseille
Narbonne
Bayonne
Vitoria
Mailand
Verona
Venedig
Genua
Florenz
Ancona
Rom
Neapel
Amalfi
Bari
Brindisi
Ragusa
Korfu
Adrianopel
Konstantinopel
Santiago
Léon
Oporto
Saragossa
Barcelona
Toledo
Lissabon
Valencia
Palma
Cartagena
Sevilla
Granada
Almería
Cádiz
Malaga
Tanger
Oran
Algier
Bougie
Tunis
Kairuan
Palermo
Messina
Syrakus
Tripolis

von Condottieri gegen rivalisierende Städte zogen. Die mächtigsten dieser Staaten waren Venedig, Florenz und Mailand in Norditalien, der Kirchenstaat des Papstes und Neapel im Süden. Venedig und Genua mit jeweils mächtigen Flotten konkurrierten auch als Seemächte: Genua kontrollierte das Tyrrhenische Meer, während Venedig die Adria und Ägäis beherrschte. Beide Städte kolonisierten einige Inseln und Häfen im Mittelmeer.

Osteuropa

Während Westeuropa unter wirtschaftlicher Depression, Hungersnöten, Seuchen, sozialen und politischen Unruhen litt, begannen die osteuropäischen Königreiche mit der Festigung ihrer Macht. Das deutschsprachige Königreich Böhmen wurde von König Karl IV. (1346–1378), dem späteren Kaiser des Heiligen Römischen Reichs, geeint. Er stärkte die Rolle des Königtums und der Kurfürsten gegenüber dem Kaiser. Die Heirat des litauischen Großfürsten Wladislaw Jagiello mit Königin Hedwig von Polen begründete 1386 die Dynastie der Jagiellonen und festigte die politischen und kulturellen Bande zwischen den Ländern Litauen und Polen. Ungarn erholte sich langsam von den Verwüstungen, die die Nomadentruppen der Goldenen Horde angerichtet hatten. Unter der Regentschaft von Ludwig dem Großen (1342–1382) entwickelte es sich zu einer modernen Nation.

Die Ausdehnung deutscher Siedler in den baltischen Raum führte zur Gründung mehrerer deutscher Städte entlang der Ostsee. Städte wie Lübeck, Wismar, Danzig und Königsberg schlossen sich 1358 in einem Handelsbündnis, dem Hansebund zusammen. Die Ostsee wurde im 14. Jahrhundert zu einer der wichtigsten Handelsrouten der Welt. Obwohl die Hansestädte unabhängig waren, boten sie dem Heiligen Römischen Reich ihre Gefolgschaft an. In Preußen übte der Deutsche Ritterorden die Kontrolle aus, der von den polnischen Fürsten zur Eindämmung der baltischen Preußen ins Land geholt worden war. Der 1226 von Kaiser Friedrich II. mit voller Souveränität ausgestattete Deutsche Orden errichtete in seinem Territorium eine Militärherrschaft. Diese bedrohte Litauen und förderte dessen Annäherung an Polen. 1466 wurde der Deutsche Orden zur Anerkennung der Souveränität der Jagiellonen gezwungen.

Europäischer Handel

Im Mittelalter entwickelten sich auf dem europäischen Kontinent grenzüberschreitende Handelsnetzwerke. Venedig trieb nicht nur mit Byzanz Handel, sondern mit dem gesamten arabischen Mittelmeerraum. In Nordeuropa sorgten die deutschen Hansestädte für den Vertrieb von Textilien aus westlichen Regionen. Flämische und englische Wollstoffe wurden bis nach Konstantinopel und darüber hinaus ans Schwarze Meer gehandelt, im Gegenzug importierte man von dort exotische Waren wie Gewürze. Der boomende Handel trug zur Herausbildung großer Handelszentren wie Genua und Antwerpen bei. Handelsgilden mit Kaufleuten, die auf dem ganzen Kontinent tätig waren, förderten die Kontakte über die nationalen Grenzen hinweg und schufen die Basis für das ökonomische Wachstum.

Der Hundertjährige Krieg

Kampf um die Kontrolle über Frankreich

Im Jahr 1337 erklärte sich der englische König Eduard III. zum rechtmäßigen französischen Herrscher und nahm den Titel „König von England und Frankreich" an. Seine Ansprüche begründete er mit seiner Abstammung mütterlicherseits von Philipp IV. von Frankreich. Philipp, der letzte Capetinger-König, hatte keinen männlichen Erben, und die Franzosen schlossen gesetzlich eine Thronfolge in weiblicher Linie aus.

Eduard marschierte in Frankreich ein, um Philipp VI. von Valois die Krone zu entreißen. Die Engländer errangen 1346, obwohl durch Seuchen geschwächt und zahlenmäßig unterlegen, einen wichtigen Sieg bei Crécy. Ihre Ausrüstung mit Langbogen machte sie den Franzosen überlegen.

Nach der Erstürmung von Calais (1347) gelang den Engländern 1356 die Gefangennahme des französischen Königs Johann II. Bei Azincourt besiegten die Engländer unter Führung von Heinrich V. 1415 die zahlenmäßig überlegenen Franzosen: Dabei verloren weniger als 500 Engländer ihr Leben, auf französischer Seite waren es mehr als 5000. Die Engländer kontrollierten die Normandie, und Heinrich erklärte sich zum rechtmäßigen Thronerben Frankreichs. Nach seinem Tod ging dieser Anspruch 1422 auf seinen Sohn über. Unter diesem Druck einigten sich die Franzosen, bevor 1428 der Krieg mit der englischen Belagerung von Orléans erneut ausbrach.

Unter der Führung von Johanna von Orléans (Jeanne d'Arc) gelang den Franzosen die Aufhebung der Belagerung. Nach einer Serie französischer Siege wurde der Dauphin, der Sohn Karl VI., in Reims zum König Karl VII. gekrönt. Unbeeindruckt davon ließ sich Heinrich VI. 1430 in Paris ebenfalls zum König krönen. Als der Herzog von Burgund 1435 ins französische Lager wechselte, fiel auch Paris wieder an den französischen König. Die Engländer wurden allmählich

von französischem Territorium vertrieben, bis ihnen 1453 nur noch Calais verblieb. Die Niederlage in Frankreich trug zum Bürgerkrieg (Rosenkriege) in der englischen Heimat bei. Die Feindschaft zwischen Frankreich und England sollte noch Jahrhunderte andauern, der Hundertjährige Krieg fand damit aber ein Ende.

Johanna von Orléans

Das 1412 geborene Bauernmädchen Johanna behauptete, ihr seien der Erzengel Michael, die heilige Katherina und die heilige Margarete erschienen. In diesen Visionen wurde sie beauftragt, die Engländer aus Frankreich zu vertreiben und den Dauphin zur Krönung nach Reims zu bringen. 1429 stand Johanna zum ersten Mal dem Dauphin gegenüber, der sie ausführlich von seinen Beratern prüfen ließ. Dann erhielt sie die Erlaubnis, als Mann verkleidet die Armee gegen das besetzte Orléans zu führen.

Die in weißer Rüstung gekleidete Johanna gab der Truppe neues Selbstvertrauen und führte sie zum Sieg. Nachdem sie Karl zur Krönung nach Reims begleitet hatte, beteiligte sie sich an der Belagerung von Paris. Dabei fiel sie in die Hände der mit den Engländern verbündeten Burgunder. Sie wurde an die Engländer verkauft, die Johanna 1431 in Rouen wegen Gotteslästerung (Hexerei, dämonische Visionen, Tragen von Männerkleidern) den Prozess machten. Vier Monate nach dem Schuldspruch wurde Johanna auf dem Scheiterhaufen verbrannt.

Augenzeugen berichteten von einer weißen Taube, die sich aus den Flammen erhoben habe. 1456 unterzeichnete der Papst die Revision des Schuldspruchs und ihre offizielle Anerkennung als Kirchenmärtyrerin. 1920 wurde Johanna heilig gesprochen.

Links: Jeanne d'Arc, auch als Jungfrau von Orléans bekannt, bei der Krönung von Karl VII. in der Kathedrale von Reims.
Rechte Seite: Johannes Gutenberg, der Erfinder des Buchdrucks mit beweglichen Lettern.

Kulturelle Neubelebung Europas

Im 14. und 15. Jahrhundert kam es vor allem in Italien zu einer neuen kulturellen Blüte. Neue Druckverfahren führten in ganz Europa zu gesellschaftlichen Veränderungen.

Die italienische Renaissance

Als italienische Renaissance bezeichnet man die kulturellen Entwicklungen im Italien des 14. und 15. Jahrhunderts. Diese Epoche stand unter dem Zeichen der Wiedergeburt oder Neubelebung klassischer Bildung. Während im 12. Jahrhundert die Wiederentdeckung von Aristoteles und seinen Schriften im Mittelpunkt der Forschungen standen, zeigte die italienische Renaissance ein viel breit gefächerteres Interesse.

Die reichen italienischen Stadtstaaten waren finanziell in der Lage, dieses Erblühen zu fördern. Über die Städte im Norden lief nicht nur der Handel mit alltäglichen Gütern, hierher kamen auch Kunstgegenstände und neues Wissen. Aus Konstantinopel, Spanien und den arabischen Ländern gelangten klassische Texte, mathematische und naturwissenschaftliche Abhandlungen nach Italien. Überdies erlaubte die unmittelbare Nähe zu den Hinterlassenschaften der Römer das Studium antiker Kunst und Architektur direkt vor Ort.

Ein Zentrum der italienischen Renaissance war das von den Medici beherrschte Florenz. Die Medici förderten unter anderem den Maler und Bildhauer Michelangelo. Donatello, Botticelli, Raphael und Leonardo da Vinci sind weitere weltberühmte Künstler dieser Epoche. Der Dichter Petrarca trug wesentlich zur Entwicklung des Humanismus bei, der den Menschen als wertvolles, im Grunde gutes Individuum betrachtete. Diese Vorstellungen standen aber im Gegensatz zur kirchlichen Vorstellung vom Menschen als Sünder, der der Erlösung bedurfte. Andere bedeutende Dichter der Zeit waren Dante (*Die Göttliche Komödie*) und Boccaccio (*Das Dekameron*).

Die Architektur der Renaissance schuf unter dem Einfluss der antiken Kunst großartige Bauwerke in Florenz, Venedig, Mailand und Rom. Säulen, kunstvoll dekorierte Fassaden und Kuppeln wurden zum Kennzeichen der berühmten Renaissancebauten wie dem Dom in Florenz oder dem Petersdom in Rom.

Humanismus

Der Humanismus bildete für viele Menschen der Zeit eine Antwort auf ein wachsendes Gefühl der Desillusionierung gegenüber der Kirche. Er umfasste alle Bereiche des menschlichen Denkens und Lernens wie Grammatik, Rhetorik, Geschichte, Philosophie und Dichtung. Im Zentrum stand der Aufruf zur Wiederbelebung der Klassik, zum Studium von Griechisch und Latein. Verstand und Vernunft machten den Menschen zu einem lernfähigen, mit individueller Würde ausgestatteten Wesen. Die Gedanken des Humanismus breiteten sich dank der neuen Drucktechniken bald in ganz Europa aus. Das intensive Bibelstudium der Humanisten ließ zunehmend Rufe nach einer Reform der Kirche laut werden, die schließlich zur Reformation führte.

Universitäten

Die Entstehung von Zentren der Gelehrsamkeit und Universitäten in Europa trug zur Überwindung des Mittelalters und zur Ausbreitung der Renaissance bei. In Griechenland und der arabischen Welt hatten bereits vor hunderten von Jahren Akademien bestanden. In Europa hatte Karl der Große ähnliche Einrichtungen zur Ausbildung seiner Beamten geschaffen. Doch geistige Studien waren in Europa lange auf die Klöster beschränkt, wo naturgemäß das Bibelstudium im Mittelpunkt stand.

Die ersten Universitäten wurden im Mittelalter in Paris und Bologna gegründet, sie waren noch auf die Vorbereitung für eine kirchliche Karriere ausgerichtet. Die Universität in Bologna mit dem Schwerpunkt Recht war eine weitgehend selbst verwaltete Institution, die mehr von den Studenten als von den Lehrkräften betrieben wurde. Die Universität Paris stand unter Führung des Lehrkörpers, sie zog einige

der größten Denker jener Zeit an, wie Pierre Abélard und Thomas von Aquin. Der Schwerpunkt lag auf theologischen Studien, denn die Lehrer wurden von der Kirche bezahlt. In der Regel waren aber alle europäischen Universitäten zunächst unabhängige Institutionen, erst allmählich kamen sie unter staatliche Kontrolle.

Johannes Gutenberg

Die Erfindung des Drucks mit beweglichen Lettern war entscheidend für die kulturelle und intellektuelle Entwicklung Europas: Erst dadurch wurden die zeitgenössische Literatur und insbesondere die verschiedenen Fassungen der Bibel für breitere Kreise zugänglich. Gutenberg verbesserte den bis dahin üblichen Holztafeldruck, sodass nun hohe Auflagen in kurzer Zeit möglich waren. Zwischen 1452 und 1454 druckte der gelernte Goldschmied aus Mainz seine berühmte Gutenberg-Bibel. Für den Druck von ungefähr 180 Exemplaren dieser lateinischen Bibel benötige er drei Jahre, für die damalige Zeit eine verhältnismäßig kurze Dauer, da bei dem bis dahin üblichen handschriftlichen Kopieren in demselben Zeitraum nur ein Exemplar fertig gestellt werden konnte. Auf der Buchmesse in Frankfurt, einer der ältesten Handelsmessen der Welt, konnte Gutenberg seine Kopien Gewinn bringend verkaufen. Da er allerdings ein schlechter Geschäftsmann war, starb er 1468 fast mittellos, die Rechte an der Druckmaschine hatte sein ehemaliger Partner Johann Fust erhalten.

Gutenbergs Erfindung trug nicht nur zur Verbreitung des theologischen Wissens bei, sein Druckverfahren ermöglichte auch vermehrte wissenschaftliche Publikationen und bildete somit die Grundlage für die naturwissenschaftliche Revolution der folgenden Jahrhunderte.

Michelangelo und Leonardo da Vinci

Michelangelo Buonarroti wurde 1475 in Caprese geboren und erhielt seine künstlerische Ausbildung in Florenz. Lorenzo de Medici wurde auf seine Begabung aufmerksam und ermöglichte ihm ein dreijähriges Studium an der Medici-Akademie. Nach kurzer Zeit in Rom kehrte Michelangelo 1500 nach Florenz zurück, um die berühmte David-Statue zu schaffen. 1505 beauftragte ihn Papst Julius II. mit der Gestaltung seines Grabmals in Rom. 1508 wurde Michelangelo die Deckenausmalung der Sixtinischen Kapelle übertragen. Nach vier Jahren Arbeit vollendete er sein Meisterwerk, das Szenen der Genesis wie die Schöpfung von Adam und Eva zeigt. Später entstand unter seiner Ägide auch das Fresko *Das Jüngste Gericht* an der Stirnwand der Kapelle. 1546 konstruierte er als Baumeister die riesige Kuppel des Petersdoms in Rom.

Michelangelos großer Rivale war der ebenfalls aus Florenz stammende Leonardo da Vinci. Nach seiner Ausbildung zum Maler übersiedelte Leonardo nach Mailand, wo er als Ingenieur und Architekt in die Dienste des Herzogs Lodovico Sforza trat. Der vielseitige Künstler und Ingenieur entwarf Kanonen, Maschinengewehre, Flugapparate, gepanzerte Fahrzeuge und U-Boote, die aber meist nicht gebaut wurden. Sein wissenschaftliches Interesse galt auch der Anatomie, um 1490 schuf Leonardo seine berühmte Zeichnung *De Divina Proporzione* (*Der Vitruvianische Mensch*) zur Verdeutlichung der mathematischen Proportionen und der Symmetrie des menschlichen Körpers. *Das Abendmahl* und die *Mona Lisa* (La Gioconda) sind heute wohl seine bekanntesten Werke.

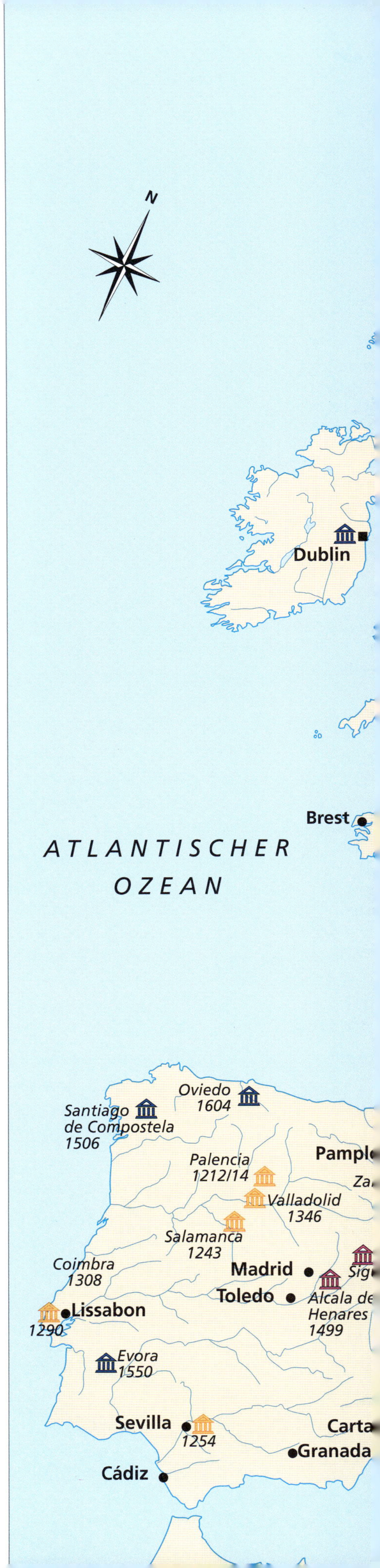

UNIVERSITÄTEN UND SCHULEN IN EUROPA, bis 1700
Universitätsgründungen und Religionsschulen bis 1400
Universitätsgründungen 1401–1500
Universitätsgründungen 1501–1700
0 200 km
0 200 Meilen
Nordsee
Ostsee
Mittelmeer
Adriatisches Meer
Uppsala 1477
Stockholm
Kristiana
Ösel
Gotland
Aberdeen 1494
St. Andrews 1411
Edinburgh
Lund 1688
Kopenhagen 1478
Königsberg 1544
York
Rostock 1419
Kiel 1655
Greifswald 1456
Lübeck
Hamburg
Franeker 1585
Groningen 1614
Cambridge 1229
Amsterdam 1631
Harderwijk 1648
Osnabrück 1630
Frankfurt 1506
Bristol
Oxford 1167
Leiden 1574
Utrecht 1636
Helmstedt 1576
Wittenberg 1502
London
Antwerpen
Paderborn 1614
Halle 1694
Breslau
Calais
Brüssel
Köln 1388
Marburg 1527
Leipzig 1409
Löwen 1426
Erfurt 1392
Krakau 1364
Gießen 1607
Prag 1348
Mainz 1476
Bamberg 1648
Olmütz 1576
Luxemburg
Trier 1473
Würzburg 1582
Caen 1432
Paris um 1150
Port-à-Mousson 1572
Heidelberg 1385
Ingolstadt 1472
Tyrnau 1635
Tübingen 1476
Orléans 1309
Straßburg 1621
Dillingen 1549
Linz 1669
Wien 1365
Pressburg 1467
Angers 1337
Dôle 1422
Freiburg 1457
München
Salzburg 1623
Budapest
Nantes
Basel 1456
Bourges 1464
Poitiers 1431
Besançon 1485
Graz 1585
Genf 1559
Vicenza 1204
Treviso 1318
Vercelli 1228
Mailand
Padua 1222
Venedig
Bordeaux
Grenoble 1339
Piacenza 1248
Ferrara 1391
Cahors 1332
Valence 1452
Turin 1405
Pavia 1361
Reggio 1188
Orange 1365
Genua
Parma 1502
Bologna 1088
Avignon 1303
Aix-en-Provence 1409
Florenz 1349
Toulouse 1229/33
Pisa 1343
Arezzo 1215
Montpellier 1289
Marseille
Siena 1357
Urbino 1564
Huesca 1354
Perugia 1308
Perpignan 1349
Korsika
Lérida 1300
Barcelona 1430
Rom 1303
Neapel 1224
Salerno 1173
Sardinien
Valencia
Palma 1483
Cagliari 1626
Palermo 1637
Messina 1549
Catania 1434
Sizilien

Amerika am Ende des 15. Jahrhunderts

Vor der Ankunft der Europäer gab es in Amerika viele hoch entwickelte Kulturen – von den Zivilisationen der Inka und Azteken bis zu den Jägern und Sammlern im Norden.

Die Inka

Das Tahuantinsuyu genannte Reich der Inka in Südamerika bestand als großartige Zivilisation vom Beginn des 13. Jahrhunderts bis zur Ankunft der Spanier 1533. Das Wort Inka bedeutet König, und die gesamte Gesellschaft war vollkommen auf den zentralen Herrscher ausgerichtet. Ursprünglich stammten die Inka aus dem heute als Peru bekannten Gebiet, dessen Hauptstadt Cuzco war. Im Verlauf ihrer relativ kurzen Existenz errangen sie die Herrschaft über die meisten zivilisierten Gebiete Südamerikas. Vor ihrem Aufstieg waren die Inka eine von mehreren in den südlichen Anden beheimateten Stammesgruppen. Doch unter der Herrschaft von Viracocha, seinem Sohn Pachacutec Yupanchi und seinem Enkel Tupac Yupanchi begann ein Prozess der Expansion und der Eroberungen. Ihr Reich erstreckte sich im Süden bis ins heutige Chile und Argentinien.

Um dieses riesige Imperium erfolgreich regieren zu können, entwickelten die Inka ein raffiniertes hierarchisches System. An der obersten Spitze der Regierung stand der Inka oder Herrscher. Darunter gab es vier Provinzregierungen, die von Familienmitgliedern des Inka geleitet wurden. Diese Adligen übertrugen lokalen Beamten Befugnisse zur Sicherstellung einer hohen Produktivität und zur Durchsetzung der Gesetze. Die Basis der Gesellschaft bildeten die Land- und Bergarbeiter. Aus zehn Familien bestehende Gruppen wurden einem Dorffunktionär unterstellt, dem sie Tribut für das Reich zahlen mussten. Die einfachen Inka hatten auch für öffentliche Projekte und Gemeinschaftsaufgaben wie den Brückenbau oder den Dienst in der Armee zur Verfügung zu stehen. Im Gegenzug garantierte man ihnen die Versorgung durch die Gemeinschaft im Alter oder bei Krankheit; bei Missernten und Hungersnöten lieferte der Staat Nahrungsmittel.

Die Zivilisation der Inka war agrarisch geprägt. Zur Erweiterung der Anbauflächen legte man in der gebirgigen Landschaft Terrassen an. Die Inka schufen ausgefallene Kunstwerke und waren besonders geschickt in der Bearbeitung von Metall. Das im Land gefundene Gold und Silber verarbeiteten sie zu edlen Schmuckstücken. Berühmt sind auch die medizinischen Verfahren der Inka, speziell ihre chirurgischen Kenntnisse, die sie häufig bei Schädeloperationen nutzten.

Religiöse Überzeugungen und Praktiken

Die religiösen Praktiken der Inka drehten sich im Wesentlichen um die Verehrung des Sonnengottes Inti. Ihr Schöpfungsmythos erzählt davon, wie Inti seinen Sohn Manco Capac zur Erde schickt, um dort eine Stadt zu gründen, und wie dieser als erster Herrscher der Inka zum Stadtgründer Cuzcos wird. Die Verehrung der Sonne dominierte fast alle Aspekte ihrer Zeremonien. Sie erbauten zahlreiche beeindruckende, der Sonne geweihte Tempel. Diese standen immer auf dem höchsten Punkt der Umgebung, um dem Objekt der Verehrung möglichst nahe zu sein. In den Tempeln lebten die Priester, die durch ihre Weissagungen den Inka in allen Aspekten des Lebens die Richtung vorgaben. Täglich opferte man der aufgehenden Sonne Tiere, wie das geheiligte weiße Lama. Die Priester benutzten die herausgeschnittenen Lungen der Lamas, um daraus die Zukunft vorherzusagen oder die Ursachen bestimmter Probleme wie einer Krankheit zu ergründen.

Inti war nicht der einzige von den Inka verehrte Gott. Andere wichtige Gottheiten repräsentierten Mond, Erde, Meer, Blitz und Donner. Der Glaube an die Mächte der Natur schloss auch das Tierreich mit ein. Verschiedene auf der Erde lebende Tiergeister waren von großer Bedeutung für die Inka. Der Kondor repräsentierte den Himmel und die Anakonda die Hölle. Zudem verehrte man Geister, die an den zahlreichen, über das ganze Land verteilten heiligen Stätten wohnten. Diese Geister konnten die Gestalt von Tieren, aber auch von Felsen, Bergen oder Flüssen annehmen.

Machu Picchu

Die vermutlich berühmteste Stätte der Inka-Kultur ist die Stadt Machu Picchu. Die Anlage liegt in Peru auf einem Bergrücken in 2350 Meter Höhe über dem Meeresspiegel. Die Stadt war nicht das ganze Jahr über komplett bewohnt, sie diente vielmehr als religiöser oder ländlicher Rückzugsort für den Adel. Sie wurde

KOLUMBIEN
ECUADOR
Quito
Achupallas
Hatun Cañar
Tomebamba
Tumbes
Cusibamba
Chinchasuyu
PERU
BRASILIEN
Cajamarca
Chiquitoy Viejo
Chan Chan
Huamachuco
Tamborata
Tunsucancha
Huánuco Pampa
Recuay
Paramonga
Pumpu
Tarma Tambo
Jauja
Pachacamac
Lurín
Inkawasi
Tambo Colorado
Vilcashuamán
Huari
Ollantaytambo
Machu Picchu
Pisac
Limatambo
Cuzco
Pik Ilaqta
Ica
Jincamocco
Cuntisuyu
Nasca
Acan
Chigna Jota
Raqchi
Ayaviri
Pucará
Hatuncolla
Chucuito
Juli
Pomata
Titicacasee
Antisuyu
BOLIVIEN
Chuquiabo
Tiahuanaco
Hualla Tampu
Paria
Cochabamba
Tupiza
Collasuyu
Meteorite Tampu
Tilcara
CHILE
La Paya
Pucará de Andagala
Chilecito
Leoncito
Ranchillos
Potrero de Payagasta
Santiago
ARGENTINIEN
PAZIFISCHER OZEAN
N
0 200 km
0 200 Meilen
DAS INKA-REICH, 1438–1525
Kerngebiet um Cusco
Expansion unter Pachacutec Yupanchi, 1438–1463
Expansion unter Pachacutec und Tupac Yupanchi, 1463–1471
Expansion unter Tupac Yupanchi, 1471–1493
Expansion unter Huayana Capac, 1493–1525
Königliche Straße
Andere Straßen
Heutige Grenzen

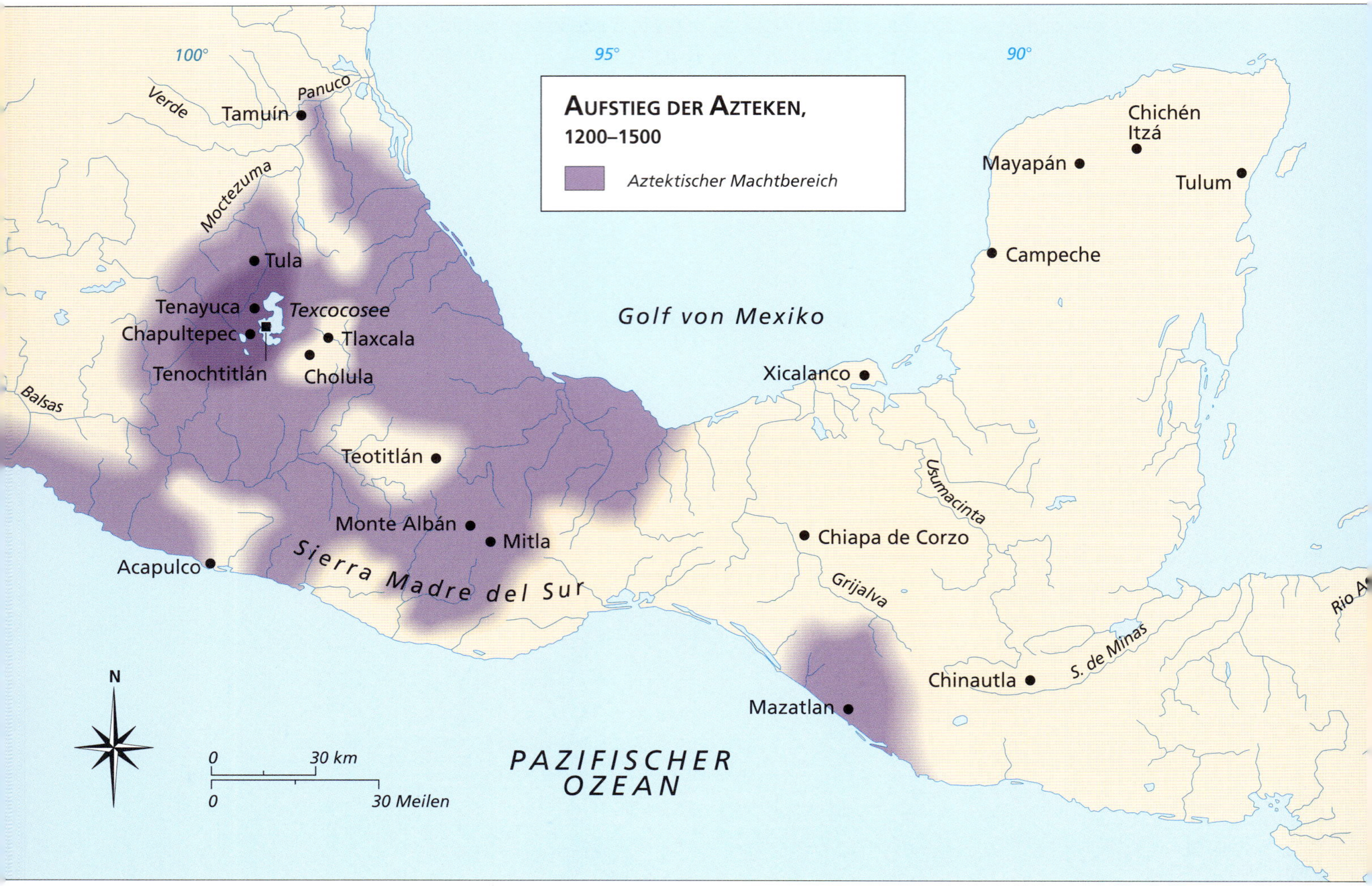

von Pachacutec Yupanchi (der neunte Inka) um 1460 erbaut und umfasste rund 200 Gebäude einschließlich Residenzen und Tempel.

Die Bauten errichtete man aus Granitsteinen, die behauen und passgenau ohne Mörtel zusammengefügt wurden. Obwohl die Steinblöcke oft vielkantig sind und verschiedene Flächen haben, sind die Fugen so schmal, dass keine Messerklinge dazwischen passt. Die Inka nutzten ihre genaue Kenntnis der Landschaft, um Gebäude auch an scheinbar unmöglichen Plätzen wie Steilhängen und Klippen zu erbauen. Um diese Stätten legten sie Terrassen an, auf denen Gemüse angebaut wurde und die eine Erosion des Bodens verhinderten. Anlagen wie Machu Picchu waren so fast völlig autark. Zur Verehrung der Sonne gehörte auch eine Zeremonie, bei der ein Priester die Sonne symbolisch an einer Säule (Intihuatana) festband, um sie am endgültigen Verschwinden zu hindern. Dies war den Inka besonders in den Wintermonaten wichtig, wenn die Sonne nur wenige Stunden am Tag zu sehen war. In Machu Picchu fand man mehrere mumifizierte Körper. Die Inka glaubten an eine Wiedergeburt, und viele ihrer Adligen wurden nach dem Tod, häufig in sitzender Position, mumifiziert. Dank seiner abgeschiedenen Lage wurde Machu Picchu nicht von den spanischen Konquistadoren entdeckt und blieb unzerstört erhalten. Doch die Inka selbst gaben damals die Stadt auf, vielleicht in Folge einer von den Europäern eingeschleppten Pockenepidemie.

Die Azteken

Die Azteken bildeten seit dem Ende des 14. bis zum 16. Jahrhundert das mächtigste Volk Mesoamerikas. Das urprünglich aus mehreren Stammesgruppen bestehende Volk war aus dem Norden gekommen und hatte gegen die Tolteken Krieg geführt. Auf einer Insel mitten im Texcocosee errichteten die Azteken eine Stadt, die später zu ihrer Hauptstadt Tenochtitlán (Mexiko) wurde. Tenochtitlán entwickelte sich zur größten Stadt der Region, als die Azteken allmählich die umliegenden Sümpfe trockenlegten und ein System von Dämmen, Kanälen und künstlichen Inseln schufen.

Die aggressive Expansionspolitik der Azteken begann, als sich die individuell geführten Stammesgruppen zu einem Volk formierten. Nach und nach bezwangen sie ihre Nachbarstämme. Zunächst gingen sie politische Allianzen ein, doch sobald alle schwächeren Gruppen unter Kontrolle gebracht waren, griffen sie die ehemaligen Verbündeten an. So brachten die Azteken in kurzer Zeit fast ganz Zentralmexiko in ihre Gewalt und verleibten sich rund 500 kleinere Staaten inklusive Bevölkerung und Rohstoffen ein.

Die Azteken waren grausame und despotische Herrscher: Konnte oder wollte ein Staat keinen Tribut zahlen, wurde die Armee zu seiner Bestrafung losgeschickt. Die Azteken waren überzeugt, dass eine permanente Kriegsführung nötig sei, um den Nachschub an trainierten Kämpfern zu sichern. Nachbarn oder Vasallenstaaten wurden oft ohne größeren Anlass angegriffen. Ihre Taktik in der Schlacht war einzigartig: Man ging nicht mit Armeen aus koordinierten Einheiten gegen den Feind vor, vielmehr agierten die Soldaten als Einzelkämpfer mit der Aufgabe, möglichst viele Kriegsgefangene zu machen. Auf diese Weise sollte das Aztekenreich mit ausreichend Nachschub für die zahlreichen Menschenopfer versorgt werden. Die Ehre eines Aztekenkriegers hing davon ab, dass er mindestens drei Gefangene gemacht hatte. Erst dann durfte er sich das Haar kurz schneiden – lange Haare galten als Zeichen der Schande.

Das aggressive Wesen der Azteken führte schließlich zu ihrem Niedergang. Als die Spanier 1519 mit nur rund 500 Soldaten anrückten, fanden sie schnell Unterstützung bei den unterdrückten Völkern Mesoamerikas. Nur zu gern schlossen sie sich den Europäern an und beteiligten sich mit 150 000 Mann am Angriff der Spanier auf die Azteken.

Unten: Die beeindruckende Stadtanlage von Machu Picchu in 2350 Meter Höhe.

Gesellschaft und Religion

Trotz ihres offensichtlich barbarischen Verhaltens bildeten die Azteken eine hoch entwickelte und kultivierte Zivilisation aus. Ihre Gesellschaft unterteilte sich in drei Klassen: Adel, Bauernschaft und Kaufleute. Aus dem Adel rekrutierte man Priester, Gelehrte und politische Führungspersonen, die einfache Bauernschaft stellte neben den Bauern auch Soldaten und Handwerker. Es gab auch Sklaven, die unter den Azteken offenbar größere Freiheiten genossen als die Sklaven der Europäer. Sklaven konnten zwar verkauft oder gekauft werden, sie waren aber nicht automatisch als Sklaven geboren. Gelang ihnen die Flucht, konnte ihnen die Freiheit gewährt werden. Alle aztekischen Männer erhielten mit 15 Jahren eine Grundausbildung, die sie in Religion, Rituale und Geschichte ihrer Kultur eingeführte. Daneben erlernten sie ein Gewerbe oder wurden als Krieger ausgebildet. Neben den Ausbildungsstätten besaßen die Städte der Azteken zahlreiche Tempel und offizielle Märkte, auf denen verschiedenste Güter gehandelt wurden. Die Städte waren meist in bestimmte Distrikte eingeteilt, wobei das Zentrum von dem Tempelkomplex und den darin untergebrachten Schulen dominiert wurde. Als geschickte Ingenieure, die bereits das Sumpfland um Tenochtitlán trockengelegt hatten, schufen die Azteken ein effektives Kanalisationssystem, und die meisten Häuser verfügten über Latrinen. Zur Versorgung der Stadt mit frischem Wasser wurden große Aquädukte gebaut.

Die Azteken verehrten eine Vielzahl von Gottheiten. Wie in anderen Zivilisationen entwickelten sich um die Götter und Göttinnen verschiedene Feste und Zeremonien. Zu den wichtigsten Göttern der Azteken gehörten der Sonnen- und Kriegsgott Huitzilopochtli, der Gott der Opfer Itzli und Quetzalcoatl, die Gefiederte Schlange, als Gott von Tod und Wiederauferstehung und Schutzpatron der Priester.

Menschenopfer

Die Darbringung von Menschen als Opfer war zur Zeit der Azteken in Mesoamerika weit verbreitet. Die Menschenopfer fanden vorrangig aus religiösen Gründen statt, hatten aber durchaus auch einen politischen

Unten: Detailansicht des aztekischen Sonnensteins, der mythologische und astronomische Bedeutung hatte.

Aspekt: Sie dienten als wirkungsvolles Mittel zur Aufrechterhaltung der öffentlichen Kontrolle. Die verschiedenen Götter verlangten auch verschiedene Formen der Opfer – einigen opferte man Jungfrauen, anderen Gefangene oder schwache und missgestaltete Menschen. Die Opfer wurden meist von einem Tempelpriester auf unterschiedlichste Weise zu Tode gebracht. In Tenochtitlán präsentierte man die Schädel der Geopferten auf einem Tzompantli genannten Fries. Besonders an Feiertagen wurden den Göttern Menschen in großer Zahl geopfert. Die von spanischen Beobachtern berichtete Opferung von tausenden von Menschen innerhalb weniger Tage dürfte aus Propagandagründen übertrieben sein, sicherlich bewegte sich ihre Zahl aber im Bereich von hunderten. Man vermutet, dass im gesamten Aztekenreich jährlich bis zu 10 000 Menschen geopfert wurden.

Indianerstämme in Nordamerika

Der technologische Entwicklungsstand der weitgehend nomadisch lebenden Indianer im Norden war deutlich niedriger als der der Zivilisationen in Zentral- und Südamerika. Aber auch sie waren in abgegrenzten Stammeseinheiten organisiert, mit jeweils eigenen Gebräuchen, Sprachen und sozialen Regeln. Die Stämme an der Nordwestküste, wie Tlingit, Chinook und Makah, lebten als Fischer überwiegend vom Meer. Die Bewohner der Great Plains, wie Sioux, Cheyenne, Pawnee und Comanchen waren geschickte Jäger und Sammler, die im Wesentlichen vom reichlichen Angebot an Bisons in der Prärie profitierten. Die Stämme im Süden, darunter Choctaw, Natchez und Apachen, wurden nach und nach von im Norden lebenden Stämmen mit landwirtschaftlichen Methoden vertraut gemacht. Ganz hoch im Norden lebten die Inuit und meisterten die schwierigen Bedingungen am Polarkreis.

Die Gesellschaft der Indianer

Die verschiedenen Stämme kannten eine große Bandbreite an unterschiedlichen Gebräuchen und Traditionen, doch es gab auch einige gemeinsame Elemente. Die meisten Gesellschaften waren in Siedlungsgruppen organisiert, in denen neben dem Familienleben auch Kriegsführung und Religion eine wichtige Rolle spielten. Konflikte mit Nachbarstämmen, etwa über territoriale Ansprüche, erforderten, dass ein Stamm neben guten Jägern auch erfahrene Kämpfer aufweisen konnte. Viele Indianerstämme erzogen ihre jungen Männer in Initiationsriten zu furchtlosen Kämpfern. Rituelle Tänze dienten der Anrufung von Schutzgeistern und als Vorbereitung auf den Kampf. Nicht alle, aber die meisten Stämme wurden von einem einzelnen Häuptling angeführt und regiert. Der Häuptling hatte oft auch eine spirituelle Führungsrolle innerhalb seiner Gemeinschaft inne. Viele Stämme, etwa die zur Gruppe der Irokesen gehörenden Völker im Nordosten, besaßen einen Stammesrat, der sich regelmäßig traf, um den Häuptling zu beraten. Die Rolle der Frauen war in fast allen Gesellschaften ähnlich: Sie hatten sich um Feldfrüchte und Tiere zu kümmern und mussten die Familie versorgen. Einige Stämme wie die Apachen kannten innerhalb des Familienclans ein Matriarchat, auf Stammesebene wurden aber alle Indianergesellschaften patriarchalisch geführt.

Beziehungen zu den ersten Siedlern

Die meisten Indianer empfingen die ersten Europäer, die im 16. Jahrhundert in ihr Land kamen, durchaus freundlich. Gute Beziehungen zu den amerikanischen Ureinwohnern waren für die neuen Siedler extrem wichtig, denn ohne deren Anleitung hätten sie in dieser völlig fremden Umwelt kaum eine Überlebenschance gehabt. Sie zeigten den Europäern, wo die besten Früchte wuchsen, wie man sie kultivierte und wo man am besten jagen und fischen konnte. Im Gegenzug brachten die Siedler Pferde mit, die hier vor mehreren Jahrhunderten ausgerottet worden waren und nun wieder in den nördlichen Ebenen eingeführt wurden. Die Pferde verbesserten Handels- und Reisemöglichkeiten der Indianer.

Allerdings schleppten die Siedler auch Krankheiten wie Masern und Pocken ein – die Indianer waren gegen diese nicht immunisiert und starben daher zu tausenden daran. Die ursprünglich guten Beziehungen zwischen Siedlern und Indianern trübten sich, als die Ureinwohner allmählich bemerkten, dass sie von den Neuankömmlingen vertrieben und oft missbraucht wurden. Als die Kolonisten nun untereinander um die Vorherrschaft in der Neuen Welt stritten, verbündeten sich einige Indianerstämme mit den verschiedenen Kolonialmächten. Im Fall der Mohawk war der Stamm in sich gespalten, denn ein Teil schlug sich auf die Seite der Briten, während ein anderer, von katholischen Missionaren bekehrter Stammesteil die Franzosen in diesem Kampf der europäischen Mächte um neue Territorien unterstützte. Der Widerstand gegen das Vordringen der weißen Siedler führte letztlich zu den Indianerkriegen, die von 1622 bis zur Brechung des indianischen Widerstands durch das Massaker am Wounded Knee 1890 andauerten. Mitte des 18. Jahrhunderts wurden die Indianer gewaltsam aus ihren angestammten Gebieten vertrieben und in Reservate oder weiter nach Westen hinter die so genannte Frontier gezwungen.

Die Ming-Dynastie

Unter den Ming-Kaisern erlebte China eine Periode kultureller Erneuerung. Diese Ära der Expansion, des Handels und der Erkundung dauerte trotz des endgültigen Niedergangs immerhin drei Jahrhunderte.

Zhu Yuanzhang

Als die mongolische Yuan-Dynastie zerfiel, erlebte China wieder eine Periode politischer Instabilität. In der ersten Hälfte des 14. Jahrhunderts kam es zu einer Reihe von Aufständen, die dazu führten, dass viele kleine Königreiche errichtet wurden, in denen Angehörige aus den Kaufmanns- oder Bauernschichten Führungsrollen übernahmen. Einer dieser Rebellenführer war Zhu Yuanzhang, ein Bauernsohn und Kopf einer buddhistischen Sekte, die unter dem Namen „Rote Turbane" bekannt wurde. Bis zum Jahr 1369 gelang es Zhu Yuanzhang, ganz China unter seine Herrschaft zu bringen und die Yuan-Dynastie abzusetzen. Zhu Yuanzhang nahm den Namen Ming an, der „die Helligkeit" bedeutet, und nannte sich fortan Ming Hongwu – gleichzeitig kennzeichnet dies den Beginn der Ming-Dynastie.

Hongwus Regierungszeit war von der Notwendigkeit geprägt, die absolute Herrschaft als Kaiser zu festigen. Er gründete eine Hauptstadt in Nanjing und führte zahllose komplexe Rituale für den Umgang mit seiner Rolle als Kaiser ein, die alle dazu dienten, ihm einen göttlichen Status zu geben. Er schaffte den Verwaltungsapparat des obersten Staatsministeriums ab und gab sich selbst die absolute Kontrolle über die Verwaltung des Kaiserreichs. Er bannte die Gefahr staatsbedrohender Palastintrigen, indem er die Macht der Eunuchen und Konkubinen bei Hof sowie die der Hofdamen beschnitt. Hinzu kam, dass er jeden Widersacher rücksichtslos ausschaltete.

Viele hielten Hongwu für den größten chinesischen Kaiser. Er senkte für Landbesitz die Steuern, um so den Wiederaufbau der durch die Mongolen ruinierten chinesischen Landwirtschaft zu fördern, und er trieb die Wiederaufforstung und Neubesiedlungsprojekte in brachliegenden Landstrichen voran. Hongwus Verwaltungsreformen waren so ausgelegt, dass sie den Verwaltungsapparat der Beamten stärken und die enormen Bevölkerungszahlen kontrollieren konnten. Er führte zum einen das früher bestehende Staatsprüfungssystem für Beamte wieder ein, das unter den Yuan nach und nach abgeschafft worden war, und bestimmte darüber hinaus, dass die eigentlichen Prüfungen sehr viel strenger gehandhabt wurden – so schuf er eine Einrichtung, die bis 1905 Bestand hatte. Die chinesische Gesellschaft war in drei Klassen eingeteilt: Bauern, Handwerker und Soldaten. Als Hongwu 1398 starb, folgte ihm sein Enkel Zhu Yunwen, der Kaiser Jianwen auf den Thron.

Links: Die Verbotene Stadt; Sitz zweier Kaiser-Dynastien: der Ming und der Qing – sie durfte 500 Jahre lang von den meisten Chinesen niemals betreten werden.

AUSDEHNUNG CHINAS ZUR ZEIT DER MING-DYNASTIE, 1368–1644
Große Chinesische Mauer
Weidenpalisadenzaun
Grenzverteidigungsgebiet
Wachposteneinheit
China der 18 Provinzen um 1600
Ming-Territorium, Pufferstaaten, um 1600
Teilweise bzw. gelegentlich unter Ming-Herrschaft
Landeshauptstadt
Bezirkshauptstadt
Militärexpedition gegen die Mongolen, 1409
Militärexpedition gegen die Mongolen unter Yongle, 1410–1424
Erfolgloser Mongolenangriff auf Peking, 1556
Angriffe japanischer Piraten im 16. Jh.
Von den japanischen Wako (Piraten) besetztes Gebiet, um 1550
Japanische Invasionen unter Hideyoshi Toyotomi, 1582, 1592, 1597–1598
See-Expeditionen der Ming nach Afrika, Arabien, Persien, Indien und Java eröffnen neue Märkte
Haupthandelsroute
Europäische Handelsniederlassungen
Portugiesisch
Holländisch
Spanisch
Amur
MONGOLEN
MANDSCHUS
TANGUTEN
TIBET
ASSAM
AVA
PEGU
Pegu
SIAM
CHAMPA
KAMBODSCHA
Annam
Hanoi
Ayuthia
Saigon
Golf von Bengalen
Golf von Thailand
Südchinesisches Meer
Ostchinesisches Meer
Gelbes Meer
Japanisches Meer
JAPAN
Kyoto
Korea
Seoul
Pusan
Hirado
Hakata
Nagasaki
Deshima 1641
Botsu
Liaoyang
Bohai
Beijing (Peking) Hauptstadt von 1421
Nördl. Hauptstadt
Taiyuan
Shansi
Shanxi
Shandong
Jinan
Xi'an
Henan
Huang He (Gelber Fluss)
Da Yunhe (Großer Kanal)
Südl. Hauptstadt
Nanjing erste Hauptstadt der Ming
Ningbo 1533–1545
Zhejiang
Wuhan
Sichuan
Chengdu
Xhang Jiang (Jangtsekiang)
Huguang
Nanchang
Jiangxi
Fuding
Fujian
Fuzhou
Quanzhou 1547–1549
Liuqiu (Taiwan)
Taiwan
Fort Zeelandia 1642–1662
Yunnan
Guiyang
Guizhou
Guilin
Guangxi
Guangdong
Guangzhou (Kanton)
Aomen (Macao) 1557
Hainan
Luzon
Manila
Philippinen zu Spanien 1564
N
0 300 km
0 300 Meilen

Erkundung und Handel

Jianwen sollte nur kurze Zeit Kaiser bleiben; 1402 bestieg sein Onkel, Hongwus vierter Sohn, den Thron. Er gab sich den Namen Ming Yongle und regierte 22 Jahre lang. Unter Yongles Herrschaft entwickelte China eine Expansionspolitik zur See. 1405 finanzierte Yongle einige See-Expeditionen, die nicht nur zur Entdeckung neuer Länder führen sollten, sondern auch zur Ausweitung von Handelsbeziehungen gedacht waren. Das Aufforstungsprogramm, das Hongwu begonnen hatte, versorgte die Marine mit Holz für ihre neue chinesische Flotte; und Zheng He, der Hof-Eunuch und kaiserliche Berater, organisierte und leitete die Expeditionen. Zwischen 1405 und 1433 führte Zheng He die chinesische Flotte auf sieben Entdeckungsfahrten über den Indischen Ozean; sie erreichten entfernte Ziele wie Jiddah in Arabien und Mogadischu an der Ostküste Afrikas. Sie fuhren nach Süden zu den Inseln Sumatra und Java ins malayische Archipel. Die Chinesen handelten mit Seide, Papier und Parfum und erhielten dafür Gewürze, Tee und Baumwolle. Zu diesem Zeitpunkt war die chinesische Flotte die größte der Welt; sie besaß eine größere Wirtschaftsmacht als die Armada der Portugiesen. Nach dem Tod Zheng Hes im Jahr 1433 wurden die Ausgaben für die Flotte reduziert und die Flotte verkleinert. Der so entstandene Machtverlust zur See hatte zur Folge, dass Chinas Küsten in den folgenden Jahren von meist japanischen Piraten überfallen wurden. Obwohl in der ersten Zeit von Yongles Regierungsperiode die Invasionen in Annam (Vietnam) und auch in Korea erfolgreich waren, führte der 1449 fehlgeschlagene Versuch, die Mongolei zu annektieren, zu einer defensiveren Einstellung der Ming. Das Kaiserreich kapselte sich allmählich ab und erhob den Isolationismus zur Staatsform.

Oben: Jade-Schnitzerei eines Affen aus der Ming-Periode.
Rechte Seite: Drachen-Skulptur auf einer Fliesenwand in der Verbotenen Stadt.

Die Verbotene Stadt

Im Jahr 1421 verlegte Yongle die Hauptstadt von Nanjing nach Beijing (Peking), wo sie auch heute noch ist. Im Herzen der neuen Hauptstadt hatte Yongle eine Palastanlage bauen lassen, die Verbotene Stadt. Für den Bau des Komplexes brauchten ungefähr eine Million Arbeiter und etwa 100 000 Kunsthandwerker 14 Jahre; die Verbotene Stadt wurde auf einer Fläche von 72 Hektar Land errichtet, und sie bestand aus einer Vielzahl von Palästen mit insgesamt 9999,5 Räumen. Die Palastanlage durfte nicht 10 000 Räume haben, da dies die göttliche Zahl der Unendlichkeit war und nach der Legende nur dem Himmel 10 000 Räume zustanden; der halbe Raum ist ein Treppenhaus. Die kaiserlichen Zeremonien und die öffentlichen Staatsveranstaltungen wurde in drei Haupthallen des Palasts abgehalten: in der „Halle der Höchsten Harmonie“, der „Halle der Mittleren Harmonie“ und der „Halle der Erhaltung der Harmonie“. Tagesgeschäfte fanden in den Privatgemächern im Innenhof statt, wie z. B. im „Palast der Himmlischen Reinheit“ oder der „Halle der Pflege des Herzens“. Das Palastleben verlief nach strengen Abläufen und Ritualen, die alle dazu dienten, den göttlichen Habitus des Kaisers zu unterstreichen. Eine Vielzahl von Frauen und Eunuchen lebten in abgegrenzten Arealen. Wer dem Kaiser gegenübertreten durfte, musste sich diesem zu Füßen legen. Viele von denen, die die Verbotene Stadt als Diener, Konkubinen oder Eunuchen betraten, durften sie nie wieder verlassen.

Bevölkerungsexplosion

Mit dem Beginn der Ming-Dynastie stieg in China die Zahl der Bevölkerung an. Hongwus Landwirtschaftspolitik hatte bewirkt, dass ständig mehr Nahrungsmittel zur Verfügung standen, und parallel zur Handelspolitik der späteren Kaiser sorgte ein allgemeiner Warenüberschuss für wachsenden Lebensstandard. Hinzu kam, dass die Ära der Ming-Dynastie relativ stabil war; frühere Dynastien wurden durch Aufstände erschüttert, die in der Regel viele Menschenleben forderten. Eine

Reihe von Epidemien verlangsamte im 16. und 17. Jahrhundert das Bevölkerungswachstum, aber als die Herrschaft der Ming-Dynastie im Jahr 1644 endete, hatte sich die Bevölkerung im Kaiserreich auf 130 Millionen Menschen verdoppelt. Der Zuwachs erforderte verbesserte landwirtschaftliche Techniken und Transportmöglichkeiten, und so wurden jetzt Waren, wie z. B. Baumwolle, aus dem Norden auf dem Wasserstraßennetz des Großen Kanals transportiert. Der Import von europäischen Waren war – hauptsächlich aufgrund der Einstellung der Chinesen, ihre Kultur brauche nichts von anderen Ländern – stark zurückgegangen, aber in geringem Maße gelangten noch Produkte aus dem Westen ins Reich, wie unbekannte Feldfrüchte, die aus der Neuen Welt nach Europa gekommen waren, z. B. Kartoffeln, Tabak und Mais.

Porzellan

Mit einer florierenden Wirtschaft wuchs auch das Interesse an Kunst sowie der Bedarf an Luxusgütern, und in Verbindung mit verbesserten Produktionstechniken blühte der Handel mit Gebrauchsgegenständen wie Textilien und Keramik. So wird die Ming-Periode insbesondere mit der Produktion von feinstem, mit charakteristischen, blau-weißen Motiven verziertem Porzellan in Verbindung gebracht. Als Dekorationen wurden dabei Drachen, der Vogel Phönix oder andere Tier-, Pflanzen- oder Gartenmotive verwendet. Das Porzellan der späteren Ming-Zeit war sehr viel farbiger, es wurden zunehmend auch rote, gelbe und grüne Glasuren aufgetragen. Durch den Handel mit den Portugiesen entstand eine immer größere Nachfrage nach Ming-Porzellan, das in Europa äußerst beliebt war. Die unter zentralistischer Staatskontrolle stehende Porzellanproduktion konzentrierte sich auf die Fabriken in der weit entfernten Provinz Jiangxi; als es jedoch zu Lieferschwierigkeiten kam, wurde die Kontrolle in vor Ort ansässige Hände gelegt.

Niedergang

Für den Niedergang der Ming-Dynastie gibt es eine Reihe von Gründen. Trotz ihres wirtschaftlichen Erfolgs litt die Staatsmacht unter Angriffen, besonders der Japaner an den Küsten und der Mongolen im Norden in den Grenzregionen. Die Militärfeldzüge gegen die Mongolen im Norden und die Mandschuren im Nordosten erwiesen sich als kostspielig, und die Regierung erließ immer höhere Steuern, die bei der Bevölkerung extrem unpopulär waren. Schließlich kam es Anfang des 17. Jahrhunderts zu einer Serie von Volksaufständen im Norden und Nordwesten, die einhergingen mit Missernten und daraus entstandenen Hungersnöten in der Provinz Shanxi. Unter diesen Bedingungen hatten die ehrgeizigen Mandschuren leichtes Spiel, 1644 in Beijing einzumarschieren, die Hauptstadt einzunehmen und den Selbstmord des letzten Ming-Kaisers, Chongzhen, zu erzwingen. Der Niedergang der Ming wurde noch durch das Versagen des von Hongwu gegründeten Verwaltungsapparats beschleunigt. Die absolutistische Herrschaft des Kaisers ist wohl anfangs erfolgreich gewesen, später jedoch waren nachgiebigere und verwöhntere Regenten nicht mehr gewillt, an der Regierungsarbeit teilzunehmen. Da es keinen Premierminister mehr gab, mangelte es an Kontinuität in den Regierungsgeschäften, und das Reich litt unter dieser Vernachlässigung und in der Folge auch zunehmend unter Korruption, was schließlich auf eine Herrschaft der Eunuchen in den verschiedenen Verwaltungsebenen hinauslief.

Das Mogul-Reich in Indien

Von ihrer Basis Delhi aus expandierten die muslimischen Mogule über Nordindien. Handel und Künste blühten – und Europäer errichteten erstmals Handelsposten auf dem indischen Subkontinent.

Indien nach den Gupta

Als das Gupta-Reich zwischen 400 und 500 unter dem Ansturm der Hunnen zerbrach, fiel die Macht in die Hände lokaler Feudalherren, die eine Reihe kleinerer Königreiche errichteten. Ihre Dynastien lagen in ständigem Streit miteinander, bis zwischen 550 und 750 drei größere Familien eine Machtposition einnahmen: die Pushyabhuti, die Chalukya und die Pallawa. Diese wurden später von den Rashtrakuta, Pratihara und Pala abgelöst, bis im 10. Jahrhundert die Chola die Führung übernahmen und das Machtzentrum in den Süden verlagerten. Der Norden dagegen war geschwächt durch die Jahrhunderte währende Auseinandersetzung sowie durch Überfälle aus dem Süden und konnte sich den Angriffen der türkisch-muslimischen Armeen aus Nordwesten nicht erwehren. So errichteten die Türken 1206 das Sultanat von Delhi; von hier aus breiteten fünf aufeinander folgende islamische Dynastien türkischen oder afghanischen Ursprungs ihre Herrschaft über Indien aus. Doch erst die sechste Dynastie, die Mogul-Dynastie, konnte ihre Macht dauerhaft in Indien etablieren.

Babur

Die Mogul-Dynastie wurde um 1520 von Sahired-din Mohammed Babur, „Der Löwe", gegründet – einem Fürsten, der von zwei hitzigen Kriegern abstammte: väterlicherseits von Timur (Tamerlan), der 1398 Delhi geplündert hatte, und mütterlicherseits von Dschingis Khan, dem mongolischen Eroberer. (Das Wort „Mogul" ist im Kern die persische Variante des Wortes „Mongole".) Babur wurde 1483 geboren und erbte im Alter von elf Jahren das kleine Königreich Ferghana (Turkestan). Jahrelang versuchte er vergeblich, Timurs Hauptstadt Samarkand zurückzuerobern.

Durch die Eroberung von Kabul in Afghanistan im Jahr 1504 vergrößerte er jedoch erstmals sein Reich – und nun geriet Indien in seinen Blick. 1526 marschierte er in Hindustan ein und griff bei Panipat die Truppen des Sultanats von Delhi an, um den afghanischen Sultan Ibrahim Lodi zu stürzen. Baburs Armee war mit etwa 12 000 Mann verhältnismäßig klein, doch sie besaß die besseren Waffen, einfache Artillerie und Musketen. Nach seinem Sieg nahm Babur die Städte Agra und Delhi ein und ernannte sich zum neuen Sultan; doch erst, nachdem er 1527 die Angriffe der vereinigten Rajputen-Truppen geschlagen hatte, war er wirklich Herr der Lage.

Bis zu seinem Tod 1530 dehnte Babur sein Herrschaftsgebiet nach Osten, am Ganges entlang bis an den Rand Bengalens, aus und kontrollierte ein Reich, das von Turkestan nach Süden bis zum Dekhan-Hochland reichte. In der kurzen Zeit seiner Herrschaft über diese Region blieb Babur kaum Gelegenheit, eine geordnete Verwaltung einzurichten. Als sein Sohn Humajun das Reich erbte, war das Land zwar in der Macht der Mogulen, doch es gab keine gefestigten Regierungsstrukturen.

Humajun

Mit dem unterentwickelten Königreich erbte Humajun viele Probleme, z. B. Aufstände der Rajputen-Könige sowie afghanischer Generäle und sogar Verrat von Seiten seiner eigenen Brüder, die seinen Thron beanspruchten. Zwischen 1530 und 1540 entglitt Humajun die Kontrolle über die Region, und 1540 wurde er vom afghanischen General Sher Shah Sur (Shir Chan), der unter Babur Statthalter in Bengalen gewesen war, abgesetzt. Humajun floh ins Exil nach Persien, wo er die nächsten 15 Jahre lang Truppen sammelte, um sein Reich zurückzuerobern.

Mithilfe des Königs von Persien nahm Humajun die Städte Kabul und Kandahar ein, und nachdem er die Armeen von Sher Shah Surs Sohn, Islam Shah, besiegt hatte, bestieg er in Delhi erneut den Thron. Nun begann er, soziale, kulturelle und verwaltungstechnische Reformen durchzuführen, wobei er sich am persischen Vorbild orientierte. Auch die persischen Künste faszinierten ihn – Humajun ließ zwei Miniaturmaler aus Persien nach Indien bringen, die Lehrer im kaiserlichen Atelier wurden und damit die Keimzelle der indischen Wand- und Miniaturmalerei legten. Doch schon ein Jahr nachdem er die Zukunft der Mogul-Dynastie gesichert hatte, starb er durch einen unglücklichen Treppensturz.

Unter der Regentschaft von Humajun konnte die Dynastie sein Gleichgewicht halten, auch wenn es sehr labil war; doch nach seinem Tod mussten die Mogule

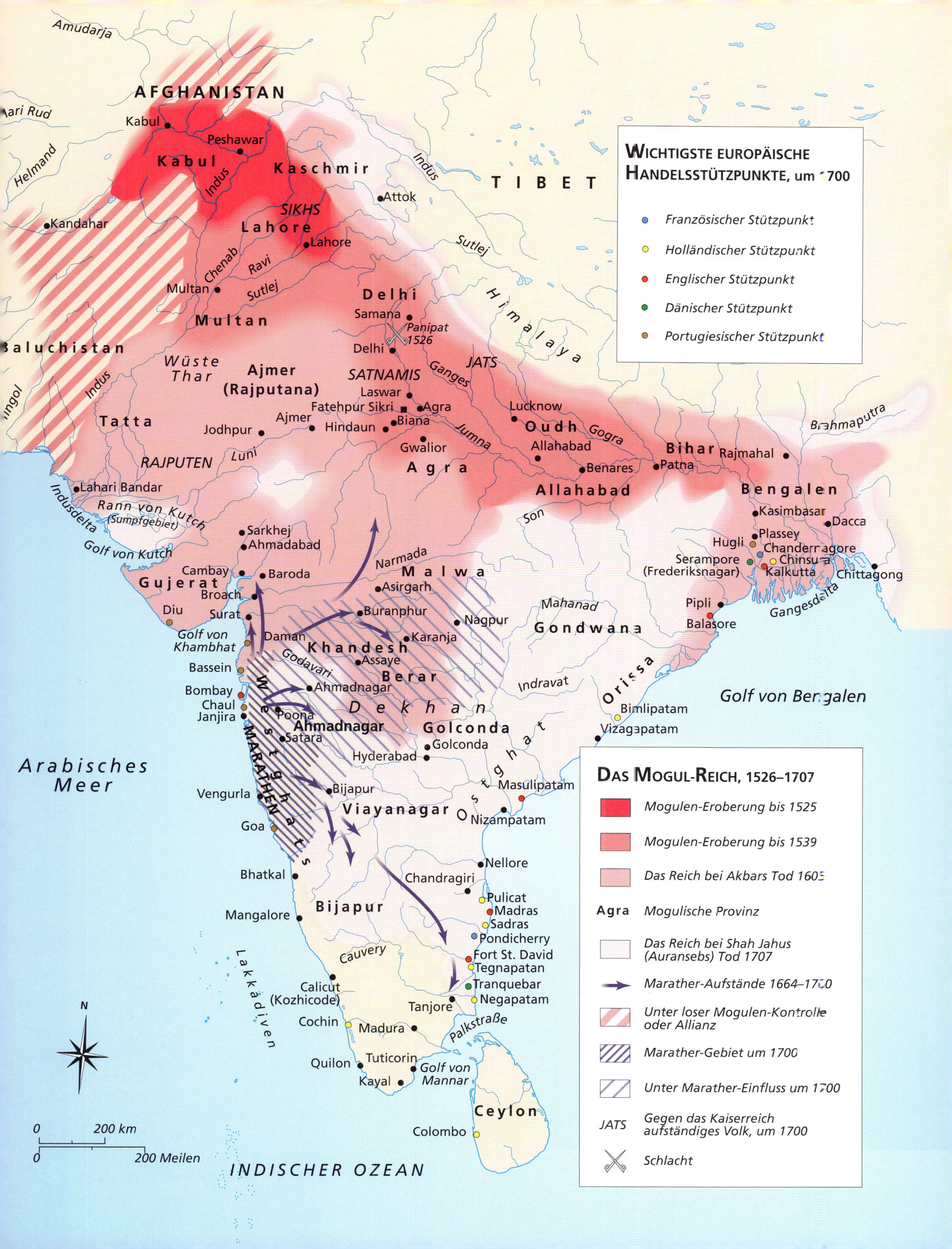

Wichtigste europäische Handelsstützpunkte, um 1700
Französischer Stützpunkt
Holländischer Stützpunkt
Englischer Stützpunkt
Dänischer Stützpunkt
Portugiesischer Stützpunkt
Das Mogul-Reich, 1526–1707
Mogulen-Eroberung bis 1525
Mogulen-Eroberung bis 1539
Das Reich bei Akbars Tod 1605
Agra
Mogulische Provinz
Das Reich bei Shah Jahus (Auransebs) Tod 1707
Marather-Aufstände 1664–1700
Unter loser Mogulen-Kontrolle oder Allianz
Marather-Gebiet um 1700
Unter Marather-Einfluss um 1700
JATS
Gegen das Kaiserreich aufständiges Volk, um 1700
Schlacht
Amudarja
AFGHANISTAN
Hari Rud
Helmand
Kabul
Peshawar
Kabul
Kaschmir
Indus
TIBET
Kandahar
Attok
SIKHS
Lahore
Lahore
Sutlej
Chenab
Ravi
Multan
Sutlej
Himalaya
Delhi
Samana
Multan
Panipat 1526
Baluchistan
Delhi
Wüste Thar
Ajmer (Rajputana)
SATNAMIS
Ganges
JATS
Indus
Laswar
Fatehpur Sikri
Agra
Lucknow
Tatta
Ajmer
Jodhpur
Hindaun
Biana
Oudh
Gogra
Brahmaputra
Jumna
Allahabad
Bihar
Rajmahal
RAJPUTEN
Luni
Gwalior
Agra
Benares
Patna
Lahari Bandar
Allahabad
Bengalen
Rann von Kutch (Sumpfgebiet)
Indusdelta
Son
Kasimbasar
Dacca
Sarkhej
Ahmadabad
Plassey
Hugli
Chandernagore
Golf von Kutch
Narmada
Serampore (Frederiksnagar)
Chinsura
Cambay
Baroda
Malwa
Kalkutta
Chittagong
Gujerat
Broach
Asirgarh
Surat
Buranphur
Mahanad
Pipli
Gangesdelta
Diu
Golf von Khambhat
Daman
Nagpur
Gondwana
Balasore
Khandesh
Karanja
Bassein
Godavari
Assaye
Berar
Indravat
Orissa
Bombay
Ahmadnagar
Golf von Bengalen
Chaul
Janjira
Poona
Dekhan
Bimlipatam
Westghats
Ahmadnagar
Golconda
Vizagapatam
Satara
Golconda
MARATHEN
Hyderabad
Ostghats
Arabisches Meer
Bijapur
Masulipatam
Vengurla
Viayanagar
Nizampatam
Goa
Nellore
Bhatkal
Chandragiri
Pulicat
Madras
Mangalore
Bijapur
Sadras
Pondicherry
Cauvery
Lakkadiven
Fort St. David
Tegnapatan
Calicut (Kozhicode)
Tranquebar
Negapatam
Tanjore
Cochin
Madura
Palkstraße
N
Tuticorin
Quilon
Golf von Mannar
Kayal
Ceylon
0
200 km
Colombo
0
200 Meilen
INDISCHER OZEAN

Oben: Der Mogul-Herrscher Akbar reitet auf einem Elefanten.
Rechte Seite: Shah Jahan veranlasste 1631 den Bau des Tadsch Mahal, nachdem seine Frau im Kindbett gestorben war.

erneut für die Stabilität in Nordindien sorgen – und damit betrauten sie Humajuns Sohn und Nachfolger Akbar.

Akbar – der Große

Akbar, „der Große", trug seinen Namen zu Recht, denn unter seiner Regierung erlebte die Mogul-Dynastie ihre größten Erfolge und Errungenschaften. Er mehrte nicht nur die territoriale Größe und den Wohlstand des Reichs, sondern einte es mit radikalen politischen und sozialen Reformen. Akbar begriff, dass sein Reich nur Bestand haben würde, wenn er die hinduistischen Rajputen-Könige auf seiner Seite hatte. Also gab er ihnen hohe Beamtenposten und militärische Ränge, ließ ihnen ihre alten Staatsgrenzen und eine relative Autonomie und baute auf diese Weise die auseinanderstrebenden Königreiche zu Provinzen seines Reichs um. Auch seine Heirat mit einer Rajputen-Prinzessin diente dem Ziel der Reichseinigung. Seine Hindu-Untertanen waren ihm dankbar, dass er die Steuer für Nicht-Muslime abschaffte, Hindu-Literatur übersetzen ließ und an hinduistischen Festen teilnahm. Hindus zählten sogar zu seinen Ministern; überhaupt zeigte er sich in religiösen Fragen sehr tolerant.

Akbar konnte zwar nicht lesen und schreiben, doch er besaß eine umfangreiche Bildung und interessierte sich besonders für Philosophie und Theologie. Er versammelte Repräsentanten aller Religionen, um religiöse Fragen zu diskutieren, und entwickelte eine Einheitsreligion, Din Ilahi, in der Ideen aus allen Religionen verschmolzen und die universelle Toleranz propagierte. Akbar zeigte überdies großes Interesse für Musik, Kunst, Architektur und Literatur, die unter seiner Regierung aufblühten. Er gründete eine riesige Bibliothek und hunderte von Ateliers – und warb Kunsthandwerker und Gelehrte aller Fachrichtungen an. Er ließ Städte mit Stadtmauern errichten und baute in der Hauptstadt Agra für seinen Hofstaat eine Anlage aus rotem Sandstein, in der sich viele hunderte reich mit Schnitzereien und Wandmalereien geschmückte Pavillons befanden.

Trotz seiner großen Leistungen fiel aber schließlich ein Schatten auf Akbars Leben: Sein Sohn, Prinz Salim, versuchte 1600 und erneut 1602, die Macht zu übernehmen und ließ sich in Abwesenheit seines Vaters zum Herrscher ausrufen. Obwohl sich Vater und Sohn wieder versöhnten, starb Akbar 1605 als gebrochener Mann.

Kulturelle Blüte und politischer Zusammenbruch des Mogul-Reichs

Nach Akbars Tod übernahm Salim dann tatsächlich die Regierung und nannte sich Jahangir, „Welteroberer". Die Kriegszüge seines Sohnes und Erben, Prinz Khurram, später Shah Jahan („König der Welt"), dessen Siege er als seine eigenen verbuchte, führten gleichwohl nicht dazu, dass das Reich wesentlich größer wurde; und dass die Wirtschaft des Großreichs sich gut entwickelte, lag vor allem an Akbars Reformen. Jahangir überließ die Regierungsgeschäfte seiner Frau Nur Jahan, ihrem Vater Itimad-ut-Daula und ihrem Bruder Asaf Chan, während er seiner Leidenschaft für Natur, Kunst und Architektur nachging. Er starb 1627 an den Folgen seines Alkoholismus und hinterließ opulente Grabmäler und Monumente in Agra, Sikanda, Lahore und Allahabad.

Shah Jahan erbte daher das vielleicht reichste Königreich seiner Zeit. Während seiner Regierung erreichte die Mogul-Architektur einen Höhepunkt, vor allem mit dem weltberühmten Tadsch Mahal in Agra, das er als Grabmal für seine geliebte Frau Mumtaz Mahal errichten ließ und in dem auch er 1666 seine letzte Ruhestätte fand.

Sein Sohn Aurangseb hatte ihn schon 1658 ins Gefängnis geworfen, um die Nachfolge anzutreten. Er nannte sich Alamgir, „Eroberer der Welt", und vergrößerte in seiner langen Regierungszeit bis 1707 das Reich noch einmal, legte aber auch den Keim zum Untergang der Dynastie, indem er die von Babur entwickelte und von Akbar weiter ausgebaute Grundlage der Mogul-Dynastie einschneidend veränderte.

Alamgir schwor Akbars religiöser Toleranz ab und war entschlossen, ganz Indien zum Islam zu bekehren. Dies führte zu anhaltenden, unüberbrückbaren Konflikten, die letztendlich seine Ressourcen erschöpften und große Teile der Bevölkerung in Mitleidenschaft zogen.

Die Steuer für Nicht-Muslime wurde wieder eingeführt; Tempel wurden abgerissen und an ihrer Stelle Moscheen errichtet; Kunst, Musik und Tanz, die für das Indien der Mogule von großer Bedeutung waren, wurden verboten. Gleichzeitig versuchte er – allerdings vergeblich – die Provinzen der Marathen an der Westküste Indiens zu erobern, die durch die Zulassung vieler portugiesischer und französischer Handelsstützpunkte zu Macht und Reichtum gelangt waren.

Als Alamgir starb, hinterließ er 17 potenzielle Thronfolger, die sich einen siebenjährigen blutigen Machtkampf lieferten und das Reich völlig zersplitterten. Das Zusammenbrechen des Mogul-Reichs führte zu Aufständen im Inneren und zum Einmarsch fremder Mächte, die ihre Gebiete vergrößern wollten.

Das Zeitalter der Entdeckungen

Wissenschaftliche Neugier und die systematische Erkundung neuer Handelswege und Rohstoffquellen waren ursprünglich die Motivation der Europäer, auf Entdeckungsreisen zu gehen. Daraus entwickelte sich das Streben nach der Errichtung von Kolonialreichen.

Die Anfänge

Die Erkundung und Entdeckung neuer Erdteile durch die Europäer beschleunigte sich im 15. Jahrhundert. Zwar hatten zuvor schon Reisende von ihren Erlebnissen berichtet, die Erzählungen wurden aber meist als erfunden oder extrem übertrieben angesehen. Erst um 1450 begann man mit systematischen Erkundungsreisen, die neben der Neugier immer öfter auch ökonomisch motiviert waren.

Ab dem 12. Jahrhundert setzte eine Art technologische Renaissance in Europa ein. Die Kreuzzüge brachten die Europäer in Kontakt mit dem Wissen und der Technologie der Araber und veränderten ihre Weltsicht. Gleichzeitig führte der wachsende Wohlstand und die zunehmende Macht der mongolischen Yuan-Dynastie in China zu Handel und Wissensaustausch mit der arabischen Welt und indirekt auch mit den Europäern. Neben der über Land führenden Seidenstraße entstanden neue maritime Handelsrouten, die den wachsenden Import von Gütern aus dem Fernen Osten nach Europa ermöglichten. Doch wurden keineswegs nur Luxusgüter importiert, sondern auch neue Technologien, welche die Europäer schließlich in Stand setzten, zu den großen Entdeckern der Welt zu werden. Erfindungen wie das Heckruder, der Magnetkompass und das Schießpulver sollten sich dabei als besonders einschneidend erweisen.

Der Austausch von Gütern und Ideen war gewiss eine große Motivation; zugleich aber war die Suche nach neuen Handelswegen und sicheren Schiffspassagen mit finanziellen Anreizen verbunden. Doch die Europäer wurden zunehmend auch durch ihre Bemühungen um die Verbreitung des Christentums bei ihren Expansionsunternehmungen angetrieben.

Marco Polo

Der Italiener Marco Polo ist einer der ersten, von dem man sicher weiß, dass er zur Erkundung neuer Handelsmöglichkeiten aufbrach. Zwar gab es frühere Berichte über Reisende, etwa den legendären so genannten Priesterkönig Johannes im Osten; doch aus heutiger Sicht erscheinen diese eher als Fiktion. Als Marco Polo 1324 starb, hatte er mehr von der Welt gesehen als die meisten seiner europäischen Zeitgenossen. Er war von seiner Heimatstadt Venedig bis nach China gereist, hatte Indien durchquert, den Indischen Ozean befahren und die arabische Welt kennen gelernt.

Bereits sein Vater und sein Onkel hatten als Kaufleute die Chancen des Handels mit dem Osten erkannt und waren zu einer Reise ins mongolische Reich und nach China aufgebrochen. Diese erste Expedition dau-

Oben: Christoph Kolumbus betritt die von ihm „San Salvador" getaufte Insel.

Linke Seite: Als Marco Polo 1324 starb, hatte er mehr von der Welt gesehen als ein anderer Europäer seiner Zeit.

erte neun Jahre und führte sie bis an den Hof des Kublai Khan, der über China herrschte. Zwei Jahre nach ihrer Rückkehr nach Venedig brachen sie 1271 mit dem damals 17-jährigen Marco erneut auf.

Sie brauchten dreieinhalb Jahre bis zum Khan, und Marco blieb bis 1292 als Vertrauter am Hof des Großkhans. In dieser Zeit bereiste er China und dokumentierte für den Großkhan die lokalen Gebräuche. 1295 kehrte Marco Polo nach Venedig zurück. Drei Jahre später wurde er bei einer Seeschlacht von den Genuesern gefangen genommen. Der Schriftsteller Rusticiano da Pisa, ein Mitgefangener, verfasste Marcos Reisebericht, und man vermutet, dass er dabei die Erzählung ausgeschmückt hat. Doch Marco Polo selbst soll in seinen letzten Lebensjahren angemerkt haben, dass er absichtlich nur die Hälfte seiner Erlebnisse berichtet habe, denn sonst hätte ihm niemand Glauben geschenkt.

Die Portugiesen

Die Portugiesen wurden mit ihrer 1415 gestarteten Serie von Schiffsreisen zur Erkundung der afrikanischen Küste wegweisend für künftige Expeditionen der Europäer. Zum Teil reagierten sie damit auf wirtschaftliche Veränderungen sowie auf die Notwendigkeit, eine direkte Route nach Osten zu finden, die den Gefahren und Unwägbarkeiten der Handelsstraßen über Land auswich.

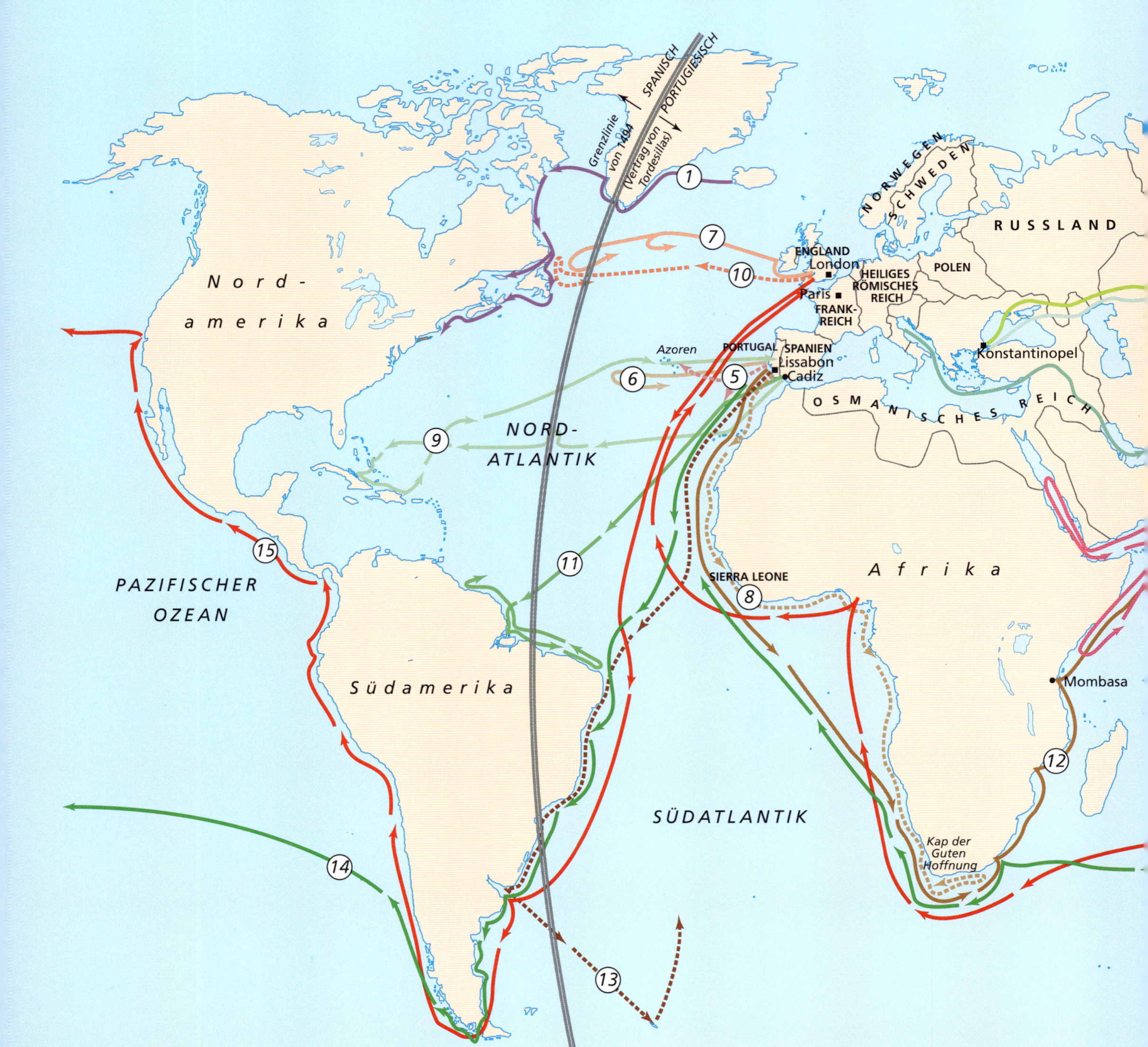

Entdeckungsfahrten, 1000–1673

(1) Norweger und Isländer, um 1000

(2) Wilhelm von Rubruk, 1253–1255

(3) Niccolò und Maffeo Polo, 1262

(4) Marco Polo, 1272–1295

(5) Portugiesen entdecken Madeira (um 1419) und die Azoren (um 1427)

(6) König Emanuel von Portugal schickt eine Expedition nach Westen auf die erfolglose Suche nach Antillia.

(7) Kaufleute aus Bristol suchen nach den „Inseln von Brasilien", 1480–1481

(8) Bartholomeu Diaz, 1486–1488

(9) Christoph Kolumbus, 1492–1493 (erste Reise)

(10) Giovanni Caboto, 1497 (erste Reise)

(11) Amerigo Vespucci, 1499 (zweite Reise)

(12) Vasco da Gama, 1427–1498

(13) Amerigo Vespucci, 1501

(14) Magalhães (Elcano setzt die Reise nach dessen Tod fort), 1521–1522

(15) Francis Drake, 1577–1580

(16) Abel Tasman, 1642–1643

(17) Chinesische Entdeckungsreisen unter Zheng He, 1415–1417

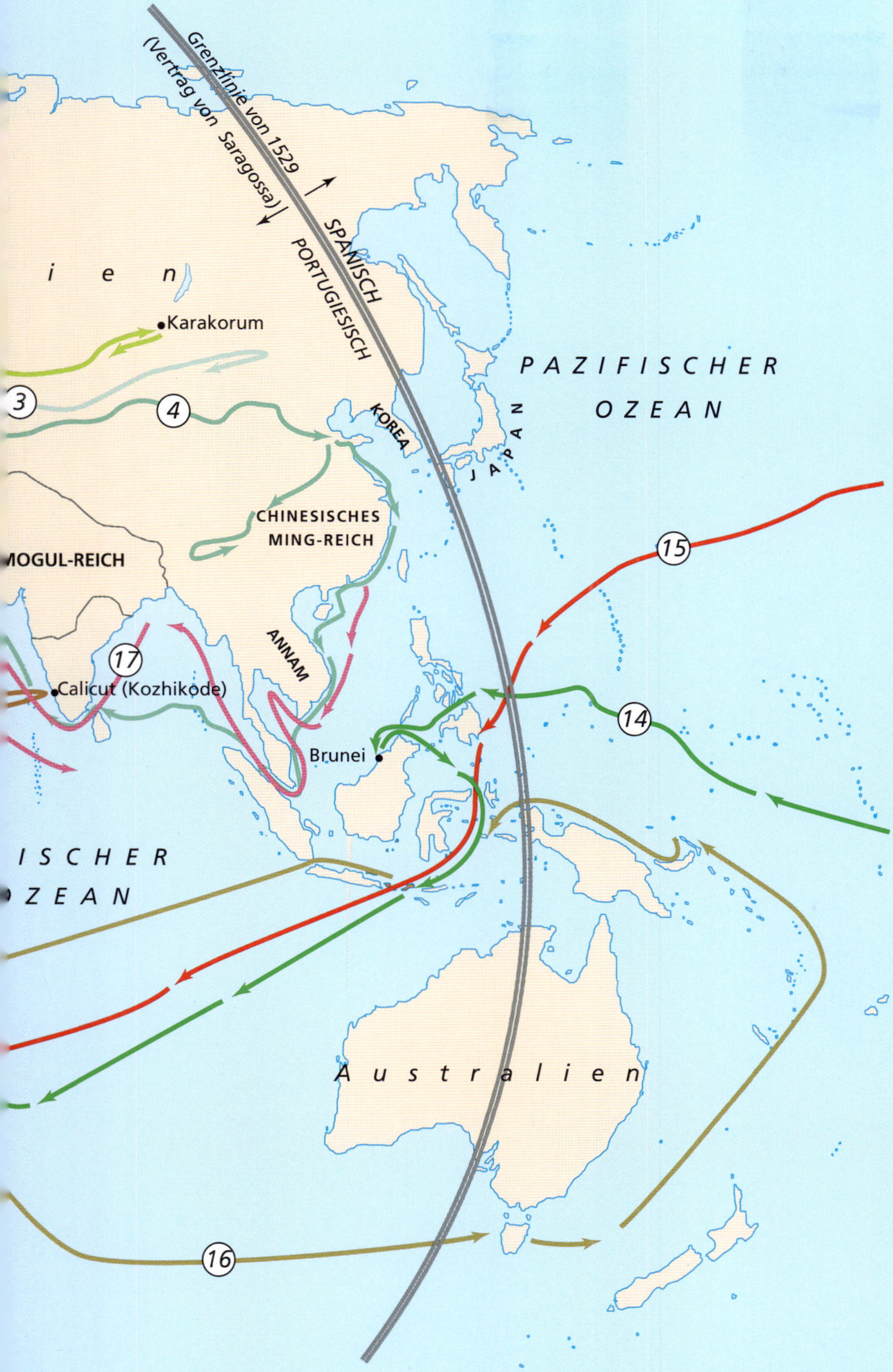

Der Portugiese Prinz Heinrich der Seefahrer baute in Sagres eine Navigationsschule, die herausragende Fachleute aus den Bereichen der Seefahrt, wie Navigation und Schiffsbau, anzog. Die neuen portugiesische Karavellen kombinierten das europäische Rumpfdesign mit der Segeltechnologie der Araber und waren so für die raue See vor Afrika bestens gerüstet.

Unter Prinz Heinrichs professioneller Führung entwickelten die Portugiesen eine systematische Vorgehensweise bei ihren Erkundungen entlang der afrikanischen Küste und vergrößerten mit jeder Reise ihr Wissen. Eine bedeutende Etappe war erreicht, als Gil Eanes die Umseglung von Kap Bojador an der Küste der heutigen Republik Westsahara glückte. Kein Schiff hatte zuvor diese scheinbar endlose Wasserfläche durchquert, die manche für den Rand der Welt hielten. Die psychologische Leistung war dabei fast so wichtig wie die seetechnische, und die Portugiesen begannen, das Meer nun als Herausforderung zu betrachten. 1460 reisten sie bereits bis Sierra Leone und brachten neben Gold und Gewürzen auch Sklaven von dort mit. 1474 wurde der Äquator überquert, und 1488 schließlich segelte Bartholomeu Diaz bis zum Kap der Guten Hoffnung.

Diaz war ursprünglich Leiter des königlichen Lagerhauses in Lissabon, bevor er von seinem König Johann II. den Auftrag erhielt, den legendären Priesterkönig Johannes aufzuspüren. Er erhielt das Kommando über drei Schiffe, mit denen er Afrika umsegeln sollte. Sie nahmen sechs europäisch eingekleidete Afrikaner mit an Bord, die an verschiedenen Punkten entlang der Küste abgesetzt wurden, um den Einheimischen all die Güter zu zeigen, die die Portugiesen ihnen verkaufen konnten. Nachdem der letzte Afrikaner an Land gebracht war, geriet die Flotte in einen heftigen Sturm, der sie weit aufs offene Meer hinaustrieb. Man steuerte die Schiffe nach Osten und segelte mehrere Tage, ohne dass Land gesichtet wurde. Eine Kursänderung in Richtung Norden bewirkte, dass eines

Tages endlich Berge am Horizont zu erkennen waren. Die Entdecker segelten die Küste entlang, bis sie die Spitze Afrikas und das Kap der Guten Hoffnung erreichten. Diaz wollte weiterfahren, doch die Mannschaft weigerte sich, und so kehrten die Schiffe nach Lissabon zurück.

Dem portugiesischen Seefahrer Vasco da Gama gelang 1497 schließlich die Umrundung Afrikas, und nun stand den Portugiesen der Osten offen. Sie konnten neue Handelsrouten und Länder erobern. Dabei gerieten sie in kriegerische Konflikte mit arabischen Kaufleuten, die bisher den Handel zwischen Asien und Afrika kontrolliert hatten. Nach dem Sieg über die arabische Flotte wurde 1510 in Goa an der indischen Küste ein Stützpunkt errichtet. Goa entwickelte sich zur wichtigsten portugiesischen Stadt auf dem indischen Subkontinent und zum zentralen Handelsplatz für Waren aus dem Fernen Osten, vor allem für Gewürze und Gold. Die Portugiesen bauten dort auch Kirchen und Klöster, die die Region bis heute prägen.

Christoph Kolumbus

Christoph Kolumbus kam als Sohn eines Webers in Genua zur Welt. Über seine frühen Jahre ist wenig bekannt; 1476 kam er nach Lissabon. Der bereits erfahrene Seemann erweiterte seine Kenntnisse durch Schiffsreisen nach Britannien im Norden und zum Golf von Guinea im Süden. Er war fest davon überzeugt, dass Indien (so bezeichnete man damals China und Japan) über einen Seeweg nach Westen zu erreichen war. Zwar gingen zur damaligen Zeit die meisten Gebildeten bereits davon aus, dass die Erde eine Kugel sei, doch es herrschte Uneinigkeit über ihre Größe, und niemand wusste, was westlich der Kanarischen Inseln lag. Wenn man von hier aus westwärts segelte, dachte Kolumbus, könnte man Japan erreichen. Die portugiesische Krone lehnte eine Finanzierung seiner Expedition jedoch ab, weil man seine Berechnungen für falsch hielt. Deshalb wandte er sich an den spanischen Hof, doch auch König Ferdinand II. und Königin Isabella förderten zunächst sein Projekt nicht.

Kolumbus blieb hartnäckig, denn er war nicht nur ehrgeizig und zielstrebig, sondern glaubte auch, dass Gott ihn für diese Mission auserkoren habe. Seine religiöse Leidenschaft und die einzigartigen Chancen einer neuen Handelsroute beeindruckten einige einflussreiche Spanier, die in seiner Sache bei Isabella vorsprachen. Schließlich erhielt Kolumbus die Erlaubnis des Königs, finanziert wurde er aber von unabhängigen Kaufleuten. Am 6. September 1492 stach er von den Kanarischen Inseln aus in See. Kolumbus' Schiff „Santa Maria" wurde von den beiden kleineren Schiffen „Pinta“ und „Niña“ begleitet, die von zwei Brüdern kommandiert wurden. Wachsende Spannungen zwischen Kolumbus und dem Brüderpaar und die Furcht der Mannschaft, sich dem Rand der Welt zu nähern, machten die Reise zunehmend schwierig. Es gab Gerüchte über Meuterei, aber zum Glück für Kolumbus wurde am 12. Oktober Land gesichtet. Kolumbus war davon überzeugt, Indien erreicht zu haben – doch die von ihm entdeckte und „San Salvador“ getaufte Insel lag vor dem später Amerika genannten Kontinent.

Nach dem ersten Eindruck von den Einheimischen konstatierte Kolumbus, dass sie „gute Sklaven“ abgeben würden. Dann nahm er das Land für Spanien in Besitz und suchte nach Spuren von Gold. Er fand genug Hinweise, um einige Männern dort zu lassen. Er selbst kehrte als Held nach Spanien zurück. Doch trotz weiterer wertvoller Entdeckungen auf dem neuen Kontinent schwand seine Popularität zunehmend, als Berichte über seine rüde Behandlung der Einheimischen wie auch seiner eigenen Männer bekannt wurden. Auch heute ist sein Ruf nicht weniger zwiespältig: Manche sehen in ihm den Vater Amerikas, andere betrachten ihn als Symbol für Tod und Vernichtung, die über die Ureinwohner des Kontinents kamen.

Weitere Europäer nach Kolumbus

Die Portugiesen entdeckten 1500 Brasilien. Das unberührte Land bot vielfältige Möglichkeiten, nicht nur wegen seiner Bodenschätze. Entlang der brasilianischen Küste errichtete man Sklavenstationen, um die neu errichteten Plantagen mit Arbeitskräften zu versorgen. Die Sklaven wurden aus den portugiesischen Besitzungen in Afrika herbeigeschafft, wo die Goldvorkommen bereits erschöpft waren.

Dank ihres frühen Engagements in der Seefahrt waren die Portugiesen zu Beginn des 17. Jahrhunderts führend im Welthandel. Doch diese Vormachtstellung währte nicht lange, denn andere europäische Länder machten ihnen nun dieses Monopol streitig.

Die ersten ernsthaften Rivalen waren die aufstrebenden Niederländer, die sich gerade von der spanischen Herrschaft befreit hatten. Die Niederlande besaßen eine sehr durchsetzungsfähige Handelsflotte. Die 1602 zunächst zur Finanzierung der Unabhängigkeitskriege gegründete niederländische Ostindische Kompanie entwickelte sich zu einer der mächtigsten Handelsgesellschaften der Welt. 1619 gründete sie eine Niederlassung in Batavia (heute Jakarta) südöstlich der portugiesischen Kolonien in Goa und Malakka. Das brachte die Niederländer in Vorteil: Sie sicherten sich durch strategische Festungen und enge Kontakte zu den lokalen Führern ein Monopol für wertvolle Güter aus Südostasien. Jetzt konnten die Niederländer Anspruch auf viele wichtige Handelsplätze erheben und gründeten weitere Kolonien in Borneo, Indonesien und Indien, die sie meist sehr streng verwalteten.

Frankreich gründete bereits Ende des 15. Jahrhunderts Kolonien an der Küste Kanadas. Zunächst dienten diese der Konservierung und Lagerung von vor der Küste Neufundlands gefangenen Fischen. Später erwies sich der Pelzhandel, vor allem mit Biberpelzen, mit den Indianern als sehr lukrativ. Bei der Erkundung des Sankt-Lorenz-Stroms zur Gründung weiterer Kolonien stieß man weiter ins Landesinnere vor.

Die Engländer machten selbst kaum eigene Entdeckungen; ihr Erfolg bestand darin, von anderen entdeckte Länder zu kolonisieren. Sir Francis Drake bereitete den Weg für Englands künftiges Imperium. 1577 beauftragte ihn Königin Elisabeth I. mit der Umsegelung der Welt. Inoffiziell erhielt er gleichzeitig die Anweisung, möglichst viele spanische Schiffe zu plündern. Er kehrte mit so vielen Schätzen zurück, dass England seine gesamten Auslandsschulden begleichen konnte und im Jahr 1600 noch Geld für die Gründung der englischen Handelsgesellschaft, der East India Company, übrig war.

Links: Königin Elisabeth I. von England schlägt Francis Drake am 4. April 1581 an Bord seines Schiffes „Golden Hind“ zum Ritter. Drake war im September 1580 von seiner erfolgreichen Weltumsegelung mit einer Schiffsladung Gewürze zurückgekehrt. Linke Seite: Der portugiesische Entdecker und Seefahrer Vasco da Gama wird vom indischen Herrscher (Zamorin) in Calicut (Kozhikode) an der indischen Malabarküste empfangen.

Amerika – Eroberung und Kolonisation

Ausgehend von den Karibikinseln brachten die Spanier schließlich weite Teile Amerikas unter ihre Kontrolle und zerstörten dabei Imperien und Zivilisationen.

Die Anfänge

Christoph Kolumbus war 1492 in Amerika gelandet. Im Verlauf der folgenden zwölf Jahre entdeckte er zahlreiche Inseln in der Karibik, darunter Kuba und Hispaniola, und legte am südamerikanischen Festland im Bereich des heutigen Venezuela an. Die Entdeckungen von Kolumbus und der Portugiesen, die 1500 nach Brasilien vorgestoßen waren, bewogen viele dazu, ihr Glück in den neuen Ländern zu suchen.

Bis 1518 beschränkte sich die spanische Erforschung auf das Karibische Meer und den Golf von Mexiko. Ihre Versuche zum Aufbau von Handelsposten in der Region schlugen jedoch fehl, denn die lokale Wirtschaft war zu schwach, um als Handelspartner interessant zu sein. Die Spanier verlegten sich auf die Ausbeutung der dortigen Ressourcen und zwangen die Einheimischen zur Arbeit in Landwirtschaft und Bergbau. Die harten Arbeitsbedingungen und eingeschleppte Krankheiten dezimierten die einheimischen Arbeitskräfte, und die Spanier hatten bald nicht ausreichend Arbeiter, um ihre Kolonien unterhalten zu können. Ihr Interesse richtete sich nun auf das Festland.

Konquistadoren

Die spanischen Konquistadoren waren ursprünglich militärische Abenteurer, die sich als Eroberer nach Mittel- und Südamerika aufmachten, um im Namen Spaniens nach Land und Schätzen zu suchen. Sie operierten dabei in kleinen Einheiten, die sie durch rekrutierte Einheimische verstärkten. Häufig predigten sie auch die Überlegenheit des Christentums, und viele waren durch das Vorbild Kolumbus inspiriert.

Der 1485 geborene Hernán Cortés war einer der ersten und berühmtesten Konquistadoren. 1518 beauftragte ihn der Statthalter von Kuba mit der Erforschung der Halbinsel Yucatán. Nach seiner Ankunft handelte er jedoch völlig eigenständig und erkannte nur noch den spanischen König als Autorität an. Er gründete die Stadt Veracruz und verbrannte in einem symbolischen Akt seine Schiffe. Seine kleine Mannschaft marschierte ins Landesinnere, wo er sich mit den Tlaxcalteken verbündete, die zu den vielen vom Aztekenreich unterworfenen Völkern gehörten.

Zusammen mit seinen Verbündeten marschierte Cortés 1519 in die aztekische Hauptstadt Tenochtitlán ein. Doch Cortés musste an die Küste zurückkehren, um sein Vorgehen gegenüber einer Gesandtschaft aus Kuba zu rechtfertigen. Die Spanier blieben in der Stadt und provozierten durch ihr rüdes Verhalten einen Aufstand der Azteken. Bei Cortés' Rückkehr waren sie aus der Stadt vertrieben und der aztekische Herrscher Montezuma in den Wirren ums Leben gekommen. Die Möglichkeit, dass Cortés die Inkarnation einer ihrer Götter sein könnte, verunsicherte die Azteken bei ihrem Abwehrkampf. Die Stadt fiel 1521 beim Angriff von Cortés und seinen Verbündeten – und durch den Zusammenbruch des Aztekenimperiums gerieten nun zwangsläufig alle von ihm unterworfenen Gebiete unter spanische Kontrolle.

Der Stellenwert, der Cortés seitens der spanischen Regierung zugemessen wurde, verdeutlicht die politische Position der Konquistadoren. Man schätzte ihn, gleichzeitig misstraute man seinem Machtstreben und verweigerte ihm die Ernennung zum Statthalter von Neuspanien. Die Eroberung des Inkareichs war ein von Wagemut und List gekennzeichnetes Unternehmen der Konquistadoren um ihren Anführer Francisco Pizarro. Der 1476 in Spanien geborene Pizarro gehörte der Expedition an, die 1513 Panama durchquerte und bis zu Pazifikküste vorstieß. Hier entstand eine Basis für weitere Erkundungen entlang der peruanischen Küste.

Pizarro landete mit nur 177 Männern in Peru und konnte zwischen 1531 und 1533 die großen Städte des Inkareichs erobern, die meisten durch sein trickreiches Vorgehen. Der Inkaherrscher Atahualpa wurde gefangen genommen und, trotz eines hohen Lösegeldes, hingerichtet; ein Marionettenkönig wurde an seiner Stelle eingesetzt. Die Situation in Peru war wesentlich verworrener als in Mexiko. In beiden Lagern kam es zu internen Kämpfen: Die Konquistadoren bekämpften einander, und die Inka rebellierten gegen den Marionettenherrscher Manco. Pizarro selbst fiel der Blutrache zum Opfer. Er wurde 1541 in Lima vom Sohn eines seiner Männer ermordet, der von Pizarros Bruder getötet worden war.

Der Einfluss Spaniens, nach 1550
Spanisches Territorium
Grenze des Vizekönigreichs
Grenze der Audiencia
Hauptstadt der Audiencia
Provinzzentrum
Unter englischer Kontrolle
Unter französischer Kontrolle
Unter niederländischer Kontrolle
VIZEKÖNIGREICH NEUSPANIEN
ATLANTISCHER OZEAN
Audiencia von Neugalicien
Monterrey
Saltillo
Durango
San Luis Potosí
Guadalajara
Guanajuato
Tampico
Golf von Mexiko
St. Augustine
Havanna
Audiencia von Santo Domingo
Mérida
Mexiko
Veracruz
Campeche
Audiencia von Mexiko
Oaxaca
Santiago
Santo Domingo
Audiencia von Guatemala
Guatemala
Karibisches Meer
Granada
Maracaibo
Santa Marta
Coro
Caracas
Cartagena
Cumaná
Panamá
Mérida
Audiencia von Panama
Audiencia von Santa Fé
Bogotá
unerforschtes spanisches Gebiet
Cali
Popayán
Pasto
PAZIFISCHER OZEAN
Quito
Audiencia von Quinto
Guayaquil
Amazonas
Tumbes
VIZEKÖNIGREICH PERU
Moyobamba
Cajamarca
unerforschtes spanisches Gebiet
Trujillo
Audiencia von Lima
Lima
Cuzco
La Paz
Arequipa
La Plata
Arica
Potosí
Audiencia von Charcas
Salta
Asunción
Tucumán
Corrientes
Mendoza
Córdoba
Valparaiso
Santiago
Buenos Aires
Audiencia von Chile
Concepción
N
ATLANTISCHER OZEAN
0
500 km
0
500 Meilen

Mythos Eldorado

Christoph Kolumbus soll als erster Europäer von Eldorado gehört haben. Der Mythos wurde ab 1530 zunehmend populär, als neue Entdecker, angelockt vom Erfolg von Cortés und Kolumbus, weiter nach Südamerika und vor allem in das Gebiet des heutigen Kolumbien vordrangen.

Die Einheimischen erzählten den Konquistadoren von einem goldenen oder vergoldeten Mann – auf Spanisch „el dorado": Es gebe einen Stamm, der seinen Herrscher bei dessen Amtseinführung angeblich mit Goldstaub überziehe und mit dem „vergoldeten" Häuptling auf einem Schilffloß auf den See Guatavita hinausfahre. Auf dem Floß seien die anderen Häuptlinge und eine riesige Menge Gold. Der Legende nach warf der neue Häuptling die Schätze in den See, bevor er selbst darin untertauchte, um den Goldstaub abzuwaschen. Goldfunde an den Ufern des Sees verliehen der Geschichte Glaubwürdigkeit. (Spätere Versuche zur Trockenlegung des Sees schlugen fehl.)

Bald nach dem Auftauchen der Sage veränderte sie sich, und aus Eldorado wurde eine riesige, ganz aus Gold erbaute Stadt irgendwo in Südamerika. Die Vorstellung einer Stadt aus Gold war unglaublich faszinierend für die Spanier, die noch unter dem Eindruck der Schatzfunde der frühen Entdecker standen. Wie zu erwarten, gelang es nicht, die Stadt Eldorado zu lokalisieren, auch wenn man sie irgendwo am Flusslauf des Orinoco vermutete. Auch andere Nationen ließen sich vom Mythos Eldorado anstecken. Der englische Abenteurer Sir Walter Raleigh suchte auf zwei Expeditionsreisen den Orinoco hinauf (1595 und 1617) nach der Stadt.

Güter aus der Neuen Welt

Neben den begehrten Edelmetallen brachten die Spanier aus Amerika viele Produkte nach Europa, die uns heute ganz selbstverständlich erscheinen – unbekannte Hölzer, neue Textilfarbstoffe und andere Materialien; langfristig hatten aber die mitgebrachten Nahrungsmittel die größte Bedeutung. Besonders wichtig wurde die Kartoffel, die man in den Anden entdeckt hatte und die ab 1570 auch in Europa angebaut wurde. Sie diente den Sklaven in den spanischen Kolonien ebenso als Nahrung wie den Patienten der Hospitäler.

Auch die heute überall verbreitete Schokolade kommt aus Amerika, ihr Name leitet sich von dem Wort „xocoatl" der Mayasprache ab. Der Kakaostrauch, aus dessen Früchten Schokolade hergestellt wird, galt den Azteken als heilig. Sie tranken eine Schokoladenzubereitung, um durch sie Wissen und Weisheit zu erlangen. Cortés brachte die Schokolade 1528 mit nach Europa. Bis 1606 kannten nur die Spanier das Geheimnis ihrer Zubereitung und sicherten sich dadurch ein Handelsmonopol.

Die Spanier importierten auch eine neue „Medizin" aus Amerika, den Tabak. Vermutlich begann man bereits um 6000 v. Chr. in Amerika mit dem Anbau von Tabak, einer in der Alten Welt unbekannten Pflanze. Die Ureinwohner hatten vielfältige Verwendung dafür. Die nordamerikanischen Indianer rauchten den Tabak; südamerikanische schnupften und kauten ihn auch. Man glaubte, die Pflanze sei das Geschenk einer Göttin, und Rauchen war ein gemeinsames Ritual. Bei seiner Ankunft in Amerika überreichten die Einheimischen Kolumbus getrocknete Tabakblätter als Willkommensgruß.

In den folgenden 50 Jahren kam Tabak in Europa zunehmend in Mode, und die Spanier waren die ersten kommerziellen Importeure. Um 1570 verordneten spanische Ärzte Tabak bei mehr als 30 Krankheitsbildern. Unter anderem wurde er als Desinfiziens vor Pest sowie gegen Zahnschmerz, Gicht, Kolik und Tetanus eingesetzt.

Auswirkungen in Spanien und Portugal

In der relativ kurzen Zeit, in der Spanien und Portugal die führenden Entdeckernationen waren, entwickelte sich die Iberische Halbinsel zum Handelszentrum Europas. Unvorstellbare Mengen an Gold und Silber kamen aus der Neuen Welt und machten die beiden Länder zu potenten Wirtschaftsmächten. Doch der Zustrom von Reichtümern aus den neuen Kolonien barg auch Risiken, und bald litt die Wirtschaft der Halbinsel unter einer steigenden Inflation. Die stark aufgeblähten Preise veränderten das wirtschaftliche Umfeld. Auch die Reichen und Mächtigen mussten erkennen, dass ihr Vermögen täglich weniger wert war. Das Leben als Landbesitzer wurde unattraktiv, während die zuvor häufig verachtete Betätigung im Handel große Gewinne versprach. Das alte feudalistische Wirtschaftssystem mit dem Grundbesitz als Basis brach zusammen und wurde durch ein modernes, auf dem Handel beruhendes System abgelöst.

Rechts: Francisco Pizarro eroberte in nur wenigen Jahren Peru. Er wurde 1541 in der Stadt Lima ermordet, die er als Ciudad de los Reyes gegründet hatte.

Linke Seite: Das Detail aus einer Handschrift zeigt, wie die Tlaxcalteken Hernán Cortés um Frieden bitten.

Entstehung der europäischen Reiche vom 16. bis zum 18. Jahrhundert

Europa wurde in der Zeit vom 16. bis zum 18. Jahrhundert bestimmt durch die Entstehung großer Nationalstaaten. Frankreich, England und Spanien hatten sich zu Monarchien mit nationalen Identitäten entwickelt, die gleichermaßen von der Kirche und dem Erbe des Heiligen Römischen Reichs geprägt waren. Nach Beendigung des Hundertjährigen Kriegs nahmen in Frankreich, trotz des bestehenden Konflikts mit dem Heiligen Römischen Reich, Wohlstand und Stabilität zu. Religiöse Spaltungen, die durch die Reformation bedingt waren, hatten das Land zwar geschwächt, doch die Thronbesteigung des ersten Bourbonen-Königs Heinrich von Navarra setzte ihnen ein Ende. Die Bourbonen regierten Frankreich bis zur Revolution im 18. Jahrhundert und kamen 1814 nochmals für kurze Zeit auf den Thron. Ihre bekanntesten Vertreter waren der Sonnenkönig Ludwig XIV. und Ludwig XVI., der mit Marie Antoinette verheiratet war und durch die Guillotine starb.

In England endete der als Rosenkrieg bekannte Streit der Häuser Lancaster und York mit der Machtübernahme durch die Tudors, zu denen Heinrich VIII. und seine Tochter Elisabeth I. gehörten. Auf diese Dynastie folgten die Stuarts, deren Herrschaft nach dem Bürgerkrieg zwischen dem Monarchen und dem Parlament mit der Hinrichtung Karls I. 1649 ein vorläufiges Ende fand. Nach dem Tod des Parlamentsführers Oliver Cromwell wurde Karls Sohn als Karl II. König, allerdings mit stark eingeschränkten Machtbefugnissen.

In Spanien vereinigten Isabella und Ferdinand die Königreiche Kastilien und Aragón, vertrieben die Mauren aus dem Land und errichteten ein katholisches Reich. Die Einnahmen aus der Neuen Welt sicherten den Wohlstand des Landes. Karl I., der 1516 den spanischen Thron bestieg und 1519 das Erbe des Heiligen Römischen Reichs antrat, weitete den Einfluss Spaniens aus. Sein Sohn Philipp II. wurde zum engagierten Verfechter des Katholizismus in der nun anbrechenden Zeit der Reformation. Unter seiner Regentschaft wurden die überseeischen Territorien erweitert, und die Inquisition erreichte einen neuen Höhepunkt. Philipp war der letzte erfolgreiche Habsburger auf dem spanischen Thron. Unter seinen Nachfolgern erlebte das Land einen allmählichen Niedergang.

Weiter im Osten deuteten sich im Machtzuwachs der Moskowiter Prinzen und im Niedergang der Goldenen Horde die Anfänge des Russischen Reichs an. Zwar einte bereits Iwan der Große Russland, doch erst Iwan der Schreckliche wurde 1547 der erste Zar. Peter der Große modernisierte später das Land, und Russland wurde zu einer bedeutenden europäischen Macht, die gegenüber China, Persien und Schweden eine aggressive Expansionspolitik betrieb.

Schweden expandierte im 17. Jahrhundert, als es siegreich aus Konflikten mit seinen Nachbarn Norwegen, Dänemark und Polen hervorging. Der Ausgang des Dreißigjährigen Kriegs brachte Schweden neben Landgewinnen im östlichen und südlichen Ostseeraum die Vorherrschaft in der Region. Auch die Niederlande profitierten von den nach Beendigung dieses Kriegs geschlossenen Verträgen. Sie erlangten die Unabhängigkeit von Spanien und wuchsen zu einer wichtigen See- und Wirtschaftsmacht heran.

Linke Seite: König Ferdinand und Königin Isabella von Spanien, die die Entdeckungsreise von Christoph Kolumbus nach Amerika unterstützten.

EUROPA UNTER DEN HABSBURGERN, um 1600
Heiliges Römisches Reich, Grenzen von 1618
Spanisch-habsburgischer Besitz
Österreichisch-habsburgischer Besitz
Traditionelle Verbündete der Habsburger
Mit Habsburg verfeindet
Kirchenbesitz
Wichtige Verbindungsstraßen zwischen den habsburgischen Besitzungen
N
0
200 km
0
200 Meilen
Europäisches Nordmeer
NORWEGEN (dän.)
SCHWEDISCHES KÖNIGREICH
(dän.)
(dän.)
Litauen
Ostsee
Hzm. Preußen
DÄNEMARK
Nordsee
SCHOTTLAND
Edinburgh
IRLAND
Dublin
York
ENGLAND
Bristol
London
1566 holländische Revolte
VEREINIGTE NIEDERLANDE
Amsterdam
Den Haag
Utrecht
Antwerpen
Brüssel
Spanische Niederlande
Calais
Lübeck
Hamburg
Stettin
Brandenburg
Berlin
KÖNIGREICH POLEN
Kleve
Berg
West-falen
Paderborn
Anhalt
Hessen
Breslau
Schlesien
Böhmen
Mähren
KÖNIGREICH UNGARN
Preßburg
Mainz
Bamberg
Luxemburg
Kur-pfalz
Ober-pfalz
Württem-berg
Bayern
Augsburg
München
Wien
Buda
Donau
Mohács
Lothringen
Basel
Vorarlberg
Salzburg
Tirol
ERZHZM. ÖSTERREICH
Schweizer Eidgenossenschaft
Genf
Trient
Rep. Venedig
Venedig
Krain
Mantua
OSMANISCHES REICH
Brest
Paris
FRANKREICH
Orléans
Nantes
Sundgau
Besançon
Charolais
Burgund
Franche-Comté
Bordeaux
Toulouse
Marseille
Hzm. Savoyen
Mailand
Hzm. Mailand
Modena
Genua
REP. GENUA
Lucca
REP. FLORENZ
REP. SIENA
Siena
KIRCHENSTAAT
Rom
Adriatisches Meer
KÖNIGREICH NEAPEL
Neapel
ATLANTISCHER OZEAN
San Sebastián
NAVARRA
León
Burgos
Pamplona
Roussillon
PORTUGAL
KASTILIEN
Saragossa
KATALONIEN
Barcelona
Madrid
Toledo
ARAGÓN
Lissabon
Valencia
Palma
BALEAREN
Korsika
Sardinien
Córdoba
Sevilla
Jaén
Murcia
Granada
GRANADA
Cartagena
Cádiz
Mittelmeer
Algier
Bugia
Tunis
Palermo
Sizilien

Wissenschaftliche Entdeckungen

Die aufkommenden Nationalstaaten in Europa boten den Rahmen für eine Periode außergewöhnlicher wissenschaftlicher Fortschritte in den Bereichen Mathematik, Astronomie, Medizin und Philosophie.

Oben: Porträt des Astronomen, Mathematikers und Physikers Galileo Galilei, gemalt von Justus Sustermans.

Astronomie

Im Jahr 1543 veröffentlichte Nikolaus Kopernikus seine Abhandlung „Über die Kreisbewegung der Weltkörper". Kopernikus hatte sie bereits 1530 verfasst, doch wegen ihres brisanten Inhalts erst im Jahr seines Tods veröffentlicht. Kopernikus erklärte darin, dass sich alle bekannten Planeten des Sonnensystems auf jeweils eigenen Kreisbahnen um die Sonne bewegten und dass sich jeder Planet – auch die Erde – um seine eigene Achse drehe. Vielen seiner Zeitgenossen erschienen diese Äußerungen unglaubwürdig. Seit Ptolemäus (85–165 n. Chr.) herrschte die Ansicht, dass sich die Himmelskörper um die Erde drehen und die Erde das feststehende Zentrum des Universums bildet. Diese Vorstellungen wurden nicht infrage gestellt, obwohl durchaus Diskrepanzen zwischen diesen Theorien und aktuellen Beobachtungen ausgemacht wurden. Kopernikus beschäftigte sich seit seinem Theologiestudium in Bologna und Padua mit der Möglichkeit, dass die Sonne das Zentrum eines Universums sein könnte. Seine mathematisch ermittelten Ergebnisse konnten die astronomischen Abweichungen erklären.

1610 bestätigte der italienische Astronom Galileo Galilei die Theorie von Kopernikus und erhob damit Zweifel an dem Weltbild der Kirche. Die Vorstellung, die Erde sei nicht das Zentrum des Universums, galt der Kirche jedoch als Gotteslästerung. Galileo kam in Rom vor Gericht und wurde bis zu seinem Tod 1642 unter Hausarrest gestellt. Ihm gelangen astronomische Entdeckungen wie die Jupitermonde und die Sonnenflecken. Der Astronom baute seine Fernrohre selbst und perfektionierte dabei die von dem Niederländer Hans Lipperhey 1608 erfundene Konstruktion. Galileo stand mit dem Astronomen und Mathematiker Johannes Kepler in Kontakt, der ebenfalls den Theorien von Kopernikus zustimmte und sie durch mathematische und geometrische Berechnungen belegte. Kepler entdeckte auch, dass sich alle Planeten auf Umlaufbahnen um die Sonne bewegen und die Umlaufgeschwindigkeit eines Planeten von seiner Entfernung zur Sonne abhängt.

Medizin

Die im Europa des 16. und 17. Jahrhunderts verbreitete medizinische Theorie beruhte in großen Teilen noch auf der Lehre des griechisch-römischen Arztes Galen, der 199 n. Chr. gestorben war. Seine medizinische Wissenschaft baute auf dem Gleichgewicht der vier Elemente Feuer, Erde, Wasser und Luft auf. Ein Mensch konnte geheilt werden, indem das Gleichgewicht der Elemente in den Körpersäften wiederhergestellt wurde. Auch spirituelle Einflüsse wie Zauberei, Sünden oder astrale Kräfte galten in Europa im 16. und 17. Jahrhundert als Ursachen für Krankheiten. Die Kontrolle der Kirche behinderte dabei oft die medizinische Forschung in Europa.

Das medizinische Wissen in der arabischen und persischen Welt war dagegen viel weiter entwickelt. Ärzte wie Al-Razi (860–925) und Avicenna (980–1038) hatten bedeutende anatomische und chemische Entdeckungen gemacht. Als in der Renaissance wichtige arabische Bücher nach Europa gelangten und das Interesse an anatomischen Experimenten wuchs, kam es auch hier zu ersten Fortschritten. Realdo Colombo (1516–1559) gelangen wesentliche anatomische Entdeckungen über den Aufbau des Auges und das Zusammenspiel von Herz und Lunge. Der Chirurg William Harvey (1578–1657) beschrieb, angeregt von islamischen Quellen und von René Descartes, die Blutzirkulation im Körper. Die Fortschritte in der Anatomie wurden überall in Europa durch die Gründung zahlreicher wissenschaftlicher Gesellschaften und Vereinigungen wie der Royal Society in London (1660) und der Académie des sciences in Paris (1666) unterstützt.

Entdeckungen

Grundlegende Entdeckungen in Naturwissenschaften, Mathematik und Philosophie trugen zur raschen Entwicklung der europäischen Gesellschaft in jener Zeit bei. Die Entwicklung des Mikroskops während des 16. Jahrhunderts gehört dazu: Der eigentliche Erfinder ist nicht bekannt, doch schreibt man dem Niederländer Antoni van Leeuwenhoek (1632–1723) dessen Weiterentwicklung zu. Evangelista Torricelli (1608–1647) erfand 1643 das Barometer zur Messung des atmosphärischen Drucks. Otto von Guericke (1602–1686) baute 1645 die erste Luftpumpe, eine Erfindung, die später von großer Bedeutung bei der industriellen Innovation und der Entwicklung von Kraftmaschinen sein sollte. Die erste Dampfmaschine ließ sich Thomas Savery 1698 patentieren, der eine Einrichtung zum Abpumpen von Wasser aus Bergwerksschächten gebaut hatte. Daniel Gabriel Fahrenheit (1686–1736) entwickelte das erste präzise Quecksilberthermometer. 1731 erfand John Hadley den Sextanten, der die nautische Navigation entscheidend verbesserte. René Descartes (1596–1650) verfasste wichtige, grundlegende Werke über mathematische Methoden. Er gilt als Vater der modernen Mathematik, und seine Verfahren sind eng mit philosophischen Überlegungen verknüpft. Der englische Mathematiker und Philosoph Isaac Newton (1643–1727) machte drei wichtige Entdeckungen: die Fluxionsrechnung, die Zusammensetzung des Lichts und das Gravitationsgesetz. Diese und viele andere Entdeckungen trugen zu einem allgemeinen, von Vernunft geprägten Geistesklima bei, das in das Zeitalter der Aufklärung mündete.

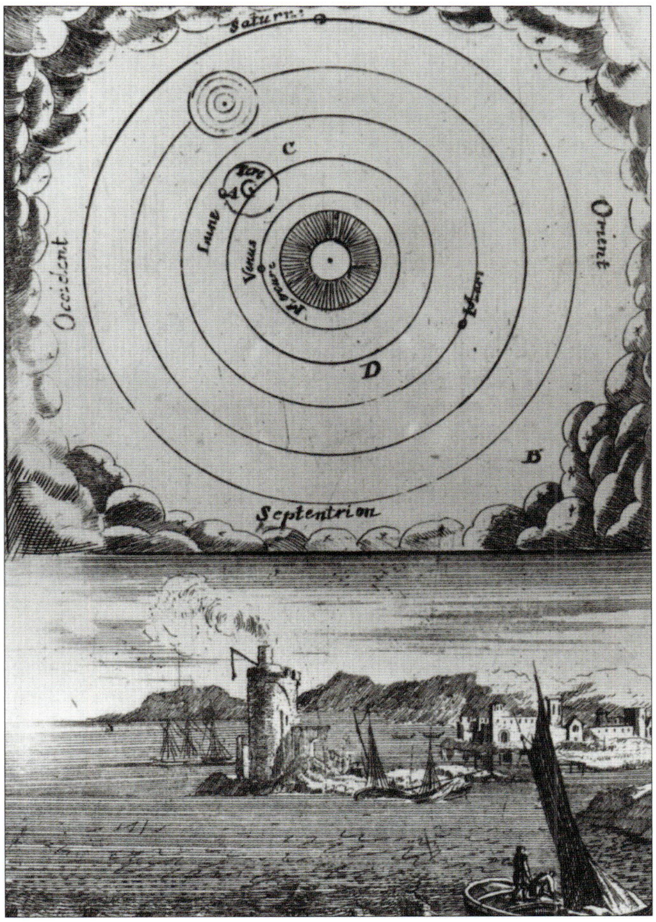

Oben: Nikolaus Kopernikus, der 1543 seine Theorie über das Sonnensystem veröffentlicht hat.
Links: Schema des Sonnensystems des französischen Philosophen René Descartes aus dem Jahr 1685.

Osmanisches Reich

Vom Kleinstaat in Anatolien zur Weltmacht – die osmanischen Herrscher errichteten ein Imperium mit hoher künstlerischer Ausrichtung.

Herkunft der Osmanen

Der Ursprung des Osmanischen Reichs lag im Westen Anatoliens. Als sich im 14. Jahrhundert der Machtverfall der türkischen Seldschuken anbahnte, nutzte ein Kleinstaat in der Region um Söğüt das Machtvakuum und dehnte sich auf seine Nachbargebiete aus. Der endgültige Zusammenbruch des Seldschuken-Reichs stürzte die gesamte Region in einen aufreibenden Machtkampf. Angetrieben vom Wunsch, neue Territorien für den Islam zu erobern, übernahmen die muslimischen Osmanen unter der Führung Osmans I. (1259–1326), nach dem das Reich benannt wurde, die Macht in Bursa und machten die Stadt zu ihrer Hauptstadt. 1345 nahm Osmans Nachfolger, Orhan I., Karasi ein. 1361 eroberten die Osmanen Adrianopel und erklärten die Stadt zur neuen Hauptstadt. Von hier aus bedrohten die Osmanen immer offensiver Konstantinopel: Es folgte eine Reihe langer erfolgloser Belagerungen der Stadt. Bis 1403 hatten die Osmanen Bulgarien, Mazedonien, Serbien und große Teile Griechenlands unterworfen; ein Angriff des Mongolenführers Timur im Jahr 1402 brachte die osmanischen Feldzüge in diesen Gebieten jedoch zum Stillstand. Als die mongolischen Eroberer Zentralasiens nach Anatolien einmarschierten, sah sich Beyazid I. (1360–1402) zum Handeln gezwungen. In der Schlacht bei Ankara 1402 fügte Timur Beyazid eine vernichtende Niederlage bei und nahm ihn gefangen. Doch der Tod Timurs 1405 beendete die mongolischen Vorstöße vorerst. Als Beyazid 1402 starb, stürzten die Osmanen in einen Jahre dauernden Kampf um die Nachfolge. Begünstigt durch diese Machtkrise konnten sich die Balkanstaaten und die anatolischen Länder von der Herrschaft der Osmanen befreien. 1413 ging Mehmet I. aus dem Machtkämpfen als Sultan hervor, doch er musste das Reich von neuem vereinen.

Politische Struktur des Reichs

Oberhaupt des Osmanischen Reichs war der Sultan, der mit absolutistischer Macht herrschte. Zunächst nannten sich die osmanischen Führer Gazi, heilige Krieger, erst während der Regentschaft von Murat I. (1360–1389) wurde der Titel Sultan, Herrscher, eingeführt. In späteren Jahrhunderten kam dem Sultan auch die Rolle des Kalifen, des „religiösen Stellvertreters" zu. Für die Staatsverwaltung stand dem Sultan ein Beamtenstab zur Seite: der Staatsrat, auch Diwan genannt. Im 14. Jahrhundert bestand der Diwan aus drei Wesiren; im 17. Jahrhundert waren es elf. Dem Diwan stand der Großwesir vor, der wiederum direkt dem Sultan unterstand.

Eine weitere wichtige Einrichtung im Machtzentrum der osmanischen Regierung war der Harem, der Haushalt des Sultans. Der Harem wurde von der Mutter des Sultans geleitet, die oft aktiv an den Regierungsgeschäften beteiligt war. Die zweitwichtigste Frau im Harem war die erste Frau des Sultans bzw. die Mutter seines ersten Sohnes. Darüber hinaus lebten im Harem die weiteren Ehefrauen des Sultans und weib-

AUSDEHNUNG DES OSMANISCHEN REICHS, 1328±1672
Osmanisches Gebiet, 1328
Osmanisches Gebiet, 1355
Vasallenstaat ab 1394
Osmanisches Gebiet, 1402 (vor Mongolen–Angriff)
Osmanisches Gebiet, 1481 (Mehmet II.)
Vasallenstaat ab 1475
Osmanisches Gebiet, 1520 (Selim I.)
Vasallenstaat ab 1541
Osmanisches Gebiet, 1566 (S!leyman I.)
Osmanisches Gebiet, 1660
Osmanisches Gebiet, 1630±1672
Vasallenstaat ab 1664
POLEN
RUSSISCHES REICH
Dnjepr
PODOLIEN
Dnjestr
CHANAT DER KRIM
Azow
UNGARN
MOLDAWIEN
EDISAN
Buda
UNGARN 1541
1664
SIEBENBÜRGEN
BU AK
Mohács 1526
Kaffa
Terek
Kaukasus
1645 Vasallstaat DAGESTAN
Kaspisches Meer
Baku
WALACHEI
Bukarest
Donau
Belgrad
Sarajevo
SERBIEN
BULGARIEN
Dobruja
Warna 1444
Schwarzes Meer
Sinope
Samsun
Trapezunt
1578
GEORGIEN 1519
KARABAG 1590
TRAPEZUNT
Erzurum
ARMENIEN
Van
ASERBAIDSCHAN
Täbris
Sofia
RUMELIEN
Konstantinopel 1453
Skutari
BOSNIEN HERZEGOWINA
Bursa
Ankara
Saloniki
Otranto
KARASI
GERMIYAN
ŞEHRIZOR
PERSIEN
Ägäis
ALBANIEN
KARAMAN CARAMANIA
Konya
MESOPOTAMIEN
LURISTAN
Ionisches Meer
AYDIN
HAMIT
Athen
MOREA
MENTESE
TEKKE
Adana
Aleppo
Tigris
Bagdad
Zypern
Famagusta
SYRIEN 1516
Euphrat
Basra
Kreta
Mittelmeer
Arabien
Persischer Golf
LAHSA
Jerusalem
Bengasi
Alexandria
Kairo
Akaba
Cyrenaica 1521
ÄGYPTEN 1517
HEDSCHAS 1517
Nil
Afrika
Rotes Meer
Medina
Mekka
Sana
JEMEN

liche Familienangehörige. Erst in späterer Zeit kamen auch eine Vielzahl von Konkubinen hinzu. Viele der junge Frauen wurden nach einer gewissen Zeit im Harem an hochrangige Beamte verheiratet. Bedient wurden die Bewohner des Harems von farbigen Eunuchen, afrikanische Sklaven, die vom ebenfalls schwarzen Obereunuchen geführt wurden, einem besonders mächtigen Mitglied des Hofstaats. Weiße Eunuchen waren dagegen hauptsächlich Sklaven vom Balkan; sie arbeiteten in der Schule des Palasts, in der ausgewählte Jungen zu Beamten oder Janitscharen ausgebildet wurden. Die Janitscharen bildeten die Elitesoldaten und Leibwächter des Sultans. Gewöhnlich handelte es sich dabei um ursprünglich christliche Kinder, die in den besetzten Ländern sorgfältig ausgewählt und unter strengen, klosterähnlichen Bedingungen ausgebildet wurden. Obwohl sie im Allgemeinen nicht gezwungen wurden, zum Islam überzutreten, konvertierten die meisten freiwillig.

Expansion

Mit der Wiedererrichtung des Osmanenstaats während der Herrschaft Mehmets I. (1413–1421) und der seines Sohnes, Murats II. (1421–1451), verfolgte das Reich wieder eine Expansionspolitik. In der Schlacht von Warna schlugen sie 1444 die polnischen Kreuzritter an der Westküste des Schwarzen Meeres. Murat setzte die Eroberungen fort, brach den Widerstand auf dem Balkan und brachte die östlichen und südlichen

Balkanstaaten wieder unter die Kontrolle des Osmanischen Reichs. Unter Mehmet II., „dem Eroberer", wurden die Osmanen eine Weltmacht.

1453 gelang es Mehmet endlich, Konstantinopel einzunehmen und aus dem ehemaligen Zentrum der byzantinischen Welt die neue osmanische Hauptstadt zu machen. Die Einnahme Konstantinopels war auch von symbolischer Bedeutung. Die Stadt verband das Schwarze Meer mit dem Mittelmeer, sie war der Knotenpunkt, an dem Europa und Asien zusammentrafen. Die Osmanen traten damit nicht nur das Erbe von Byzanz an, sie kontrollierten jetzt die Haupthandelswege. Bosnien, Serbien und Herzegowina wurden vollkommen in das Reich einverleibt, ebenso unterwarf Mehmet alle noch untereinander verfeindeten Staaten in Anatolien, die bislang nicht unter osmanischer Herrschaft standen. Unter Selim I. (1512–1520) musste das Reich die Angriffe der Safawiden aus dem Iran abwehren. Die Safawiden waren im Gegensatz zu den sunnitischen Osmanen schiitische Muslime. 1514 besiegten die Osmanen die Safawiden; damit konnten die Osmanen ihren Einfluss nun auch nach Osten ausweiten. Dabei kamen den Osmanen die bröckelnden Machtverhältnisse in den besiegten Gebieten zugute. In Ägypten und Syrien griff Selim die Mameluken an; 1517 eroberte er Kairo. Die Osmanen waren durchaus bereit, sich auf die fremden Kulturen einzulassen, und so lebten z. B. viele hellenistische und römische Traditionen ebenso wie ägyptische Bräuche in der osmanischen Kultur weiter. Da die Eroberungen in der Regel ohne allzu große Gräueltaten vonstatten gingen, waren die Sieger oftmals nicht unwillkommen.

Eroberung Konstantinopels

Mehmet war fest entschlossen, Konstantinopel einzunehmen – die Stadt, die sich so lange erfolgreich gegen die Angriffe der Osmanen gewehrt hatte. Er bereitete den letzten Schlag gegen die Stadt sorgfältig vor, indem er entlang dem Bosporus eine Reihe strategisch günstig gelegener Festungen baute. Diese sollten zum einen verhindern, dass Lebensmittel in die Stadt gelangen konnten, und zum anderen mögliche Truppen abwehren, die von der Kirche und dem Heiligen Römischen Reich der Stadt zu Hilfe kommen konnten. Mehmets Armee war mit der neuesten Waffentechnik vertraut, wie z.B. mit ungarischen Kanonen. Am 2. April 1453 begann Mehmets Armee den Angriff auf Konstantinopel. Trotz des Kanonenfeuers gelang es den Türken zunächst nicht, den äußeren Befestigungsring der Stadtmauern zu durchbrechen, und Konstantinopel hielt den Eroberern mehrere Wochen lang stand. Schließlich wurde jedoch eines der Haupttore durchbrochen, und nach 54-tägiger Belagerung fiel die Stadt schnell in die Hände der Osmanen. Der letzte byzantinische Kaiser, Konstantin XI., starb im Kampf um die Stadt. Trotz seiner Bitten an den Papst kam ihm niemand zu Hilfe. Durch die Belagerung war die Zahl der Einwohner in Konstantinopel stark zurückgegangen. Mehmet ließ in der Stadt nicht nur Türken neu ansiedeln, auch viele Slawen, Juden, Griechen, die die Stadt verlassen hatten, kehrten wieder in der Stadt zurück.

Hagia Sophia

Als die Osmanen in Konstantinopel einmarschierten, war die Hagia Sophia die größte Kirche in der christlichen Welt. Sie war von Kaiser Justinian I. im 6. Jahrhundert gebaut worden, nachdem die bei Aufständen zerstörte ältere Hagia Sophia an gleicher Stelle abgetragen worden war. Justinian beauftragte Architekten, die ein unvergleichliches Bauwerk entwarfen. Die riesige Kirchenkuppel hatte einen Durchmesser von 30 Meter, und statt auf Säulen lagerte die Kuppel auf vier Rundbögen. Die Kirche war reich mit Mosaiken aus Glas und Gold ausgeschmückt, und ihre Säulen waren aus grünem, weißen und rosa Marmor gehauen. Nach der Eroberung der Stadt wandelte Mehmet II. die Kirche in eine Moschee um. Die Mosaikbilder mit dem Antlitz von Jesus Christus und anderen Heiligen wurden nach den islamischen Glaubensregeln verdeckt. Ein Minarett aus Holz, das die Moschee unter Mehmet erhielt, wurde später von Süleyman durch vier großartigere Minarett-Türme ersetzt. Die Hagia Sophia, die stets den Höhepunkt byzantischer Baukunst symbolisierte, wurde fortan auch der Maßstab für die Architektur der Moscheen im gesamten Osmanischen Reich. Angeblich ließ Mehmet II. seinen Baumeister Atik Sinan hinrichten, nachdem es diesem nicht gelungen war, die Ausmaße der byzantinischen Kuppel zu übertreffen.

Süleyman der Prächtige

Unter Sultan Süleyman II. (1520–1566) erreichte das Osmanische Reich seinen Höhepunkt. Während seiner 46 Jahre dauernden Regierungszeit vergrößerte sich das Territorium seines Reichs in Europa: 1526 okkupierte er Ungarn und bedrohte Österreich. Süleymans Hauptinteresse war, Europa zu destabilisieren, da Europa ihm als die größte Bedrohung für das Osmanische Reich schien. Er ließ eine Flotte bauen, die das Mittelmeer beherrschte, und nahm Griechenland sowie größere Inseln wie Rhodos und Zypern ein, die sich vorher im Besitz der Venezianer befanden. Auch große Gebiete in Nordafrika, von Marokko bis Ägypten, wurden dem Osmanischen Reich einverleibt. Süleyman wurde zum Kalifen ernannt, dem Führer des Islams.

Oben: Süleyman, der bei den Osmanen den Titel „Kanunî", der Gesetzgeber, erhielt, wurde in Europa „Süleyman der Prächtige" genannt. Linke Seite: Nach der Eroberung Konstantinopels wurde die Hagia Sophia (im Hintergrund) von Mehmet II. in eine Moschee umgewandelt.

Daraus leitete er das Recht ab, andere islamische Staaten, wie Aserbeidschan den Irak und Arabien, zu annektieren. Der Reichtum, den Süleyman durch die Kontrolle über den Mittelmeerraum und speziell Ägypten angehäuft hatte, stattete ihn mit den Mitteln aus, die er für die Herrschaft über sein mächtiges Reich mit Zentrum in Konstantinopel benötigte.

Als Freund der Künste initiierte Süleyman die Errichtung zahlreicher beeindruckender architektonischer Bauwerke in Konstantinopel (Istanbul). Er reformierte die Verwaltung seines Reichs, um sie effektiver zu gestalten, und er überarbeitete die osmanische Gesetzgebung. Im Türkischen wird er daher Kanunî Sultan Süleyman, Süleyman der Gesetzgeber, genannt.

Unter dem Einfluss seiner ehemaligen Konkubine und späteren Ehefrau Roxelana ließ Süleyman zwei seiner Söhne hinrichten, zum Vorteil von Roxelanas ältestem Sohn. Nach dem Tod des Sultans 1566 und der Nachfolge seines unfähigen Sohns Selim II. begann jedoch der langsame Zerfall des Reichs.

Religiöse Gruppen in Europa

Volksfrömmigkeit, das wachsende Wissen über Religion und ein wachsendes Engagement in religiösen Fragen führten in Europa zu Aufruhr in der Christengemeinschaft.

Quellen der Reformation

Mit „Reformation" bezeichnet man die religiöse Revolution im 16. Jahrhundert. Ihr ging ein allgemeines Gefühl von Unzufriedenheit mit der römisch-katholischen Kirche voraus, das bereits seit der Renaissance gärte. Besonders in Mitteleuropa hielten viele Menschen die Kirche für einen selbstgefälligen Wächter des Christentums; zu viele Vertreter des Klerus stellten sich als faul und korrupt heraus; ihre intellektuellen und moralischen Qualifikationen für ihr Amt mussten nicht selten in Frage gestellt werden. Die wachsende Kenntnis der Bibel, die mit der Erfindung des Buchdrucks 1445 nun einer breiteren Leserschaft zugänglich war, bedeutete zunehmend eine weitere Herausforderung für die Kirchenobersten. Charakteristisch für die Zeit der Renaissance war ein aufkeimender Humanismus, der sich auch nach Mitteleuropa ausweitete, wo ihn Theologen wie Erasmus von Rotterdam aufgriffen.

Erasmus (1466–1536) war ein frommer Christ und überzeugter Humanist, der sah, dass die Rituale und Gottesdienste in der Kirche nichts mehr mit den Lehren Christi zu tun hatten. In seinen Schriften forderte er eine Kirchenreform von innen heraus. Der englische Humanist Thomas Morus (1478–1535) war ebenfalls ein gläubiger Katholik; er wurde von Henry VIII. hingerichtet, weil er ihm den Eid verweigerte und Rom nicht abschwören wollte. Morus war wie Erasmus davon überzeugt, dass Reformen notwendig seien, und auch er schrieb Essays, in denen er den Amtsmissbrauch von Päpsten und der Kirche anprangerte. Die Schriften beider Männer und die anderer bedeutender Humanisten hatten großen Einfluss und wurden besonders aufmerksam von einem deutschen Augustinermönch gelesen, dessen Initiative zum Zündfunken der Reformation werden sollte – Martin Luther.

Martin Luther

Martin Luther wurde 1483 geboren und verbrachte drei Jahre in einem Augustiner-Kloster, bevor er 1507 die katholische Priesterweihe erhielt. 1510 besuchte er Rom und erlebte dort aus erster Hand, wie Ablassbriefe verkauft wurden, um damit den Bau der Basilika des Sankt Petrus zu finanzieren. Der Ablasshandel war eine der umstrittensten Kirchenpraktiken, über die sich viele Reformer empörten. Ein Teil der religiösen Lehre gipfelte im Glauben daran, dass der Mensch nur durch das Bereuen seiner Sünden Zutritt in den Himmel erhielt. Die Reue selbst war eine persönliche, innerliche Angelegenheit, und um nach außen zu zeigen, dass jemand Buße tat, musste er gute und karitative Taten vorweisen. Die Ablassbriefe sollten den Menschen die Möglichkeit geben, gute Taten und vom Klerus zelebrierte Nächstenliebe zu erkaufen, um so Reue zu zeigen. Das Ergebnis: Die Kirche sammelte enorme Geldbeträge, mit denen sie sich selbst und ihre Funktionen entlohnte; Sünder andererseits konnten weiter sündigen und Vergebung kaufen.

Als Luther nach Wittenberg zurückkam, entwickelte er seine theologische Lehre gegen den Ablasshandel, und im Jahr 1517 nagelte er in einer dramatischen Aktion seine „Fünfundneunzig Thesen" an die Tür der Domkirche zu Wittenberg. Dies löste einen heftigen Disput aus, Luther wurde der Blasphemie bezichtigt und sollte in Rom erscheinen und über seine

Aktionen Rede und Antwort stehen; doch er weigerte sich, nach Rom zu gehen. Als er 1521 durch den Papst aus der Kirche ausgeschlossen wurde, verbrannte er die päpstliche Bulle mit dem Urteil gegen ihn. Karl V. beorderte Luther zum Wormser Reichstag, wo er seine Ansichten vortrug, und obwohl ihn das Reich mit dem Bann belegte, fand er Schutz und Unterstützung beim sächsischen Kurfürsten, Friedrich dem Weisen, der ihn auf die Wartburg brachte. Dort verfaßte Luther neben anderen Schriften eine Übersetzung des Neuen Testaments ins Deutsche. Er starb 1546.

Protestantische Gruppen

Luthers Thesen führten zu heftigen religiösen Ausbrüchen, die zum Reichsritteraufstand und schließlich zu den Bauernkriegen führten. Seine Lehren wurden von zahlreichen Führern übernommen, die nur darauf gewartet hatten, endlich ihr Verhältnis zur römisch-katholischen Kirche lösen zu können. Das Ergebnis der Reformation war daher auch keine Reform der katholischen Kirche, sondern die Spaltung des westlichen Christentums in zwei Religionen, den Katholizismus und den Protestantismus. Mehr noch, der Protestantismus entwickelte eine Vielzahl verschiedener Interpretationen, Sekten und Kirchen. Im Schweizer Kanton Zürich etwa war Ulrich Zwingli der maßgebliche Mann, der nach dem Vorbild Luthers seine eigenen Kirchenreformen durchführte. Er verfügte, dass alles, was nicht ausdrücklich und nicht „buchstäblich" im Alten oder Neuen Testament erlaubt war, unchristlich sei. Zwinglis radikal-fundamentales Christentum wurde nach und nach in der gesamten Schweiz übernommen.

Oben: Porträt Johannes Calvins (1509–1564), der 1534 zum Protestantismus übertrat und in Genf seine christliche Gemeinde gründete. Linke Seite: Porträt Martin Luthers, der 1521 aus der katholischen Kirche ausgeschlossen wurde.

Andere Länder folgten dem Schweizer Beispiel, und der Protestantismus breitete sich im Heiligen Römischen Reich, in den baltischen Ländern und im Westen bis nach Frankreich aus. Die Ideen des Franzosen Johannes Calvin (1509–1564), der in die Schweiz nach Genf fliehen musste, wurden in der zweiten Hälfte des 16. Jahrhunderts besonders populär. Calvin hatte im Jahr 1541 seine wichtigsten Theorien veröffentlicht, und bis 1562 entstanden im Zuge einer zweiten Reformationsbewegung calvinistische Gemeinden in Frankreich, Deutschland, den Niederlanden und Schottland. Der Calvinismus bildete die Grundlage für die Presbyterianer und den Puritanismus; Calvinisten erkannten die Allmacht Gottes an und folgten der Idee, dass einige wenige auserwählt seien und errettet würden und dass Freude und Frivolität unterdrückt werden müssten.

Daneben wurden eine Reihe weiterer religiöser Gruppen und Sekten gegründet. Die Anabaptisten (Wiedertäufer) z. B. vertraten die Erwachsenentaufe, wie sie in der Bibel steht. Ihr Glaube an eine strenge Kirchendisziplin als Widerstandsrecht gegen die Obrigkeit hatte zur Folge, dass sie sowohl von den Katholiken als auch von anderen Protestanten verfolgt wurden.

N
0
200 km
0
200 Meilen
NORWEGEN
FINNLA
EST
LIV
SCHWEDEN
KURLAN
Schottische Mission
1653–1694
Nordsee
St. Andrews
Glasgow
DÄNEMARK
Ostsee
Nordmission
1673, 1678, 1688
3
IRLAND
Königsb
DEUTSCH
ORDEN
PREUSSE
Schleswig
Holstein
York
Dublin
Lübeck
Mecklenburg
Pommern
Stettin
Danzig
Emden
Bremen
Hamburg
Brandenburg
Englische Mission
1623–1688
Groningen
2
KÖNIGREICH
POLEN
Warsch
1572
Norwich
Niederlande
Braunschweig
Berlin
Amsterdam
1
ENGLAND
Leiden
Utrecht
Magdeburg
Münster
Wittenberg
Middelburg
Breda
Dortmund
Sachsen
Schlesien
Canterbury
Gent
Antwerpen
Hessen-
Kassel
Mühlhausen
Dresden
Breslau
Köln
Leipzig
Lille
2
1594, 1597
Maastricht
Wetzlar
Trier
Zwickau
Prag
1576, 1612
Frankfurt
Tournai
Rheinland-
Pfalz
Bamberg
Würzburg
Ober-
pfalz
BÖHMEN
KÖNIGREICH
UNGARN
Rouen
Worms
Ansbach
Nürnberg
Meaux
Heilbronn
Halle
Regensburg
1538
Mähren
Paris
1500
Würt-
temberg
Donauwörth
Alençon
Troyes
Straßburg
Bayern
26
Ulm
Augsburg 1573, 1583
Wien
1524
Munster
2
München
1573, 1583
FRANKREICH
2
Basel
1529
Zürich
Innsbruck
Marmoutiers
Französische Gemeinde 1580
Bourges
Luzern
Graz
1581, 1621
OSMANISCHES
REICH
Fribourg
Bern
1528
La Rochelle
Trient
Republik
Venedig
Genf
1536
ATLANTIK
Limoges
Lyon
Brescia
Ursuliner, 1535
Venedig
1500
Mailand
Savoyen
Verona
Bordeaux
Périgueux
Bergerac
Turin
Barnabiter,
1530
Mantua
Ferrara
Kirchenstaat
Ravenna
Väter vom
Guten Jesus, 1526
Rodez
Orange
Montauban
Albi
Millau
Bologna
Genua
1
Dalmatinische Gemein
Gaillac
Nîmes
Avignon
Pères doctrinaires, 1592–1597
Toulouse
Florenz
1560
Montpellier
Adria
Pamplona
NAVARRA
Camerino
Kapuziner,
1525–1528
187
KASTILIEN
31
Korsika
KATALONIEN
Mannesa
Rom
Theatiner, 1524
Jesuiten, 1540
Neapel
Madrid
1505
Neapel
1511
Toledo
Sardinien
Balearen
Messina
Mittelmeer
Sizilien
Griechis
Inseln

Diese radikalste aller protestantischen Gruppierungen hatte ihre Zentren in Mähren, Friesland und Deutschland; sie waren vor allem bei den Bauern beliebt. 1521 kam es zum Bauernaufstand, mit dem Ziel, eine christliche Revolution gegen jede Form von Autorität zu entfachen. Vorübergehend kam es zur Gründung eines anabaptistischen Staats in Münster, abgesehen davon wurde die Revolution brutal niedergeschlagen.

Heinrich VIII.

Die Ideen der Reformation bewirkten in England weniger religiöse als vielmehr politische Veränderungen. Heinrich VIII. war seit 24 Jahren mit der spanischen Prinzessin Katharina von Aragón verheiratet, als er beschloss, die Ehe annulieren zu lassen. Er hatte verschiedene Gründe dafür: Ihm und Katharina war kein männlicher Thronfolger beschieden; außerdem war er von Anne Boleyn fasziniert, die ihn zur Heirat drängte. Heinrichs Bitte an den Papst, die Scheidung zu gestatten, wurde abgelehnt. Daraufhin brach er mit der Kirche, ließ sich von Katharina scheiden und heiratete Anne. Nachdem er alle Verbindungen zu Rom abgebrochen hatte, machte er sich zum Oberhaupt der Kirche von England und nannte sich „Wahrer des Glaubens“. Wer sich weigerte, Heinrichs kirchliche Oberhoheit anzuerkennen, wurde des Landesverrats angeklagt und hingerichtet. 1534 ließ Heinrich auch Anne hinrichten, die er der Hexerei bezichtigte. Schließlich heiratete er noch vier weitere Male – 1537 kam sein einziger männlicher Erbe zur Welt, der spätere König Eduard VI.

Oben: Porträt Heinrichs VIII. von England; er brach mit der Kirche von Rom und nannte sich „Wahrer des Glaubens“.

Die Spannungen zwischen der anglikanischen und der katholischen Kirche beeinflussten die englische Politik noch bis ins 18. Jahrhundert. Der protestantische, erst neun Jahre alte Sohn Heinrichs VIII., Eduard VI., regierte nur sechs Jahre lang, bis seine ältere Halbschwester Maria, Tochter von Katharina von Aragón und gläubige Katholikin, nachfolgte. Im Bestreben, die protestantischen Reformen zurückzudrehen, war „Bloody Mary“ (Blutige Maria) für die Massenhinrichtungen von vermeintlichen Ketzern verantwortlich. Nach Marias Tod bestieg 1558 ihre protestantische jüngere Schwester Elisabeth, Tochter von Heinrich VIII. und Anne Boleyn, den Thron. Wie ihr Vater sollte Elisabeth I. eine der berühmtesten unter den engli-

Die Protestantische Reformation, um 1560–1572

- *Überwiegend Protestanten, um 1560–1572*
- *Wachsender Protestantismus, um 1560–1572*
- *Örtlich beträchtlicher Protestantismus, um 1560–1572*
- *Katholische Gebiete*
- *Lehensgebiete des Königs von Navarra in Frankreich*
- *Katholische Mission und Reformbemühungen*
- *Reformierte Gemeinde, von der italienischen Inquisition entdeckt*
- *Päpstliche Nuntiatur mit Datum*
- *Bilderstürme in den Niederlanden, 1566*
- *Aufstände nach dem Massaker der Bartholomäusnacht in Paris, 1572*
- (6) *Zahl der Gesandten bei der letzten Sitzung des Konzils von Trient*

Oben: Porträt des Gaspard de Coligny II. (1519–1572); französischer Hugenottenführer und Admiral, der Heinrich von Navarra unterstützte. Er wurde in der so genannten Bartholomäusnacht ermordet.
Rechte Seite: Porträt Oliver Cromwells. Er führte im englischen Bürgerkrieg die Parlamentstruppen gegen König Karl I. an.

schen Königen werden. Obwohl sie mit religiösen Unruhen fertig werden musste, konnte sich während ihrer Regierungszeit – sie dauerte 45 Jahre – die Kirche von England vollends etablieren.

Katholische Gegenreformation

Die römisch-katholische Kirche reagierte durchaus auf die Bedrohung durch die protestantische Reformation. Auch wenn viele Reformkräfte hin und wieder die Autorität des Papstes in Frage gestellt hatten, blieben andere doch loyal und setzten weiterhin ihr Hauptaugenmerk auf innere Reformen. 1545 ernannte Papst Paul III. eine Reihe eigens hierfür ausgewählter Kardinäle, damit sie Missstände bei den Ablasszahlungen und Absprachen korrupter Kleriker und Bischöfe untersuchen sollten. In einem ersten Treffen, dem Konzil von Trient, formulierten sie die Grundlagen für die katholische Antwort auf die Reformationsbewegung. Das Konzil erhielt zwar die prinzipielle Kirchenstruktur aufrecht, ebenso wurden die meisten der von den Protestanten kritisierten Praktiken gutgeheißen; dennoch wurden eine Reihe von Verwaltungsreformen beschlossen. Papst Paul IV. griff zu weitaus aggressiveren Mitteln, um der Reformation zu begegnen: Die Macht der Inquisition wurde verstärkt, Ketzer wurden verbrannt. Eine Reihe von Klosterorden lebten in dieser Zeit wieder auf, wie etwa die Kapuzinermönche, die ihre Aufgabe in der Wohltätigkeit für die Armen und in den Oratorien sahen. Die Gründung des Jesuitenordens durch Ignatius Loyola sollte ebenfalls dem Zweck der Gegenreformation dienen. Die Jesuiten sahen ihre Aufgabe darin, zum Gehorsam gegenüber der Heiligen Schrift zu erziehen und Gehorsam gegenüber der Kirche zu predigen; ihre Missionarstätigkeit überall in Europa und in der Neuen Welt hat viele Menschen zurück in den Schoß der katholischen Kirche gebracht. So konnte die Gegenreformation zwar einige Erfolge bei der Festigung der katholischen Kirche verzeichnen, die Reformationsbewegung hatte die Kirche jedoch für immer geschädigt.

Französische Religionskriege

1562 brachen in Frankreich offene Kämpfe und konfessionelle Kriege zwischen Katholiken und calvinistischen Hugenotten aus. Als der schwache, erst fünfzehn Jahre alte Franz II. 1559 den Thron bestieg, stritten drei französische Adelsgeschlechter um die Vorherrschaft: die Guises, die Bourbonen und die Montmorencies. Die Guises waren die mächtigsten und am stärksten mit dem Katholizismus verbundenen, und sie hatten, sehr zum Unmut der Hugenotten, die Kontrolle über den Monarchen. Als Franz starb, wurde der nicht minder schwache Karl IX. sein Nachfolger – ihn hatte seine Mutter unter Kontrolle: Katharina von Medici, eine politisch mächtige Regentin. Katharina suchte die Unterstützung der Hugenotten gegen die Guises-Familie und versprach dafür, ihnen gegenüber tolerant zu sein, aber letztlich war sie Katholikin, und sie wollte, dass Frankreich katholisch blieb. Die Guises griffen 1562 eine Hugenotten-Gemeinde an – das bedeutete Krieg. Der schändlichste Akt im Laufe dieser Kriege war zweifelsohne das Massaker der so genannten Bartholomäusnacht 1572. Katharina fürchtete den wachsenden Einfluss der Hugenotten, daher redete sie Karl ein, sein Leben werde durch ein Mordkomplott bedroht; davon überzeugt, befahl Karl IX. das Massaker in Paris. In drei Tagen wurden von der katholischen Liga unter Führung der Guises über 20 000 Menschen ermordet.

Die Instabilität Frankreichs wurde dadurch verstärkt, dass der spanische König Philipp II. die katholische Liga und Englands Königin Elisabeth I. die Hugenotten unterstützten. Der neue französische König, Heinrich III., war gemäßigter und knüpfte eine Allianz mit dem Hugenotten Heinrich von Navarra, den er zu seinem Erben machte. Als Heinrich IV. konvertierte dieser zum Katholizismus und beendete die Kriege mit dem Verdikt von Nantes, das den Hugenotten das Recht gab, Gottesdienste abzuhalten.

Englischer Bürgerkrieg

Als letzten großen Religionskrieg in Europa erlebte England den Bürgerkrieg von 1642 bis 1648. In diesem Fall kämpfte König Karl I. mit seiner Gefolgschaft gegen das englische Parlament. Durch die Bildung eines disziplinierten und motivierten Heeres unter der Führung Oliver Cromwells gelang es dem Parlamentsheer, Karl zu besiegen, und das Parlament verurteilte ihn zum Tode. Die öffentliche Hinrichtung des Monarchen 1649 hatte enorme Auswirkungen auf Europa. Bisher herrschte Einigkeit darüber, dass die Stellung der Monarchen von Gott geben sei. Nun hatten die Engländer durch die Gründung eines Commonwealth unter der Führung Cromwells die Macht des Souveräns in hohem Maße beschnitten – und gezeigt, dass Revolution möglich war.

Dreißigjähriger Krieg

Der Dreißigjährige Krieg war ein vielschichtiger religiöser und politischer Konflikt, der von 1618 bis 1648 andauerte. Im Grunde wurde ein Machtkampf zwischen den Königen von Frankreich und den Habsburger Herrschern des Heiligen Römischen Reichs ausgetragen. Das Reich bestand zu diesem Zeitpunkt aus selbst verwalteten, zur Hälfte katholischen und zur anderen Hälfte protestantischen Einzelstaaten; die Mehrzahl dieser Länder vereinigte sich später zu Deutschland. Ihre religiösen Differenzen führten zu Rivalitäten, etwa zwischen der calvinistischen Pfalz und dem katholischen Bayern. Als Friedrich IV. von der Pfalz ein Bündnis mit England, Frankreich und den Niederlanden gegen Spanien einging, bildete Maximilian von Bayern eine katholische Liga, und schließlich kam es zum Krieg zwischen beiden. Der Dreißigjährige Krieg war der erste Krieg in Europa, in den die großen Mächte Europas mit hineingezogen wurden. Selbst Schweden, Dänemark und Siebenbürgen waren betroffen, und es bildeten sich zahllose Bündnisse und Konflikte. Schließlich führte der Zusammenbruch Spaniens zur drohenden Niederlage des Heiligen Römischen Reichs Deutscher Nation, und mit dem Westfälischen Frieden – den Friedensschlüssen von Münster und Osnabrück – wurde 1648 der Dreißigjährige Krieg zu Gunsten der Franzosen beendet.

Frankreich 1643–1715

Unter der Regentschaft von Ludwig XIV. wurde Frankreich die vorherrschende Macht in Europa. Sein bleibendes Symbol ist das Schloss von Versailles.

Ludwig XIV.

Unter der Regentschaft Ludwigs XIV. (1638–1715), bekannt als der Sonnenkönig, stieg Frankreich zur einflussreichsten und bedeutendsten Macht in Europa auf. Ludwig kam 1643 als Fünfjähriger auf den Thron, die eigentliche Macht hatte aber seine Mutter Anna von Österreich, die sich von dem unbeliebten Kardinal Mazarin beraten ließ. Die von Mazarin auferlegten hohen Steuern lösten heftige Proteste aus. Mazarin ließ zwar 1648 die Anführer verhaften, doch die Pariser gingen auf die Straße und zwangen die königliche Familie zur Flucht. Fünf Jahre lang herrschte Chaos, das erst 1653 durch eine Generalamnestie beendet wurde.

Nach dem Tod Mazarins 1661 nahm Ludwig die Regierung selbst in die Hand und begann mit dem Wiederaufbau Frankreichs, das schwer unter den jahrelangen Kriegen und inneren Unruhen gelitten hatte. Ludwig war bestrebt, Frankreich zu einer Macht zu formen, die mit ihren europäischen Nachbarn, vor allem Spanien und dem Habsburger Reich, konkurrieren konnte. Zunächst baute er das Heer und die Marine auf, dann begann er, mit einer aggressiven Außenpolitik die Grenzen Frankreichs auszudehnen. Gleichzeitig ließ er Straßen und Wasserwege ausbauen, um den wachsenden Handel zu fördern.

Ludwig regierte seit Amtsantritt das Königreich als absolutistischer Herrscher allein. Der Einfluss des Adels wurde stark beschnitten, stattdessen errichtete der König einen weit verzweigten Hofstaat mit hierarchischer Ordnung, auf dem seine Macht basierte. Ludwig entwickelte am Hof großen Prunk, während das Volk, ungeachtet der außenpolitischen Dominanz Frankreichs, sehr hohe Abgaben leisten musste, um die Kriege und Bauprojekte zu finanzieren. Klerus und Adel genossen Steuerfreiheit, die Hauptlast trugen Bauern und Handwerker. Ludwig starb nach einer 72-jährigen Regentschaft 1715, der längsten eines bedeutenden europäischen Monarchen.

Expansion und Aggression

Der Wunsch Ludwigs XIV. nach militärischem Ruhm führte zu einer Serie von Kriegen: Um 1670 war Frankreich die stärkste Macht in Europa. Mit dem Angriff Ludwigs 1672 auf die Niederlande begann ein siebenjähriger Krieg – das restliche Europa wurde durch seine Ambitionen alarmiert. In der folgenden Dekade schlossen sich die meisten Nachbarländer gegen Frankreich zusammen. Ludwig schlug überraschend los und zog nach Osten, wo es in der Pfalz auf seinen direkten Befehl hin zu brutalen Gräueltaten kam. Nach neun Jahren wurde er aber gezwungen, fast alle eroberten Gebiete zurückzugeben. In einem weiteren Krieg erlitt Ludwig 1704 in der Schlacht von Höchstädt eine schwere Niederlage, er verlor dabei 30 000 seiner insgesamt 50 000 Soldaten. Noch schwerer waren die Verluste in der Schlacht von Malplaquet einige Jahre später. Zum Ende seiner Regentschaft hatte Frankreich zwar Gebiete dazugewonnen, doch seine Wirtschaft war ruiniert.

Religiöse Verfolgung

Ludwig XIV. wollte ein rein katholisches Frankreich, und so widerrief er 1685 die den Hugenotten (französische Protestanten) per Gesetz gewährte Freiheit der Religionsausübung. Bewaffnete Überfälle, Folter, eine Politik der verbrannten Erde und die Beschlagnahmung von Vermögen und Besitz dezimierte die hugenottische Bevölkerung Frankreichs innerhalb weniger Monate. Viele konvertierten, viele wurden bei Fluchtversuchen verhaftet – vielen gelang aber auch die Flucht in protestantische Länder. Sie brachten wertvolle kaufmännische Fähigkeiten mit und schlossen sich häufig den Armeen an, die gegen Ludwig kämpften. Ludwig ging auch gegen die Jansenisten vor, die Disziplin und Einfachheit des frühen Christentums propagierten. Sein Handeln hatte weit reichende Konsequenzen.

Versailles

Als Ludwig an die Macht kam, beschloss er, eine neue Residenz in der Nähe von Paris, aber abseits der dortigen Wirren zu bauen. Er wählte ein für seinen Vater errichtetes Jagdschloss in Versailles und ließ es von einem Team aus Architekten und Dekorateuren in einen großen Palast verwandeln. Ludwig zog 1682 nach Versailles, obwohl der Palast erst 1688 fertig gestellt wurde. Versailles war eine Demonstration von Ludwigs Macht und Position. Das Schloss diente ihm als Regierungssitz, und seine Gemächer befanden sich im Zentrum des Prachtbaus. Durch die zeremonielle Hofhaltung in Versailles konnte er den notorisch schwierigen Adel an seinen Palast „fesseln". Der Adel wurde so von der Stadt fern gehalten und hatte weniger Möglichkeiten zum Planen von Verschwörungen. Ludwig konnte seine Regierung zentralisieren und sich die absolutistische Macht sichern. Nach seinem Tod wurde Versailles zeitweise aufgegeben, später zogen Ludwig XVI. und Marie Antoinette dort ein, die den Palastkomplex wesentlich erweiterten.

Der Mann mit der eisernen Maske

Die Sage vom Mann mit der eisernen Maske beruhte auf einer wahren Geschichte. 1703 starb ein nichtidentifizierter Gefangener in der Bastille und wurde mit seiner eisernen Maske beerdigt. Diese Person war vor ihrer Verlegung nach Paris mehr als 40 Jahre im Gefängnis von Pinerolo inhaftiert gewesen. Es kursierten zahlreiche Geschichten über die wahre Identität des mysteriösen Gefangenen. Eine behauptete, es handle sich um den Zwillingsbruder von Ludwig, der als Kind eingesperrt wurde, um die Position des Königs nicht zu gefährden. Viele Stücke und Romane griffen den Stoff auf, berühmt ist die Version von Alexandre Dumas, der die *Drei Musketiere* schrieb. Darin tauschen die Musketiere den verwöhnten jungen Ludwig gegen den Mann mit der eisernen Maske aus, und der verantwortungsvolle Exgefangene wird zum Sonnenkönig. Man vermutet, dass der königliche Gefangene in Wahrheit Graf Girolamo Mattioli war, ein illoyaler Minister.

Unten: Das Schloss von Versailles bot 20 000 Menschen Platz, die Dienerschaft eingeschlossen.
Linke Seite: Ludwig XIV. errichtete in Frankreich eine absolutistische Monarchie. Berühmt ist sein Ausspruch „L'état, c'est moi" (Der Staat bin ich).

Kolonien in Nordamerika

Die Dominanz spanischer Kolonien in der Karibik und in Nordamerika forderte andere europäische Nationen heraus, und eine Periode intensiver Besiedlung begann.

Spanische Expansion

Nach den Siegen über Azteken und Inka Anfang des 16. Jahrhunderts und mit der anschließenden Ausbeutung großer Silbervorkommen vermehrten sich die spanischen Siedlungen in Amerika rasch, denn dort boten sich Chancen auf große Reichtümer – und weite, fruchtbare Flächen konnten als Ackerland genutzt werden. Bald folgten christliche Missionare, die es als ihre Pflicht sahen, den „heidnischen Wilden" das Wort Gottes zu verkünden. Mit der Ausdehnung des Territoriums und dem zunehmenden Silberexport wurden Verteidigungsposten notwendig – vor allem in der Karibik und im Golf von Mexiko, wo englische, französische und niederländische Piraten ihr Unwesen trieben. Mitte des 16. Jahrhunderts beherrschten die Spanier weite Teile Mittel- und Südamerikas und dehnten ihre Besitzungen nach Mexiko und Nordamerika aus.

Gleichzeitig wurde durch die Ankunft weiterer Europäer, vorwiegend Engländer, Franzosen, Russen und Niederländer, die spanische Vorherrschaft infrage gestellt. Das trieb die Spanier zu weiteren Eroberungen. Sie errichteten Stützpunkte in Texas, zogen westwärts nach Kalifornien und an der Pazifikküste nach Norden, um das Vordringen neuer Siedler zu verhindern.

Frühe französische und englische Siedlungen

Die ersten größeren Landgewinne gelangen den Franzosen im Nordosten. Bereits ab dem frühen 16. Jahrhundert fischten sie in den Gewässern um Neufundland nach Kabeljau und trieben Handel mit den dortigen Ureinwohnern. Um 1600 drangen Franzosen bei weiteren Erkundungen vom Sankt-Lorenz-Strom her weiter ins Landesinnere vor und gründeten zahlreiche Siedlungen, darunter Quebec (1608) und Ville-Marie (de Montreal, 1642). Sie sollten die Basis für einen lukrativen Pelzhandel und die weitere Expansion westwärts entlang des Ottawa bis zu den Großen Seen bilden. Gegen Ende des Jahrhunderts wanderten die Franzosen den Mississippi entlang nach Süden bis zum Golf von Mexiko. Sie gründeten weitere Städte und nannten das von ihnen beanspruchte Gebiet Louisiana. Doch erst um 1750 war es fest in französischer Hand. Die meisten Siedler lebten im Norden.

Links: Kupferstich der „Mayflower", mit der die Pilgerväter von Plymouth nach Amerika aufbrachen. Rechte Seite: Die Stadt Jamestown wurde 1607 von Siedlern gegründet.

Auch die Engländer waren inzwischen zu Erkundungen der Neuen Welt aufgebrochen, begnügten sich aber im 16. Jahrhundert zunächst damit, spanische Schiffe zu kapern. Erst später erwogen auch sie die Möglichkeiten der Kolonisation. 1584 entdeckte eine von Walter Raleigh organisierte Expedition die Insel Roanoke vor der Küste des heutigen North Carolina. Raleigh nannte das Land Virginia (zu Ehren der unverheirateten Königin) und gründete dort eine Kolonie. Als 1590 eine Verstärkungsmission dort landete, waren die 110 Kolonisten spurlos verschwunden. 1606 erteilte König Jakob I. zwei in London und Plymouth ansässigen Gesellschaften die Konzession, das nordamerikanische Festland zu kolonisieren. Die erste dauerhafte Siedlung wurde 1607 von der London Company am James River in Virginia unter dem Namen Jamestown gegründet.

Kapitän John Smith und Jamestown

Anfangs kämpften Jamestown und seine Bewohner ums Überleben. Es fehlte an effizienter Führung, zahlreiche Kolonisten weigerten sich zu arbeiten und waren vom Goldfieber gepackt, viele starben an Krankheiten und Hunger, und die Überfälle der Indianer forderten weitere Opfer. 1608 wurde Kapitän John Smith Vorsitzender im Stadtrat von Jamestown. Er verbesserte die Beziehungen zu dem lokalen Indianerstamm der Powhatan, der die Siedler mit Getreide versorgte. Smith war im Jahr zuvor von dem Stamm gefangen und nur durch die Intervention der Häuptlingstochter Pocahontas vor der Hinrichtung bewahrt worden. Durch strengere Arbeitsregelungen verbesserte sich langsam die Versorgungslage, und der Fortbestand der Stadt war gesichert. Im Jahr 1609 übernahm die in Virginia Company umbenannte London Company die Kolonie. Sie setzten einen eigenen Statthalter nebst Rat ein, und Smith ging zurück nach England. Im Verlauf der nächsten zehn Jahre kamen über 8000 neue Siedler in die Kolonie. Trotz mehrerer Reformansätze, Landzuteilungen und einer florierenden Tabakproduktion für den Export nach England hatte Jamestown weiterhin mit Schwierigkeiten zu kämpfen. Die Indianer nahmen ihre Angriffe wieder auf, Krankheiten und Hunger wüteten noch einige Jahre lang. Smith kehrte 1614 noch einmal in die Neue Welt zurück und erkundete das Gebiet zwischen Penobscot Bay und Cape Cod, nördlich von Virginia, das er Neuengland nannte.

Ankunft der Pilgerväter

Die protestantischen Reformen in England nach der Thronbesteigung Elisabeths I. 1558 brachten zahlreiche Glaubensdissidenten hervor. Zu ihnen gehörte eine Gruppe Puritaner, die 1606 eine eigene Kirche gegründet hatten. Infolge zunehmender Repressionen emigrierten Mitglieder dieser Glaubensrichtung 1607 und 1608 nach Holland und siedelten sich in Leyden an. Das Leben der Immigranten war jedoch nicht einfach: Sie litten unter Armut, fürchteten die Einflussnahme der Niederländer auf ihre englische Lebensart und ihre religiösen Praktiken. Zudem drohte erneut ein Krieg zwischen den Niederlanden und Spanien. Also setzten sie ihre Hoffnungen auf die Neue Welt als möglichen Zufluchtsort.

Bereits 1617 wurden Absprachen mit der Virginia Company über eine Schiffspassage getroffen, die zunächst nach England und dann quer über den Atlantik führen sollte. Doch erst 1620 nahmen 35 Pilgerväter und etwa 70 weitere Passagiere (von den Puritanern als „Fremde" bezeichnet) an Bord der „Mayflower" Kurs auf Amerika. Das Schiff landete jedoch nicht wie beabsichtigt in Virginia, sondern bei Cape Cod in Neuengland, was zu Konflikten zwischen den Pilgern und den Fremden führte.

Die Gründung Bostons erfolgte durch die Massachusetts Bay Company auf Initiative einer Gruppe von Puritanern, die der fortdauernden Verfolgung in England entkommen wollten. Der König hatte ihnen, offenbar ohne Kenntnis ihrer religiösen Anschauungen, ein Ansiedlungs- und Handelsprivileg gewährt. Bevor die Mitglieder der Company England verließen, unterzeichneten sie ein weiteres Abkommen, das ihnen die Verwaltung der Kolonie übertrug und so die Errichtung einer puritanischen Theokratie in Massachusetts ermöglichte. Zwischen 1630 und 1642 kamen über 20 000 Immigranten in der so genannten „Großen Wanderung" nach Neuengland. Die meisten lebten sich gut ein und gründeten Dörfer an der Massachusetts Bay. Das von der Company zugewiesene Land teilte man einigermaßen gerecht untereinander auf – auch wenn die Dorfältesten, gewöhnlich gebildete oder erfahrene Familienoberhäupter, oft etwas mehr Land bekamen, das sie an ihre Kinder weitergaben.

Als die nachfolgenden Generationen das Familienland weiter aufteilten, kam es zur Übervölkerung in den Städten; andere sahen sich bei der politischen Mitsprache in der Verwaltung zurückgesetzt. Verstärkt breiteten sich daher Familien ins westliche Massachusetts nach Maine und New Hampshire aus – oft gegen den Widerstand der Stadträte, die um ihre Steuereinnahmen fürchteten. Obwohl sich die meisten Siedler Neuenglands als Puritaner fühlten, kam es zu religiösen Konflikten. Die anhaltende Zuwanderung vergrößerte die Religionsvielfalt, und viele Siedler machten sich aus ihren alten Gemeinden auf, um beispielsweise neue Kolonien in Rhode Island und Connecticut zu errichten.

Im Jahr 1633 gründeten die ersten katholischen Immigranten aus England Maryland im Norden Virginias. Ihnen waren auch Protestanten willkommen, und die praktizierte religiöse Toleranz bestand sogar während des englischen Bürgerkriegs (1642–1649), als die katholische Bevölkerung zur Minderheit geworden war. 1664 erhob England gegenüber den Niederlanden Anspruch auf einige Gebiete, darunter Delaware, New Jersey und New Amsterdam, das in New York umbenannt wurde. Anfang des 18. Jahrhunderts gehörte den Engländern fast die gesamte Ostküste, sie

Um eine Meuterei zu verhindern und allen Parteien gerecht zu werden, setzte man den Mayflower-Vertrag auf. Im Dezember erreichte das Schiff Plymouth, wo sogleich eine Siedlung gegründet wurde. Erschöpfung, Krankheiten und ein harter Winter kosteten fast die Hälfte der Siedler das Leben. Die übrigen verdankten die Rettung einem Indianerstamm, der den Kolonisten beibrachte, wie man jagt, Fallen stellt und Feldfrüchte anbaut. Im Herbst darauf dankten die Siedler für ihre erste erfolgreiche Ernte – aus dieser Feier wurde später der Thanksgiving Day.

Weitere Besiedlung

Kurz nach der Gründung der Kolonie Plymouth entstanden in Neuengland weitere Siedlungen. Als erste gründete man um 1626 Naumkaeg, das spätere Salem.

kontrollierten die Hudson Bay und beanspruchten große Besitzungen in der Karibik.

Kolonisation der Karibik

Die erste europäische Ansiedlung in der Karibik erfolgte unfreiwillig, als Christoph Kolumbus auf seiner ersten Reise mit der „Santa Maria“ an der Nordküste von Hispaniola Schiffbruch erlitt. Doch die Siedlung überlebte das erste Jahr nicht, und so wurden die Pläne zur Errichtung eines Handelspostens fallen gelassen. Die erste richtige Kolonie errichteten die Spanier 1502 im Osten Hispaniolas. Dort gründeten rund 2500 Siedler Santo Domingo, von wo sich die Spanier rasch in die Karibik ausbreiteten, 1509 Jamaika und im Folgejahr Trinidad besiedelten. Nachdem Mexiko erobert und dort Gold entdeckt worden war, erlosch das Interesse am Goldabbau auf den Inseln, zumal die einheimische Bevölkerung schrumpfte. Um den Mangel an Arbeitskräften zu beheben, wurden erstmals Sklaven aus Afrika in die Karibik gebracht.

Als zu Beginn des 17. Jahrhunderts weitere Europäer in Amerika siedelten, kam auch die Karibik in ihr Blickfeld. Ab 1621 gingen die Niederländer verstärkt gegen die spanisch besetzten Territorien vor. Die Engländer schlossen sich an und besiedelten 1625 Saint Croix und Barbados. 1628 nahmen die Engländer Nevis, 1632 Antigua und Montserrat in Besitz. Auch auf Saint Lucia entstand 1638 eine Kolonie, die jedoch 1642 von den einheimischen Inselkariben zerstört wurde.

Die Franzosen besiedelten inzwischen erfolgreich Martinique und Guadeloupe, später dehnten sie ihre Besitzungen nach Saint Barthélemy, Saint Martin, Grenada, Saint Lucia und den Westen Hispaniolas aus. 1655 eroberten die Engländer Jamaika, das damals von rund 3000 Spaniern und ihren Sklaven bewohnt wurde; die einheimische Bevölkerung war zuvor ausgelöscht worden. Jamaika wurde bald zur wichtigsten englischen Kolonie der Region. Wie auf dem nordamerikanischen Festland versuchten die britischen Siedler auch hier in der Karibik, sich einen europäischen Mikrokosmos zu schaffen. Sie übernahmen Gesetze, politische Institutionen und die Religion des Mutterlandes. Diese Institutionen bestanden fort. Mit der Zeit

Unten: Die Harvard-Universität in Cambridge wurde von puritanischen Führern der Massachusetts Bay Colony gegründet.
Linke Seite: Die Abbildung zeigt den Indianer Squanto vom Stamm der Pawtuxet, der den Siedlern der Kolonie Plymouth als Führer und Dolmetscher diente. Er starb an einer Pockeninfektion, als er William Bradfords Expedition um Cape Cod in Massachusetts führte.

LATEINAMERIKA, um 1780
Spanisches Territorium
Portugiesisches Territorium
Britisches Territorium
Französisches Territorium
Niederländisches Territorium
0 600 km
0 600 Meilen
N
von Großbritannien, Spanien und Russland beansprucht
Britisch-Nordamerika
Verwaltungsbezirk Neukalifornien
Louisiana
New York
VEREINIGTE STAATEN
Vizekönigreich Neuspanien
Arizpe
Florida
Monterrey
Durango
Havanna
Mérida
Valladolid
Mexiko
Oaxaca
Chiapas
Santiago
Santo Domingo
ATLANTISCHER OZEAN
León
Cartagena
Caracas
Cumaná
Generalkapitanat Venezuela
Bogotá
Popayán
Quito
Guayaquil
Vizekönigreich Neugranada
PAZIFISCHER OZEAN
Manaus
Río Negro
Belém
São Luis
Rio Grande do Norte
Fortaleza
Natal
Ceará
Maranhão
Piauí
Olinda
Recife
Paraíba
Grão-Pára
Trujillo
Vizekönigreich Peru
Lima
Cuzco
Arequipa
La Paz
Mato Grosso
Cuiabá
Pernambuco
Bahia
Salvador
Minas Gerais
Espiritu Santo
Rio de Janeiro
Rio de Janeiro
São Paulo
São Paulo
Santos
Vizekönigreich Río de la Plata
Salta
Asunción
Tucumán
Intendantur von Cordoba
Santiago
Porto Alegre
Rio Grande do Sul
1777 von Spanien überlassen
Buenos Aires
Montevideo
Concepción
Intendantur von Buenos Aires
ATLANTISCHER OZEAN

veränderte sich hier jedoch die soziale Struktur – es entstanden groß angelegte Plantagen, auf denen afrikanische Sklaven eingesetzt wurden, um Zuckerrohr und Rum in riesigen Mengen für den Export nach Nordamerika und Europa zu erzeugen.

Rivalität zwischen Franzosen und Briten

Im 17. und 18. Jahrhundert lieferten sich England und Frankreich weltweit einen Wettstreit um die Vorherrschaft, der zu mehreren Kriegen in Europa und den Kolonien führte. Als beide Nationen ihren Besitz in Nordamerika erweiterten, kam es zu einer erbitterten Rivalität und schließlich zum offenen Konflikt – zum Teil aufgrund der territorialen Expansion; doch die eigentliche Ursache lag im Pelzhandel. Die Franzosen hatten im frühen 17. Jahrhundert einen intensiven Handel mit den Stämmen der Algonkin und Huronen aufgebaut und mit ihnen ein Bündnis gegen die Liga der Irokesen geschlossen, die Pelze an holländische und englische Siedler lieferte. Von den Engländern ermutigt, überfielen die Irokesen häufig Pelztransporte für die Franzosen in Montreal und Quebec. 1649 hatten sie die Huronen fast ganz ausgerottet, und damit war der französische Pelzhandel ernstlich gefährdet. Die Situation verschärfte sich, als die Engländer 1670 die Hudson's Bay Company gründeten, die das gesamte Einzugsgebiet der Hudson Bay unter ihre Kontrolle brachte. Die Franzosen waren nun zwischen der Hudson's Bay Company im Norden und den englischen Kolonien im Süden eingeschlossen. Die englischen Kolonien entlang der Atlantikküste wiederum sahen sich durch Neufrankreich und Akadien im Norden und der französischen Expansion im Mississippi-Tal eingeengt. Der Konflikt kam um 1686 zum Ausbruch, als Frankreich einige Niederlassungen der Hudson's Bay Company an sich brachte. Die Kämpfe dauerten bis zur Unterzeichnung des Friedens von Utrecht im Jahr 1713 an.

In der anschließenden rund 30-jährigen Friedenszeit festigte Frankreich seine Position, indem es im Tal des Ohio neue Forts errichtete und neue Bündnisse mit den Indianerstämmen einging. Die Konkurrenz im Ohio-Tal löste 1754 den britisch-französischen Kolonialkrieg aus, der parallel auch in Indien, Westafrika und in der Karibik ausgetragen wurde. Die Franzosen und ihre Verbündeten waren in der schwächeren Position: Ihnen stand eine englische Kolonialbevölkerung von mehr als einer Million Menschen gegenüber die zudem von der expandierenden Land- und Seemacht Britannien unterstützt wurde. Mit der Einnahme Quebecs 1759 war der Krieg entschieden, und Neufrankreich kam durch den Frieden von Paris 1763 unter britische Kontrolle.

Afrika und der Sklavenhandel

Das ausufernde Geschäft mit der Sklaverei wurde zur Gefahr für den kolonialen Erfolg; Verbreitung und Auswirkungen des Menschenhandels reichen bis in unsere Tage.

Frühe afrikanische Zivilisationen

Afrika hat eine lang zurückreichende Besiedlungsgeschichte. Eine der ältesten Zivilisationen überhaupt entstand in Nubien, dem heutigen Sudan. Sie entwickelte sich parallel zum antiken Ägypten, und obwohl beide Kulturen aus den gegenseitigen Kontakten Nutzen zogen – was sowohl den Handel als auch die Verbreitung von Ideen betraf –, waren ihre Beziehungen äußerst konfliktbeladen. So war Nubien um 2800 v. Chr. 500 Jahre lang von Ägypten okkupiert; und das nubische Reich Kusch, das etwa 70 Jahre zuvor die verschiedenen Teile Nubiens vereint hatte, hielt Ägypten von 770 v. Chr. an besetzt. Nun wuchs und gedieh das Reich bis zum 4. Jahrhundert n. Chr., und erst die aufkommende Christianisierung und das erstarkte äthiopische Königreich Aksum besiegelten Nubiens Niedergang.

Eine ähnlich starke Tradition großer Zivilisationen gab es in Westafrika. Im 4. Jahrhundert regierte der König von Ghana über eine komplexe Gesellschaft, in der es bereits Straßensysteme und ein Gesetzbuch gab und das von über 200 000 Soldaten verteidigt wurde. Ab 1200 wurde das Königreich durch das Mali-Reich abgelöst, und Timbuktu entwickelte sich zu einem Zentrum für Handel und Lehre.

Weiter im Süden, in der Hochebene von Simbabwe, hatte sich ebenfalls eine mächtige Kultur entwickelt, die ihren Reichtum aus dem Handel mit den Küstenländern Ostafrikas bezog. Die Hauptstadt Groß-Simbabwe, deren Gründung auf ca. 1250 zurückgeht, war eine vergleichsweise große Stadt mit Gebäuden aus Stein, kegelförmigen Türmen und vermutlich mehr als 18 000 Einwohnern.

Anfänge des Sklavenhandels

Seit langem existierten Handelsbeziehungen zwischen den ans Mittelmeer grenzenden Ländern Nordafrikas und Europas. Schon das antike Griechenland unterhielt Beziehungen zu einigen afrikanischen Kulturen, und die Römer waren mit dem afrikanischen Kontinent eng verbunden, besonders mit Ägypten. Bis zum 15. Jahrhundert bestand das Wissen der Europäer über Afrika aus einer Mischung von Resten klassischer Bildung, zeitgenössischer Mythen und Geschichten sowie fragmentarischen Kenntnissen aus Zeugnissen in der Bibel.

Oben: *Abessinische Sklaven in Eisenketten.*
Linke Seite: *Illustration um 1835; den Sklaven werden Fesseln angelegt, bevor sie in den Schiffsbauch hinabsteigen.*

Nach und nach starteten europäische Expeditionen in den schwarzen Kontinent: 1482 gründeten die Portugiesen in Elmina an der Küste des heutigen Ghana einen Handelshafen. Vasco da Gama umsegelte 1497 den Kontinent, und von nun an engagierten sich die Europäer in zunehmendem Maße in Afrika; sie exportierten Rohmaterialien für den Bau sowie Gold und Elfenbein.

Das bei weitem lukrativste Geschäft jedoch war der Sklavenhandel. An der Westküste wurden von Senegal bis Angola so genannte Faktoreien errichtet, und schon in diesem frühen Stadium zeugte der Menschenhandel von außerordentlicher Brutalität. Die europäische Beteiligung am Menschenhandel war zunächst neu, denn mit Sklaven wurde innerhalb Afrikas schon seit langem gehandelt – etwa zwischen den ostafrikanischen Herrschern untereinander und mit ihren arabischen Nachbarn. Als die Portugiesen dazustießen, verließen sie sich zunächst auf die Stammesfürsten, die Gefangene sammelten und an die Europäer verkauften. Anfangs mussten die afrikanischen Sklaven auf den Inselkolonien vor den Küsten des Kontinents arbeiten; einige wurden auch nach Europa gebracht. Das erste Sklavenschiff nach Amerika – wohin später der Schwerpunkt für den Sklavenhandel verlagert werden sollte – verließ Lissabon 1518. Von nun an nahm der Menschenhandel enorme Ausmaße an; die Auswirkungen – in politischer, wirtschaftlicher und demografischer Hinsicht – beeinflussen die Welt noch heute.

Entwicklung der Sklaverei

Für die Händler waren die Sklaven eine Ware wie jede andere, und die Verschiffung über den Atlantik machte unter dem Begriff „Dreieckshandel" Geschichte. Sklaven waren die zentrale Komponente bei diesem Geschäft: Europäische Handelsgüter wurden per Schiff nach Afrika gebracht und gegen Sklaven getauscht, die dann nach Süd-, Mittel- und Nordamerika verschifft wurden; von dort wiederum wurden Exportgüter nach Europa zurückgebracht. Für viele Händler bot der Sklaventransport eine willkommene Gelegenheit, die Überfahrt von Europa nach Amerika nicht mit leeren Laderäumen antreten zu müssen und auch noch Geld damit zu verdienen. Aus kommerzieller Sicht wurde der Handel bald ausgesprochen bedeutend; mitunter konnten große Gewinne erzielt werden. Dies und die Tatsache, dass Sklaven als Ladung und nicht als Menschen betrachtet wurden, führte insbesondere bei der Fahrt über die Meere zu entsetzlichen Bedingungen an Bord. Unbeschreibliche Verhältnisse auf vielen Sklavenschiffen waren der Herd für Krankheiten, und eine Sterblichkeitsrate von zehn Prozent war keine Ausnahme, bei vielen Überfahrten war sie auch weitaus höher. Wenn dann noch ein Sklavenhändler mit seinem Schiff in ernste Schwierigkeiten geriet, wurde die „Ladung" einfach über Bord gekippt.

SKLAVENHANDEL, 1619–1808
Herkunftsgebiete der Sklaven
Bestimmungsregionen der Sklaventransporte
Sklavenverschiffung, Anzahl in Tausend
FULA Stämme
Haupt-Sklavenhäfen
Wege, auf denen Sklaven zur Küste verschleppt wurden
Nordamerika
MEXIKO
Mexiko-Stadt
New Orleans
VEREINIGTE STAATEN
KANADA
Baltimore
Jamestown
Charlestown
Havanna
Kuba
Santo Domingo
Puerto Rico
Cartagena
Maraciabo
Spanische Besitzungen
Georgetown
Brasilien (portugiesisch)
Südamerika
Ceará
Recife
Bahia
ATLANTISCHER OZEAN
Europa
Mittelmeer
Sahara
Afrika
Niger
399
britische Karibik 1665
französische Karibik 1600
dänische Karibik 28
holländische Karibik 500
1552
50
3646
Arguin
St. Louis
Gorea
WALO
CAYOR
BAOL
MANDINGO
FULA
SUSU
FANTA
ANNAMABU
Porto Novo
BENIN
Lagos
Bonny
Calabar
BOBANGI
TEKE
Sherbro
Little Sestos
Axim
Elmina
Cape-Küste
Quidah
Forcados
LOANGO
Loango
Malembo
Cabinda
Congo
KONGO
Luanda
ANGOLA
NDONGO
Benguela

Der Wert des Sklavenhandels führte zu diplomatischen Auseinandersetzungen, vereinzelt auch zu Kriegen und zu Machtkämpfen, da viele Länder den Markt kontrollieren und mitverdienen wollten. Der Reichtum vieler Kolonien – und auch ihrer späteren Staatengebilde – beruhte auf Sklavenhandel. Zwischen 1518 und 1650 führten die Spanier und Portugiesen rund 500 000 Sklaven in ihre Kolonien ein, und nach 1650 breitete sich der Handel wild wuchernd aus. In den Kolonien wurden die Sklaven häufig in den Zuckerplantagen eingesetzt, spanische Sklaven mussten auch in mexikanischen Silberminen arbeiten; die meisten kamen jedoch nach Kolumbien, Venezuela und Kuba – Regionen, in denen Spanien in ökonomische Schwierigkeiten geriet. Die Portugiesen erweiterten ihre Plantagen in Brasilien und holten ab 1700 sehr viel mehr Sklaven in die südamerikanische Kolonien, um die Silberminen von Minas Gerais restlos auszubeuten. Holländische, britische und französische Sklaven mussten in den karibischen und guayanischen Kolonien sowie auf dem nordamerikanischen Festland arbeiten, wo eine geringe Anzahl an Menschen aus Afrika unter anderem auf den Tabakplantagen in Virginia und Maryland beschäftigt waren.

Hin und wieder leisteten die Sklaven in den Kolonien Widerstand. Im ausgehenden 18. und frühen 19. Jahrhundert kam es vermehrt zu Sklavenaufständen, die jedoch immer sofort niedergeschlagen wurden – bis auf die Revolte 1791 unter Toussaint Louverture („der schwarze Napoleon") in der französischen Kolonie Santo Domingo. Aus dieser Revolte erwuchs 1804 der unabhängige Staat Haiti.

Abschaffung der Sklaverei

In Europa hat es immer Stimmen der Ablehnung gegeben – Menschen, die gegen den Menschenhandel protestierten. Aber eine Bewegung gegen die Sklaverei kam erst um 1770 richtig auf. Der Anfang für die Abschaffung der Sklaverei wurde in England gemacht, als Granville Sharpe am Obersten Gerichtshof erfolgreich eine Petition einbrachte, James Somerset, einem entlaufenen Sklaven aus Amerika, der in England wieder eingefangen worden war, die Freiheit zu garantieren. Trotz dieses ersten Erfolgs änderte sich zunächst wenig. Daher startete in den 80er-Jahren des 18. Jahrhunderts eine Gruppe evangelischer Christen eine Kampagne mit der Forderung nach vollständiger Abschaffung der Sklaverei. Aus dieser Aktion entstand eine landesweite Bewegung, die Beweise und Informationen sammelte und für Öffentlichkeit und Vertretung der Menschenrechte der Sklaven im Parlament sorgte. William Wilberforce war ein einflussreicher Fürsprecher, der sich unermüdlich für die Sache einsetzte und ein Bewusstsein für die Sklavenfrage schuf – denn angesichts der Ideale der industriellen Revolution vom freien Handel sowie der Ideale der französischen Revolution erschien die Sklaverei zunehmend als rein barbarischer Anachronismus.

Im Jahr 1807 erklärte das englische Parlament den Kauf, den Verkauf und den Transport von Sklaven für gesetzwidrig; 1834 wurde auch der Besitz von Sklaven für illegal erklärt. In diesem Jahr wurde auf den Westindischen Inseln allen Sklavenkindern unter sechs Jahren die Freiheit geschenkt und den Sklaven selbst eine sechsjährige unbezahlte Ausbildung „gewährt". Doch diese Lehren waren genauso ausbeuterisch wie zuvor die Sklaverei – auch wenn sie zeitlich begrenzt waren – und wurden daher 1838 verboten. Britische Gegner der Sklaverei hatten inzwischen mit einer Kampagne für ein Ende der Sklaverei in Amerika begonnen. Besonders im Norden Nordamerikas bildete sich darauf eine schlagkräftige und beharrliche Anti-Sklaverei-Bewegung. Entlaufene oder befreite Sklaven wie Frederick Douglass hielten landesweit Reden, und viele Schriftsteller unterstützten die Abschaffung; so hatte vor allem Harriet Beecher-Stowes Buch „Onkel Toms Hütte" einigen Einfluss auf das öffentliche Bewusstsein. Mit dem Ende des amerikanischen Bürgerkriegs 1865 kam schließlich auch das Ende der Sklaverei in Amerika.

Die Abschaffung der Sklaverei in Amerika und Europa war insgesamt also einer Reihe von Faktoren zu verdanken: den Abschaffungsbewegungen, den wirtschaftlichen Schwierigkeiten und den politischen Ereignissen der Zeit. In Afrika jedoch bestand die traditionelle Sklaverei noch in vielen Gebieten bis Ende des 19. Jahrhunderts fort; in Nigeria wurde sie erst 1936 verboten. Bis heute existiert Sklaverei noch in einigen abgelegenen Orten auf dem afrikanischen Kontinent, und ihre Gegner rufen weiterhin zur Abschaffung auf.

Auswirkungen

Eines der größten Folgeprobleme des Sklavenhandels in Afrika war der Bevölkerungsrückgang: Im Nigertal etwa wurden ganze Stammesgesellschaften durch die Jagd auf Sklaven zerstört, Hungersnöte und Krankheiten waren die Folge.

Das wohl zerstörerischste Vermächtnis des Sklavenhandels aber war die Gewalt als Norm und ein gesellschaftliches Klima, in dem sich weiße Menschen schwarzen überlegen fühlten. Die Auswirkungen sind bis heute noch zu spüren.

Die Expansion Russlands 1547–1796

Iwan der Schreckliche, Peter der Große und Katharina die Große erweiterten und modernisierten zwar das Land, für viele blieb aber Unterdrückung und Sklaverei Alltag.

Iwan der Schreckliche

Iwan IV., der Enkel Iwans des Großen, kam im Alter von drei Jahren auf den Thron. 13 Jahre später, 1547, wurde er zum Zaren und Selbstherrscher gekrönt und übernahm damit selbst die Regierungsgeschäfte. Die ersten Jahre seiner Herrschaft brachten dem Land Frieden, Stabilität und wirtschaftlichen Aufschwung. Doch seine Herrschaft wurde zunehmend despotisch. Er erließ Gesetze, die die Bauern an ihr Land banden, und schuf so die Klasse der Leibeigenen. Er baute die Opritschnina auf, einen Machtapparat, den er vor allem gegen den alten russischen Adel, die Bojaren, einsetzte.

Unten: Porträt Iwans des Schrecklichen.
Rechte Seite: Der außerhalb von Petersburg gelegene Katharinenpalast wurde von Peter dem Großen in Auftrag gegeben und nach seiner Frau Katharina benannt. Er beherbergt heute wieder das berühmte Bernsteinzimmer.

1558 begann Iwan einen teuren, 22 Jahre währenden Krieg gegen Livland, den er schließlich auch auf Polen, Litauen und Schweden ausdehnte. Als Iwans Frau Anastasija starb, verdächtigte er die Bojaren, seine Frau ermordet zu haben. Er litt zunehmend an Verfolgungswahn. Die Opritschniki gewannen immer mehr Macht, die sie missbrauchten. Die Bevölkerung wurde furchtbarem Terror ausgesetzt: Tausende Russen wurden in die entferntesten Winkel des Reichs umgesiedelt oder ermordet, Güter wurden konfisziert und Häuser geplündert. Mit seiner Gewaltpolitik versuchte Iwan seinen absoluten Herrschaftsanspruch durchzusetzen. Er schreckte auch nicht davor zurück, seinen ältesten Sohn und Thronfolger ermorden zu lassen. Bei Iwans Tod 1584 war das Reich zerrüttet, ruiniert und verarmt.

Iwan hatte seine Herrschaft ausgedehnt und durch die Eroberung der Chanate Kasan und Astrachan auch das Reich vergrößert. Ihm war es gelungen, die Wolga völlig unter Kontrolle zu bekommen. Als erster Herrscher Russlands verwendete er den Titel Zar, der sich vom lateinischen Wort „Caesar" ableitet.

Die russische Gesellschaft

Die russische Gesellschaft war tief gespalten: Das Feudalsystem machte die Zaren und die Bojaren unermesslich reich, während die Bauern in extremer Armut lebten. Als Leibeigener durfte der russische Bauer sich nicht frei bewegen, er war ein Sklave, der zusammen mit dem Land, das er bearbeitete, gekauft und verkauft werden konnte.

Zwischen 1547 und 1680 prägten mehrere Faktoren die russische Identität. Mit dem Aufstieg der Moskowiter wurden die mongolischen Gebiete im Osten dem russischen Reich einverleibt, und es bekam damit seine enorme Ausdehnung. Zugleich führten aber die zahlreichen Kriege auch gegen andere Mächte wie Schweden, Finnland, Polen und das Heilige Römische Reich im Westen, das Osmanische Reich im Süden und China im Osten zur Isolation des Reichs. Während das übrige Europa Reformation und Aufklärung erlebte, war Russland von den bedeutenden kulturellen und technischen Entwicklungen in Europa abgeschnitten. Nach dem Fall Konstantinopels erhob Russland den Anspruch darauf, alleiniger und rechtmäßiger Vertreter der orthodoxen Christen zu sein. Dieser Anspruch führte zu fanatischer Intoleranz gegenüber anderen Religionen, vor allem dem Islam und dem Judentum. 1589 wurde das Patriarchat von Moskau gegründet. Damit wurde die russisch-orthodoxe Kirche formell unabhängig von Konstantinopel.

Peter der Große

Nach dem Tod seines älteren Bruders Fjodor gelangte Peter 1762 im Alter von zehn Jahren mit seinem geistig zurückgebliebenen Halbbruder, Zar Iwan V., auf den Thron. Die Regierungsgeschäfte führte aber seine Halbschwester Sophia. Der junge Peter hatte kein großes Interesse an Politik, vielmehr ging er mit Leidenschaft seinen Hobbys Seefahrt und Schiffbau nach, was ihn nach Europa führte, um die westlichen Methoden und Techniken zu studieren.

1689 setzte er mit strategischem Geschick seine Halbschwester ab, und nachdem sein Halbbruder Iwan 1696 gestorben war, wurde er Alleinherrscher. Peter gestaltete Russland nach westlichem Vorbild um. Mit der neu aufgebauten russischen Marine gelang es ihm, die strategisch wichtige Hafenstadt Asow am Schwarzen Meer den Osmanen zu entreißen. Um Verbündete für seinen Kampf gegen die Osmanen zu finden, reiste Peter nach Preußen, Deutschland, in die Niederlande und nach England. Dort erhielt er zwar nicht die gewünschte Unterstützung, sammelte aber auf seiner ersten Auslandsreise wichtige Erfahrungen, die ihm halfen, nach seiner Rückkehr eine moderne russische Armee aufzubauen. Er führte die Schulpflicht für Jungen und Männer ein, fianzierte eine Akademie der Wissenschaften und ersetzte die alte byzantinische Zeitrechnung durch den julianischen Kalender. Sogar die Hofkleidung musste sich der westlichen Mode beugen.

Peters Regierung führte zu einer enormen Expansion und Entwicklung sowie zu tief greifenden Veränderungen, die nicht allen willkommen waren. Hohe Steuern, mit denen der Zar seine Kriegszüge finanzierte, belasteten breite Bevölkerungskreise. Überdies besteuerte er Nahrungsmittel, wie Salz und Alkohol, und sogar auf Bärte wurde eine Steuer erhoben. Seine Gegner wurden verhaften, der Folter ausgesetzt und zum Tode verurteilt. So geschah es einem Kreis von Adligen, die 1698 seine Schwester wieder auf den Thron setzen wollte. Peter selbst war unter den Henkern und ließ die Leichen an der Kreml-Mauer aufhängen. 1718 ließ er seinen Sohn Alexander foltern und hinrichten, weil dieser sich gegen die Politik seines Vaters wandte. 1721 ersetzte Peter den Titel „Zar" durch „Kaiser", und als er 1725 starb, hatte er Russland, das bei seinem Amtsantritt sehr rückständig gewesen war, in eine europäische Großmacht verwandelt.

Expansion unter Peter dem Großen

Um Russland einen ungehinderten Zugang zum Meer und damit nach Europa zu schaffen, richtete Peter der Große seinen Expansionsdrang nach Westen. In einer Allianz mit Sachsen, Polen und Dänemark zog der Zar 1700 im großen Nordischen Krieg gegen Schweden. Schweden kontrollierte zu jenem Zeitpunkt Ingermanland, Estland und Livland. Die erste Schlacht brachte Peter eine Niederlage gegen die übermächtigen Schweden ein, doch der Zar baute seine Flotte aus. So gelang es ihm, 1703 Ingermanland zu besetzen und an der Ostsee eine neue Hauptstadt zu bauen: St. Petersburg. Sechs Jahre später schlugen die Russen die Schweden bei Poltawa vernichtend und übernahmen damit auch die Kontrolle über den Ostseeraum. Als 1721 endlich Frieden geschlossen wurde, hatte Peter weite Landstriche an der Süd- und Ostküste der Ostsee gewonnen und im Süden Litauen und die Ukraine dem Reich einverleibt.

Sankt Petersburg

Während des großen Nordischen Kriegs errichtete Peter der Große 1703 eine Festung, um das neu eroberte Land an der Ostsee zu sichern, die Peter-und-Pauls-Festung. Allmählich entwickelte sich um diese Festung eine Ortschaft, die bereits 1712 so groß war, dass Peter sie zur neuen Hauptstadt St. Petersburg machen konnte. Die Wohnarchitektur der Stadt bestand zu jenem Zeitpunkt allerdings fast ausschließlich aus Holzhäusern, doch Peter zwang den Moskauer Adel, seine luxuriösen Häuser in Moskau zu verlassen und in seine neue Hauptstadt zu ziehen. Da die Stadt auf

BARENTSSEE
RUSSLAND
Archangelsk
Obski-Gorodok 1585
Surgut 1594
CHANAT SIBIRIEN 1584
Tobolsk 1587
Tjumen 1586
Tara 1594
Sibirien
Kusnezk 1618
KIRGISEN
Ural
CHANAT KASAN 1552
Nischnij-Nowgorod
Moskau
Kasan 1557
Aláty
Kolomna
Samara 1586
Wolga
Ural
Saratow 1590
CHANAT ASTRACHAN 1556
Woronesch 1586
Zarizyn 1589
DONKOSAKEN
Asow
Astrachan
Kaspisches Meer
Bachtschisarai
Kaukasus
Schwarzes Meer
PERSISCHES REICH
OSMANISCHES REICH
RUSSISCHE EXPANSION
Russland, um 1530
Russ. Eroberungen bis 1613
Russische Verluste bis 1613
1584 Jahr der Eroberung
•1584 Gründungsjahr
KIRGISEN Volk, Stamm
Erfolglose Militäraktion gegen die Krimtataren 1556–1559
Jermaks Weg nach Sibirien 1581–1584
Invasion der Krimtataren 1552–1571
Polnisch-Litauischer Feldzug im Krieg um Livland 1578–1582
Feldzug Iwans IV.

Oben: *Katharina die Große war die Schirmherrin der Künste. So ließ sie beispielsweise das Eremitage-Museum in St. Petersburg errichten, gründete Akademien und Bibliotheken.*

Rechte Seite: *Russische Beamte schneiden zu Beginn der Herrschaft Peters des Großen den Bojaren Bärte und Ärmel ab.*

sumpfigem Boden errichtet worden war, wurde zur Entwässerung ein Kanalsystem gebaut, das der Stadt den Beinamen „Venedig des Nordens" gab.

Die Stadt wuchs in den folgenden Jahren sehr rasch. Europäische Architekten und Ingenieure entwarfen Paläste. Bauern, die in großer Zahl gezwungen worden waren, als Bauarbeiter zu arbeiten, errichteten die Prunkbauten. Um den Ausbau der Stadt zu beschleunigen, wurde außerhalb von St. Petersburg der Bau von Steinhäusern verboten und alle Steinmetze zur Arbeit in die Hauptstadt abkommandiert. 1714 ließ Peter der Große einen Sommerpalast errichten und kurz darauf – ein Stück die Newa, den Fluss durch St. Petersburg, abwärts – den Winterpalast. Wegen ihrer strategischen Lage als Hafenstadt dienten weite Stadtteile dem Schiffsbau und der Kriegsmarine, im Zentrum befand sich der riesige Admiralitätskomplex. 1725, im Todesjahr Peters I., liefen 90 Prozent des russischen Außenhandels über St. Petersburg. Doch auch nach seinem Tod wurde die Bautätigkeit in der Stadt fortgesetzt, und es entstanden eine Reihe barocker Kirchen und Paläste.

Katharina die Große

In der Regierungszeit von Zarin Katharina II. (1762–1796), genannt Katharina die Große, wurde die russische Expansion fortgesetzt. Katharina wurde als Sophie Friederike Auguste von Anhalt-Zerbst in Deutschland geboren und mit dem russischen Thronfolger, dem späteren Zaren Peter III., verheiratet. Das Verhältnis der Ehepartner war nicht sehr gut, Katharina nahm sich gern Liebhaber, die oft großen politischen Einfluss ausübten. Sechs Monate nach seiner Thronbesteigung wurde Peter III. unter Führung von Katharinas damaligem Günstling Grigori Orlow wieder abgesetzt und später ermordet. Im Juni 1762 wurde Katharina Zarin von Russland und lenkte für 34 Jahre die Geschicke des Reichs.

Sie führte eine Reihe von Reformen durch, die dem alten Adel die Erbrechte, Ländereien und Leibeigenen zurückgaben, die er unter Peter dem Großen verloren hatte. Zugleich versuchte die Zarin, die Strukturen in der Landwirtschaft zu verbessern, eine freie Marktwirtschaft einzuführen und ausländische Investitionen in unterentwickelten Gebieten zu begünstigen. Doch für die Mehrheit der Russen änderte sich nichts. Der Hof verbrauchte 50 Prozent der Staatseinnahmen, die Lage der Bauern verschlechterte sich durch die

Willkür des Adels, sodass es wiederholt zu Aufständen und Rebellionen kam.

Wie ihr Vorgänger, Peter der Große, zielte Katharina mit ihrer Politik auf die Modernisierung des Landes. Ihre Expansionspläne waren vor allem nach Westen oder Süden gerichtet. 1768 kam es zum ersten Russisch-Türkischen Krieg, nachdem die Osmanen die politischen Wirren um Polen auszunutzen versuchten. Militärische Erfolge erlaubten es den Russen aber, die Moldau und Walachei zu besetzen und den Türken empfindliche Niederlagen zuzufügen. 1783 schließlich wird auch die Krim Russland einverleibt. Nun hatte Russland Zugang zu wichtigen Häfen im Süden, was das Land wesentlich stärkte. Katharinas Westexpansion zielte auf Polen-Litauen, das durch eine Serie von Kriegen gegen Russland, Schweden und Preußen geschwächt war. Der Zerfall der polnischen Herrschaft machte es den Russen möglich, Kontrolle über das Land zu gewinnen, und 1764 konnte Katharina einen ihrer Günstlinge auf den polnischen Thron setzen. In drei Anläufen teilten Russland, Preußen und Österreich in der zweiten Hälfte des 18. Jahrhunderts Polen-Litauen unter sich auf. Russland erhielt dabei den größten Teil des Landes.

Katharina die Große führte während ihrer langen Regentschaft Russland einerseits an die europäischen Entwicklungen heran, andererseits festigte sie die Machtstellung des Reichs in Europa. Sie pflegte Korrespondenzen mit Voltaire, Diderot und anderen französischen Intellektuellen der Aufklärung und förderte die Künste. 1796 starb Katharina, Nachfolger wurde ihr Sohn Paul I.

Die Kosaken

Die Kosaken waren überwiegend entflohene russische und ukrainische Leibeigene, die in den Steppen Südrusslands und der Ukraine als unabhängige Gemeinschaften lebten. Als Pufferzone zwischen dem schwachen Moskauer Großfürstentum und dem Osmanischen Reich hatte ihr Gebiet die Russen stets vor türkischen Angriffen bewahrt. Die Kosaken verfolgten eine aggressive Kriegspolitik und fielen regelmäßig in Nachbarländer ein – nicht nur in türkisches und tatarisches Gebiet, sondern auch in russisches und polnisch-litauisches. Die Unruhe, die die Kosaken vielerorts stifteten, führten im 15. und 16. Jahrhundert zu Spannungen zwischen den Osteuropäern, Russen und Osmanen. Niemand übernahm offiziell Verantwortung für die Kosakeneinfälle, doch standen sie häufig im Sold von Russland oder Polen. Die Kosaken garantierten ihnen militärischen Erfolg und konnten im Gegenzug autonom bleiben. Russland gestattete ihnen die Freiheit, die sie so sehr schätzten. Vor allem im Laufe des 17. Jahrhunderts wurden die Kosaken zu einer bedeutenden Macht, die wesentlich an der Kolonisierung Sibiriens beteiligt war. Bis zum 18. Jahrhundert, als sie in die russische Armee eingegliedert wurden, konnten sie ihre Unabhängigkeit bewahren.

Die Amerikanische Revolution

Der Amerikanische Unabhängigkeitskrieg, auch Amerikanische Revolution genannt, brachte eine neue, mächtige Nation hervor – die Vereinigten Staaten von Amerika.

Die Anfänge der kolonialen Unruhen

Vor dem Ende des britisch-französischen Kolonialkriegs 1763 hatten die amerikanischen Kolonisten über 100 Jahre in einem Status „angenehmer Vernachlässigung“ gelebt. Die Siedler in Nordamerika waren zwar Untertanen des Empire und hatten von der Krone bestimmte Statthalter, doch seit langem praktizierten sie eine Art Selbstverwaltung. Zudem wurden viele englische Gesetze und Regelungen, die den Aufschwung der Kolonien behindert hätten, nicht ernsthaft umgesetzt. Nach 1763 sah sich Großbritannien mit der Verwaltung eines größeren Territoriums und einem gewaltigen Budgetdefizit konfrontiert. Das Mutterland versuchte nun, mehr Kontrolle über die Kolonien zu gewinnen, die als eine potenzielle Einnahmequelle für die Zahlung von Kriegsschulden betrachtet wurden. In einem Gesetz definierten die Briten 1763 die Westgrenze ihres Territoriums (Proclamation Line) und untersagten die weitere Ansiedlung jenseits der Appalachen. Obwohl sich die tatsächliche Einhaltung dieser Grenzlinie kaum kontrollieren ließ, erzürnte der Schritt viele Siedler, die sich nach dem Sieg im britisch-französischen Krieg eine Öffnung nach Westen erwartet hatten. In den folgenden zehn Jahren kamen zu diesem Affront weitere Maßnahmen, die den Unmut gegen die Briten schürten: Die bestehenden Handels- und Steuergesetze wurden strenger ausgelegt und neue Abgaben eingeführt.

Gesetze für die Kolonien

Eine erste Veränderung bei der Besteuerung brachte 1764 das Zuckergesetz (Revenue Act oder Sugar Act). Dieses Gesetz sollte die Bestimmungen eines früheren Gesetzes von 1733 anpassen, um die Wettbewerbschancen gegenüber den französischen Händlern zu verbessern und den Schmuggel von Zucker einzudämmen. Doch das Gesetz betraf auch Güter wie Kaffee, bestimmte Weine und bedruckten Stoff sowie die Regulierung von Holz- und Eisenexporten, was die Wirtschaft der Kolonien schwer behinderte. Die Kolonisten protestierten heftig gegen diese verschärften Abgaben,

Unten: Die „Boston Tea Party“ fand am 16. Dezember 1773 statt.

KÖNIGSTREUE UND PATRIOTEN, um 1775
Königstreue oder neutrale Indianer
Rebellengebiete
Streng neutral
Gebiet der Königstreuen
Spanische Besitzungen
Ort heftiger Proteste gegen die Stempelsteuer
Passive Unterstützung der Rebellen
HUDSON'S BAY COMPANY
NEUFUNDLAND
Sankt-Lorenz-Golf
Prinz-Edward Island
Cape Breton Island (Isle Royal)
Oberer See
Quebec
Montreal
Sankt-Lorenz-Strom
NOVA SCOTIA
Halifax
Huronsee
Michigansee
PROVINZ QUEBEC
Ontariosee
Eriesee
New Hampshire
New York
Albany
Mass.
Marblehead
Portsmouth
Salem
Boston
Plymouth
Conn.
Newport
Rhode Island
Pennsylvania
Piscalaway
Amwell Twp.
Philadelphia
Baltimore
New York
Elizabeth Town
Brunswick
Woodbridge
New Jersey
Salem
Frederick Town
Elk Ridge Landing
Md.
Delaware
Lewes
Annapolis
Talbot
Dumfries
Leeds
Tappahannock
Virginia
Williamsburg
Norfolk
ATLANTISCHER OZEAN
N
North Carolina
Cross Creek
Duplin
New Bern
Brunswick
Wilmington
Fort Johnston
South Carolina
Charlestown
Georgia
Savannah
Indianerreservat
Bermudainseln (britisch)
Florida
f von Mexiko
Bahamas
Kuba

zumal sie nicht im britischen Parlament vertreten waren. Man befürchtete, die Regierung könnte versuchen, ihre Steuerhoheit noch weiter auszudehnen.

Genau dies geschah im nächsten Jahr mit der Einführung des Stempelsteuergesetzes (Stamp Act). Fast alle offiziellen Schriftstücke und Druckerzeugnisse wie juristische Dokumente, Anzeigen, Zeitungen, Broschüren und sogar Spielkarten mussten auf gestempeltem Papier erstellt werden, auf das eine Steuer erhoben wurde. Um Protesten in den Kolonien vorzubeugen, waren diese Steuereinnahmen für die dortigen Verteidigungsausgaben bestimmt. Das wenige Tage später verabschiedete Quartiergesetz (Quartering Act) verpflichtete die Kolonisten, den britischen Truppen Quartier und Verpflegung zu stellen. Die aber argumentierten, sie hätten im Krieg gegen die Franzosen und Indianer für ihre Verteidigung bereits reichlich Geld, Menschen und Material aufgebracht, im Übrigen bestünde kein großes Angriffsrisiko mehr. So wurde den Amerikanern die andauernde Präsenz britischer Truppen zunehmend missliebig. Man argwöhnte, die Truppen seien mehr zur Durchsetzung des Stempelsteuergesetzes und zur Unterdrückung von Rechten und Freiheiten der Kolonisten dort stationiert als zu ihrem Schutz.

Opposition

Die dem britischen Parlament nachempfundenen Versammlungen (Assemblies) lehnten das Stempelsteuergesetz sofort mit der Argumentation ab: keine Besteuerung ohne parlamentarische Vertretung („no taxation without representation")! Die britische Regierung ließ sich davon jedoch nicht umstimmen. Die Situation spitzte sich zu, als die Proteste der Bevölkerung in Boston und New York sich auch gewalttätig artikulierten. Im von einer Nachkriegsrezession geplagten Boston waren sie besonders heftig, zumal die Einwohner hier schon immer zur Durchsetzung ihrer Interessen demonstriert hatten. Angesichts der beispiellosen Steuern machte sich die Wut schon bald in gewalttätigen Aktionen Luft. Im Verlauf des Sommers 1765 zerstörte ein wütender Mob die Häuser von Steuerbeamten, Kolonialoffizieren und sogar das des Vizegouverneurs. Gewalt, Proteste und Einschüchterungen breiteten sich in den Kolonien rasch aus – und so war noch vor dem Inkrafttreten des Steuergesetzes im November niemand mehr bereit, diese einzutreiben. Im Oktober 1765 trafen sich neun der 13 Kolonien zu einem Kongress gegen die Stempelsteuer (Stamp Act Congress) in New York. In Resolutionen verurteilte man das Gesetz und schlug einen Wirtschaftsboykott als Druckmittel gegen das britische Parlament vor. Die Gegner des Gesetzes verweigerten den Import britischer Waren, was britische Kaufleute sofort zu einer Petition zur Zurücknahme der Steuer veranlasste. Tatsächlich wurde das umstrittene Stempelsteuergesetz im März 1766 aufgehoben. Doch gleichzeitig erließ Großbritannien das Feststellungsgesetz (Declaratory Act) in dem das Recht Großbritanniens auf die Regierungsgewalt über Amerika bestätigt wurde. Die Bemühungen um eine Erhöhung der Staatseinnahmen dauerten an und führten 1767 zu weiteren Gesetzen (den Townshend Acts), die neue Steuern auf Gebrauchsartikel wie Papier, Farbe, Glas und Tee vorsahen. Die Kolonialgouverneure sollten nun direkt von der Krone bezahlt werden, und der Geltungsbereich des Quartergesetzes von 1765 wurde ausgeweitet. Erneut rief man zum Boykott britischer Importgüter auf. Und wieder war Boston die Hochburg des Widerstands. Eine patriotische Gruppe, die sich „Söhne der Freiheit" (Sons of Liberty) nannte, hatte dort bereits den Protest gegen das Stempelsteuergesetz organisiert und stellte nun die Autorität des Gouverneurs infrage. Auf dessen Verlangen hin besetzten im Jahr darauf britische Truppen die Stadt Boston – eine prekäre Situation war entstanden. Im März 1770 feuerten britische Soldaten auf eine wütende Menge, die sich vor dem Zollamt zusammengefunden hatte, und töteten fünf Menschen. Das blutige Ereignis wurde bald als „Boston Massaker" bezeichnet.

Boston Tea Party und die „unerträglichen Gesetze"

Im gleichen Jahr wurden die meisten der Steuern, die Gebrauchsgütern auferlegt worden waren, zurückgenommen, nur die Teesteuer blieb zur Verärgerung der Kolonisten in Kraft. In der Praxis wurde sie jedoch durch den intensiven Teeschmuggel der Holländer umgangen. Das Parlament reagierte darauf 1773 mit dem Teegesetz (Tea Act), das der englischen Ostindischen Kompanie ein Monopol im Teehandel einräumte und die Preise durch die direkte Verschiffung in die Kolonien radikal senkte. Wieder kam es zu Protesten der Amerikaner – die Dockarbeiter weigerten sich, die Teeladungen zu löschen, und die britischen Statthalter fürchteten neuen Aufruhr. Viele Schiffe der Ostindischen Kompanie drehten um oder ließen ihre Ladung auf den Hafenkais verrotten. In Boston waren die Behörden unnachgiebig, sie verlangten das Löschen der Ladungen und die Entrichtung der Teesteuer. Dies führte zu der als „Boston Tea Party" bekannt gewordenen Sabotageaktion. Am 16. Dezember 1773 enterte eine Gruppe als Mohawk-Indianer verkleideter Männer die im Hafen von Boston liegenden Schiffe „Eleanor", „Beaver" und „Dartmouth" und warfen deren Ladung von 40 Tonnen Tee über Bord. Die Briten reagierten mit einer Verstärkung ihrer Truppen in Boston und weiteren Gesetzen im Mai und Juni 1774: Der Bostoner Hafen wurde bis zur Zahlung einer Entschädigung geschlossen; die Selbstverwaltung der Kolonie Massachusetts wurde eingeschränkt – und die Grenzen des britisch-kanadischen Territoriums wurden von Quebec nach Süden in das obere Tal des Ohio verlagert, über die so genannte Proclamation Line hinaus nach Westen, wo bereits Pioniersiedlungen bestanden.

Diese offiziell als Zwangsgesetze (Coercive Acts) bezeichneten Maßnahmen wurden von den Kolonisten als „unerträgliche Gesetze" (Intolerable Acts) empfunden und bezeichnet. In September 1774 versammelten sich daraufhin beim ersten Kontinentalkongress in Philadelphia Vertreter aller Kolonien, Georgia ausgenommen, um dort eine gemeinsame Antwort auf das Vorgehen der Briten zu finden. In einem Manifest wurden die „unerträglichen Gesetze" für verfassungswidrig erklärt, und die Kolonisten weigerten sich, die britische Autorität weiterhin bei inneren Angelegenheiten anzuerkennen. Man beschloss, den Boykott britischer Importe wieder aufzunehmen und einen zweiten Kontinentalkongress abzuhalten, falls bis Mai 1775 keine Einigung erzielt werden sollte. Alle anderen Kolonien sicherten Massachusetts ihren Beistand für den Fall eines britischen Angriffs zu.

Schlacht von Lexington und Concord

Im April 1775, genau einen Monat vor dem erneuten Zusammentreten des Kongresses, fielen in Lexington (Massachusetts) die ersten Schüsse des Amerikanischen Unabhängigkeitskriegs. Der britische General Thomas Gage hatte 700 Soldaten losgeschickt, um Waffen und Munition zu beschlagnahmen, die die Siedler in der Stadt Concord, etwas außerhalb von Boston, gelagert hatten. Gleichzeitig sollten wichtige Anführer der Kolonisten verhaftet werden. Doch die britischen Pläne waren bekannt geworden, und so sahen sich die Trup-

Unten: Die bei der Schlacht von Bunker Hill 1775 in Brand geschossene Stadt Charlestown.

Oben: George Washington wurde 1789 der erste Präsident der Vereinigten Staaten.
Rechte Seite: Unterzeichnung der Unabhängigkeitserklärung am 4. Juli 1776: Mit diesem Dokument sagten sich die nordamerikanischen Kolonien von der britischen Herrschaft los.

pen bei ihrem Einmarsch in Lexington mit einer Miliz aus so genannten Minutenmännern (Minutemen) konfrontiert, die von einer Minute auf die andere kampfbereit waren. Die britischen Soldaten töteten mindestens acht von ihnen, bevor sie nach Concord weiterzogen. In der Zwischenzeit hatten die Bewohner der Stadt einen Großteil der Waffen und Munition in den umliegenden Ortschaften versteckt. Als die Briten nach Zerstörung kleinerer Waffenbestände nach Boston zurückkehren wollten, wurden sie von einer Bürgerwehr aus Minutemen, Farmern und Stadtbewohnern angegriffen. Dabei starben mehr als 70 britische Soldaten, und weitere 174 wurden verwundet. Die Miliz begann mit der Belagerung der britischen Garnison.

Als im Mai der Zweite Kontinentalkongress in Philadelphia zusammentrat, musste man sich mit den weit reichenden Konsequenzen des drohenden Konflikts auseinander setzen. Verschiedene Kompromisse wurden diskutiert, doch gleichzeitig kam man überein, Vorkehrungen zur militärischen Verteidigung im Kriegsfall zu treffen. George Washington wurde zum Oberbefehlshaber der Kontinentalarmee bestimmt und traf sofort Vorbereitungen, nach Boston zu reisen.

Schlacht von Bunker Hill

Noch bevor George Washington Philadelphia verlassen konnte, versuchten die Briten, die Dorchester-Anhöhen und die Charlestown-Halbinsel zu besetzen, um damit das Umland von Boston zu kontrollieren. Die Amerikaner erfuhren davon und errichteten noch in der Nacht Verteidigungsanlagen am Bunker Hill und Breed's Hill. Am nächsten Morgen führte General Howe die britischen Truppen in zwei frontalen Angriffen gegen die Stellungen der Amerikaner. Die Briten erlitten dabei schwere Verluste, ohne die amerikanische Miliz ernsthaft zu schwächen. Nachdem Nachschub an Truppen und Munition eingetroffen war, befahl Howe einen dritten Angriff mit aufgepflanzten Bajonetten. Die Briten überrannten die durch Erschöpfung und Munitionsmangel geschwächten Amerikaner und drängten sie ins Hinterland zurück. Zwar gingen sie aus diesem Angriff als Sieger hervor, hatten aber insgesamt deutlich mehr Opfer zu beklagen als die Miliz. Diese Schlacht festigte das Bündnis der Kolonien und zeigte, dass die britische Armee nicht unbesiegbar war.

Unabhängigkeitserklärung

Als der Konflikt im Winter 1775/76 weiterhin andauerte, schwanden die Hoffnungen auf eine politische Verhandlungslösung. Im Januar publizierte Thomas Paine die anonyme antimonarchistische Schrift „Common Sense", deren Inhalt erstmals einem Ruf nach Unabhängigkeit gleichkam und die reißenden Absatz fand.

Im Kongress schlug Richard Henry Lee aus Virginia eine Resolution zur Unabhängigkeit von Großbritannien vor. Daraufhin wurden fünf seiner Mitglieder mit deren Entwurf beauftragt: John Adams, Benjamin Franklin, Thomas Jefferson, Robert Livingston und Roger Sherman erarbeiteten zusammen einen Text, der von Thomas Jefferson, dem jüngsten Ausschussmitglied, in seine endgültige Form gebracht wurde. Darin wurde die Stellung des Kontinentalkongresses dargelegt, der ab sofort als provisorische amerikanische Regierung fungierte und der die Herrschaftsansprüche des schikanösen britischen Parlaments und der Monarchie zurückwies, da sie nicht das Vertrauen der von ihnen regierten Menschen hatten. Europäische Ideen der Aufklärung und der politischen Philosophie wurden bewusst in die Erklärung aufgenommen, denn man hoffte auf Unterstützung für die amerikanische Sache aus Europa. Die Unabhängigkeitserklärung besiegelte offiziell die Abtrennung der 13 Kolonien (die sich nun als Staaten bezeichneten) von Großbritannien. Eine Revolutionsregierung wurde eingerichtet und dem Mutterland offiziell der Krieg erklärt.

Unabhängigkeitskrieg

Nach der Schlacht bei Charlestown 1775 belagerten die Amerikaner Boston und schnitten die britische Garnison vom Nachschub ab. Im April 1776 verließ General Howe mit seinen Truppen die Stadt, um sich auf Staten Island bei New York neu zu formieren. Im August gelang es ihm hier, George Washington und seine Armee von der Stadt fern zu halten und über den Delaware zurückzudrängen. Washington konnte aber im Dezember bei Trenton eine Armee mit deutschen Söldnern besiegen, Anfang Januar 1777 dann bei Princetown eine britische Armeegruppe. Die Briten starteten nun eine Doppeloffensive: Howe rückte gegen Philadelphia vor und schlug Washingtons Truppen bei Brandywine Creek und Germantown. Zugleich versuchte General Burgoynes, die amerikanischen Truppen in Neuengland zu isolieren, was aber fehlschlug – und so musste er sich nach schweren Verlusten in den Schlachten von Bennington, Bemis Heights und Freeman's Farm bei Saratoga am 17. Oktober ergeben.

Dies war der Zeitpunkt für die Franzosen, die Unabhängigkeit Amerikas anzuerkennen und, nicht zuletzt wegen der Möglichkeit eines Siegs der Amerikaner, 1778 auf deren Seite in den Krieg einzutreten. 5000 französische Soldaten schlossen sich Washingtons Armee an, als diese nach Süden zog. Auch Spanien (1779) und die Niederlande (1780) erklärten Großbritannien den Krieg. Trotz schwerer Niederlagen bei Saratoga kämpften die Briten weiter und zogen ihre nördlichen Verbände in New York zusammen, um die Stadt zu halten. Gleichzeitig rückte General Cornwallis gegen die südlichen Kolonien vor. 1780 konnte er Savannah und Charlestown einnehmen und nach Virginia vordringen. Nachschubprobleme und der Widerstand der amerikanischen Kräfte zwangen ihn zum Rückzug in den Hafen von Yorktown, wo er auf die Unterstützung durch die britische Marine hoffte. Stattdessen segelte jedoch eine französische Flotte in die Chesapeake Bay. Cornwallis' Schicksal war damit besiegelt, denn nun stand er von Land und von See her unter Beschuss, und Aussichten auf baldige Unterstützung gab es nicht. Im Oktober 1781 sah er sich zur Aufgabe gezwungen.

Die Briten hatten gehofft, in den besetzten Städten viele Königstreue anzutreffen, doch sie erhielten nur wenig Unterstützung. Die Bevölkerung griff vielmehr zu Guerillataktiken und attackierte die Briten auf

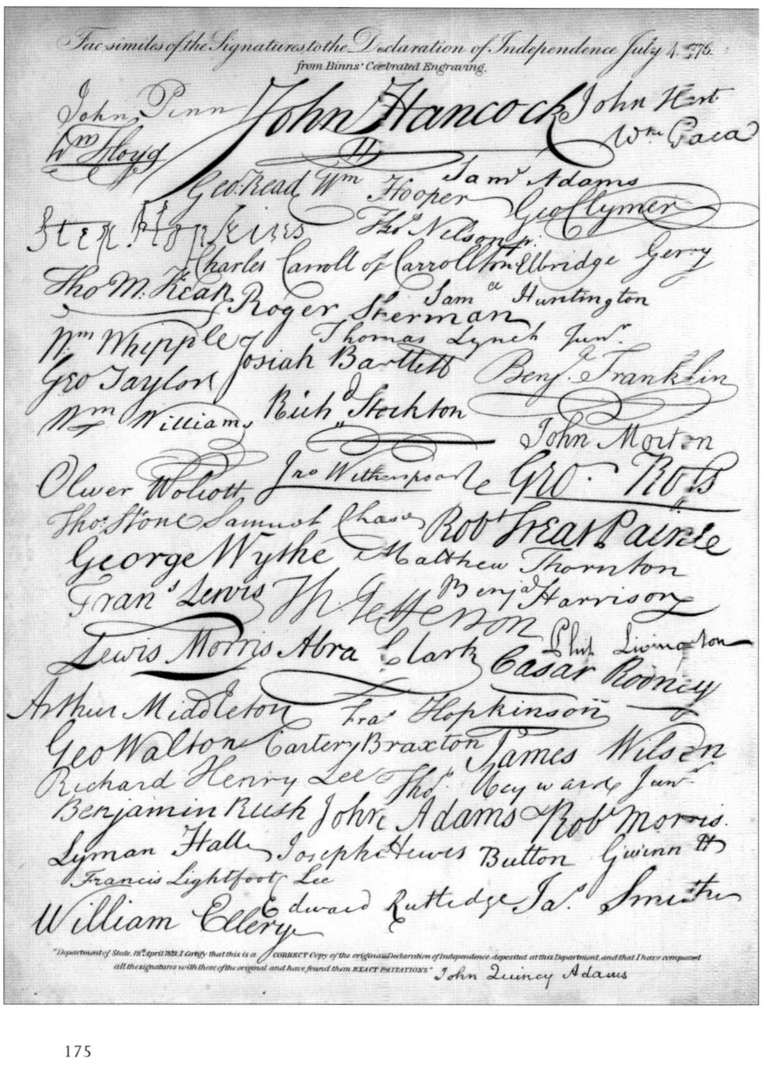

Oben: Benjamin Franklin (links), amerikanischer Politiker, Schriftsteller und Erfinder, beim Ausarbeiten der Unabhängigkeitserklärung (1776); an ihr arbeiteten außerdem die Kommissionsmitglieder und späteren Präsidenten Thomas Jefferson, John Adams, Roger Sherman und Robert R. Livingstone mit.

ihren Märschen zwischen den Kolonien. Das britische Parlament erkannte, dass der Krieg nicht zu gewinnen war, und begann 1782 mit Friedensverhandlungen. Diese führten im September 1783 zum Frieden von Paris und zur Anerkennung der Unabhängigkeit der Vereinigten Staaten von Amerika.

Die Geburt der Vereinigten Staaten

Im Anschluss an den nordamerikanischen Unabhängigkeitskrieg, in dem sich die 13 Kolonien zunächst auf einer vorläufigen Basis gegen die Briten zusammengeschlossen hatten, wurde zunächst eine schwache Zentralregierung gebildet. Grundlage hierfür waren die Artikel der Konföderation (Articles of Confederation), die 1777 zur formellen Gründung der Vereinigten Staaten von Amerika und als Voraussetzung für die Bewältigung der unmittelbaren Kriegsfolgen beschlossen worden waren.

Nach Kriegsende wurde schnell deutlich, dass es zur Bildung einer starken Nation mehr bedurfte, als eine Armee aufzustellen, sie zu finanzieren und zu führen. Eine Regierung musste sich über Steuern mit angemessenen Mitteln versorgen können, Handel und Industrie aufbauen, den Nationalstolz und die Herausbildung einer starken nationalen Identität fördern, die auch jenseits der eigenen Grenzen respektiert würde. Das Land musste vor einer inneren Spaltung und vor äußeren Angriffen bewahrt werden. Der Kongress besaß aber weder die Möglichkeit, Steuern zu erheben, noch die Mittel zur Durchsetzung seiner Entscheidungen. Deshalb versammelte sich der Verfassungskonvent 1787 in Philadelphia, um die Artikel der Konföderation entsprechend zu überarbeiten. Die Delegierten waren sich über die Notwendigkeit eines stärkeren Zentralstaats einig, kannten aber auch die Angst vieler Bürger vor solchen Institutionen. Die Ausarbeitung der neuen Regierungsform offenbarte zahlreiche Meinungsverschiedenheiten, doch die dadurch notwendigen Kompromisse kamen letztendlich der Verfassung zugute. Ihre flexible Ausgestaltung hielt sie für künftige Veränderungen und Anpassungen offen. Das Fehlen einer Liste garantierter, individueller Freiheitsrechte gegenüber der gestärkten Regierung führte zu heftigen Debatten, und die Annahme der Verfassung drohte daran zu scheitern. Man einigte sich schließlich darauf, einen solchen Rechtekatalog (Bill of Rights) in der Verfassungsergänzung (Amendments) festzuschreiben. Die US-Verfassung wurde daraufhin mit der erforderlichen Mehrheit (neun von 13 Staaten) 1789 offiziell angenommen.

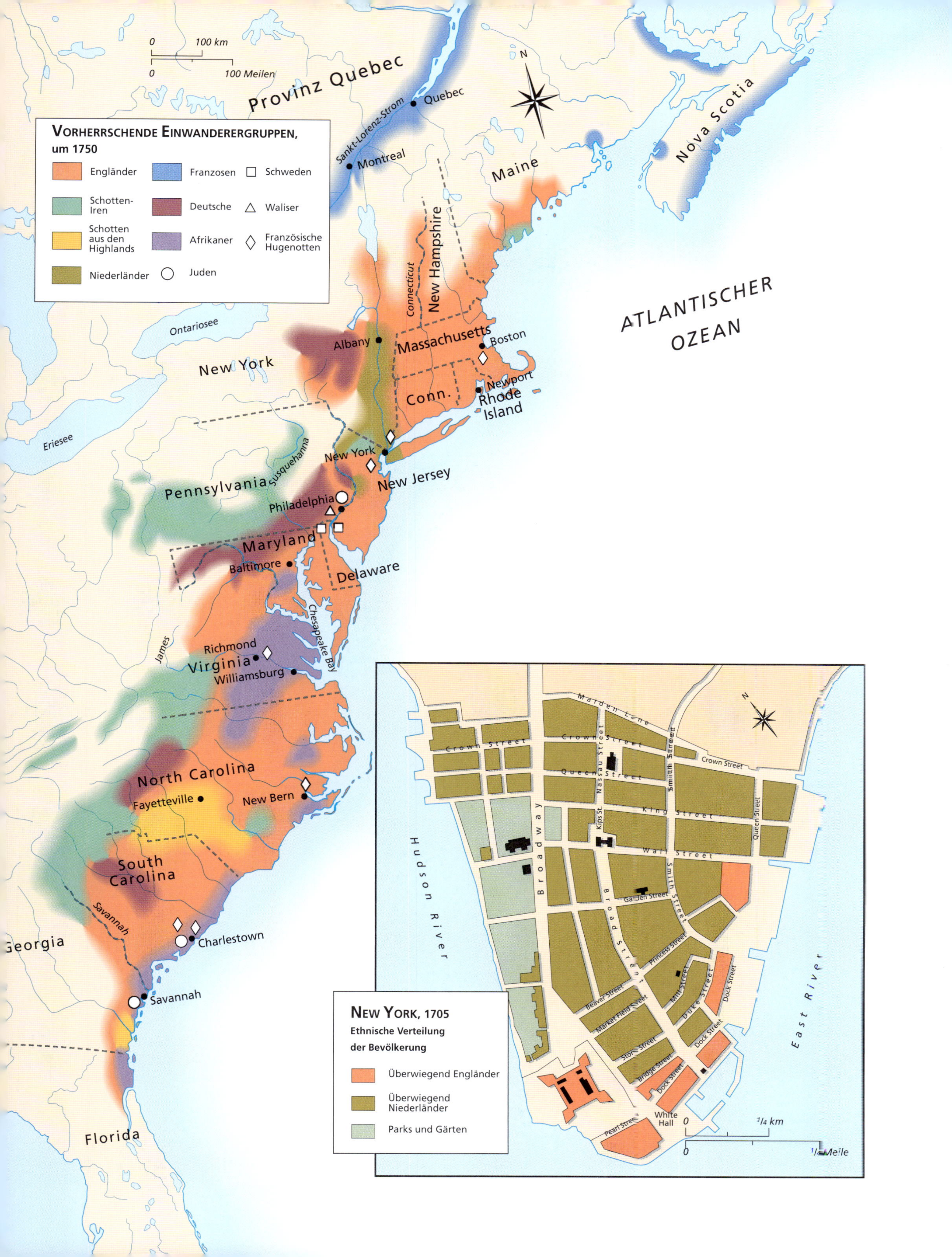

Vorherrschende Einwanderergruppen, um 1750
Engländer
Franzosen
Schweden
Schotten-Iren
Deutsche
Waliser
Schotten aus den Highlands
Afrikaner
Französische Hugenotten
Niederländer
Juden
0 100 km
0 100 Meilen
N
Provinz Quebec
Sankt-Lorenz-Strom
Quebec
Montreal
Nova Scotia
Maine
New Hampshire
Connecticut
Massachusetts
Boston
Newport
Rhode Island
Conn.
Albany
Ontariosee
New York
Eriesee
Susquehanna
Pennsylvania
New York
New Jersey
Philadelphia
Maryland
Baltimore
Delaware
Chesapeake Bay
James
Richmond
Virginia
Williamsburg
North Carolina
Fayetteville
New Bern
South Carolina
Savannah
Charlestown
Georgia
Savannah
Florida
ATLANTISCHER OZEAN
New York, 1705
Ethnische Verteilung der Bevölkerung
Überwiegend Engländer
Überwiegend Niederländer
Parks und Gärten
Maiden Lane
Crown Street
Crown Street
Queen Street
Nassau Street
Smith Street
King Street
Queen Street
Kips St.
Broadway
Wall Street
Broad Street
Smith Street
Princess Street
Mill Street
Duke Street
Dock Street
Beaver Street
Market Field Street
Dock Street
Bridge Street
Dock Street
Pearl Street
White Hall
Hudson River
East River
0 1/4 km
0 1/4 Meile

Die Französische Revolution

Die Französische Revolution führte zu gewaltigen Umbrüchen in ganz Europa. In Frankreich wurde der absolutistisch regierende Monarch abgesetzt.

Frankreich im 18. Jahrhundert

Vor 1789 wurde der französische Staat von einem mit absolutistischer Macht herrschenden Monarchen regiert. Wie in den meisten anderen Staaten Europas legitimierte der Monarch seine Herrschaft durch das Gottesgnadentum und nicht durch demokratische Verfahren oder Wahlen. Das Schicksal der Staaten lag folglich in den Händen von einzelnen Personen und war abhängig von den Fähigkeiten und Ambitionen dieser Monarchen und ihrer Berater.

In Frankreich herrschten am Hof seit langem Spannungen zwischen dem König und dem Adel. Die Adligen konnten über Provinzparlamente, die als Rechts- und Verwaltungszentren im Land fungierten, Einfluss ausüben. Ohne Zustimmung der Parlamente erhielt ein Dekret des Königs keine Gesetzeskraft. Um den Einfluss des Adels zu begrenzen, hatte bereits Ludwig XIV. eine wohlhabende Mittelklasse, die Bourgeoisie, gefördert. Das untere Ende der Gesellschaft bildeten ärmere Leute, die meist als Kleinbauern auf dem Land arbeiteten.

Die französische Unterstützung der Amerikaner bei ihrem Unabhängigkeitskampf gegen Großbritannien führte zu einer Finanzkrise und zu Steuererhöhungen, die die einfache Bevölkerung tragen musste. Missernten und Nahrungsengpässe unmittelbar vor der Revolution verstärkten den Unmut des Volks. Handwerker und Arbeiter in den Städten, Bauern auf dem Land und die Bourgeoisie protestierten gegen die Privilegien von Adel und Klerus, die von Steuern befreit waren und so von den steigenden Lebensmittelpreisen weniger stark betroffen waren. Zugleich wurde der wachsende Wunsch nach Veränderung in bestimmten Kreisen durch die Ideen der Aufklärung und den Amerikanischen Unabhängigkeitskrieg beflügelt. Viele Soldaten der französischen Armee hatten auf der Seite der Amerikaner gekämpft und kehrten mit revolutionären Ideen in die Heimat zurück. Am Vorabend der Revolution führten Preissteigerungen und Brotknappheit dazu, dass die aufgebrachte Bevölkerung von Paris die Initiative ergriff.

Ludwig XVI. und Marie Antoinette

Bei seiner Thronbesteigung 1774 war Ludwig XVI. ein durchaus populärer Monarch. 1770 hatte er die erst 15-jährige österreichische Prinzessin Marie Antoinette, die Tochter von Maria Theresia und Franz I., geheiratet. Das Königspaar blieb zunächst sieben Jahre ohne Nachwuchs, was Marie Antoinettes Beliebtheit bei der Bevölkerung nicht förderte. Ihre österreichischen Verbindungen, die Unterstützung von Günstlingen und eine ausgeprägte Verschwendungssucht sorgten für weitere Missbilligungen der Köngin. Trotzdem trug Marie Antoinette die Privilegien ihrer Position öffentlich zur Schau und umgab sich mit zweifelhaften Höflingen. So wurde sie bald das Ziel beleidigender Pamphlete und von Hofskandalen. Ihr mangelndes Verständnis für die Situation der einfachen Menschen ließ sie in der Öffentlichkeit noch verantwortungsloser erscheinen. Angeblich soll sie auf die Nachricht, dass sich die Leute kein Brot mehr leisten können, geantwortet haben: „Dann sollen sie eben Kuchen essen." Vermutlich ist dieser berühmte Ausspruch nur ein Gerücht, doch zeigt er, wie gering das Ansehen der Königin in der Bevölkerung war.

Der König bemühte sich zwar um die Lösung der katastrophalen Finanzsituation und leitete auf Rat seines Finanzministers Robert Turgot Reformen ein, die eine Besteuerung von Landbesitzern vorsahen. Doch die Parlamente, in denen die adligen Landbesitzer saßen, lehnten das Dekret ab, und die Reformen wurden nie umgesetzt. Eine Finanzkrise folgte auf die andere, und die Politik des Königs wirkte zunehmend unentschlossen, er wurde wie die Königin zur Zielscheibe der Kritik. Als die Revolution bereits ausgebrochen war, führten Ludwigs zögerlicher und apathischer Führungsstil zu einigen verhängnisvollen Fehlentscheidungen. Obwohl er sich bereit erklärt hatte, die vom französischen Volk geforderten Reformen zu unterstützen, wurde seine Flucht 1791 zusammen mit der Königin außer Landes als Hochverrat gedeutet. Die Vermutung, er wolle mit ausländischen Mächten verhandeln, führten schließlich zu seiner Verhaftung und zur Exekution im Januar 1793. Marie Antoinette folgte ihm im Oktober 1793 aufs Schafott.

Konstituierung der Nationalversammlung

Die Konstituierung der Nationalversammlung wird im Allgemeinen als Beginn der Französischen Revolution bezeichnet. Die französische Gesellschaft war in drei Stände unterteilt: Der Klerus bildete den ersten, der Adel den zweiten und alle übrigen den dritten Stand.

Linke Seite: Porträt von Marie Antoinette, der Gemahlin Ludwigs XVI.
Unten: Erstürmung der Bastille in Paris durch die Pariser Massen und übergelaufene königliche Truppen im Jahr 1789.

Im Mai 1789 rief der König widerwillig diese Generalstände ein, die zum letzten Mal 1614 zusammengetreten waren, um Frankreichs schwere Wirtschaftsprobleme zu lösen. Als nach sechs Wochen immer noch keine Lösung und Einigung unter den Generalständen erzielt war, erklärte sich am 17. Juni 1789 der dritte Stand, der sich aus den Vertretern der Bourgeoisie und anderer nicht privilegierter Bürger zusammensetzte, zur Nationalversammlung (Assemblée nationale). Die Nationalversammlung war ein revolutionärer Akt, denn sie verstand sich als Versammlung des Volks und nicht eines Staats. (Allerdings sah der Verfassungsentwurf von 1791 immer noch ein eingeschränktes Wahlrecht vor.) Die Versammlung übernahm die Finanzkontrolle, erklärte die bisherige Besteuerung für illegal und bemühte sich um eine bessere Versorgung der Armen mit Nahrungsmitteln. Die Absetzung des populären Finanzministers Necker und die Gerüchte um eine gewaltsame Auflösung der Nationalversammlung führten schließlich aber dazu, dass das Pariser Volk das kaum belegte Gefängnis in der Bastille stürmte. Am 4. August wurden die feudalen Standesrechte des Adels durch die Nationalversammlung abgeschafft. In ganz Frankreich verloren Adel und Klerus, aber auch Städte ihre Privilegien, und der Landbesitz der Kirche wurde verstaatlicht.

Doch bereits in der ersten Phase der Revolution zeigten sich innerhalb der Nationalversammlung erste Risse. Es bildeten sich verschiedene Fraktionen: Die einen wollten mit dem Adel verhandeln, die anderen eine konstitutionelle Monarchie errichten, und während manche nach links tendierten, orientierten sich andere nach rechts. Schließlich gewannen unter Führung von Honoré Mirabeau die Zentrumsfraktion der Mittelklasse und die gemäßigten Linken die Mehrheit. Die Nationalversammlung erklärte sich zur verfassungsgebenden Nationalversammlung und machte sich an die Ausarbeitung einer französischen Verfassung. Nach dem Vorbild der amerikanischen Unabhängigkeitserklärung wird die Erklärung der Menschenrechte an den Anfang gestellt. An die Stelle des Ancien régime, der absolutistischen Herrschaft des Königs, traten nun die Ideale von „liberté, egalité, fraternité".

Der Sturm auf die Bastille

Die 1370 als befestigtes königliches Schloss in Paris erbaute Bastille wurde unter Ludwig XI. zum Staatsgefängnis umgewandelt. Als Symbol der verhassten absolutistischen Herrschaft zog sie den Zorn der Pariser Massen auf sich. Die Bevölkerung der Stadt war durch Pamphlete über die Tätigkeiten und Vorgänge in der Nationalversammlung informiert, und das Gelände um

London
Themse
OSSBRITANNIEN
elkanal
NIEDERLANDE
Rhein
HEILIGES
FÖMISCHES
REICH
Dünkirchen
Sept. 1793
Hondschoote
Brüssel
März 1793
Neerwinden
Nov. 1793
Jemappes
Mons
Juni 1794
Feurus
Lille
Arras
Koblenz
ÖSTERREICHISCHE
NIEDERLANDE
Mainz
Amiens
Okt. 1793
Wattignies
Rouen
Caen
Seine
Maas
Reims
Metz
Dez. 1793
Wissembourg
Landau
Sept. 1792
Valmy
Varennes
Paris
Nancy
Straßburg
Rennes
Troyes
Marne
FRANKREICH
Loire
Angers
Tours
Dijon
Nantes
Besançon
Bourges
zu Preußen
SCHWEIZ
Poitiers
Saône
Allier
Vienne
Savoyen
Limoges
Clermont-Ferrand
Lyon
Isère
Grenoble
KÖNIGREICH
PIEMONT-
SARDINIEN
Bordeaux
Rhône
Durance
Venaissin
Garonne
Montauban
Avignon
Nîmes
Bayonne
Toulouse
Montpellier
zu Sardinien
Monaco
Marseille
Toulon
REPUBLIK
GENUA
Perpignan
Mittelmeer
ANIEN
ANDORRA

Oben: Darstellung der Hinrichtung von König Ludwig XVI. am 21. Januar 1793. Marie Antoinette wurde am 16. Oktober 1793 enthauptet.

den Palais Royal wurde zum Treffpunkt der aufgebrachten Pariser. Als die Nachricht über die Entlassung des beliebten Finanzministers Jacques Necker durch Ludwig XVI. die Bevölkerung erreichte, richtete sich ihr Ärger gegen die Bastille. Die Massen marschierten zur Bastille, in der sich nur noch wenige Gefangene, aber große Mengen Waffen befanden. Der Kommandant des Gefängnisses wurde getötet und sein abgeschlagener Kopf durch die Straßen getragen. Auch einige Wachen starben, dann befreite man die sieben Häftlinge: vier Urkundenfälscher, zwei Geisteskranke und einen adligen Sexualtäter. Die Menge zog zum Hôtel de Ville, wo sie den Bürgermeister ergriff und ermordete. Ähnliche Aufstände ereigneten sich überall im Land, wo sich der Zorn der Bauern gegen Schlösser und andere Symbole der Unterdrückung richtete. Bis heute wird der 14. Juli 1789 – der Tag, an dem die Bastille erstürmt wurde – als Nationalfeiertag begangen.

Robespierre und die Schreckensherrschaft

Ludwig XVI. und Marie Antoinette waren nach ihrem gescheiterten Fluchtversuch aus Paris inhaftiert worden. 1792 wurde Frankreich zur Republik erklärt. Die zunehmend gewaltsam agierenden Massen von Paris brachten bei den so genannten Septembermorden mehrere tausend Menschen um. Mit der Hinrichtung von Ludwig XVI. im Jahr 1793 begann die als Schreckensherrschaft bezeichnete Phase der Revolution, deren Anführer der Rechtsanwalt Maximilien de Robespierre wurde.

Robespierre war 1789 in die Generalstände gewählt worden. Er galt als unbestechlich und vertrat äußerst radikale Ansichten, zulgeich faszinierte er die Massen durch sein Redetalent. Nach dem Tod Mirabeaus nahm Robespierre 1791 eine wichtige Position in der konstituierenden Versammlung ein. Seine radikalen Ansichten wurden nur von wenigen Mitgliedern geteilt, doch er fand Unterstützung im Jakobinerklub, wo sich revolutionäre Mitglieder der französischen Bourgeoisie versammelt hatten. Unter der Führung Robespierres radikalisierte der Klub seine Ansichten. Radikale Gesetze und Justizterror durch das Revolutionstribunal verschärften die Terrorherrschaft. Die Gegner der Jakobiner und alle der Konterrevolution verdächtigen Personen wurden hingerichtet. Dabei starben fast 40 000 Menschen in Paris und den umliegenden Provinzen. 1794 wurde Robespierre schließlich selbst ein Opfer des Terrors, als sich seine eigenen Weggefährten, besorgt wegen seines diktatorischen Verhaltens und seiner rapide sinkenden Popularität, gegen ihn wendeten.

Die Guillotine

Erst die Erfindung der Guillotine ermöglichte die Hinrichtung zahlreicher Menschen in kurzer Zeit. 1789 schlug Joseph Guillotin, nach dem die Guillotine benannt wurde, in der Verfassungsversammlung eine effektivere Methode zur Exekution von Adligen vor. Die Guillotine, die der Arzt Dr. Antoine Louis entwickelt hatte, sollte die Opfer humaner und schneller enthaupten als ein Henker. Nach dem Lösen einer Sperre fiel die schwere Klinge der Guillotine auf den Nacken des Opfers und trennte den Kopf vom Körper. Dann konnte sie für die nächste Hinrichtung wieder hochgezogen werden.

Die Guillotine kam erstmals im April 1792 zum Einsatz, und so wurden auch Ludwig XVI. und Marie Antoinette durch die Guillotine enthauptet. Die neue Hinrichtungsmethode war zunächst ein Spektakel für die Pariser Bevölkerung, die bei jedem Einsatz des Fallbeils applaudierte. Angeblich sollen alte Frauen neben der Richtstätte gesessen und das grausige Geschehen verfolgt haben, während sie dabei strickten. Das Klappern ihrer Nadeln soll das Letzte gewesen sein, was die zum Tode Verurteilten hörten.

Für nahezu 200 Jahre blieb die Guillotine in ganz Europa das wichtigste staatliche Hinrichtungsinstrument. In Deutschland wurde noch 1949 eine Guillotine gebaut, mit der eine Frau hingerichtet werden sollte. Die Inkraftsetzung des Grundgesetzes, das die Todesstrafe abschaffte, verhinderte die Vollstreckung des Todesurteils.

Vom Terror des Volkes zur Diktatur Napoleons

Nach dem Tod Robespierres verloren die Jakobiner ihre Machtposition in der nun Nationalkonvent genannten Versammlung. Nun hatten eher bürgerliche Mitglieder die Mehrheit, Ärzte und Advokaten der Mittelklasse, die 1789 die Revolution eingeleitet hatte. Die Schreckensherrschaft endete, als das Volk des Blutvergießens überdrüssig war und Frieden verlangte. Doch unter der bürgerlichen Regierung litten ärmere Bevölkerungsschichten erneut unter steigenden Preisen, und 1795 erhob sich die Bevölkerung von Paris abermals. Der Aufstand wurde jedoch von Truppen, die die bürgerliche Regierung unterstützten, niedergeschlagen.

Als Reaktion auf die Schreckensherrschaft wurde eine neue Verfassung eingeführt. Fünf Konventsmitglieder wurden vom Nationalkonvent zu Exekutivdirektoren gewählt, die zusammen das Direktorium bildeten. Das Direktorium erwies sich allerdings als zu schwach und uneinig, um das Land regieren zu können. So gelang es Napoleon Bonaparte, dem erfolgreichen Feldherrn, der aus zahlreichen Feldzügen in Italien und Ägypten stets als Sieger hervorgegangen war, Einfluss auf das Direktorium zu nehmen und es schließlich zu stürzen. Damit war die Revolution endgültig beendet. Bis 1815 sollte Napoleon die Staatsgeschicke als Diktator lenken.

Auswirkungen der Französischen Revolution

Obwohl die ursprünglichen Leitgedanken von Gleichheit, Freiheit und Brüderlichkeit schnell infrage gestellt wurden, hatte die Revolution Frankreich nachhaltig verändert. Das Feudalsystem wurde abgeschafft, und der Mittelstand entwickelte sich zur herrschenden Kraft. Frankreich wurde als Land geeint und das Ancien régime mit seinem absolutistischen Herrscher, den zerstrittenen Herzogtümern und Adligen überwunden. Die Revolution läutete einen demokratischen Wandel ein und führte schließlich zur Erprobung verschiedener Wahlverfahren. Die Franzosen verdeutlichten damit Europa zugleich, was die Macht des Volks bewirken kann. Auch wenn die Revolution mit ihren ursprünglichen Zielen gescheitert ist, so hat sie doch eine neue Ära sowohl in Frankreich als auch in Europa eingeleitet.

Das napoleonische Europa

Der geniale Militärstratege Napoleon dehnte die Vorherrschaft Frankreichs auf fast ganz Europa aus. Die besetzten Staaten verbündeten sich jedoch gegen Napoleon.

Napoleon Bonaparte

Der 1769 auf Korsika geborene Napoleon Bonaparte war der Sohn eines italienischen Juristen aus Korsika, der im Dienst von Ludwig XVI. stand. Zur Ausbildung wurde er nach Frankreich geschickt, wo er die angesehene École Militaire in Paris besuchte. 1785 schließlich wurde der erst 16-Jährige zum Leutnant ernannt. Als 1789 die Französische Revolution ausbrach, kehrte er nach Korsika zurück, doch 1793 stand er eindeutig auf Seiten der Republikaner. Napoleon, der seinen ursprünglichen Namen Napoleone Buonaparte in eine französisch klingende Form änderte, stieg rasch die militärische Karriereleiter hoch und erwarb sich eine beeindruckende Reputation und Popularität.

1796 übernahm er das Kommando über die demoralisierten Truppen an der italienischen Grenze und führte sie bei Lodi zum Sieg gegen die Österreicher, dem ersten Sieg Napoleons über ausländische Truppen. Dank Napoleons taktischem Geschick konnten die Franzosen die Österreicher mehrfach schlagen, obwohl sie schlechter ausgerüstet waren. Die Siege Napoleons ermöglichten den Franzosen, die Österreicher zu Vertragsverhandlungen und -unterzeichnungen zu zwingen. 1798 griff Napoleon das von den Briten besetzte Ägypten an, doch Lord Nelson besiegte die französische Flotte bei Abukir. Napoleons Ägyptenfeldzug, den auch Wissenschaftler und Künstler begleiteten, löste in ganz Europa eine Begeisterung für den Orient aus. So wurde während seiner Feldzüge der Stein von Rosette gefunden, mit dem die ägyptischen Hieroglyphen entziffert werden konnten.

1799 kehrte Napoleon aus Ägypten nach Paris zurück, wo man eine Machtübernahme durch die Royalisten befürchtete. Napoleon stürzte das Direktorium und ergriff als Erster Konsul selbst die Macht. Unter seiner Führung wurde in Frankreich die Verwaltung und die Macht zentralisiert, er gründete die Zentralbank Banque de France, machte den Römischen Katholizismus zur Staatsreligion und reformierte durch die Einführung des Code Napoléon das Rechtssystem. Eine Verfassungsänderung verlieh ihm 1802 das Amt des Ersten Konsuls auf Lebenszeit. Unter dem Druck eines drohenden Kriegs mit Großbritannien verkaufte Napoleon französische Besitzungen in Amerika (Louisiana), um die Armee zu finanzieren. Im Dezember 1804 krönte er sich in Anwesenheit des Papstes Pius VII. selbst in der Kathedrale Notre-Dame zum Kaiser und setzte seiner Frau Joséphine die Krone auf.

Das napoleonische Europa

Der brillante Feldherr Napoleon entwickelte moderne Strategien und Taktiken der Kriegsführung, die mit den traditionellen Belagerungstechniken brachen. Geschickt manövrierten seine Truppen den Gegner aus, sodass Napoleon seine Vorherrschaft bald auf weite Teile Europas ausdehnen konnte. Gebiete wie die Schweiz, Spanien, Italien, Neapel und Westfalen wurden annektiert und direkt von Paris aus oder vor Ort von einem Familienmitglied der Bonapartes regiert. Viele deutsche Fürstentümer gerieten unter Napoleons Herrschaft. Nach Gründung des Rheinbunds wurde das Heilige Römische Reich 1806 aufgelöst.

Durch seinen Einfluss auf weite Teile von Europa trug Napoleon entscheidend zur Entwicklung einer modernen europäischen Gesellschaft bei. Der Code Napoléon (Code civil) war ein neues bürgerliches Gesetzbuch, das die Prinzipien der Französischen Revolution festschrieb: Rechtsfreiheit, persönliche Freiheit, Recht auf privates Eigentum und die Zivilehe. Durch die Einführung des Code civil in allen von Frankreich besetzten Ländern wurde die Ära des Absolutismus in Europa beendet. Der Code civil wurde zur Grundlage vieler europäischer Rechtssysteme. Schlüssel für den gesellschaftlichen Ausstieg war zu Napoleons Zeiten nicht mehr länger Herkunft und gesellschaftlicher Stand, sondern persönliche Verdienste und finanzielle Möglichkeiten. Die napoleonische Besatzung führte vor allem in Deutschland und Italien zu großen Veränderungen. Durch Schaffung von zentralen Verwaltungen wurden die bis dahin in Kleinstaaten aufgesplitterten Länder vereinigt, es entstand ein neues Nationalbewusstsein, das sich allerdings vor allem gegen Frankreich richtete. In Deutschland wurden zahlreiche Kirchengüter verstaatlicht.

Die napoleonischen Kriege

Napoleons außenpolitisches Ziel war die Errichtung eines Europa umfassenden Imperiums mit Paris als Zentrum. Er sah sich selbst in der Nachfolge antiker römischer Kaiser. Seine größten Gegner waren dabei die Briten, die vor allem ökonomische Folgen einer solchen Machtkonzentration bei ihrem Erbfeind fürch-

teten. 1805 erklärte Großbritannien Frankreich den Krieg und schloss ein Bündnis mit Russland, Preußen und Österreich. Im Oktober vernichtete zwar Lord Nelson die vereinigte französisch-spanische Flotte bei Trafalgar, doch Napoleon errang bei Austerlitz einen Sieg über die Österreicher. Er konnte in den Friedensverhandlungen Norditalien an sich binden und sich selbst zum italienischen König krönen. Nach dem Sieg über Preußen (1806) und Russland (1807) und dem Frieden von Tilsit verlangte Napoleon von beiden Ländern die Beteiligung an der Kontinentalsperre. Der Boykott britischer Waren sollte die britische Wirtschaft ruinieren. Doch der Boykott schädigte zunächst die Wirtschaft Russlands, das vom Holz- und Getreideexport abhängig war und dafür englische Manufakturwaren bezog. Zar Alexander I. sah sich sehr bald zur Aufhebung des Boykotts gezwungen. Diese Gehorsamsverweigerung, vor allem aber territoriale Ambitionen veranlassten Napoleon, 1812 mit 500 000 Mann gegen Russland zu ziehen. Die Truppen bewältigten den langen Fußmarsch nach Moskau zwar gut, doch für den Nachschub waren die Entfernungen zu groß. Die russischen Truppen stellten sich keiner wirklichen bedeutenden Schlacht und zogen sich zurück. Als Napoleon Moskau eroberte, musste er feststellen, dass es menschenleer und niedergebrannt war. Viel zu spät erst entschloss sich Napoleon zum Rückzug. Die Truppen waren bereits durch die Anstrengungen der langen Märsche und Krankheit geschwächt. Der strenge russische Winter forderte weitere Opfer, sodass durch Hunger und Kälte mehr als 300 000 Soldaten den Tod fanden. Die geschwächte und demoralisierte Armee wurde von Briten, Österreichern, Preußen und Russen angegriffen. In der so genannten Völkerschlacht bei Leipzig konnten die Alliierten die Franzosen schlagen, die französische Armee wurde endgültig nach Frankreich zurückgedrängt. Nach seiner Abdankung 1814 wurde Napoleon zum Rückzug auf die Insel Elba gezwungen.

Joséphine

Die auf Martinique geborene Marie-Josèphe Rose Tascher de la Pagerie war die wich-

NAPOLEONISCHES REICH, um 1812
Direkt von Napoleon regiert
Von Familienmitgliedern Napoleons regiert
Abhängige Staaten
ISLAND
Färöer dän.
Shetlandinseln
ATLANTISCHER OZEAN
Bergen
Christiana
Dänemark – Norwegen vereint bis 1814
SCHWEDEN
Finnland 1809 russ.
Helsinki
Sankt Petersburg
Nowgorod
Ålandinseln
Reval
Stockholm
Gotland
Göteborg
Riga
Smolensk
Schottland
Nordsee
Edinburgh
Kopenhagen
Ostsee
Wilna
Irland
Dublin
VEREINIGTES KÖNIGREICH VON GROSSBRITANNIEN UND IRLAND
Helgoland 1807–1814 brit.
REPUBLIK DANZIG
Königsberg
Ost-preußen
zu Schweden
PREUSSEN
RUSSISCHES REICH
Hamburg
Bremen
Bialystok 1807 russ.
England
Wales
Amsterdam 1810 franz.
1807–1810 franz.
Hannover
Westfalen
Brandenburg
Berlin
Warschau
GROSSHERZOGTUM WARSCHAU
London
Antwerpen
Erfurt
Schlesien
Brüssel
Köln
Krakau
Ternopol 1809 russ.
Böhmen
Prag
Galizien
Kanalinseln
Frankfurt
1812 russ. Bessarabien
N
Paris
RHEINBUND
ÖSTERREICH
Wien
Orléans
München
Steiermark
Buda (Ofen)
Pest
Moldawien
Tours
0 200 km
0 200 Meilen
FRANKREICH
Bern
SCHWEIZ
Kärnten
Ungarn
Siebenbürgen
russ. besetzt
Genf 1798–1814 franz.
Lyon
Mailand
Illyrische Provinzen
Banat
Bukarest
Walachei
Bordeaux
Turin
Venedig
ITALIEN
Belgrad
Bulgarien
Toulouse
Marseille
LUCCA
Florenz
Toskana
OSMANISCHES REICH
Sofia
Konstantinopel
PORTUGAL
Kirchen-staat
Adria
MONTENEGRO
Katalonien 1808–1813 franz.
Korsika
Madrid
Barcelona
Rom
Königreich Neapel
Makedonien
SPANIEN
Neapel
Balearen
Menorca 1798–1802 brit.
SARDINIEN
Korfu 1807–1814 franz.
Thessalien
Ägäis
Mittelmeer
Palermo
Sizilien
Ionische Inseln
brit. besetzt
Athen
Gibraltar
Ceuta span.
Algier
Bona
Tunis
Malta 1798 franz. 1800 brit.
Kreta
Oran
MAROKKO
ALGERIEN
TUNESIEN

tigste Frau an Napoleons Seite. Sie wurde als erste Gemahlin Napoleons Kaiserin der Franzosen. 1779 heiratete sie in Frankreich den Aristokraten Vicomte Alexandre de Beauharnais und gebar die beiden Kinder Eugène und Hortense (die spätere Gemahlin von Napoleons Bruder). Während der Revolution wurde Beauharnais hingerichtet und Joséphine für ein Jahr inhaftiert. Ihre Rettung vor der Guillotine hatte sie dem Tod Robespierres zu verdanken.

Joséphine gehörte bald zur Pariser Gesellschaft und pflegte zahlreiche Affären, so auch zu dem sechs Jahre jüngeren General Bonaparte. 1796 heirateten Joséphine und Napoleon. Joséphine begleitete ihren Gatten zwar auf seinem Feldzug in Italien, kehrte aber vor seinem Aufbruch nach Ägypten nach Paris zurück. Als allseits bekannte und einflussreiche Persönlichkeit der Gesellschaft konnte sie in Paris seine Karriere fördern und seine triumphale Rückkehr 1799 vorbereiten.

Da die Ehe jedoch kinderlos blieb, entschloss sich Napoleon zur Scheidung. 1809 willigte Joséphine in die Annullierung ihrer Ehe ein, es war die erste Scheidung nach dem neuen Code civil. 1810 heiratete Napoleon Marie Louise von Österreich, die Nichte Marie Antoinettes. 1811 gebar sie den ersehnten Erben. Seiner ersten Frau blieb Napoleon aber weiterhin verbunden, er schickte ihr Briefe nach Malmaison, und ihr Name soll sein letztes Wort auf dem Sterbebett gewesen sein. Joséphine hatte sich mit einer guten Pension ausgestattet nach Malmaison zurückgezogen und züchtete Rosen. Sie starb 1814 einen Monat nach Napoleons Verbannung nach Elba.

Napoleons endgültige Niederlage

Nach der Abschiebung Napoleons nach Elba waren die Alliierten fest entschlossen, die Gefahr einer französischen Aggression für die Zukunft zu bannen. Mit der Ernennung Ludwigs XVIII. zum König wurden die Bourbonen wieder als Herrscherfamilie eingesetzt. Ludwig war aber allgemein unbeliebt, man befürchtete einen Rückfall in die Zeit vor der Revolution und den Verlust der erkämpften Freiheit. Napoleon nutzte diese Situation aus. Ihm gelang die Flucht von Elba, wo er unter Bewachung der Österreicher und Franzosen stand. Auf dem französischen Festland begrüßten ihn die eigentlich zu seiner Ergreifung ausgesandten Truppen freundlich, und er kehrte nach Paris zurück. Es folgte die Herrschaft der Hundert Tage. Auf die Nachricht von Napoleons Rückkehr entschlossen sich die Alliierten, militärisch gegen Frankreich vorzugehen. Napoleon mobilisierte ebenfalls seine Armee und griff Belgien an, wo die preußischen Truppen lagerten. Nach dem Sieg über die Preußen bei Ligny attackierte er die Briten bei Waterloo. Aber die vereinigten englisch-peußischen Truppen besiegten Napoleon unter der Führung von Wellington und Blücher endgültig. Napoleon ergab sich den Briten in der Hoffnung auf ein Exil in Großbritannien, doch er wurde auf die abgelegene Insel Sankt Helena im Atlantik verbannt. Die Abgeschiedenheit und die Schikanen des Gouverneurs der Inseln führen dazu, dass der ruhelose Napoleon bald in eine Depression verfiel und 1821 starb.

Unten: Die als Marie-Joséphe Rose Tascher de la Pagerie auf Martinique geborene Joséphine heiratete 1796 Napoleon. Sie verschaffte dem jungen Napoleon entscheidende gesellschaftliche Kontakte.

Vorhergehende Doppelseite: Der von Korsika stammende Napoleon übernahm 1799 die Macht in Frankreich und krönte sich 1804 selbst zum Kaiser der Franzosen.

Britische Eroberung Indiens
Britische Annexion
1753–1858
Vom Sepoy-Aufstand 1857 am meisten betroffene Region
Aufstände
Annektiert nach 1858
Staaten mit lokalen Regierungen, britische Dependencen
Unter britischer Hoheit, später annektiert, Datum
Grenze Britisch-Indien um 1890
Britische Feldzüge, Datum
Bukhara
Russisches Reich
Amudarja
Faizabad
Turkestan
Hindukusch
1893
Ladakh
1753
Herat
Kabul
1842
Kashmir und Jammu
1846 Britisches Protektorat
Peschawa
Indus
Afghanistan
Rawalpindi
1839
1891
Jammu
Kandahar
Punjab
Amritsar
Lahore
Jullundur (Jalandhar)
Firozpur
Tibet
Quetta
Chenabb
Ravi
Sutlej
Meerut
Brahmaputra
Lhasa
Rampur
Nepal
Bahawalpur
Dehli
Bareli
Ganges
Kathmandu
Persien
Belutschistan
Raiputana
Mainpura
Sitapur
Bhutan
1818 Britisches Protektorat
Agra
Oudh
Aimer
Lucknow
Azamghar
Bihar
Darjeeling
Indus
Sind
Jodhpur
Nimach
Kanpur
Patna
1857–1858
Gwalior
Kalpi
Benares
Hyderabad
Erinpura
Jhansi
Allahabad
Karachi
Nimach
Fatehpur
1857
Dacca
Indien
Bengalien
Rann von Kutch (Sumpfgebiet)
Sikri
Dum-Dum
Bhopal
Chandernagore
Chittag
Indore
Jabalpur
Kalkutta
Baroda
Mhow
Arabisches Meer
Zentralindische Provinzen
Surat
Nagpur
Diu zu Portugal
Daman zu Portugal
Orissa
Cuttack
Cuttack
Berar
Godavari
Bombay
Poona
Reich des Nisam
Golf von Benga
Ostghats
Hyderabad
Yanam zu Frankreich
Bijapur
Goa zu Portugal
Indischer Ozean
Mysore
1831 Britisches Protektorat
Bangalore
Madras
N
Mangalore
Pondicherry
Karnatakisch
Mahé
Karikal
Cochin
Jaffna
0
200 km
Golf von Mannar
Anjengo
Trivandrum
Trincomalee
200 Meile
Kandy
Colombo
Ceylon
1798 zu England

Indien – unter britischer Herrschaft

Der britische Einfluss in Indien begann mit kleinen Handelsstützpunkten und endete mit der völligen Kontrolle über den Subkontinent, die allerdings nicht von Dauer war.

Britische Brückenköpfe in Indien

Dem Vorbild der Portugiesen und Holländer folgend, gründete eine Gruppe von britischen Kaufleuten 1599 die Ostindische Kompanie (East India Company), die bereits im folgenden Jahr von Königin Elisabeth I. das Monopol für den Handel Englands mit Indien erhielt. Zu Beginn des 17. Jahrhunderts versuchte die Handelsgesellschaft, mit mehreren Fahrten auf dem Subkontinent Fuß zu fassen. Schließlich hatte sie Erfolg: 1619 konnte sie in Surat einen Handelsstützpunkt (Faktorei) errichten und zwischen 1634 und 1639 mit Fort St. George einen weiteren in Madras.

Bis 1647 entstanden fast 30 Handelsposten, und obwohl sich Holländer, Portugiesen und die einheimischen Mogule zur Wehr setzten – 1688 bis 1691 kam es sogar zum Kampf mit dem Mogul-Herrscher Aurangseb –, erweiterte die englische Ostindische Kompanie ihr Operationsgebiet bis Ende des Jahrhunderts kontinuierlich. Eine Vielzahl kleinerer Stützpunkte wurde an beiden Küsten des Subkontinents errichtet – und Madras, Bombay und Fort William in Kalkutta entwickelten sich zu größeren Siedlungen.

Großbritanniens Aufstieg als Machtfaktor in Indien

Obwohl ihre Handelsaktivitäten und Siedlungen im Indien des 17. Jahrhunderts ständig wuchsen, stellte Großbritannien keine bedeutende wirtschaftliche oder politische Macht dar. Doch als das Mogul-Reich nach dem Tod Aurangsebs 1707 langsam zusammenbrach, standen die Engländer bereit, das Vakuum zu füllen. Die französische Ostindische Kompanie („Compagnie des Indes") hatte ihrerseits seit ihrer Gründung 1664 in Indien an Reichtum und Territorium gewonnen und ihre Armee ständig vergrößert. Zu Beginn des 18. Jahrhunderts griffen die Konflikte in Europa, wo die Briten mit wechselnden Verbündeten gegen die Franzosen kämpften, auch auf die überseeischen Gebiete über. Die Rivalitäten nahmen zu, und ein Kampf um die Macht wurde zunehmend unvermeidlich. Zunächst schienen die Franzosen im Vorteil zu sein, denn 1746 nahmen sie Madras ein. Doch 1751 wendete sich das Blatt, als Robert Clive, ehemals Büroangestellter der englischen Ostindischen Kompanie, mit einer kleinen Schar britischer und indischer Soldaten die französische Festung Arcot einnahm. 1756 verlagerte sich der Konflikt nach Norden: Nawab Siraj-ud-Daulah, Herrscher von Bengalen, eroberte Fort William und nahm die Bewohner gefangen. Viele von ihnen starben im Kerker – deshalb erinnert man noch heute an „das schwarze Loch von Kalkutta".

Oben: Die zentrale Verwaltung der niederländischen Ostindischen Kompanie in Hugli, Bengalen, um 1665.

Zu dieser Zeit war Clive bereits Gouverneur von Fort St. David. 1757 eroberte er Fort William zurück und anschließend den wichtigsten französischen Stützpunkt in Indien, Chandernagore; damit beendete er zugleich die französische Bedrohung. In der Schlacht von Plassey besiegte er Siraj-ud-Daulahs Truppen, nachdem er eine politische Intrige gesponnen und einen von Sirajs Genrälen, Mir Jafar, auf seine Seite gezogen hatte. Clive setzte Jafar als Nawab ein, ließ sich dieses Privileg jedoch gut bezahlen. Damit war die Ostindische Kompanie de facto im Besitz Bengalens; sie erhob Steuern, befehligte die Mogul-Truppen und wurde so von einer Handelsorganisation zu einem politischen Machtfaktor. Clive kehrte 1765, nachdem er in England geadelt worden war, als Gouverneur und Oberbefehlshaber nach Bengalen zurück und etablierte hier die erste Machtbasis für das zukünftige Britisch-Indische Reich.

Britische Eroberungen

Die englische Ostindische Kompanie hatte zwar seit 1757 die Grundlagen für einen Staat gelegt, ihre Mitarbeiter waren aber nicht daran gewöhnt zu regieren, und so wurden in Großbritannien ab 1767 Stimmen laut, man solle die indischen Besitzungen verstaatlichen. Als 1769–1770 eine Hungersnot die Kompanie in ihrem Bestand gefährdete, kam ihr der Staat zu Hilfe, doch unter der Bedingung, dass die Kompanie ihre Macht Schritt für Schritt an die britische Regierung übertragen sollte. Das Regulierungsgesetz von 1773 (India Bill) und das Indien-Gesetz von 1784 unterwarfen die Kompanie der Kontrolle durch das Parlament. Darüber hinaus setzte die Regierung in Indien eine Reihe von Generalgouverneuren ein und schuf so ein System der doppelten Kontrolle, das bis 1858 Bestand hatte.

Die folgende Zeit war durch britische Expansionsbestrebungen gekennzeichnet, entweder durch den Abschluss von so genannten Beistandspakten oder durch Eroberungen. Die Politik der „Beistandspakte" führte zur Bildung von scheinbar unabhängigen Staaten, die von einheimischen Fürsten regiert wurden, wesentliche Teile ihrer Macht aber an die Kompanie abzugeben hatten – vor allem die Verteidigungs- und die Außenpolitik. „Britisch-Indien" bestand daher im Kern aus meist auf militärischem Weg annektierten

Gebieten. Mit Generalgouverneuren wie Warren Hastings, Lord Cornwallis und William Bentick versuchten die Briten, ihre Untertanen zu befrieden, zu „zivilisieren“ und zu „verbessern“, indem sie Steuer- und Bildungssysteme reformierten sowie die Rechtsstaatlichkeit und Gerichtsbarkeit stärkten. Englisch löste die persische Sprache als Gerichtssprache ab, und Ansätze zur Christianisierung ließen die Inder von einigen ihrer sozialen und religiösen Gebräuche Abstand nehmen.

Nach erfolgreichen Feldzügen gegen den Sultan von Mysore (1799), die Marathen (1818) und die Sikhs (1845–1848) sowie der fortgesetzten Einverleibung weiterer Gebiete durch die Generalgouverneure Dalhousie und Canning war die britische Besetzung Indiens 1849 im Wesentlichen abgeschlossen – fast ganz Indien wurde direkt oder indirekt von der Kompanie regiert. Ab 1851 wurde die Infrastruktur des Landes entwickelt: Es entstanden ein Telegrafen- und Eisenbahnnetz sowie ein verbessertes Bewässerungssystem. All dies gab Indern und Nicht-Indern Arbeit. Ein Teil der Inder verhielt sich loyal zu den Briten oder tolerierte zumindest ihre Herrschaft, doch weitere Annexionen, hohe Steuern und die Bedrohung der eigenen Kultur durch die westlichen Einflüsse entfremdeten zunehmend große Teile der indischen Bevölkerung.

Indischer Aufstand von 1857

Am 10. Mai 1857 begann nahe Delhi die Meuterei der Sepoys, indischer Soldaten der britischen Armee. Sie löste einen allgemeinen Aufstand gegen die Briten aus. Anlass war das Gerücht, Munition sei mit Schweine- und Rinderfett behandelt worden, was die religiösen Gefühle sowohl der Muslime als auch der Hindus verletzte. Doch muss das Aufbegehren vor allem als eine Reaktion auf den rapiden sozialen Wandel und die Modernisierung angesehen werden, welche die Briten in Gang gesetzt hatten.

Darüber hinaus versuchten die Muslime, wenn auch vergeblich, die Mogul-Dynastie wiederzubeleben. Ein Jahr später hatten die Briten den Aufstand mithilfe loyaler indischer Truppen zerschlagen. Anschließend wurde der letzte Mogul-Herrscher, Bahadur Shah, wegen Aufwiegelung vor Gericht gestellt, verurteilt und nach Burma ins Exil geschickt. Damit war das Mogul-Reich endgültig aufgelöst. Als weitere Konsequenz des Aufstands, der die erste ernsthafte Gefährdung der britischen Herrschaft in Indien darstellte, löste die britische Regierung die Ostindische Kompanie auf und übernahm die Herrschaft selbst. Indien wurde nun Kronland – und die Generalgouverneure wurden Vize-Könige; das war der Auftakt für die britischen „Raj“ unter Königin Viktoria.

Britische Herrscher und indischer Nationalismus

Königin Viktoria wurde 1877 zur Königin von Indien ausgerufen und versprach, den Wohlstand ihrer Untertanen zu mehren und sie, entsprechend den britischen Gesetzen, gleich zu behandeln. Doch das Misstrauen gegen die britische Regierung war seit dem Aufstand von 1857 tief verwurzelt, und die Briten kapselten sich ihrerseits von den Indern ab. Das viktorianische Indien war demzufolge tief gespalten: Auf der einen Seite Inder und Engländer, die auf Distanz zueinander gingen, auf der anderen Seite der Wunsch nach stärkerer Zusammenarbeit und Akzeptanz. Mehrere Reformen in den Jahrzehnten um 1900 ermöglichten den Indern eine immer größere Teilnahme am politischen Prozess. So konnte sich das wachsende indische Nationalgefühl Gehör verschaffen und die Hoffnung auf eine eigene Regierung nähren. 1885 wurde der Indische Nationalkongress (Indian National Congress) gegründet – damit zukünftig Inder ihr Land mitgestalten konnten –, und das „Gesetz über die Regierung Indiens“ oder die Morley-Minto-Reformen von 1909 gestanden den Indern immerhin ein Mitspracherecht bei der Gesetzgebung zu.

Doch nationalistische Gefühle blieben nicht auf den Kongress beschränkt – in Bengalen und andernorts verübten nun bewaffnete Revolutionäre Anschläge auf britische Amtsträger und Institutionen. In dieser Zeit wurden erstmals Strategien des massenhaften friedlichen Widerstands und der Verweigerung jedweder Zusammenarbeit als wirkungsvolle Protestformen erprobt. Während des Ersten Weltkriegs, an dem viele Inder als Soldaten teilgenommen hatten, und unmittelbar danach schien es, als führten weitere Zugeständnisse und die Verfassungsreformen von 1917 und 1919 unweigerlich zur Selbstverwaltung der Inder. Doch 1919 reagierten die Briten mit Gewalt auf den ihnen entgegengebrachten Widerstand: Bei Unruhen in Amritsar tötete die Armee fast 400 unbewaffnete Inder. Daraufhin riefen politische Führer wie Mahatma Gandhi und Jawaharlal Nehru zu umfassenden Aktionen auf, aus denen schließlich eine allgemeine Protestbewegung gegen die britische Herrschaft erwuchs.

Europa entdeckt den australischen Kontinent

Der „Entdeckung" Australiens durch europäische, vor allem englische Seefahrer folgten bald die Siedlungsgründungen – ursprünglich als Strafkolonie.

Europäische Entdeckungen

Viele europäische Entdecker und Abenteurer gelangten im 17. Jahrhundert nach Australien, doch erst die Landung des Engländers James Cook sollte Folgen haben. Cook war ein verdienter Seemann, der während des amerikanischen Kriegs in der englischen Marine bei Quebec gegen die Franzosen gekämpft hatte. Außerdem war er ein hervorragender Kartograf. In dieser Funktion hatte ihn die Royal Society in die Südsee geschickt. Zunächst kam Cook 1769 nach Neuseeland – als zweiter Europäer in der Geschichte – und zeichnete eine Karte der Küstenlinie. Dann segelte er nach Australien, einem bis dahin unerforschten Gebiet, wo er am 23. August 1770 landete. 1786 beschloss die britische Regierung, in New South Wales eine Sträflingskolonie einzurichten. Die erste Flotte mit fast 800 Sträflingen aus Großbritannien landete 1788 nördlich von Botany Bay. Das Land um die Botany Bay und Sydney herum war bergig und für Siedler nicht besonders attraktiv. So wanderten diese landeinwärts und verdrängten die Ureinwohner Australiens, die Aborigines. 1829 annektierte Großbritannien den gesamten Kontinent.

Neuseeland wurde erst 1840 britische Kronkolonie. Die einheimischen Maoris wehrten sich zwar gegen die britische Annexion ihres Landes durch eine Reihe von Landkriegen, doch sie verloren schließlich ihre Gebiete.

Britische Besiedlung

Die Briten waren nicht die einzigen Europäer, die die Kolonisierung Australiens anstrebten, auch die Franzosen erwägten die Besiedlung und Nutzung der neuen Gebiete. Um ihre Interessen zu wahren, errichteten die Briten eine Anzahl befestigter Siedlungen in New South Wales, Victoria und Van Diemen's Land (Tasmanien).

1786 beschloss die Regierung von Georg III., Australien als Strafkolonie zu nutzen. Bis zu jenem Zeitpunkt hatten die Briten Strafgefangene nach Amerika in ihre Kolonien geschickt, aber nach der amerikanischen Unabhängigkeit waren die britischen Kolonien verloren gegangen. Die erste Flotte mit Häftlingen erreichte 1788 Australien: 586 Männer und 192 Frauen. Viele von ihnen waren für geringe Vergehen wie Diebstahl verurteilt worden. Zwischen den Jahren 1788 und 1872, als die letzte Strafkolonie in Tasmanien aufgelöst wurde, gelangten mehr als 160 000 Sträflinge von Großbritannien in die Kolonie. Obwohl die Lebensbedingungen hart wa-

Links: Käfige mit Sträflingen auf Deck eines Transportschiffes nach Australien.

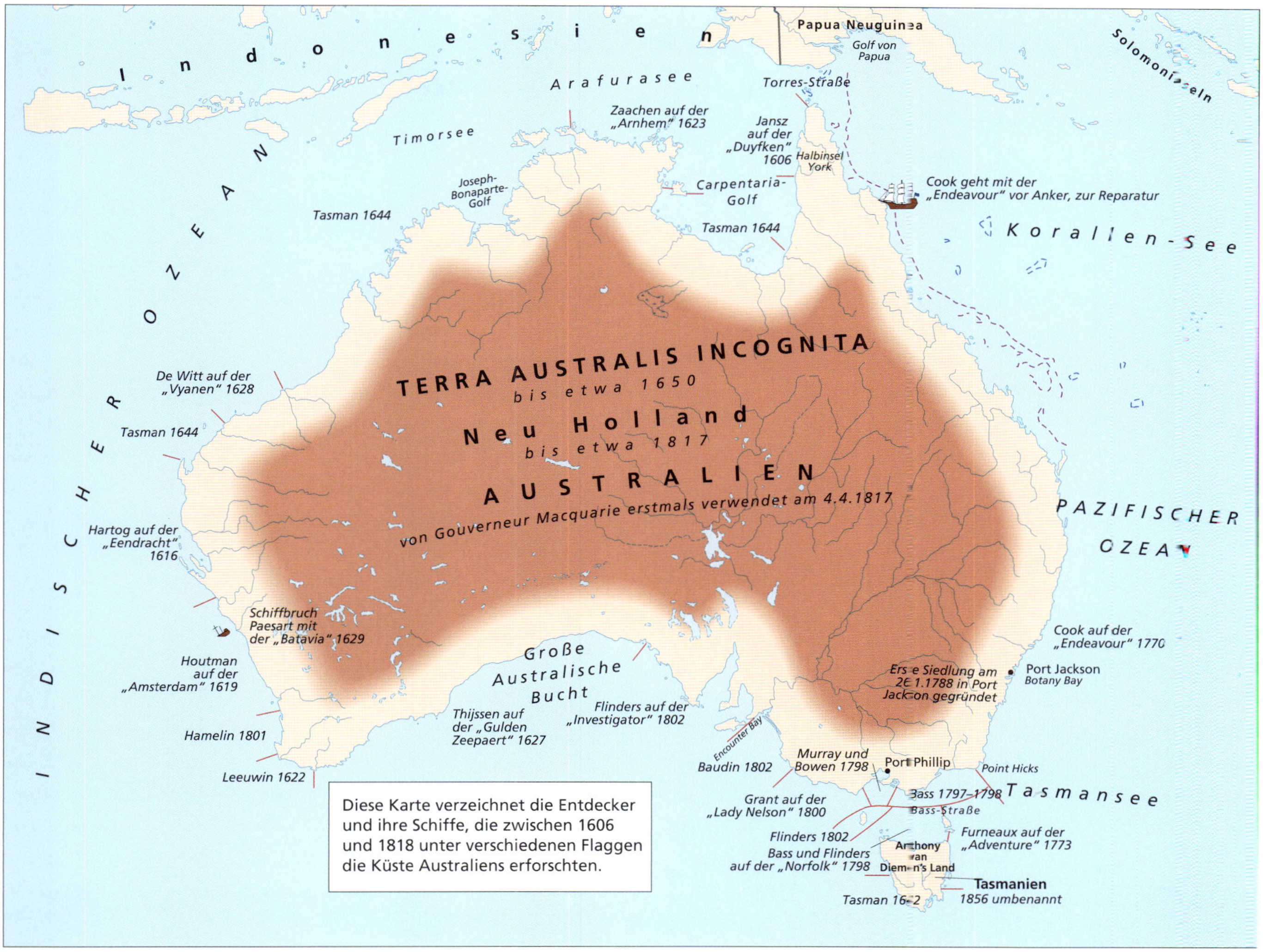

Diese Karte verzeichnet die Entdecker und ihre Schiffe, die zwischen 1606 und 1818 unter verschiedenen Flaggen die Küste Australiens erforschten.

ren, blieben viele der Sträflinge auch nach Verbüßen ihrer Strafe in Australien und holten sogar ihre Familien aus England und Irland nach. Doch nicht nur ehemalige Sträflinge besiedelten das Land, auch viele Soldaten und Angestellte der Straflager zogen es vor, weit ab von der Heimat in Australien zu bleiben.

Im Sog der Veränderung

Bald kamen auch freie Siedler nach Australien und begannen um 1820, als die Nutzung der riesigen Weideflächen im Landesinneren von mittlerweile besiedelten Orten aus möglich wurde, im großen Stil mit der Schafzucht. Der Export von Wolle nach Großbritannien wurde zur Grundlage der australischen Wirtschaft. Ab den 30er-Jahren des 19. Jahrhunderts wurden weitere Gebiete Australiens erschlossen, gleichzeitig stieg die Zahl der Einwanderer. Nun wurde auch Weizen angebaut und exportiert.

Goldfunde in den 50er-Jahren des 19. Jahrhunderts führten zu neuen Einwanderungswellen. Zwischen 1850 und 1900 wuchs die Bevölkerung von 400 000 auf 4 Millionen Einwohner an.

Ähnlich waren für die Wirtschaft Neuseelands Wolle und Gold die wichtigsten Güter. Nach Erfindung des Kühlschiffs kam ab 1870 der Fleischexport hinzu. Neuseeland war das erste Land, das die Altersrente für Arbeiter einführte, und auch der erste Staat, in dem Frauen Wahlrecht (1893) erhielten.

In beiden Ländern hatte die europäische Kolonisation verheerende Folgen auf die Ureinwohner. Der wachsende Bedarf an Weideland und die zunehmende Ausbeutung der Bodenschätze führten zu Konflikten zwischen den neuen Siedlern und den Ureinwohnern. Von den Europäern eingeschleppte Krankheiten gegen die die Maori und Aborgines keine Abwehrkräfte hatten, führten dazu, dass ihre Population bis 1930 rapide abnahm. Staatliche Kampagnen, die für ein neues Verständnis gegenüber den Ureinwohnern und ihre Traditionen werben, laufen seit Beginn des 20. Jahrhunderts – mit wechselndem Erfolg.

Die industrielle Revolution

Die Industrialisierung veränderte die Welt grundlegend. Neue Energiequellen ermöglichten die Mechanisierung, und neue Kommunikations- und Transportmittel wurden entwickelt.

Ursachen der Industrialisierung

Verschiedene Faktoren führten zur Beschleunigung der Industrialisierung im 19. Jahrhundert. In Europa entstanden durch das Heranwachsen großer Imperien, speziell des britischen, gewaltige Handelsmöglichkeiten. Die wachsenden Exportmärkte förderten die Produktivität, und allmählich wurden moderne Fabriken gebaut. In Großbritannien beschleunigte sich die industrielle Entwicklung im 18. Jahrhundert, als das Empire seine größte Ausdehnung erreichte. Am Ende des 18. und zu Beginn des 19. Jahrhunderts begannen auch andere europäische Länder wie Belgien und Deutschland mit dem Aufbau von Fertigungsindustrien. Der Industrialisierungsprozess breitete sich, von England kommend, nach Nord- und Westeuropa und später über den Atlantik bis an die Ostküste der USA aus.

Die rasche Entwicklung von Naturwissenschaften und Technik unterstützte diesen Prozess. Zur vielleicht wichtigsten Erfindung wurde die Nutzung der Dampfkraft zum Antreiben von Maschinen in Fabriken. Um Dampf zu erzeugen, benötigte man Kohle, und einige der am stärksten industrialisierten Regionen Europas lagen in der Nähe von ausgedehnten Kohlevorkommen. Großbritannien profitierte von den Kohleminen in Südwales, den Midlands und im Norden Englands. In Deutschland war die Kohleindustrie vor allem im Ruhrgebiet mit seinen tiefen, weit nach Norden reichenden Flözen angesiedelt.

Die Industrieregionen profitierten ferner von der Anbindung an wichtige Verkehrswege und Handelsrouten, etwa Flüsse, Kanäle oder das Meer. Frankreichs Kohleförderung etwa fand in Lothringen in den Flüssen Mosel und Marne ideale Transportwege, und in der Provence bot Marseille den Zugang zum Mittelmeer. Britannien hatte den Vorteil, dass auf der eher schmalen Insel alle Städte relativ nah am Meer lagen. Überdies ermöglichte ein Wasserwegenetz aus Flüssen und Kanälen den einfachen Transport von Rohstoffen und Fertigprodukten. Von ähnlich großer Bedeutung waren die Flüsse in Norddeutschland und in Belgien. Neben der geografischen Lage kam es auch auf die Verfügbarkeit von Arbeitskräften an, die in den Fabriken ge-

braucht wurden. Durch die über Jahrhunderte praktizierte Privatisierung von Gemeindeland waren in Großbritannien viele Landbewohner gezwungen, auf der Suche nach Arbeit in die Städte abzuwandern. Auf dem europäischen Festland setzte die Landflucht in die größeren Städte etwas später ein. Städte mit großen Häfen, wie Liverpool, Hamburg, Marseille und Rotterdam, entwickelten sich rasch zu industrialisierten urbanen Zentren.

Auswirkungen der Industrialisierung

Die Entstehung von Industriegesellschaften veränderte die Welt grundlegend. Anfang des 20. Jahrhunderts waren die hoch industrialisierten Länder nicht nur die wirtschaftlich, sondern auch die politisch mächtigsten. Die dominierenden Nationen Deutschland, Frankreich, Großbritannien, Japan und die USA stützten sich auf ihre überlegenen Ökonomien. Die Industrialisierung schuf mit der kapitalistischen Wirtschaftsweise ein höchst erfolgreiches und produktives Instrument zur Unterstützung und Finanzierung der Staaten. Im Verlauf des 20. Jahrhunderts entwickelten sich kapitalistisch-marktwirtschaftlich orientierte Demokratien zu den reichsten Nationen der Welt.

Im 19. Jahrhundert waren so die direkten Auswirkungen der industriellen Revolution nicht immer

Oben: Aufnahme aus den Anfängen (um 1850) der späteren amerikanischen Großstadt Salt Lake City.
Linke Seite: Dieser Stich aus dem Jahr 1833 zeigt Arbeiterinnen (und einen Vorarbeiter) in einer englischen Baumwollspinnerei.

so positiv. Durch die Urbanisierung und den Zustrom armer Menschen in die Städte verschlechterten sich für viele in Europa die Lebensbedingungen. Es kam zum Ausbruch von Hungersnöten und Krankheiten. Das Verhältnis zwischen Fabrikbesitzern (Kapitalisten), die zur Steigerung ihres Profits die Kosten möglichst niedrig halten wollten, und schlecht bezahlten, ausgebeuteten Arbeitern (Proletariat) führte zu Klassenkonflikten. Die schlechten Lebensbedingungen überall im Europa des 19. Jahrhunderts beeinflussten auch Philosophen wie Karl Marx, der 1848 das „Kommunistische Manifest“ veröffentlichte. Die Industrialisierung brachte nicht nur soziale, sondern auch politische Veränderungen mit sich. Das Aufkommen des Kommunismus als Gegenposition zum Kapitalismus führte in einigen Ländern zu fundamentalen Veränderungen. Besonders spektakulär verlief der Wandel in Russland im frühen 20. Jahrhundert.

Dampfmaschine

Dampfmaschinen trugen entscheidend zur Industrialisierung bei, denn sie lieferten die Energie für den An-

Oben: Der englische Physiker Michael Faraday, der den Elektromagnetismus endeckte und damit die Grundlage für den Dynamo und den elektrischen Generator schuf.

trieb von Pumpen, Lokomotiven und Schiffen. In einer Dampfmaschine wird unter Druck stehender Dampf erzeugt, der eine Turbine oder einen Kolben in Bewegung setzt. Diese Bewegung treibt die Räder der Maschine an. Obwohl die Erfindung auf das Jahr 1698 zurückgeht, bedurfte es verschiedener Verbesserungen, bis 1802 erstmals ein Schiff mit einer Dampfmaschine ausgerüstet wurde. Die wesentlichen Weiterentwicklungen sind dem Schotten James Watt zu verdanken. Der 1732 geborene Watt widmete sein Leben der Verbesserung der Dampfmaschine, sodass sie als Energiequelle und Antrieb für die industrielle Revolution einsetzbar war. Er erfand die separate Kammer für das Kondensieren des Dampfs und steigerte so den Wirkungsgrad. Auch Druckanzeiger, Fliehkraftregler und Schwungrad sind seine Erfindungen. Eine von Watt gebaute Dampfmaschine trieb das Experimentalboot „Clermont" 1807 auf dem Hudson an.

Eisenbahn

Die Entwicklung der Dampfeisenbahn trug wesentlich zur Industrialisierung bei. Eine einfache Form der Eisenbahn war in Großbritannien bereits vor dem 19. Jahrhundert in Betrieb: Auf primitiven Fahrspuren aus Steinen und Eisen zogen Pferde Wagen in Steinbrüchen und Bergwerken. Die Dampfmaschine brachte einen entscheidenden Wandel. Der Minenarbeiter Richard Trevithick aus Cornwall koppelte 1804 eine Dampfmaschine an eine Bergwerkslore. Davon inspiriert schuf George Stevenson mit der „Rocket" die erste funktionierende Dampflokomotive, die Waggons ziehen konnte. Die 1830 zwischen Liverpool und Manchester eröffnete erste Eisenbahnlinie führte zu einem wahren Boom im Eisenbahnbau. Der britische Staat musste schließlich eingreifen und 1850 die Spurweite der bis dahin in bis zu zehn verschiedenen Weiten gebauten Gleise standardisieren. So bekam Großbritannien als erstes Land ein funktionsfähiges nationales Eisenbahnsystem. Überall in Europa entstanden nun Eisenbahnen, die auch entferntere Gebiete erschlossen und wirtschaftlich integrierten.

Textilindustrie

Mit Maschinen bestückte Fabriken wurden zu den Leistungszentren der Industrienationen. Mit zunehmender Mechanisierung der Herstellungsprozesse und der rasch wachsenden Produktivität entstanden überall in Europa riesige Fabriken mit Maschinen, die von zahllosen Arbeitskräften bedient wurden. Die Textilproduktion wurde durch die erste mit Wasserkraft betriebene Spinnmaschine von Arkwright (1769) und die Erfindung des dampfbetriebenen mechanischen Webstuhls durch Cartwright (1792) revolutioniert. In Amerika entwickelte Eli Whitney 1793 die Egreniermaschine zum automatischen Trennen von Baumwollfasern und Samenkernen. Die dadurch gesteigerte Versorgung mit Rohbaumwolle ließ den Preis sinken und die Nachfrage steigen. Mitte des 19. Jahrhunderts erzeugte Amerika drei Viertel der Weltproduktion an Baumwolle. Große Mengen davon gingen aus den Südstaaten nach Neuengland und England zur Weiterverarbeitung. Die Fabriken produzierten nicht nur preiswertere Kleider, sondern auch Geschirr, Glaswaren, Uhren – einfach alles, für das eine Nachfrage bestand.

Telegrafie

Die florierende Wirtschaft war auf Kommunikation angewiesen, und so entstanden im 19. Jahrhundert überall in Europa Postsysteme. Um 1875 schuf man den Weltpostverein, um den Briefverkehr mit anderen Ländern zu ermöglichen. Doch erst die Telegrafie schuf unmittelbare und spontane Kommunikationsmöglichkeiten über weite Entfernungen. 1837 nutzte man in London erstmals einen elektrischen Telegrafen, und 1838 meldete Samuel Morse seinen Telegrafen in den

USA zum Patent an. Nach der erfolgreichen Verlegung des ersten Seekabels zwischen Nordamerika und Europa wurde 1866 die transatlantische Kommunikation per Telefon möglich.

Elektrizität

1831 demonstrierte Michael Faraday die Umwandlung elektrischer in mechanische Energie. Seine Entdeckung des Elektromagnetismus führte zur Entwicklung des Dynamos und des elektrischen Generators. 1873 wurde ein Dynamo mit verbesserter elektrischer Leistung entwickelt, und die anfangs noch limitierte und teure Technik wurde langsam populär. Bis zu Beginn des 20. Jahrhunderts konnte man nur durch Nutzung von Wasserkraft relativ billige Elektrizität erzeugen. Im gebirgigen Norden Italiens, wo es keine Kohle gab, arbeiteten die meisten Fabriken mit Elektrizität aus von Wasser angetriebenen Generatoren. In Florenz fuhren 1890 die ersten elektrischen Straßenbahnen. In den 1930er-Jahren war fast ganz Europa elektrifiziert, und auch Länder wie Russland, die im 19. Jahrhundert eine eher zögerliche Industrialisierung erlebt hatten, entwickelten sich rasant.

Waffen

Die im 16. Jahrhundert begonnene Entwicklung von Feuerwaffen gewann zunehmend an Bedeutung. Die technologischen Innovationen des 19. Jahrhunderts zogen zwangsläufig auch einen raschen Wandel bei den Kriegswaffen nach sich. Die Erfindung des Maschinengewehrs führte zu weiteren Neuerungen in der Waffenproduktion. Mit der Gatling-Kanone wurde 1862 eine automatisch nachladende Schusswaffe eingeführt, die in schneller Folge Kugeln abfeuern konnte. Sie kam erstmals im amerikanischen Bürgerkrieg zum Einsatz und wurde später von der US-Marine übernommen. Die von den Franzosen produzierte Mitrailleuse bestand aus 37 gebündelten Gewehrläufen. 1883 nutzte das von einem Amerikaner entwickelte Maxim-Gewehr erstmals die Rückstoßenergie der abgefeuerten Patrone zum Nachladen und ermöglichte so eine schnellere Schussfolge. Einer der größten Waffenhersteller war Alfred Krupp in Essen, der einen kleinen Familienbetrieb in eines der größten und erfolgreichsten Produktionsunternehmen Europas verwandelte. Als Krupp die Firma erbte, hatte sie fünf Angestellte, bei seinem Tod 1887 beschäftigte sie 20 000 Menschen – ein Beleg für die enorme Nachfrage nach Waffen im 19. Jahrhundert.

Unten: Fabrikhalle der Krupp-Stahlwerke in Essen, der größten Waffenschmiede des Deutschen Reichs.

Russlands letzte Zaren

Die Herrschaft der letzten russischen Zaren war von wachsender Unterdrückung breiter Bevölkerungskreise gekennzeichnet.

Der Niedergang der Romanow-Dynastie

Trotz wachsender Unzufriedenheit im russischen Volk versuchten alle Zaren des 19. Jahrhunderts ihre Positionen als allein herrschende Regenten zu halten. Die Herrschaft Nikolaus' I. (1825–1855) begann mit der Niederschlagung des Aufstands der „Dekabristen", einer Verschwörung von Offizieren und Bojaren, deren Ziel es war, die Macht des neuen Zaren einzuschränken. Auch in der Folge war die Innenpolitik Nikolaus' I. durch die Unterdrückung jeglicher Opposition und Kritik sowie die Festigung der eigenen Stellung bestimmt. 1826 wurde eine Geheimpolizei, die gefürchtete „Dritte Abteilung", eingerichtet, die überall ins Land Spitzel und Informanten aussandte. 1830 wurde unter Führung des Zaren ein Aufstand im russisch besetzten Polen brutal niedergeschlagen und die polnische Verfassung außer Kraft gesetzt. Im Süden von Russland zeichnete sich der Zerfall des Osmanischen Reichs ab. Der Zar hoffte, dadurch die Kontrolle über verschiedene Gebiete im Balkan und einen freien Zugang zum Mittelmeer zu gewinnen, und verfolgte daher eine aggressive Außenpolitik gegenüber dem Osmanischen Reich.

1855 folgte dem Zaren Nikolaus I. sein Sohn Alexander II., der ein schweres Erbe antrat: Auf der Krim herrschte ein verheerender Krieg, und die Bevölkerung des eigenen Landes war durch Armut und wirtschaftliche Not stark geschwächt. Um mit den anderen Industrienationen Europas Schritt halten zu können, musste Russland modernisiert werden. Die wichtigste Reform Alexanders war 1861 die Bauernbefreiung, die Freilassung der Bauern aus der Leibeigenschaft, die den 40 Millionen Leibeigenen begrenzte Freiheit und ein eigenes Stück Land verschaffte. Alexanders Absicht war jedoch nicht, liberale Reformen einzuführen, vielmehr verfolgte er das Ziel, die russische Wirtschaft anzukurbeln. Die Leibeigenen mussten an die früheren Besitzer der Länder Ablösesummen entrichten, die sie mit den oft schlecht nutzbaren und viel zu kleinen Äckern nicht leisten konnten, sodass die Masse weiter verarmte. Die Bauernbefreiung stieß weitgehend auf Unmut, sowohl bei den Bauern wie auch bei ihren früheren Herren, die mit einem Mal ihre Arbeitskräfte verloren hatten.

Alexander wurde während seiner Regierungszeit mehrfach von Mordkomplotten und revolutionären Terroristen bedroht. 1866 überlebte er einen Attentatsversuch polnischer Reaktionäre; 1881 fiel er jedoch einem Sprengstoffanschlag der Terrorgruppe „Volkswillen" in St. Petersburg zum Opfer.

Alexanders Sohn, Alexander III., verfolgte eine noch repressivere Politik als sein Vater. Gegenüber nichtorthodoxen Religionen zeigte der neue Zar ein hohes Maß an Intoleranz, besonders Juden waren Verfolgungen ausgesetzt. Ebenso wurden nichtrussische Bevölkerungsgruppen wie Ukrainer, Polen, Finnen, Litauer immer wieder durch staatliche Gewalt eingeschüchtert. In der Folge entstand in Russland eine Vielzahl geheimer Untergrundorganisationen, wie die erste marxistische Gruppe „Befreiung der Arbeit". Im Gegenzug verstärkte Alexander die Geheimpolizei und räumte ihr mehr Befugnisse ein. Alexanders Nachfolger wurde sein Sohn, der schwache und labile Nikolaus II., der der letzte Zar Russlands werden sollte.

Der Krimkrieg

Der Krimkrieg entzündete sich hauptsächlich an der Frage um die Aufteilung der von den Osmanen besetzten Gebiete, da offensichtlich der Zerfall des Sultanats bevorstand. In der Hoffnung, in Osteuropa Länder annektieren zu können, die Vasallenstaaten des Osmanischen Reichs waren, hatte Russland 1853 die Fürstentümer Moldau und Walachei besetzt. Zwischen Russland und dem Osmanischen Reich gärte schon seit langem der Konflikt um verschiedene Gebiete. Der Streit um die heiligen Stätten in Jerusalem verschärfte dann die Spannungen. Frankreich und Großbritannien, die die Ambitionen Russlands mit großem Misstrauen beobachteten, da sie selbst Ansprüche auf Teile des Osmanischen Reichs erhoben und den ungehinderten Zugang Russlands zum Mittelmeer verhindern wollten, unterstützen die Hohe Pforte in Istanbul gegen Russland. Als die Türken im September 1853 Russland den Krieg erklärten, besetzten die Österreicher die Moldau und Walachei. England und Frankreich griffen im März 1854 auf der Seite der Türkei ins Kriegsgeschehen ein, in diesem Jahr wurden auf der Krim einige entscheidende Schlachten ausgetragen, die wichtigsten waren die von Alma und Inkermann. Der russische Hafen Sewastopol, der seit Anfang 1854 von den alliierten Truppen belagert wurde, fiel schließlich im September 1855, und der neue Zar Alexander II., bestrebt, den Krieg zu beenden, unterzeichnete 1856 in Paris den

Friedensvertrag. Die Russen mussten Bessarabien an die Moldau zurückgeben und die Neutralität des Schwarzen Meeres akzeptieren.

Chaos und Inkompetenz bestimmte die Vorgehensweise beider Konfliktparteien, und der besonders in England berühmte, aufgrund eines Missverständnisses begonne, dann aber fehlgeschlagene britische Angriff der Leichten Brigade in der Schlacht von Balaklava war nur ein Beispiel für militärisch sinnlose Angriffe. Die Soldaten litten – geschwächt durch Verwundungen und Winterkälte – an Unterernährung, mangelhafter Hygiene und dem Ausbruch von Cholera-Epidemien. Zum ersten Mal berichteten Zeitungsreporter direkt von den Fronten und beschrieben die schlechte Versorgung der Soldaten. Florence Nightingale, die in England die Berichte von der Front las, begründete daraufhin das erste Feldlazarett in Skutari.

Rasputin

Eine entscheidende Rolle für den Niedergang der Romanow-Dynastie spielte der russische Mönch Rasputin. Er übte angeblich großen Einfluss auf Zar Nikolaus II. und seine Frau, Zarin Alexandra, aus, was zu deren wachsender Unbeliebtheit und in einigen Fällen bedeutenden Fehlentscheidungen bis zu ihrer Hinrichtung 1918 geführt haben soll. Rasputin war ein 187[illegible] in Sibirien geborener Bauer und Mönch, der als gläubiger Wunderheiler und Prediger durch Russland zog. Er hatte sich beim Zaren und seiner Frau unentbehrlich gemacht, nachdem er die Symptome ihres ältesten, an einer Bluterkrankheit leidenden Sohns lindern konnte. Außerhalb des Hofs stand man Rasputin jedoch skeptisch gegenüber. Es herrschten Gerüchte, er gehöre einer Sekte an, die unmoralischen Sexualpraktiken anhing, so soll er sich die Gunst einer ganzen Reihe von Frauen der gehobenen Gesellschaft in St. Petersburg erfreut haben. Andere Gerüchte berichteten, er sei Alkoholiker gewesen. Während des Ersten Weltkriegs wurde er beschuldigt, deutscher Spion zu sein. 191[illegible] schmiedeten das russische Parlament, die Duma, und die Bojaren ein Mordkomplott gegen Rasputin. Die Umstände seines Tods sollen ebenso mysteriös gewesen sein wie die Person zu Lebzeiten. So erzählt der Volksmund, dass es erst nach mehreren Mordversuchen mit verschiedenen Mitteln gelang, Rasputin umzubringen.

Unten: Illustration des Krimkriegs: Angriff der britischen Leichten Brigaden bei Balaklava.

Die Qing-Dynastie in China

Die Regentschaft der Mandschus brachte China Veränderungen: von Gebietserweiterungen über Aufstände im 19. Jahrhundert bis zum Ende der kaiserlichen Herrschaft.

Die Mandschus

Die Mandschurei nordöstlich von Zentralchina war bergig und nur von Hirtennomaden, den Stämmen der Jurchen, dünn besiedelt. 1616 bildete der Mandschu-Führer Nurhaci eine Mandschu-Gesellschaft; er einte die unterschiedlichen tungusischen Stämme, die Nachfahren der Jurchen. 1636 führte sein Sohn Abahai die Selbstbezeichnung Mandschu ein und wandelte auch den Namen seiner Dynastie, Jin, in Qing um. Nurhaci hatte vor seinem Tod für sich das „Himmelsmandat" in Anspruch genommen und seine Absicht auf den kaiserlichen Thron erklärt; auch sein Sohn verfolgte dieses Ziel. Ende der 1630er-Jahre fiel Abahai in Nordchina ein. Als der Aufstand von 1644 den Tod des letzten Ming-Kaisers Chongzhen zur Folge hatte, marschierte Abahais Nachfolger Dorgon in Peking ein, schlug die Rebellion nieder und setzte Abahais Sohn Fu-lin auf den Thron – der Beginn der Qing-Dynastie.

Obwohl die Mandschus nicht chinesischer Abstammung waren, übernahmen sie Elemente der chinesischen Kultur und integrierten sie in ihre Art zu regieren. Dennoch waren sie ausländische Herrscher, und das wurde ihnen von vielen Chinesen bitter angekreidet; ihre Loyalität zu den Ming hielten die Chinesen bis Ende des 17. Jahrhunderts aufrecht. Als Fu-lin den Thron bestieg, war er noch ein Kind, die Macht lag in Dorgons Händen, der ein unpopulärer Herrscher war. Er stellte Mandschu-Prinzen Ländereien der Chinesen zur Verfügung und führte als obligatorische mandschurische Haartracht den Zopf ein. Er behielt andererseits viele chinesische Traditionen bei, wie die konfuzianischen Gebete bei Hof, in den Tempeln und in der Verwaltung. Statt die noch aus der Han-Dynastie stammende Kultur zu unterdrücken, gingen die Qing selbst in ihr auf und wurden Mandschu-Chinesen.

China und die Qing

Die beiden bemerkenswertesten Qing-Kaiser waren Kangxi (1661–1722) und sein Enkel Qianlong (1736–1796). Kangxi wurde 1661 im Alter von erst acht Jahren auf den Thron gesetzt; mit 13 entließ er seine Berater und regierte von nun an allein. Er gab den Chinesen Land zurück, bekämpfte die Korruption und senkte die Steuern. Er war davon überzeugt, dass Aus- und Fortbildung sowohl für ihn als auch für seine Beamten äußerst wichtig

Links: Henry Puyi war erst drei Jahre alt, als er 1908 Kaiser wurde. Puyi verzichtete 1912 formell auf den Thron, lebte aber weiter in der Verbotenen Stadt.
Rechte Seite: Ein Mitglied der chinesischen Geheimgesellschaft Yi-he-quan; vom Westen wurde der Aufstand ironisch als „Boxer"-Aufstand bezeichnet.

waren, und förderte die Künste und Wissenschaften. Militärisch gelang es Kangxi, die lange Zeit immer wieder auflodernden Aufstände chinesischer Staaten, der „Drei Feudalstaaten", die anfangs den Mandschus mit zur Macht verholfen hatten, zu beenden. Als Antwort auf die Bedrohung durch die Russen besetzten die Chinesen unter Kangxi das Amurgebiet, in dem tungusische Stämme rebellierten. 1689 wurde im russisch-chinesischen Vertrag von Nertschinsk der vorläufige Grenzverlauf geregelt.

Qianlong war 25, als er 1736 den Thron bestieg. Zu Beginn seiner Herrschaft durchlebte sein Reich eine Zeit der Sicherheit, des Friedens und des Wohlstands. Tibet und Taiwan waren mit China vereinigt, und Korea, Vietnam und Burma zahlten Steuern an den Kaiser; die Qing hatten das größte chinesische Reich aller Zeiten geschaffen. Diese Anhäufung von Ländereien war jedoch bei der rasch wachsenden Bevölkerung nicht genug. Mit zunehmendem Alter verlor Qianlong an Macht, und Korruption breitete sich in der kaiserlichen Regierung aus – der Beginn des langsamen Verfalls.

Druck wurde von außen besonders von den Engländern, auf das Reich ausgeübt, die seit Mitte des 18. Jahrhunderts den Handel mit Indien kontrollierten. Die Kriege zwischen England und China, die so genannten Opiumkriege im 19. Jahrhundert, resultierten aus dem Anspruch des viktorianischen England, auch in China wirtschaftliche Rechte geltend machen zu können.

Der Yi-he-quan-Aufstand („Boxer"-Aufstand)

Gegen Ende des 19. Jahrhunderts war China gezwungen, die so genannte von den USA initiierte „Politik der offenen Tür" zu akzeptieren, was allen Staaten den freien Handel mit China garantierte; so wuchs der Einfluss von Ausländern im Reich. Gleichzeitig scheiterten Versuche einer inneren Reform, die der Politk des Kaiserhofs entgegenliefen. Der Volkszorn gipfelte im Yi-he-quan-Aufstand („Fäuste für Gerechtigkeit und Harmonie", „Boxer"-Aufstand), ein fremdenfeindlicher Volksaufstand, der offiziell gutgeheißen wurde. Ausländer und zum Christentum konvertierte Chinesen wurden ermordet und die ausländischen Botschaften in Peking geschlossen. Der Aufstand wurde schließlich militärisch durch den Einsatz einer internationalen Truppe niedergeschlagen; dabei kämpften Soldaten aller Großmächte unter Führung eines Oberbefehlshabers. Das Ergebnis war eine noch größere Demütigung Chinas, der Aufstand hinterließ ein zutiefst instabiles Land.

China war bestrebt, sich zu modernisieren, um mit dem Westen konkurrieren zu können; der Tradition einer Kaiserherrschaft war das Ende vorbestimmt. 1911 wurde Puyi, der letzte Kaiser von China, abgesetzt. Die Dynastie der Qing hatte damit ihr Ende gefunden.

Die Entwicklung der Vereinigten Staaten

Seit ihren Anfängen entwickelten sich die Vereinigten Staaten von Amerika zu einer der mächtigsten Nationen der Welt – trotz interner Konflikte und Kriege mit den Nachbarn.

Die frühen Jahre der Union

Noch im Jahr der Verfassungsgebung wurde George Washington 1789 zum ersten Präsidenten der Vereinigten Staaten gewählt. Doch bereits zu Beginn seiner zweiten Amtszeit führten Meinungsunterschiede innerhalb der Koalitionsregierung zur Bildung von konkurrierenden politischen Parteien.

Außenminister Thomas Jefferson und Finanzminister Alexander Hamilton schieden aus ihren Ämtern – der eine gründete die Republikanische, der andere die Föderalistische Partei. Jefferson wünschte sich eine agrarisch geprägte Gesellschaft, in der die Rechte des Einzelnen geschützt wurden, während Hamilton die Vision einer von der Industrie unterstützten starken Bundesregierung verfolgte. Wachsende interne Konflikte, aber auch politische Aufstände in anderen Regionen der Welt und die von Washington dabei verfolgte Außenpolitik spielten ihre Rolle in dieser Entwicklung. Washington plädierte für Neutralität in ausländischen Konflikten, bemühte sich aber gleichzeitig um gute Verbindungen zu anderen Staaten, um den ökonomisch notwendigen Handel zu sichern.

Als es 1793 zum Krieg zwischen Frankreich und Großbritannien kam, waren Amerikas Loyalitäten gespalten. Amerika hatte 1778 ein Bündnis mit Frankreich geschlossen, und französische Truppen hatten im Unabhängigkeitskrieg auf ihrer Seite gegen die Briten gekämpft. Doch ab 1793 war der Handel mit Großbritannien wieder vorrangig geworden. Offiziell nahm Amerika eine neutrale Position ein. Großbritannien griff aber in den amerikanisch-französischen Handel ein, kontrollierte und beschlagnahmte sogar amerikanische Schiffe. Die Amerikaner stimmten daraufhin 1794 dem Jay-Vertrag zu, der freien Handel mit England garantierte und im Gegenzug zur Räumung der englischen Grenzforts im Nordwesten Amerikas führte. Die mit der französischen Seite sympathisierenden Republikaner waren verärgert über das britische Vorgehen, aber auch über das rasche Einlenken der amerikanischen Regierung. Die Föderalisten hingegen sahen in den Frankreichsympathien der Republikaner ein ausgesprochen unpatriotisches Verhalten. Auch die Franzosen waren über den Vertrag erbost, den sie als Bruch der amerikanisch-französischen Allianz von 1778 sahen.

Nachdem sich Washington gegen eine dritte Amtszeit entschieden hatte, warnte er in seiner Abschiedsrede 1796 vor den Gefahren einer von Parteiinteressen geleiteten Politik und der Verwicklung in internationale Konflikte. Tatsächlich verschärfte sich die Spaltung Amerikas in der kommenden Zeit, und es drohte die Gefahr einer Konfrontation mit Großbritannien und Frankreich. Der Föderalist John Adams wurde

Links: George Washington (Bildmitte), der erste US-Präsident, wird am 30. April 1789 in der Federal Hall in New York City in sein Amt eingeführt. Der Chancellor des Staates New York, Robert R. Livingston (links), nimmt ihm den Amtseid ab. Mit dabei sind Arthur St. Clair, Samuel A. Otis, General Henry Knox, Roger Sherman (links v. W.) sowie Baron Friedrich von Steuben und John Adams (rechts v. W.).

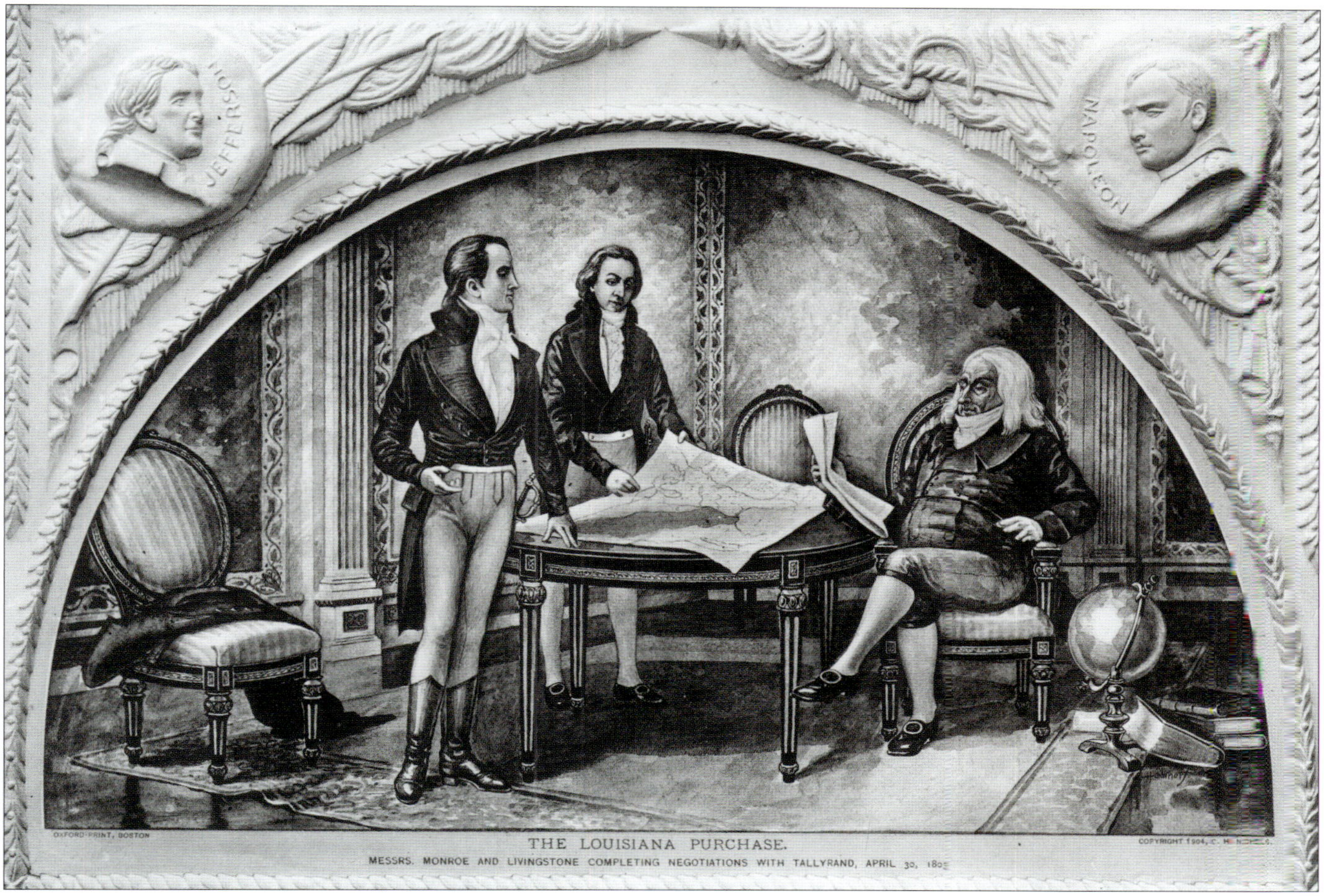

Oben: Die amerikanischen Staatsmänner James Monroe und Robert R. Livingston bei den Schlussverhandlungen über den Kauf von Louisiana mit dem französischen Außenminister Comte Talleyrand am 30. April 1803.

1797 Washingtons Nachfolger, Thomas Jefferson wurde Vizepräsident. Bald darauf begannen französische Schiffe, in Kaperfahrten amerikanische Handelschiffe aufzubringen. Adams ließ als Reaktion darauf Handelsschiffe bewaffnen, und es entbrannte ein nicht erklärter Seekrieg zwischen Amerika und Frankreich. Adams weigerte sich, offiziell Krieg zu erklären, und bemühte sich um eine Verhandlungslösung – trotz wachsender antifranzösischer Stimmung in seinem Kabinett und der Öffentlichkeit. Die Ausländer- und Aufruhrgesetze (Alien and Sedition Acts), die gegen Bedrohungen von außen gedacht waren, setzte er zur Festigung der Macht der Föderalisten und zur Unterdrückung der Opposition gegen seine Politik und die Unterstützung Frankreichs ein. Diese Gesetze waren höchst unpopulär und trugen unbeabsichtigt zur Unterstützung der Republikaner bei. Thomas Jefferson bemühte sich nach seiner Wahl zum Präsidenten (1800) um den Abbau des föderalistischen Einflusses.

Der Kauf von Louisiana

Obwohl zu dieser Zeit bereits eine gewisse Expansion nach Westen im Gange war, war sie nicht wesentlich über das Tal des Ohio hinausgekommen. Auch Jefferson, lange Zeit schon vom unerforschten Westen fasziniert, schien bei seinem Amtsantritt das Staatsgebiet nicht erweitern zu wollen. Spanien hatte im Jahr 1800 das Territorium Louisiana, das flächenmäßig den damaligen 13 Vereinigten Staaten entsprach, an Napoleon Bonapartes Frankreich abgetreten. Angesichts eines neuen Kriegs mit den Briten und einem Aufstand in ihrer karibischen Kolonie Santo Domingo hatten die Franzosen aber bisher versäumt, die Kontrolle in Louisiana zu übernehmen.

Die Amerikaner wurden durch einen Streit mit Spanien über die Verschiffung amerikanischer Güter von New Orleans aufgeschreckt. Zudem befürchteten sie weitere Einschränkungen ihres Handels, sollte Frankreich die Kontrolle über Louisiana tatsächlich übernehmen. Jefferson schickte James Monroe nach Paris, dort sollte er zusammen mit dem amerikanischen Botschafter Robert R. Livingston mit den Franzosen über den Kauf von New Orleans und möglichst großer Teile Floridas verhandeln. Zu ihrer großen

Überraschung bot Napoleon Livingston noch vor dem Eintreffen Monroes den Verkauf des gesamten Territoriums von Louisiana an. Man einigte sich auf einen Kaufpreis von 15 Millionen US-Dollar – 11 Millionen mehr, als der amerikanische Kongress dafür bewilligt hatte. Jefferson befürchtete, der Kauf (Louisiana Purchase) könne verfassungswidrig sein, doch die Zeit drängte, und so entwarf er einen entsprechenden Verfassungszusatz, der in einem Schnellverfahren vom Senat abgesegnet wurde, um etwaigen Rückzugsüberlegungen Napoleons zuvorzukommen.

Bereits vor diesem Kauf waren Meriwether Lewis und George Rogers Clark dabei, ihre später berühmt gewordene Expedition vorzubereiten. Der Kauf von Louisiana und die „Lewis-&-Clark-Expedition" eröffneten schlagartig die Möglichkeit zusätzlicher Erforschung und Besiedlung. Für Jefferson wurde Louisiana das Gebiet, in dem seine Vorstellungen einer ländlichen Gesellschaft Wirklichkeit werden sollten. Doch schon bald dominierten die Beziehungen zum Ausland die Politik.

Das Embargo-Gesetz und der Krieg von 1812

Teile des Louisiana-Territoriums grenzten direkt an oder umschlossen spanische und britische Besitzungen, daher kam es schnell zu Konflikten, und Jefferson suchte weitere Verhandlungen mit Napoleon. Dies führte zur Abspaltung der so genannten „Tertium Quids" innerhalb der Republikanischen Partei, die einen zu großen Einfluss Napoleons in Amerika befürchteten. Auch der vergebliche Versuch des ehemaligen Vizepräsidenten Aaron Burr, Texas in Besitz zu nehmen, verdeutlicht die innenpolitischen Debatten jener Zeit. Jeffersons Hauptproblem sollte aber die zunehmende Feindschaft Frankreichs und in noch stärkerem Maße die Großbritanniens werden.

Als der Konflikt zwischen beiden Ländern 1803 erneut aufflammte, versuchte Amerika wieder neutral zu bleiben, doch Franzosen und Briten kaperten erneut amerikanische Schiffe. Die Briten gingen sogar so weit, die gefangenen amerikanischen Seeleute zum Dienst in der Royal Navy zu zwingen. Das 1807 verabschiedete Embargo-Gesetz stoppte den Handel mit beiden Ländern, um sie zur Einstellung der feindlichen Aktionen gegen amerikanische Handelsschiffe zu zwingen. Doch das Embargo schlug auf das eigene Land zurück, und Jefferson musste es 1809, wenige Tage vor dem Ende seiner Amtszeit, wieder zurückziehen. Auch sein Nachfolger James Madison suchte zunächst eine friedliche Einigung mit Großbritannien, doch junge republikanische „Falken" im Kongress verlangten eine militärische Antwort, und so wurde 1812 der Krieg erklärt. Anfangs hatten die amerikanischen Truppen wenig Erfolg, und ihre Angriffe auf Kanada wurden zurückgeschlagen, doch auf See gelangen die Abwehr einer größeren britischen Invasion und weitere Siege wie in der Schlacht von Thames (1813).

Nach dem Sieg über Napoleon kamen neue britische Truppen aus Europa und eroberten die Stadt Washington, wo sie das Weiße Haus niederbrannten. Die Briten marschierten weiter nach Baltimore, das von den Amerikanern erfolgreich verteidigt wurde. Francis Scott Key wurde dadurch zu seinem Gedicht „Das sternenbesäte Banner" (The Star Spangled Banner, seit 1931 Nationalhymne der USA) inspiriert. Als auch ein von Kanada aus geführter Angriff der Briten abgewehrt wurde, begannen diese, an die Beendigung des Konflikts zu denken. Die Verhandlungen fanden in der belgischen Stadt Gent statt. Der Krieg endete offiziell mit der Unterzeichnung des Friedens von Gent im Dezember 1814. Doch bis die Nachricht in den USA eintraf, hatte sich von Ende Dezember bis in den Januar hinein eine Gruppe von Föderalisten in Hartford versammelt, um über eine Abspaltung der Neuengland-Staaten von der Union zu diskutieren (Hartford Convent). Auch die militärischen Auseinandersetzungen gingen weiter, und die Briten erlebten in der Schlacht von New Orleans eine herbe Niederlage. Als der Frieden endlich umgesetzt war, erschien vielen der Hartford-Konvent als Verrat – und tatsächlich läutete sie das Ende der Föderalisten-Partei ein.

Die „Ära des Wohlbefindens"

Die sich anschließende Periode, etwa von 1815 bis 1824, wurde als „Ära des Wohlbefindens" (Era of Good Feeling) bekannt, eine Formulierung, die von einer Zeitung nach einem Besuch des 1817 zum US-Präsidenten gewählten James Monroe in Boston geprägt wurde. In dieser Zeit waren innenpolitische Themen vorrangig, und es herrschte eine relative nationale Einheit. Der Einfluss der Föderalisten war geschwunden, die durch Parteiinteressen hervorgerufenen Uneinigkeiten waren vorbei, ebenso die Bedrohung durch ausländische Interventionen und Konflikte.

Der Krieg hatte aber auch unerwartete positive Entwicklungen gebracht: Durch die britischen Seeblockaden und die amerikanischen Handelsbeschränkungen befand sich die heimische Industrie vor allem im Nordosten im Aufschwung, während gleichzeitig die Landwirtschaft im Süden und Westen intensiviert wurde, um den steigenden Rohstoffbedarf zu decken. Auch die Union wuchs: Zwischen 1816 und 1821 kamen sechs neue Staaten – Indiana, Illinois, Maine, Mississip-

Oben: Eine Wagenkolonne mit amerikanischen Siedlern („homesteaders“) zieht um 1885 über die Rocky Mountains nach Westen.

pi, Alabama und Missouri – dazu, die vor allem durch Besiedlung des Louisiana-Territoriums entstanden.

Doch auch die „Ära des Wohlbefindens“ blieb von Härten nicht verschont, und der Wirtschaftsboom brachte neue Probleme. Mit der „Panik von 1819“ erlebte Amerika seine erste schwere Wirtschaftskrise. Als Reaktion auf gewagte Spekulationen und die unkonventionellen Geschäftspraktiken vieler Staatsbanken sowie zur Bekämpfung der galoppierenden Inflation verschärfte die neu gegründete Zweite Staatsbank (Second National Bank) ihre Kreditpolitik. Die zurückgezogenen Kredite trieben viele Staatsbanken in den Ruin und viele ihrer Kunden in den Bankrott. Die Krise wurde durch den vermehrten Zustrom ausländischer Waren, einen zurückgehenden Export und fallende Baumwollpreise verschärft. Die heimische Industrie und Landwirtschaft konnten da nicht mithalten, viele Menschen wurden arbeits- und obdachlos. Monroe wurde 1820 trotz der Krise wiedergewählt – aber ein neues, weitaus schwierigeres Problem stand an.

Bereits 1808 war der Import von Sklaven verboten worden, und die meisten der nördlichen Staaten hatten die Sklaverei, zumindest offiziell, seit 1790 abgeschafft. Die Südstaaten waren jedoch durch die Produktionssteigerungen auf den Baumwoll-, Zucker- und Tabakplantagen gerade während des Kriegs 1812 auf zusätzliche Arbeitskräfte angewiesen. Als 1820 Missouri, ein Staat mit Sklavenwirtschaft, die Aufnahme in die Union ersuchte, kam es zu einem heftigen Streit, doch es ging weniger um die moralische Bewertung der Sklaverei als vielmehr um das Machtgleichgewicht im Senat. Bis dahin gab es im Senat elf „freie“ und elf „Sklaven-Staaten“. Um diese Balance aufrechtzuerhalten, wurde der Missouri-Kompromiss ausgehandelt: Maine trat als weiterer freier Staat der Union bei, und im Süden von Arkansas wurde die Sklaverei zugelassen, im Norden und Westen dagegen verboten. Wenn sich schon um 1820 ein Ende der „Ära des Wohlbefindens“ abzeichnete, ganz sicher war sie für viele 1824 vorbei, als die Parteipolitik wieder an Bedeutung gewann. In diesem Jahr wurde die Demokratische Partei gegründet, und ihr Führer Andrew Jackson klagte sogleich über Korruption, die bei der Wahl von John Quincy Adams im Spiel gewesen sei. Zusammen mit seinen Anhängern begann er unmittelbar mit der Vorbereitung der kommenden Wahl, und 1829 wurde Jackson der 7. Präsident der USA.

Umsiedlung der Indianer

Um 1820 hatte sich die amerikanische Siedlungsgrenze (Frontier) bis zum Mississippi vorgeschoben, wodurch viele Indianerstämme nach Westen abgedrängt und von ihrem Land vertrieben wurden. Als Andrew Jackson 1829 Präsident wurde, war die Frontier noch weiter vorgerückt. Jackson war ein vehementer Befürworter der „Indianerumsiedlung“ und hatte schon früher diesen Prozess vorangetrieben, indem er 1814 und 1818 Militäraktionen gegen die Creek und Seminole angeführt und viele Millionen Hektar Land in Georgia, Alabama und Florida erobert hatte. In Verhandlungen zwischen 1814 und 1824 wirkte er entscheidend an Verträgen mit, die den im Süden lebenden Stämmen ihr Land im Austausch gegen Gebiete westlich des Mississippi wegnahmen – und so die Vereinigten Staaten um Territorien in Georgia, Alabama, Florida, North Carolina, Kentucky, Tennessee und Mississippi vergrößerte.

Doch nur wenige Indianer waren zu freiwilligen Umsiedlungen bereit, und viele verblieben auf dem Gebiet der USA. 1823 sprach ihnen das Oberste Bundesgericht (Supreme Court) ein Besitz- (das heißt Nutzungs-), aber nicht das Eigentumsrecht an ihrem Land zu. Mit verschiedenen Strategien versuchten die Indianer, ihr Land zu schützen – auch mit friedlicher Assimilation. Die Cherokee erklärten sich 1827 zu einer unabhängigen Nation und gaben sich sogar eine geschriebene Verfassung, denn die USA hatten zuvor erklärt, als Nation könnte ihnen ihr Land rechtmäßig überlassen werden. Ein Jahr nach seinem Amtsantritt erließ Jackson jedoch das Gesetz zur Umsiedlung der Indianer (Indian Removal Act), und in den folgenden Jahren wurden die Indianer dahingehend gelockt, übervorteilt, getrieben und schließlich gezwungen, weitere Teile ihrer Stammesgebiete für die Besiedlung des Westens aufzugeben. Diese Strategie führte schließlich zu einer Politik der Ausrottung und zu den Indianerkriegen (1860–1890), die ihren grausamen Höhepunkt im Massaker der US-Kavallerie an den Sioux am Wounded Knee fanden. Bis 1840 waren militärische Aktionen noch Einzelfälle geblieben, und die Regierung hatte zumindest einige Maßnahmen zum Schutz der in den USA verbliebenen Indianer getroffen; diese wurden jedoch halbherzig gehandhabt. Immer wieder aufbrechende Feindseligkeiten gaben Jackson den Anlass zum militärischen Eingreifen.

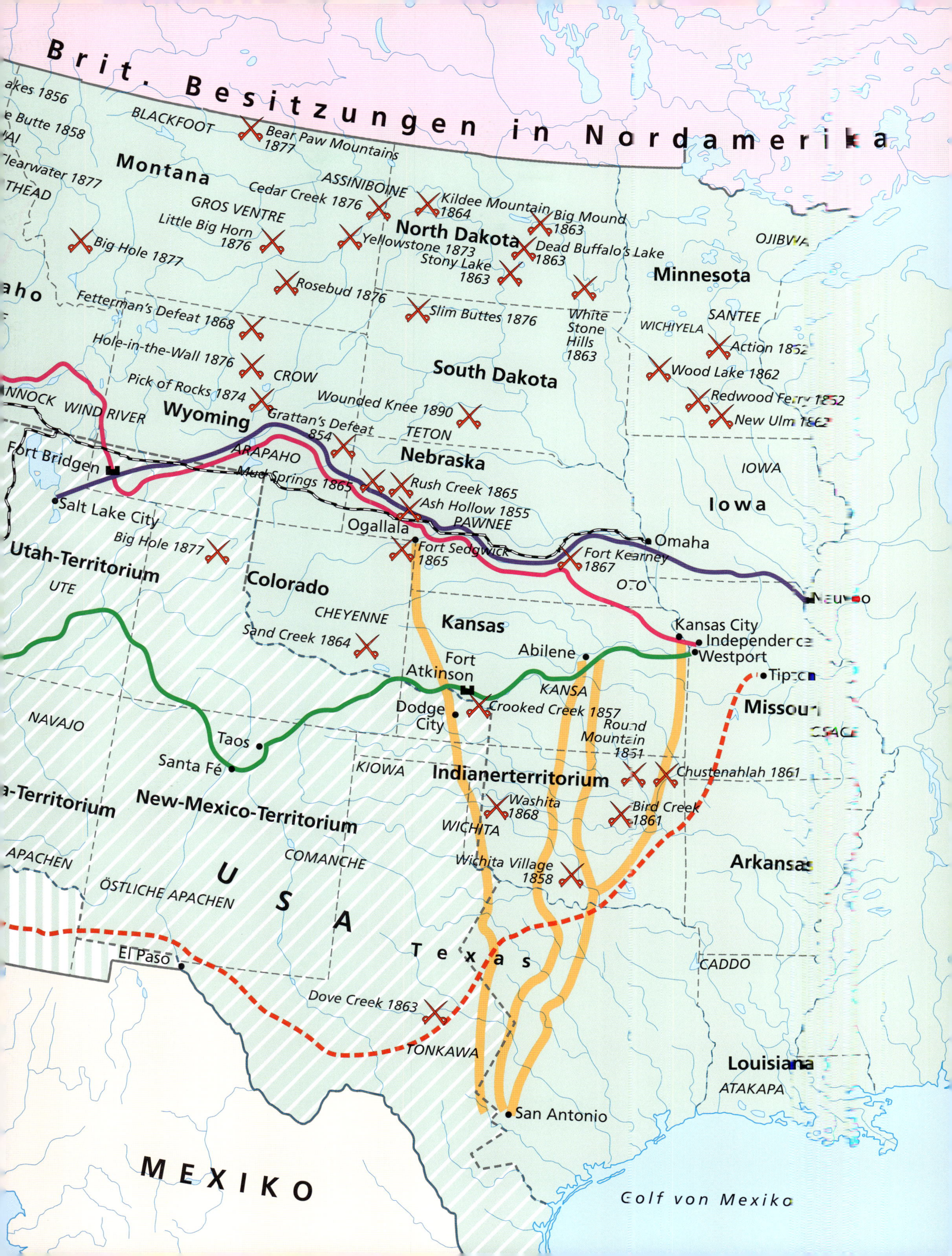

Brit. Besitzungen in Nordamerika
BLACKFOOT
Bear Paw Mountains 1877
Montana
ASSINIBOINE
Cedar Creek 1876
Kildee Mountain 1864
Big Mound 1863
GROS VENTRE
Little Big Horn 1876
North Dakota
Yellowstone 1873
Dead Buffalo's Lake 1863
Stony Lake 1863
Big Hole 1877
Rosebud 1876
Minnesota
OJIBWA
Slim Buttes 1876
White Stone Hills 1863
SANTEE
WICHIYELA
Fetterman's Defeat 1868
Hole-in-the-Wall 1876
CROW
Wood Lake 1862
South Dakota
Pick of Rocks 1874
Wounded Knee 1890
WIND RIVER
Wyoming
Grattan's Defeat 1854
TETON
ARAPAHO
Nebraska
Fort Bridgen
Mud Springs 1865
Rush Creek 1865
IOWA
Salt Lake City
Ash Hollow 1855
Iowa
PAWNEE
Ogallala
Omaha
Big Hole 1877
Fort Sedgwick 1865
Fort Kearney 1867
Utah-Territorium
OTO
UTE
Colorado
CHEYENNE
Kansas
Kansas City
Sand Creek 1864
Abilene
Westport
Fort Atkinson
KANSA
NAVAJO
Dodge City
Crooked Creek 1857
Round Mountain 1851
Taos
Santa Fé
KIOWA
Indianerterritorium
Chustenahlah 1861
New-Mexico-Territorium
Washita 1868
Bird Creek 1861
WICHITA
APACHEN
COMANCHE
Wichita Village 1858
Arkansas
ÖSTLICHE APACHEN
U S A
El Paso
Texas
CADDO
Dove Creek 1863
TONKAWA
Louisiana
ATAKAPA
San Antonio
MEXIKO
Golf von Mexiko

Andere Stämme, wie die Cherokee, wurden mit unzulässigen Verträgen übervorteilt. 1833 hatte erst eine kleine Gruppe der freiwilligen Umsiedlung zugestimmt. Als die überwiegende Mehrheit 1838 noch immer auf ihrem Stammesgebiet blieb, wurden tausende von Soldaten zu ihrer Vertreibung losgeschickt. Auf dem erzwungenen Zug nach Westen, dem „Trail of Tears" (Spur der Tränen), starben ungefähr 4000 Cherokee an Krankheit, Hunger und Erschöpfung. Um 1837 waren bereits 46 000 Indianer von ihrem Land östlich des Mississippi vertrieben worden, und durch Verträge war die Umsiedlung einer noch größeren Anzahl bereits beschlossen.

Den Amerikanern standen nun riesige Flächen zur Besiedlung und zum Aufbau weiterer Plantagen im Süden zur Verfügung.

Ab den 1840er-Jahren wurden neue Wege, so genannte Trails (Mormon-, Oregon- und California-Trail) angelegt, auf denen Rinder und Wagen durch die Great Plains nach Westen zogen. Und schon bald erleichterte ein Kanal- und Schienensystem den Transport größerer Warenmengen zwischen Norden, Süden und Westen und beschleunigte so die Entwicklung und Expansion der Vereinigten Staaten weiter.

Krieg gegen Mexiko

Durch den Sieg über Spanien hatten die Mexikaner 1821 Texas hinzugewonnen. Bald entwickelten sich Handelsbeziehungen zu den Amerikanern, die sich ebenfalls in der Region ansiedelten. Der Zustrom war so groß, dass die amerikanischen Siedler wenig später die mexikanische Bevölkerung zahlenmäßig übertrafen und Rufe nach einer Eingliederung Mexikos als US-Staat laut wurden. Unter der Führung von Sam Houston kam es 1835 zu einer erfolgreichen Revolution, und im Jahr darauf zur Erklärung der Unabhängigkeit von Mexiko. Zunächst zögerte Amerika daraufhin, den verbleibenden Sklavenstaat Texas einzugliedern, doch 1845 war es so weit – was die Spannungen innerhalb und zwischen den beiden Nationen wachsen ließ.

Gleichzeitig kam es zu Konflikten mit Großbritannien über Gebiete in Oregon, die jedoch 1846 beigelegt werden konnten, als die Briten das Hauptquartier der Hudson's Bay Company nach Fort Victoria weiter im Norden verlegten und einer Teilung entlang des 49. nördlichen Breitengrads zustimmten. Im gleichen Jahr kam es zum Krieg mit Mexiko. Der Konflikt

Unten: Die Hauptstraße von Dawson City, einer kanadischen Goldgräberstadt zur Zeit des Goldrauschs am Klondike.
Rechte Seite: Infanterist der Unionstruppen mit Gewehr und Bajonett.

dauerte anderthalb Jahre und erfasste Texas, New Mexico und Kalifornien, wo sich ebenfalls amerikanische Siedler aufgelehnt hatten. Mexiko leistete erbitterten Widerstand, doch seine unstabile Regierung und die überlegene Militärmacht der Amerikaner führten zu deren Sieg. 1848 kapitulierte Mexiko und musste Land nördlich des Rio Grande und des Gila River abgegeben, das heute zu den Bundesstaaten Kalifornien, Arizona, Nevada, Utah, New Mexico und zum Südwestteil von Kansas gehört. Die Vereinigten Staaten besaßen nun eine riesige, von Küste zu Küste quer über den Kontinent reichende Landfläche. Durch den Gadsden-Kaufvertrag (1853), initiiert von James Gadsden, der ein neues Eisenbahnnetz in der Region am Golf von Kalifornien, die Southern Pacific Railroad, plante, wurde weiteres Territorium von Mexiko erworben.

Expansion und Sklavenfrage

Der vorrangig industrielle Norden und der weitgehend agrarische Süden lagen mit ihren unterschiedlichen wirtschaftlichen Bedürfnissen und politischen Vorgehensweisen bereits seit langem im Streit. Zwar wurde der Patriotismus durch den Erfolg im Krieg gegen Mexiko und die dadurch erzielten Gebietsgewinne gefördert, durch partikulare Konflikte aber zusehends wieder gedämpft, als die Frage der Sklaverei erneut in den jungen Staaten im Westen auf die Tagesordnung rückte. Der republikanische Norden unterstützte den Vorschlag, die Sklaverei in allen dazugewonnenen Territorien Mexikos mit Ausnahme von Texas zu verbieten (Wilmot Proviso). Die Demokraten im Süden lehnten dies mit der Begründung ab, dieses Gebiet liege südlich der im Missouri-Kompromiss festgelegten Linie. Sie plädierten für Souveränität der einzelnen Staaten, um die Siedler vor Ort über die Frage der Sklaverei entscheiden zu lassen. Die Sache wurde noch komplizierter, als Kalifornien – das als ehemals mexikanische Provinz zu Beginn des amerikanisch-mexikanischen Kriegs seine Unabhängigkeit erklärt hatte – als sklavereifreier Staat der Union beitreten wollte. Nach ersten Goldfunden 1848 wurde das Thema immer dringlicher, denn der Goldrausch lockte monatlich tausende neuer Siedler nach Westen. Im Süden überlegte man, Sklaven als Goldgräber oder in den verschiedenen Industrien einzusetzen. Im Norden dagegen wuchs das Lager der Befürworter der Abschaffung der Sklaverei (Abolitionisten) zunehmend auch aus moralischen Überlegungen heraus. Die Zeit drängte daher zu einer Entscheidung über die Zukunft der Sklaverei.

Der Kompromiss von 1850 sah Maßnahmen vor, die Sklavenhalter wie auch Abolitionisten befriedigen sollten; er erschien vielen zunächst als tragfähige Lösung. Doch die Idee der staatlichen Souveränität in der Sklavenfrage führte zu Unruhen in Kansas. Während des Präsidentschaftswahlkampfs 1860 zeichnete sich ab, dass viele im Süden keine Alternative zur Abspaltung von der Union sahen, sollte der Republikaner Abraham Lincoln die Wahl gewinnen. Lincoln gewann die Wahl – allein mit den Stimmen der Nordstaaten.

Bürgerkrieg (Sezessionskrieg)

Kurz nach Lincolns Wahl trat 1861 South Carolina als erster Staat aus der Union aus, bald folgten sieben weitere Staaten im Süden, die eine Konföderation bildeten. Mit der Einnahme von Fort Sumter in South Carolina durch die Truppen der Konföderierten begann am 12. April der Konflikt. Lincoln stellte eine Freiwilligenarmee zusammen, worauf weitere fünf Staaten der Konföderation beitraten. Die Union plante eine Seeblockade der südlichen Küste; gleichzeitig wollte man versuchen, die Hauptstadt der Südstaaten, Richmond in Virginia, zu erobern und die wichtigsten Flüsse im Westen unter Kontrolle zu bringen. Die ersten Konfrontationen brachten jedoch eine Niederlage für die Union, obwohl sie scheinbar viele Vorteile auf ihrer Seite hatte: Die Bevölkerung der Nordstaaten war größer und konnte somit mehr Soldaten und Arbeitskräfte für die Kriegswirtschaft stellen. Die Industrie war stärker ausgebaut, die Landwirtschaft breiter gefächert, und das Verkehrsnetz (Straßen, Wasserwege und Eisenbahnen) war besser und flächendeckend entwickelt, was Kommunikation und Nachschub erleichterte.

Oben: Abraham Lincoln, der 16. Präsident der USA (1861–1865).

Doch auch die von Jefferson Davis geführten Konföderierten hatten einige Vorteile aufzuweisen: eine stärkere militärische Tradition mit disziplinierten Truppen und erfahrenen Offizieren wie Robert E. Lee, Joseph Johnston und Thomas „Stonewall" Jackson. Viele Kämpfe fanden zudem auf dem Terrain der Konföderation statt. Der Süden musste im Grunde nur standhalten, um den Krieg zu gewinnen, während der Norden den Gegner besiegen und danach aktiv befrieden und einbinden musste, wollte er, wie beabsichtigt, die Union wieder herstellen.

Der Süden versuchte, in das nördliche Territorium vorzustoßen, wurde aber bei Antietam (1862) und Gettysburg (1863) erfolgreich abgewehrt. 1863 wurde Lincolns Emanzipationserklärung verabschiedet, welche die Sklaverei im Gebiet der Konföderation abschaffte und nun Schwarzen den Dienst in der Unionsarmee ermöglichte. Obwohl der Krieg zum Teil aus der Kontroverse um die Sklaverei entstanden war, hatte auch die Union deren völlige Abschaffung bisher nicht angestrebt. Dieser auch zur politischen und militärischen Stärkung der Union gedachte Schritt sollte weitreichende Konsequenzen für den Konflikt haben – mit anhaltenden Auswirkungen für die Union ebenso wie für die schwarzen Amerikaner.

Im gleichen Jahr eroberte General Ulysses S. Grant Vicksburg und sicherte den Mississippi. 1864 übernahm er das Oberkommando über die Unionstruppen und ging gegen Richmond vor, während General Sherman in einem zeitgleichen Angriff nach Atlanta und an die Küste vorrückte, um die Truppen der Konföderierten einzukreisen und vom Nachschub abzuschneiden. Nach langer Belagerung zog sich die Südstaatenarmee nach Appomattox zurück und musste dort am 9. April 1865 kapitulieren. Fünf Tage nach Unterzeichnung des Friedensvertrags wurde Abraham Lincoln am 14. April 1865 im Ford's Theater in Washington ermordet. Der Täter, ein Schauspieler namens John Wilkes Booth, hatte bereits 1864 mit den Konföderierten die Entführung Lincolns geplant. Vizepräsident Andrew Johnson trat Lincolns Nachfolge an.

Rekonstruktion des Südens

Die Rekonstruktionsgesetze von 1867 sollten die Bedingungen schaffen, um den Süden zu reorganisieren und die Südstaaten wieder in die Union einzugliedern und so Norden und Süden wieder zu vereinen. Doch die Nation blieb tief gespalten. Der Süden war jahrelang von der wirtschaftlichen und industriellen Entwicklung und der Infrastruktur im Norden abgekoppelt gewesen. Die Kriegsniederlage sorgte für zusätzlichen Aufruhr, zumal durch die Abschaffung der Sklaverei der wirtschaftliche Ruin drohte. Die nun voranschreitende Industrialisierung und Urbanisierung im Norden war weitgehend privaten Initiativen zu verdanken. Dem Staat fehlten die Mittel und zum Teil auch der Wille, für entsprechende Entwicklungen im Süden zu investieren und die für einen effektiven Wiederaufbau notwendigen Summen bereitzustellen – was die politischen Auseinandersetzungen weiterhin nicht zur Ruhe kommen ließ.

1865 hatte der Kongress das „Freedmen's Bureau" eingerichtet, das ehemalige Sklaven mit Essen, Kleidung, Medikamenten, Land und Ausbildung versorgen sollte. Im gleichen Jahr verabschiedeten viele Südstaaten – in denen die Ansicht, Schwarze seien minderwertig, noch weit verbreitet war – Gesetze zur Ausgrenzung und Unterdrückung der Schwarzen (Black Codes). Diese Gesetze wurden jedoch durch das Bürgerrechtsgesetz (Civil Rights Act) von 1866 und die 14. und 15. Zusätze zur Verfassung (Amendments) für ungültig erklärt: Schwarze erhielten die vollen Bürgerrechte, die Gleichstellung vor dem Gesetz und die Zulassung zu Wahlen. In den 1870er-Jahren gewannen die Demokraten im Süden wieder verstärkt Zulauf, unter anderem wegen der ungleichen Lebensbedingungen im Norden und Süden sowie nach Klagen über tatsächliche und vermeintliche Korruption der Republikaner bei der Wahl 1876. Daraufhin wurde 1877 ein Kompromiss gefunden. Die Besetzung des Südens wurde beendet, und die Demokraten kamen wieder an die Macht. Die Rekonstruktion fand damit ihr Ende – mit dem Effekt, dass die weißen Südstaaten-Demokraten die Rechte der Schwarzen erneut ignorieren konnten und zugleich paramilitärische rassistische Gruppen wie der Ku Klux Klan begannen, die schwarze Bevölkerung zu terrorisieren.

Das vergoldete Zeitalter

Die Rekonstruktion war in mancher Hinsicht ein zum Scheitern verurteiltes Projekt, und man sprach wegen der Unruhen schon von einem „Zweiten Bürgerkrieg". Die Zeit brachte aber auch Reformen und Fortschritt und stand für die grundlegenden gesellschaftlichen Veränderungen, die nach dem Ende des Bürgerkriegs einsetzten und Amerika bis zum Beginn des 20. Jahrhunderts in eine moderne Nation verwandelten. Diese Ära wird als das „vergoldete Zeitalter" (Gilded Age) bezeichnet, denn Mark Twain hatte 1873 in einem Roman mit diesem Titel Wohlstand, Expansion, Ausschweifungen und Korruption der Periode zu schildern versucht. Die Dominanz großer Firmen, massive Industrialisierung und Urbanisierung begleiteten und beschleunigten Amerikas Entwicklung von einer agrarisch geprägten Gesellschaft hin zur modernen Industriegesellschaft. Die Auswirkungen waren positiv wie auch negativ. Die industrielle Revolution unterstützte weitere Ansiedlungen im ressourcenreichen Westen, brachte dramatische Verbesserungen bei Transportmitteln (1869: erste transkontinentale Eisenbahnlinie), Kommunikations- und anderen Technologien. Das förderte das Wirtschaftswachstum. Während es Amerikaner gab, die nach persönlichem Reichtum strebten und solche, die dabei auch vor Korruption nicht zurückschreckten, engagierten sich auf der anderen Seite Amerikaner für die Verteilung des Wohlstands, gründeten Gewerkschaften und betrieben die Verbesserung der Arbeitsbedingungen.

Durch die Entwicklung der Städte wurde das „vergoldete Zeitalter" auch zur Periode der Sozialreformen. Aufgrund von Urbanisierung, Bevölkerungswachstum und Masseneinwanderung entstanden Probleme, die nur gelöst werden konnten, wenn die Benachteiligung von Minderheiten und gesellschaftlich Abgestiegener wesentlich reduziert wurden. Immigranten, Schwarze und Frauen wurden zunehmend gefördert, und es entwickelte sich eine eigenständige städtische Kultur. Am Ende des 19. Jahrhunderts war aus Amerika eine führende Industriemacht mit einer vielschichtigen Kultur geworden.

Spanisch-Amerikanischer Krieg

Das Wachstum der amerikanischen Industrie und Wirtschaft im ausgehenden 19. Jahrhundert führte zur Ausdehnung über das ursprüngliche Territorium hinaus und schuf die Grundlagen für den amerikanischen Imperialismus. Bereits in den 1890er-Jahren flossen große Investitionen in den Zuckerhandel der spanischen Kolonie Kuba. Doch während die amerikanischen Geschäftsleute von hohen Importzöllen profitierten, war die kubanische Wirtschaft angeschlagen. Kubanische Nationalisten hatten schon zwischen 1868 und 1878 gegen die spanische Herrschaft gekämpft, und 1895 kam es erneut zu gewaltsamen Aufständen, die den Handel mit Amerika zum Erliegen brachten. Auf beiden Seiten kam es zu Grausamkeiten, doch angeheizt durch Sensationspresse und die Bedrohung amerikanischer Investitionen wurde die öffentliche Meinung in den USA immer feindseliger gegenüber Spanien.

Als William McKinley 1897 das US-Präsidentenamt übernahm, war er zunächst gegen eine Intervention. Doch für die Explosion des US-Schiffs „Maine' im Hafen von Havanna (1898) machte man die Spanier verantwortlich, und kurz darauf wurde der Krieg erklärt. Nach wenigen Monaten hatten die USA Spanien besiegt, ihr Vorgehen gegen die spanischen Kräfte von der Karibik aus auf den Pazifik ausgedehnt und waren auf den Philippinen, Guam und Hawaii einmarschiert. Diese und noch tausende weitere Pazifikinseln wurden nach dem Frieden von Paris (1898/99) annektiert.

Die USA hatten sich zu einem Imperium mit Besitzungen im Atlantischen und Pazifischen Ozean entwickelt. Der kommerzielle Nutzen eines Wasserwegs zwischen Atlantik und Pazifik war schon früher erkannt worden; doch jetzt belebten auch strategische Interessen wieder Pläne zum Bau eines Kanals am Isthmus von Panama. Nach einer von den USA unterstützten Rebellion errang die kolumbianische Provinz Panama 1903 ihre Unabhängigkeit und wurde von Präsident Theodore Roosevelt (1901–1909) sogleich anerkannt. Als Gegenleistung verpachtete Panama den USA die Kanalzone beiderseits des Wasserwegs. Als der Bau des Panamakanals 1914 vollendet war, bedeutete das nicht nur eine gewaltige Ingenieursleistung, sondern auch einen großen Schritt für die USA – weg von ihren isolationistischen Anfängen hin zu einer bedeutenden Weltmacht.

Die Teilung Afrikas

Eine Verkettung von Umständen trieb die Expansion der Europäer und die Kolonisierung Afrikas voran und führte zur raschen Aufteilung des gesamten Kontinents.

Afrika zu Beginn des 19. Jahrhunderts

Im frühen 19. Jahrhundert war das afrikanische Binnenland noch weitgehend unbekannt, obwohl sich schon seit Jahrhunderten Handelswege durch den gesamten Kontinent zogen. Mit Beginn der Kolonisierung und der Ausbreitung des Islams – um nur zwei Faktoren zu nennen – setzte bald ein rascher Wandel ein. Hafenstädte wie Mombasa gewannen an Bedeutung, als durch den Handel mit Waren – und vor allem mit Sklaven – die Kontakte zur übrigen Welt zunahmen.

Die Europäer waren zuerst nur an den Küsten präsent. Von Neugier, der Suche nach Rohstoffen und manchmal auch von Missionseifer getrieben, starteten sie bald Expeditionen ins Innere des Kontinents. Diese weckten in Europa ein erhebliches Interesse, und die Karten, die die Entdecker erstellten, bildeten die Grundlage für den Kolonialisierungswettlauf, der bald darauf einsetzte.

Ringen um Afrika

Im Verlauf des 19. Jahrhunderts änderte sich die Haltung Europas zum Kolonialismus. Ursprünglich waren die Europäer in Afrika mit Handelsposten und kleineren Kolonien zufrieden gewesen. Doch als sich neue, wettbewerbsfähige Nationen bildeten und die wirtschaftlichen Verhältnisse sich änderten, begann ein Wettlauf um die wertvollsten Territorien. Sobald eine Nation ein Gebiet für sich beanspruchte, reagierten die anderen. Vor allem Frankreich hatte sich durch die Eroberung Algeriens im Jahr 1830 bis zur Einnahme Tunesiens 1881 ein großes zusammenhängendes Kolonialreich mit Schwerpunkten in West- und Äquatorialafrika geschaffen.

Die Einigung Deutschlands unter Bismarck schuf eine weitere Nation, die nach kolonialem Besitz strebte; Deutschlands Ambitionen in Afrika zwangen die etablierten Kolonialmächte, ihre Expansion verstärkt voranzutreiben. So annektierten die Briten Gebiete in Westafrika, wo sie bisher nur einige Forts an der Küste besaßen; am Ende des 19. Jahrhunderts waren Nigeria, Ghana, Sierra Leone und Gambia britische Kolonien. Land zu annektieren wurde dabei nicht nur als wirtschaftliche Notwendigkeit gesehen, sondern als patriotische Pflicht.

Am Ende des 19. Jahrhunderts gaben Belgien und Deutschland den Startschuss zum wahren „Rennen um Afrika“. Weil Deutschland Deutsch-Südwestafrika und Deutsch-Ostafrika beanspruchte, sahen sich andere Regierungen alsbald im Hintertreffen. Bismarck berief eine Kongo-Konferenz nach Berlin ein, wo die Aufteilung Afrikas beschlossen wurde. König Leopolds Anspruch auf Belgisch-Kongo wurde stattgegeben, was in Frankreich Ängste schürte, die wiederum zur Annexion von Französisch-Kongo führten. Dies wiederum löste eine Kettenreaktion aus, und jede Regierung beeilte sich, ihre Interessen durchzusetzen.

Dieser Wettlauf kam zu keinem Ende: Die verschiedenen Nationen versuchten weiter, sich gegenseitig auszustechen, und verlagerten ihre Kämpfe von Europa nach Afrika. So standen sich etwa Franzosen und Engländer am Nil gegenüber, den die Franzosen beanspruchten, um die britische Expansion zu stoppen. Ein großer internationaler Konflikt konnte nur deshalb knapp vermieden werden, weil die Franzosen einem Rückzug zustimmten.

Burenkrieg

Die Konflikte zwischen den in Afrika engagierten europäischen Nationen führten 1899 bis 1902 zum Burenkrieg. Im südlichen Afrika waren große Gold- und Diamantvorkommen gefunden worden. In diesem Gebiet lebten Nachkommen holländischer Kolonisten, die „Afrikaaner“, auch „Buren“ (freie Bürger) genannt wurden. Als die Briten während der napoleonischen Kriege den Holländern ihre Kolonie abnahmen, hatten die Buren bereits eigene Staaten gegründet: Transvaal und Oranje-Freistaat. Nun strömten von überall her Goldgräber in die Region, und es wurde wild spekuliert. Die britische Regierung fürchtete, die Buren würden sich mit den Deutschen verbünden und die Wege nach Osten kontrollieren, und so wuchsen die Spannungen. Im Oktober 1899 besiegten die Buren britische Truppen, die sich an ihrer Grenze sammelten, doch den folgenden Krieg verloren sie. Danach kämpften sie noch zwei Jahre lang einen Guerillakrieg, wurden aber schließlich von der britischen Armee besiegt.

AFRIKA, um 1830
Britischer Besitz
Französischer Besitz
Osmanischer und ägyptischer Besitz
Portugiesischer Besitz
Spanischer Besitz
Afrikanische Staaten
Ostafrikanische Sklavenhandelsroute, um 1830–1876
Legale Haupt-Sklavenrouten mit Datum, wenn bekannt
Mfecane-Bewegungen
Boer, Großer Treck, 1835–1836
PORTUGAL
Spanien
Ceuta zu Spanien
Algier 1830 zu Frankreich
Tunis
Madeira 1418 zu Spanien
Tanger
Fes
Mazagan
Algerien 1830–1848 zu Fr.
Oran zu Spanien
TUNIS nominal abhängig bis 1881
Mittelmeer
Kanarische Inseln 1496 zu Spanien
Sultanat MAROKKO
Tripolis
Tripolis
Cyrenaika 1521–1835 autonom
Alexandria
Kairo
Arabien
Fessan
Nil
Rotes Meer
Assuan
Ägypten 1811 autonom
Arguin
Wüste Sahara
Pador
Timbuktu
KAARTA
Suakin 1818 zu Ägypten
Nubien 1820–1822 zu Ägypten
Wara
OUADAI
DARFUR
Khartum gegr. 1830
KHASSO
zu England
SEGU
MASINA
BORNU
Tschadsee
KORDOFAN
Gonda
FUTA JALLON
PORT. GUINEA
SOKOTO
Niger
IBADAN-REICH
NUER
ÄTHIOPIEN
Freetown
Sierra Leone 1787–1807 zu England
ILORIN
ADAMAWA
ASHANTI
DAHOMEY
Benue
Accra
Whydah
BENIN
LIBERIA
Monrovia gegr. 1821
GOLDKÜSTE 1821 zu Engl.
Fernando Póo 1483 zu Portugal 1778 zu Sp. 1827–1834 zu Br.
Bucht von Benin
Ubangi
in die Karibik und USA
Principe 1483 zu Portugal
GALLA
São Tomé
BUNYORO
BUGANDA
Annobón 1483 zu Portugal 1778 zu Spanien
Kongobecken
Victoriasee
RUANDA
MASAI
Kongo
BURUNDI
SUKUMA NYAMWESI KOMPLEX
OMAN. SOUVERÄNITÄT
ATLANTISCHER OZEAN
Kongo
KONGO
Tabora
in den Mittleren Osten
BENA HEHE KOMPLEX
Nach Südamerika
Luanda gegr. 1576
KÖNIGREICH MWATA YAMVO
Kilwa
NGINDO KOMPLEX
Bunkeya
Kazembe
CHOKWE
YEKE
BEMBA
Angola 1484 zu Por
Benguela
OVAMBO
Caconda 1685 zu Portugal
Njassasee
NDAMBA PGORO KOMPLEX
1485 zu Portugal
Sambesi
Sainte Marie
LOZI
Tete gegr. 1511
OVAMBO
Portugiesisch Ostafrika
MERINA
Sofala 1505 zu Portugal
Limpopo
Kalahari-wüste
BECHUANA
Delagoabucht
ZULU
Oranje
Port Natal 1824–1839 zu England
Kapkolonie
Kapstadt gegr. 1652
1795 zu England 1803 zu den Niederlanden 1806–1814 zu England
Nach Südamerika
0
0

Die Entwicklungen in Japan von 1868–1910

Lange Jahre der Isolation, eine Restauration und radikaler Wandel führten zu einer Modernisierung, die es Japan ermöglichte, zur Weltmacht zu werden.

Die Öffnung Japans

Jahrhundertelang hatte sich Japan abgeschottet und jedem ausländischen Einfluss widerstanden. Nagasaki war die einzige Stadt, in der Ausländer und Japaner Handel treiben konnten, seit die Holländer 1641 Zugang zu diesem Hafen ausgehandelt hatten. Das änderte sich 1853, als Kommodore Matthew Perry sein Geschwader vor Edo, heute Tokyo, ankern ließ, um den japanischen „Kaiser", also Shogun, einen Brief von Präsident Fillmore zu überreichen, in dem Verhandlungen über einen für die Amerikaner vorteilhaften Handelsvertrag gefordert wurden. Als Perry im Februar 1854 zurückkehrte, hatten die Japaner allen Vorschlägen Fillmores zugestimmt, und im März wurde der Vertrag von Kanagawa unterzeichnet.

Die Meiji-Restauration

Ab 1868 herrschte in Japan wieder der Kaiser. Es hatte zwar auch früher dem Namen nach Kaiser gegeben, aber seit 1603 lag die tatsächliche Macht in den Händen der Tokugawa-Familie, die eine Militärherrschaft, das Shogunat, errichtet hatte. Sie saß in Edo, der machtlose Kaiser in Kyoto.

Die Herrschaft der Tokugawa weckte den Neid der anderen Familien, aber jede allein war zu schwach, um den Shogun herauszufordern. 1866 legten jedoch einige Familien, die wichtigsten unter ihnen Satsuma und Choshu, ihre Streitigkeiten bei und besiegelten die Satcho-Koalition, um den Shogun zu stürzen und das Land zu restaurieren. Als ersten Schritt setzte diese Koalition die Shogunats-Regierung außer Kraft und konnte mit einer neuen Regierung die Kontrolle über den Kaiser erlangen. Als Nächstes sicherte sie das Land gegen den Westen und begann durch personelle Umbesetzungen eine Zentralregierung aufzubauen. Die Daimyo der vier wichtigsten Familien übergaben ihre Länder schließlich dem Kaiser, andere Daimyo schlossen sich an. Dadurch konnten neue Verwaltungseinheiten unter einer Zentralregierung geschaffen werden. Damit begann die Meiji-Ära – diesen Namen gab der 122. Kaiser Japans seiner Regierungszeit.

Die Meiji-Ära

Nach der Wiederherstellung der alten Machtverhältnisse lag die Regierungsgewalt dennoch nicht völlig in den Händen des Kaisers: Er musste sich nach den Fa-

milien richten, die für ihn gekämpft hatten. Das Ziel in der Meiji-Zeit war, Japan schnellstmöglich zu modernisieren, damit es so stark wurde wie der Westen und die nachteiligen Verträge aufheben konnte, die dieser ihm aufgezwungen hatte, seit Kommodore Perry Japan geöffnet hatte. Deshalb lud man ausländische Wirtschaftsberater nach Japan ein und schickte Japaner zum Studium ins Ausland. Der Feudalismus wurde beendet und die Armee modernisiert, wobei sich die Klasse der Samurai auflöste. Außerdem wurde die Gründung von großen Familienbetrieben, z. B. Mitsubishi, Mitsui und Sumitomo, unterstützt, was weiteres Wirtschaftswachstum brachte. Schließlich wurde im Jahr 1889 die Meiji-Verfassung verkündet, die eine Mischung aus traditionellen japanischen Vorstellungen vom Staat und westlicher Staatskunst darstellte. Dem Kaiser wurde dabei eine Stellung als absoluter göttlicher Monarch zuerkannt, der gleichzeitig den Staat verkörperte und über der Regierung stand.

Oben: Kaiser Yoshihito. Er folgte 1912 seinem Vater auf den Thron und regierte bis zu seinem Tod 1926.
Linke Seite: Kommodore Matthew Perry verabschiedet sich von der Kaiserlich-Japanischen Kommission nach der Unterzeichnung eines Vertrags, der die Hafenstädte Shimoda und Hakodate für den US-Handel öffnete.

Der Chinesisch-Japanische Krieg

Eine Bestätigung seiner wachsenden Macht war Japans Sieg im Chinesisch-Japanischen Krieg. China versuchte verzweifelt, Korea zu halten, während Japan immer stärker auf die Halbinsel drängte. Als es 1894 in Korea zur Rebellion kam, schickte China Truppen, um das dortige Regime zu stützen, Japan dagegen intervenierte zu Gunsten der Reformer. China weigerte sich, die neue Regierung anzuerkennen, die Japan ernannt hatte. Da erklärte Japan China den Krieg, rückte in die Mandschurei ein und versenkte die chinesische Flotte. Japans neue Armee hatte somit ihren ersten Test bestanden. Um Japan daran zu hindern, sich weiter auf dem Festland auszubreiten, zwangen Deutschland, Frankreich und Russland die Japaner, die Halbinsel Liaotung als Beute des Chinesisch-Japanischen Kriegs an China zurückzugeben.

Der Russisch-Japanische Krieg

Nach der Dreimächte-Intervention zu Gunsten Chinas hatte Russland begonnen, Truppen in die Mandschurei zu schicken, um Japans Vorherrschaft in Korea zu brechen. Japan hoffte, die Russen würden an den Verhandlungstisch kommen und man könne die Einflussgebiete festlegen. Doch die Russen brachen die Verhandlungen ab, und so gaben die Japaner im Februar 1904 schließlich eine militärische Antwort. Der Erfolg war auf ihrer Seite: Sie nahmen den Russen Port Arthur ab, schlugen die Pazifik-Flotte und eroberten die Stadt Shenyang.

1905 zogen die Russen mit ihrer Ostseeflotte in den Kampf. Nachdem diese um die halbe Welt gefahren war, wurde sie in der Schlacht von Tsushima geschlagen, bevor sie irgendetwas erreicht hatte. Der Krieg brachte Russland an den Rand einer Revolution; um die Kontrolle zurückzugewinnen, bat der Zar um Waffenstillstand. Dies war der erste große Sieg eines asiatischen Landes über ein westliches Land, und Japan wurde endlich als Weltmacht anerkannt.

Im Vertrag von Portsmouth wurde Russland im September 1905 gezwungen, die südlichen Sachalininseln und Port Arthur an Japan zu übergeben, sich aus der Mandschurei zurückzuziehen und den japanischen Einfluss in Korea zu akzeptieren; 1910 wurde Korea von Japan annektiert.

Die Russische Revolution

Krieg, Not und wachsende soziale Unruhen sowie die Unfähigkeit der Herrschenden führten zu einem der einschneidendsten Ereignisse des 20. Jahrhunderts, der Russischen Revolution.

Die letzten Tage der Zaren

Seit der Krönung Iwans des Schrecklichen 1547 zum Zaren war Russland eine absolutistische Monarchie. Während in anderen Staaten Europas Aufklärung und Französische Revolution gesellschaftliche Veränderungen bewirkt und die Macht der Monarchen beschnitten hatten, änderte sich in Russland an den Machtbefugnissen des Herrschers nichts. Alle Reformen, wie z.B. die Abschaffung der Leibeigenschaft 1861, räumten den Betroffenen kaum mehr Freiheit ein und dienten ausschließlich dazu, die Alleinherrschaft des Zaren zu festigen.

Gegen diese absolutistische Herrschaft regte sich im Laufe des 19. Jahrhunderts wachsender Widerstand, der 1881 zunächst in der Ermordung von Zar Alexander II. durch Revolutionäre gipfelte. Als der letzte Zar, Alexanders Enkel Nikolaus II., 1894 den Thron bestieg, hatte sich bereits eine starke Untergrundbewegung gebildet, zu der auch die marxistischen Revolutionäre gehörten, die Plechanow 1883 gegründet hatte. Zu Beginn des 20. Jahrhunderts verlor der Zar immer mehr die Kontrolle über wichtige Ereignisse, und eine Reihe von Fehlentscheidungen führte das Land in die Revolution.

Der Russisch-Japanische Krieg

Um 1900 rangen Russland und Japan um die Vorherrschaft in der chinesischen Region Mandschurei. Als Russland die Verhandlungen über seinen Abzug aus der Region abbrach, beschloss Japan, eine militärische Lösung herbeizuführen. Der Krieg (1904–1905) ging zu Gunsten Japans aus, was ganz Russland in einen Schock versetzte: Man war von den Japanern besiegt worden, die den Europäern bislang als wenig entwickeltes Volk galten; auf dem Höhepunkt seiner kolonialen Bestrebungen wurde Russland gezwungen, sich aus der Mandschurei zurückzuziehen und die japanische Dominanz in der Region zu akzeptieren. Noch während des Kriegs führte ein Priester im Januar 1905 eine friedliche Demonstration für Brot und Verfassungsreformen durch die Straßen von St. Petersburg. Sie wurde brutal niedergeschlagen und ging als „Blutiger Sonntag" in die Geschichte Russlands ein. Der Kriegsverlauf und die grausame Unterdrückung lösten überall in Russland Streiks und Demonstrationen aus und brachten das Land an den Rand einer Revolution. Die Lage entspannte sich erst, als der Zar sein „Oktobermanifest" verkündete, in dem er eine Verfassungsreform, ein neues Parlament und weniger Zensur versprach. Doch die angekündigten Neuerungen erwiesen sich als eine Scheinreform: Das Wahlrecht war kompliziert, die Macht lag beim Staatsrat, und der Zar konnte jedes Gesetz außer Kraft setzen. Der nächste Aufstand war damit absehbar.

Der Große Krieg

1914 wurde Erzherzog Franz Ferdinand von Österreich in Sarajewo ermordet. Österreich-Ungarn und Deutschland nahmen dies zum Anlass, militärisch gegen die Nationalbewegung in Serbien vorzugehen. Russland, das mit Serbien verbündet war, erklärte darauf den beiden Großmächten den Krieg.

Dieser Krieg führte die russische Wirtschaft und Gesellschaft an den Rand des Ruins. Der Militärdienst zog zu viele Arbeitskräfte ab, und Lebensmittel wurden knapp. Um die nur schleppend vorankommenden militärischen Operationen zu unterstützen, entschloss sich der Zar, an die Front zu fahren und die Operationen selbst zu leiten. Als die russische Armee geschlagen wurde, gab man dem Zar die Schuld für diese Niederlage. Zugleich legte er die Regierungsgeschäfte in die Hände seiner Frau, die allerdings deutscher Abstammung war und daher in Kriegszeiten kein großes Vertrauen genoss. Überdies befürchtete man, dass der unbeliebte Wunderheiler und Mönch Rasputin so zu großen Einfluss auf die Geschicke des Staats nahm. Damit untergrub der Zar seine eigene Autorität durch eine Reihe von Fehlentscheidungen.

Die Februarrevolution

Im Februar 1917 zeigte der Krieg immer noch keine Fortschritte für Russland. Die Lebensmittel wurden knapper; sogar Soldaten bekamen nicht mehr genug zu essen, was zu massenhafter Fahnenflucht führte; in den Städten kam es zunehmend zu Hungerrevolten. Um seine Autorität wiederherzustellen, versuchte der Zar, das Parlament aufzulösen.

Das Parlament weigerte sich, setzte eine provisorische Regierung ein und forderte die Abdankung des Zaren. Rasputin wurde ermordet, und dem Zaren

Oben: Zar Nikolaus II. und Mitglieder seiner Familie im Park von Zarskoje Selo, dem Sommerpalast. Von links nach rechts: ein Offizier, Nikolaus II. Großfürstin Tatjana, Großfürstin Olga, Großfürstin Marie, Großfürstin Anastasija und (vorn) Zarewitsch Alexis sowie einer der Söhne von Großfürstin Xenia Alexandrowna, der ältesten Schwester des Zaren.

blieb nichts anderes übrig, als zu Gunsten seines Bruders Michael abzudanken. Dieser lehnte die Krone jedoch ab. Unter der Führung von Alexander Kerenski beschloss die provisorische Regierung, den Krieg fortzusetzen. Der Krieg verschärfte aber alle inneren Probleme des Landes.

Die Oktoberrevolution

Die provisorische Regierung hatte von Anfang an einen schlechten Start: Sie wurde von einer schwachen Koalition unterschiedlichster Interessensgruppen getragen und hatte kein Mandat für ihre Herrschaft. Da sie sich entschloss, den Krieg fortzusetzen, konnte sie die dringendsten Probleme der Bevölkerung nicht lösen. Die Bolschewiki, eine Gruppe marxistischer Revolutionäre, waren die einzige Partei, die die Beendigung des Kriegs forderte; das brachte ihnen wachsenden Zuspruch bei der kriegsmüden Bevölkerung.

Nachdem die provisorische Regierung eine Amnestie verkündet hatte, kehrte im April 1917 der Führer der Bolschewiki, Wladimir Iljitsch Lenin, aus dem Exil zurück. Lenin forderte nicht nur Frieden, sondern auch Land und Brot für das Volk. Nach einem missglückten Aufstand floh er im Sommer 1917 erneut ins Exil, doch im Oktober kehrte er zurück und forderte seine Partei auf, die Revolution umzusetzen. Am 25. Oktober – nach dem julianischen Kalender, den die Russen immer noch benutzten – forderte die

Mehrheit der Delegierten im Kongress der Sowjets (oder Arbeiterräte) ein Ende der Kerenski-Regierung und versprach den Bolschewiki ihre Unterstützung. Diese stürmten noch am selben Tag den Winterpalast und führten einen beinahe unblutigen Staatsstreich aus. Nachdem St. Petersburg in der Gewalt der Bolschewiki war, breitete sich die Revolution über das ganze Land aus.

Festigung der Macht

Im März 1918 unterschrieb Lenin den Vertrag von Brest-Litowsk und beendete damit den Krieg gegen Deutschland. Russland musste große Gebietsverluste hinnehmen und die Ukraine, die baltischen Staaten, Armenien und Polen räumen. 1919 verließen die Bolschewiki die Zweite Internationale der europäischen Sozialisten, gaben sich den Namen Kommunistische Partei Russlands und gründeten die Kommunistische Internationale, um die Revolution zu exportieren.

Bürgerkrieg

Mit Beginn der Revolution brach sofort ein Bürgerkrieg zwischen den Bolschewiki (den „Mehrheitlern") und ihren Gegnern (den „Weißen") aus. Die Weißen stellten einen Querschnitt der Bevölkerung dar, von Militärs und Monarchisten bis zu Anhängern der orthodoxen Kirche. Nach Ende des Weltkriegs stießen auch britische, französische und amerikanische Truppen dazu, denn die Mächte Europas wollten die Ausbreitung der Revolution verhindern. Selbst moderate Linke wie die Menschewiki und Sozialrevolutionäre kämpften gegen die Bolschewiki. Doch unter Führung von Leo Trotzki gewannen diese den Bürgerkrieg. Um keine zusätzliche Unruhe in den Truppen zu erzeugen, hielt Trotzki die Armee zunächst von den kommunistischen Veränderungen fern. Er führte die Wehrpflicht ein, ordnete die Streitkräfte neu und rehabilitierte fähige Generäle, die vor der Revolution Dienst getan hatten. Und die Partei sorgte mit einem rücksichtslosen Kriegskommunismus dafür, dass die Soldaten nicht mehr hungern mussten: Sie ließ alle Lebensmittel der Bauern beschlagnahmen.

Die weiße Gegenrevolution war zerstritten: Manche Gruppierungen lehnten die Zusammenarbeit vollkommen ab, sodass bis zum Schlachtfeld keine Einigkeit herrschte. Die militärischen Aktionen der Weißen blieben unkoordiniert, und es fehlte der Rückhalt der Bevölkerung, die kriegsmüde war. Millionen Russen waren getötet worden oder emigriert, überall im Land herrschte Hungersnot, die Produktion in der Industrie und Landwirtschaft war zum Stillstand gekommen. Die Kommunisten siegten, doch sie mussten nun eine ganze Nation neu organisieren und wieder aufbauen.

Lenins letzte Jahre

Gegen den Widerstand seiner eigenen Partei setzte Lenin die so genannte neue ökonomische Politik (NÖP) durch, um die wirtschaftliche Situation im Land zu verbessern: Marktwirtschaft auf dem Land und eine gewisse Freiheit für die staatlichen Betriebe. Dadurch konnte die Produktivität erhöht und die Hungersnot beendet werden. Die Marxisten kritisierten diese Politik als Verrat der sozialistischen Prinzipien; Lenin war aber davon überzeugt, dass es sich um ein notwendiges, vorübergehendes Stadium auf dem Weg vom Agrarstaat zur Industrienation handelte. Im August 1918 verübte die Sozialrevolutionärin Fanny Kaplan einen Mordanschlag auf Lenin, und 1922 erlitt er einen Schlaganfall, der ihn zwang, sich stärker zurückzuziehen. Nach einem zweiten Schlaganfall im Dezember musste er sich ganz von der Politik verabschieden; nach einem dritten, im März 1923, konnte er nicht mehr sprechen. Er starb am 21. Januar 1924. Seine Leiche wurde einbalsamiert und ist – auch heute noch – im Moskauer Lenin-Mausoleum aufgebahrt.

Links: Leo Trotzki, Führer der Oktoberrevolution; er wurde 1929 aus der Sowjetunion ausgewiesen.

Die Russische Revolution
Russisches Gebiet, 1914
Russische Front, März 1917
Grenze laut Vertrag von Brest-Litowsk, März 1918
Sowjetische Grenze, März 1921
Weißrussische Armee
Nichtrussische, anti-bolschewistische Truppen
Stadt, eingenommen von den Bolschewiken von Nov. 1917 bis Febr. 1918 (Datum laut neuem Kalender)
Grenzen des von den Bolschewiki kontrollierten Gebiets
August 1918
Ostfront, April 1919
Oktober 1919
Unter sowjetischer Kontrolle, Mai 1920
RUSSLAND
FINNLAND
NORWEGEN
SCHWEDEN
Bottnischer Meerbusen
Barentssee
Weißes Meer
Flotte der Entente
Murmansk
Briten Franzosen Kanadier Italiener Serben
Kanadier Amerikaner
Franzosen Briten
Archangel 17.2.1918
Finnen
Onegasee
Petrosawodsk 17.1.1918
Ladogasee
Helsinki
Kronstadt
St. Petersburg (Leningrad) 7.11.1917
Judenitsch
Reval (Tallinn) 8.11.1917
Rigaischer Meerbusen
Riga
Nowgorod 27.11.1917
Wologda 8.2.1918
Pskow 15.11.1917
Letten
Baltendeutsche
Kostroma 15.12.1917
Jaroslawl 9.11.1917
Iwanowo 7.11.1917
Wjatka 8.12.1917
Ischewsk 9.11.1917
1918–1919 Koltschak
Witebsk 9.11.1917
Moskau 15.11.1917
März 1918 Regierung aus St. Petersburg umgezogen
Nischnij Nowgorod (Gorkij) 10.11.1917
Kasan 8.11.1917
Ufa 8.11.1917
Smolensk 12.11.1917
Kaluga 11.12.1917
Tula 20.12.1917
Minsk 7.11.1918
Brest-Litowsk
Transsibirische Eisenbahn
Tschechen
Gomel 12.11.1917
Orel 14.11.1917
Tambow 13.2.1918
Pensa 4.1.1918
Samara (Kuibyschew)
Orenburg 31.1.1918
Polen
Dnjepraner
Kiew 8.2.1918
Woronesch 12.11.1917
Don
Saratow 9.11.1917
Schitomir 22.1.1918
1919 Denikin
Poltawa 19.1.1918
Charkow 24.12.1917
1917–1919 Donkosaken
1918–1920 Armee der Ural-Kosaken
Rumänen
Jekaterinoslaw (Dnjepropetrowsk) 11.1.1918
Zarizyn (Stalingrad, Wolgograd) 27.11.1917
Wolga
Kischinew 10.12.1917
Nikolajew 27.1.1918
Nowotscherkassk 25.2.1918
Odessa 31.1.1918
1920 Wrangell
Rostow 10.11.1917
Astrachan
Sewastopol 29.12.1917
Simferopol 26.1.1918
Noworossijsk 14.12.1917
Franzosen
Schwarzes Meer
Briten
1919–1920 Georgische Menschewiki
1919–1920 Menschewiki
Kaspisches Meer
Flotte der Entente
Batumi
Tiflis (Tbilissi)
Kars
Baku
Krasnowodsk
OSMANISCHES REICH
PERSIEN
1918–1919
Täbris
N
0
200 km
200 Meilen

Erster Weltkrieg

Der „Krieg zur Beendigung aller Kriege" konnte genau dies nicht bewirken. Er brachte Millionen von Menschen den Tod.

Ursachen des Konflikts

Die Ursachen für den Ausbruch des Ersten Weltkriegs reichen über 40 Jahre zurück bis zum Deutsch-Französischen Krieg (1870–1871). Die Franzosen verloren damals Elsass und Lothringen und mussten Reparationsleistungen in Höhe von fünf Milliarden Goldfranken zahlen. Das neu gegründete Deutsche Reich entwickelte sich unter Kanzler Otto von Bismarck (seit 1867) militärisch und industriell zu einer europäischen Macht. Gegen die zunehmend misstrauisch werdenden Nachbarländer schloss er 1882 den Dreibund mit Österreich-Ungarn und Italien. Frankreich und Russland reagierten darauf mit dem Zweiverband. Großbritannien musste Position beziehen und unterzeichnete 1904 die „Entente cordiale" (herzliches Einverständnis) mit Frankreich, die im August 1907 mit Russland zur Tripelentente erweitert wurde. Die internationalen Allianzen waren damit besiegelt, sodass bei den stetig wachsenden Spannungen ein einziger Funke den Krieg auslösen konnte.

Unten: Nach 40 Jahren sahen die europäischen Staaten erstmals die Möglichkeit, militärischen Ruhm zu gewinnen. Man war überzeugt, an Weihnachten sei der Krieg vorbei. Von der öffentlichen Begeisterung erfasst, meldeten sich überall in Europa junge Männer zum Dienst in der Armee.

Der Besuch des österreichischen Thronfolgers Erzherzog Franz Ferdinand am 28. Juni 1914 in der bosnischen Hauptstadt Sarajevo lieferte den Anlass für die Eskalation. Österreich-Ungarn hatte 1908 Bosnien und Herzegowina annektiert; serbische Nationalisten wollten nun das von vielen Serben bewohnte Bosnien befreien. Der Besuch des Erzherzogs wurde als Provokation verstanden, und daraufhin erschoss Gavrilo Princip, Mitglied der serbischen Geheimorganisation „Schwarze Hand", am 28. Juni 1914 Franz Ferdinand und seine Gemahlin Sophie. Österreich-Ungarn sah mit dem Mord die Donaumonarchie bedroht und stellte Serbien, von Deutschland ermutigt, ein 48-Stunden-Ultimatum mit weitreichenden Forderungen. Als die serbische Antwort ungenügend blieb, brach Österreich-Ungarn die diplomatischen Beziehungen ab und erklärte am 28. Juli Serbien den Krieg. Russland reagierte darauf mit der Mobilmachung zur Unterstützung Serbiens. Und nachdem die deutsche Forderung nach Aufhebung der Mobilmachung in Petersburg abgelehnt wurde, erklärte Deutschland am 1. August Russland und zwei Tage später Frankreich den Krieg.

Deutschland hatte sich – auf Grund der Mittellage zwischen den Bündnispartnern Frankreich und

BÜNDNISSE BEI KRIEGSAUSBRUCH, Juli 1914

Zweibund Österreich-Ungarn und Deutschland, 1879–1914

Dreibund, 1882–1915 (=> Mittelmächte)

Zweiverband Frankreich und Russland, 1894–1917

Tripelentente, 1907–1917

Von Russland unterstützte nationalistische und Unabhängigkeitsbewegungen, 1879–1914

Sympathisanten der Mittelmächte

Sympathisanten der Ententemächte

Neutralität von Großbritannien garantiert

Neutral

Island
(Dänemark)
Europäisches
Nordmeer
N
Färöer
(Dänemark)
0
200 km
0
200 Meilen
NORWEGEN
SCHWEDEN
FINNLAND
Helsinki
St. Petersburg
Christiana
Stockholm
Nordsee
Ostsee
Glasgow
Edinburgh
DÄNEMARK
Kopenhagen
VEREINIGTES
KÖNIGREICH
Hull
Liverpool
Birmingham
Bristol
London
Amsterdam
NIEDERLANDE
Hamburg
Berlin
RUSSISCHES
REICH
Polen
DEUTSCHES REICH
Calais
Brüssel
BELGIEN
Rhein
Frankfurt
Prag
Krakau
Lemberg
Paris
Wien
Orléans
Budapest
FRANK-
REICH
Bern
SCHWEIZ
ÖSTERREICH-UNGARN
Donau
Atlantischer
Ozean
Lyon
Bordeaux
Mailand
Triest
RUMÄNIEN
Bukarest
Schwarzes Meer
Belgrad
Genua
Venedig
SERBIEN
BULGARIEN
Sofia
Marseille
MONTE-
NEGRO
ANDORRA
Adriatisches Meer
ITALIEN
Konstantinopel
OSMANISCHES REICH
ALBANIEN
PORTUGAL
Madrid
Barcelona
Korsika
Rom
Neapel
SPANIEN
Sardinien
Ägäisches
Meer
GRIECHEN-
LAND
Smyrna
Athen
Balearen
Alicante
Mittelmeer
Sizilien
Cádiz
Almería
Gibraltar
(Großbritannien)
von
Italien
besetzt
Kreta
Marokko
(Frankreich)
Algerien
(Frankreich)
Tunesien
(Frankreich)
Libyen
(Italien)

Oben: Frauen wurden 1915 als Arbeiterinnen in Munitionsfabriken eingesetzt.
Rechte Seite oben: Britische Marinesoldaten marschieren durch Ostende.
Rechte Seite unten: Auch in den Kampfpausen war das Leben in den Schützengräben hart. In den oft überfluteten Gräben litten viele Soldaten an Fußbrand („Schützengrabenfüße").

Russland – bereits seit 1905 mit dem „Schlieffenplan" für einen Zweifrontenkrieg gewappnet: Frankreich sollte durch einen schnellen Überraschungsangriff neutralisiert werden, dann wollte man sich auf Russland konzentrieren. Zum Angriff auf Frankreich beabsichtigte Deutschland durch das neutrale Belgien vorzustoßen, doch die belgische Regierung verweigerte den Durchmarsch. Belgiens Neutralität war seit seiner Unabhängigkeit 1830 bisher durch die Garantiemächte Großbritannien und Deutschland abgesichert; Großbritanniens Regierungschef Asquith forderte daher Deutschland ultimativ zum Rückzug auf. Als der ausblieb, erklärte Großbritannien am 4. August 1914 Deutschland den Krieg.

Stellungskrieg

Die Deutschen richteten als erste Schützengräben ein (erstmals im Russisch-Japanischen Krieg 1904/05 errichtet) – nach der Marneschlacht im September 1914. In diesen Stellungen suchten sie Schutz vor dem Beschuss durch die Alliierten, um das gewonnene Terrain halten zu können. Die Alliierten sahen sich gezwungen, sich ebenfalls einzugraben, und der nun folgende „Stellungskrieg" markiert einen ersten Wendepunkt im Verlauf des Ersten Weltkriegs. Die gegnerischen Stellungen trennte meist ein mit Stacheldraht überzogener Streifen „Niemandsland", der durch das anhaltende Artilleriefeuer mit Kratern und Schlamm bedeckt war. Nur wenige Offensiven waren erfolgreich, die meisten endeten mit hohen Verlusten durch das Maschinengewehrfeuer der Gegenseite und brachten kaum Geländegewinne. In den über 2 Meter tiefen und knapp 1,80 Meter breiten Schützengräben stand häufig Wasser. 400 Mann brauchten rund sechs Stunden, um 250 Meter Graben auszuheben. Ein gezackter Verlauf der britischen Schützengräben sollte die Zerstörung durch Granatenbeschuss gering halten. Die Gräben der Deutschen waren meist tiefer und besaßen teilweise eine Strom- und Wasserversorgung. Oben waren an beiden Seiten Sandsäcke zum Abfangen der gegnerischen Kugeln aufgeschichtet. Die Schützengräben der Frontlinie waren über Gänge mit weit zurückliegenden Versorgungsstellungen verbunden, so konnten sie mit Soldaten und Nachschub versorgt werden.

Das Leben in den von Ratten, Läusen und Flöhen verseuchten Stellungen war brutal. Die Soldaten litten unter Kälte und Nässe. Das Stehen im kalten Wasser und Schlamm führte zu schmerzhaftem Fußbrand und dem Absterben von Gewebepartien. Die Soldaten mussten sich daran gewöhnen, umgeben von Toten zu leben und zu kämpfen. Ständig waren sie den Angriffen von Scharfschützen ausgesetzt, das Tragen des Helms war lebensnotwendig. Wenn die Soldaten bei einem Angriff über steile Leitern aus den Gräben kletterten, waren sie ein leichtes Ziel für den Gegner. Die meiste Zeit verbrachte man mit dem Reparieren der Stellungen und dem Wachdienst. Die Kämpfe fanden oft nachts statt, geschlafen wurde dann am Tag. Millionen Soldaten verbrachten viele Monate des Kriegs in diesen Schützengräben.

Waffen

Seit Beginn des 20. Jahrhunderts konnte die Industrie hinsichtlich Feuerkraft und Präzision deutlich verbesserte Waffen und Munition in großer Menge herstellen. Schnell nachladbare Gewehre und Kanonen sowie zahlreiche automatische Waffen kamen daher im Ersten Weltkrieg zum Einsatz und wurden während des Kriegs weiterentwickelt: Leichtere Maschinengewehre wurden eingeführt und weit reichende Kanonen wie das Kaiser-Wilhelm-Geschütz (Reichweite rund 130 Kilometer) konstruiert.

1916 kamen mit den Mark-I-Tanks erstmals neu entwickelte Panzerwaffen zum Einsatz. Man wollte damit den Stellungskrieg überwinden und die Infanterie wirkungsvoll unterstützen. Die Panzer waren zwar effektiv, aber schwierig zu steuern und anfällig für mechanische Probleme. Hitze, Lärm und Enge im Inneren der stählernen Ungetüme führten häufig zu Wahn-

und Übelkeitsanfällen bei der achtköpfigen Besatzung der Panzer.

Die Deutschen setzten 1915 bei Verdun erstmals Flammenwerfer ein. Aus einem auf dem Rücken befestigten Behälter wurde mit komprimiertem Stickstoff ein Teer-Benzin-Gemisch durch einen Schlauch versprüht, das einen bis zu 50 Meter weit reichenden Flammenstrahl erzeugte.

Bei Ypern verwendeten die Deutschen 1915 erstmals Chlorgas als Kampfstoff. Das aus 500 Gasbehältern freigesetzte Giftgas tötete 5000 Menschen und verletzte weitere 10 000 schwer. Die psychologische Wirkung war verheerend. Gegen Jahresende kamen auch Phosgen und Senfgas zum Einsatz. Auch die Alliierten beteiligten sich am Gaskrieg, der insgesamt wahrscheinlich einer Million Menschen das Leben gekostet hat.

Im weiteren Kriegsverlauf gewannen Flugzeuge zunehmend an Bedeutung und wurden, wie die Fokker E1 und die Nieuport 17 der Alliierten oder die deutsche Fokker DVII, für taktische und strategische Aufgaben eingesetzt. Die am 1. April 1918 gegründete britische „Royal Air Force“ (RAF) integrierte von nun an die Luftstreitkräfte in alle Offensiven, und zum Ende des Kriegs gehörte die Luftwaffe fest zum militärtaktischen Instrumentarium. Rund 10 000 Flugzeuge kamen insgesamt zum Einsatz, und rund 50 000 Piloten verloren, meist mangels Erfahrung, ihr Leben.

Erste Kämpfe

Am 14. August 1914 überquerte das von Sir John French geführte britische Expeditionskorps den Ärmel-

kanal und traf am 23. August bei Mons in Belgien auf die zahlenmäßig überlegenen deutschen Truppen. Die Briten konnten die Deutschen zwar nicht zurückdrängen, aber zumindest aufhalten. Das ermöglichte Franzosen und Belgiern das Vorrücken gegen die Deutschen – das Ziel des Schlieffenplans, durch einen überfallartigen Überraschungsschlag die Armeen Frankreichs auszuschalten, war damit gescheitert. Die 1. deutsche Armee unter General Kluck sah sich gezwungen, vor Paris nach Osten zu schwenken, um den Kontakt zur 2. Armee zu halten. Anfang September hatten die Alliierten eine neue Frontlinie südlich der Marne eingerichtet. In der Marneschlacht (5.–10. September) zwangen die Alliierten die Deutschen zum Rückzug in befestigte Stellungen nördlich des Flusses Aisne. Den Alliierten fehlte jedoch der Nachschub, um den Deutschen weiter nachsetzen zu können. Wie die Deutschen verschanzten auch sie sich in Schützengräben, und der Stellungskrieg begann. In wochenlangen Kämpfen bei Ypern versuchten die Gegner, das Patt aufzulösen. Den Deutschen gelang bei Gheluvelt ein Durchbruch, den die Briten, wenn auch unter schweren Verlusten, abfangen konnten. Dann gruben sich beide Seiten für den Winter auf einer Linie von der Nordsee bis zur Schweiz ein. Aus dem erwarteten schnellen Krieg war ein Zermürbungskrieg geworden.

Die Ostfront

Währenddessen hatte sich Russland Mitte August 1914 in Ostpreußen an der Ostfront bereits einen Vorposten geschaffen. Die österreichisch-ungarischen Truppen hatten sich als wenig effizient erwiesen, und Deutschland war zum Rückzug gezwungen. Der aus dem Ruhestand zurückbeorderte General von Hindenburg konnte zusammen mit dem von der Westfront abgezogenen General Ludendorff den Vormarsch der Russen stoppen. An den Masurischen Seen teilte sich die russische Armee für einen zangenförmigen Angriff auf die Deutschen. Durch abgefangene Funkmeldungen waren die Deutschen jedoch informiert und rückten mit der 8. Armee gegen General Samsonow und seine Truppen im Süden vor. Am 27. August 1914 gelang ihnen bei Tannenberg ein vernichtender Sieg über die Russen; 30 000 Soldaten starben und 100 000 wurden gefangen genommen. Samsonow beging Selbstmord. Hindenburg besiegte am 9. und 10. September noch General Rennenkampf und seine Truppen und brachte Ostpreußen wieder in deutsche Hand.

Die Schlacht an der Westfront bei Ypern brach am 22. April 1915 los. Erstmals setzten die Deutschen Giftgas ein, doch die Alliierten konnten trotzdem Stand halten. Nach Beendigung der Kämpfe am 13. Mai bestand die Pattsituation unverändert fort.

Die Dardanellen

Die Türkei trat am 29. Oktober 1914 auf Seiten der Mittelmächte (Deutschland, Österreich-Ungarn) in den Krieg ein. Die Alliierten, unter Führung des Ersten Lords der Admiralität Winston Churchill, planten einen Angriff auf die Türkei über die Dardanellen. Die von

Oben: Aufpflanzen der Bajonette vor einem Angriff.
Linke Seite oben: Im Mai 1915 wurde auf Gallipoli ein Waffenstillstand erklärt, damit beide Seiten ihre Toten begraben konnten. Der Sommer brachte weitere Opfer, und im Herbst wurde das gesamte Vorhaben in Frage gestellt.
Linke Seite unten: Philippe Pétain, der französische Generalstabschef, wurde im März 1918 von General Foch abgelöst.

der Ägäis ins Schwarze Meer führende Meerenge sollte zur Unterstützung der russischen Verbündeten frei gemacht werden. In Februar 1915 begann die britische Flotte mit dem Beschuss der Befestigungsanlagen am Eingang der Meerenge. Doch sie kamen nur langsam voran und verloren am 18. März drei Schlachtschiffe durch Minen. Man entschied sich für den Einsatz von Landstreitkräften. Am 25. August landeten daher Invasionstruppen aus Großbritannien, Frankreich, Australien und Neuseeland auf der Halbinsel Gallipoli (heute Gelibolu). Schlechtes Wetter und schwieriges Terrain behinderten den Vormarsch – und im November war klar, dass nur noch der Rückzug blieb. Bis Januar 1916 wurden alle Truppen abgezogen, doch das Unternehmen hatte auf Seiten der Alliierten bereits 250 000 Opfer gefordert, und Churchill musste als Marineminister zurücktreten.

Verdun

Die Schlacht um Verdun (Frankreich) begann am 21. Februar 1916 mit einem deutschen Großangriff auf die gleichnamige Festung. Mehr als 1200 Geschütze, darunter die berüchtigte „Dicke Berta" (ein 42-cm-Mörser), beteiligten sich an einem der schwersten Bombardements des gesamten Kriegs. Verdun war ein Symbol für den französischen Nationalstolz, und General Pétain war fest entschlossen, es zu verteidigen. Die französische Artillerie konnte den Deutschen schwere Verluste zufügen und so einen Weg für die Versorgung der Stadt mit frischen Truppen und Nachschub nach Süden freihalten. Die heftigen Kämpfe dauerten bis Juni, als sich die Deutschen durch den Angriff der Briten an der Somme sowie eine russische Offensive im Osten zu einer Umgruppierung ihrer Truppen gezwungen sahen. Bis zum Ende des Jahres eroberten die Franzosen das verlorene Terrain zurück. Insgesamt forderte der Kampf um Verdun rund 700 000 Todesopfer, fast ebenso viele Deutsche wie Franzosen.

Die Somme

Am 1. Juli 1916 starteten die Alliierten eine Offensive an der Somme. Allerdings zeigte der Artillerieangriff nicht die erhoffte Wirkung, denn die Deutschen hatten sich gut eingegraben. Der Beschuss war gleichzeitig eine Warnung vor den Infanterieattacken, die von den Deutschen mit heftigem MG-Feuer abgewehrt wurden. Am Ende des ersten Tags zählte man etwa 57 000 Verwundete und 20 000 Tote. Die Schlacht dauerte bis zum Herbst. Die Alliierten setzten erstmals ihre Panzer zur Unterstützung der Infanterie ein, doch die zunächst durch die neue Panzerwaffe geschockten Deutschen leisteten heftigen Widerstand, und so blieb der beabsichtigte Erfolg aus. Nach Beendigung der Schlacht am 19. November hatten die Alliierten über 600 000 Opfer zu beklagen, die Deutschen mehr als 400 000.

Seekrieg

Während der ersten beiden Kriegsjahre hatten die britische und deutsche Flotte eine größere Konfrontation vermieden. Im Januar 1916 entwarf Admiral Reinhard Scheer, der neue Kommandeur der deutschen Hochseeflotte, jedoch einen Plan zur Schwächung der britischen Flotte, denn die Seeblockade der Briten schnitt Deutschland von wichtigen Lebensmittel- und Rohstofflieferungen ab. Um die gegnerische Flotte aufzuspalten, griff er die britische Ostküste an, und Admiral Jellicoe sah sich im Gegenzug gezwungen, ein Schlachtkreuzergeschwader nach Rosyth zu verlegen. Scheers nächster Schritt sah vor, die britischen Schlachtschiffe aufs offene Meer zu locken, indem er einige der eigenen Schiffe vor der norwegischen Küste kreuzen ließ, während der Rest der Hochseeflotte in der Nähe bereit lag. Das Geschwader von Sir David Beatty reagierte wie erwartet, doch der britische Geheimdienst hatte den deutschen Marinecode entziffert, und Jellicoe war schon als Unterstützung unterwegs. Die Schlacht vor dem Skagerrak begann am 31. Mai 1916. Kurz hintereinander wurden die „Indefatigable" und die „Queen Mary" versenkt – 2303 britische Seeleute starben. Angesichts der deutschen Überlegenheit steuerte Beatty nach Norden, um sich mit Jellicoes Geschwader zu vereinen. Die Briten formierten sich mit der Breitseite zum Gegner und nahmen ihn unter heftigen Beschuss. Doch Scheer gelang eine 180-Grad-Wende, und er verschwand im Pulverdampf. Nach einer weiteren Kehrtwende nahm er direkten Kurs auf die britische Formation. Jellicoe befürchtete einen Torpedoangriff und zog sich zurück. Am nächsten Morgen hatte sich die deutsche Flotte davongestohlen. Insgesamt gingen bei der Schlacht vor dem Skagerrak 25 Schiffe und 9000 Menschenleben verloren. Die Deutschen bejubelten sie als großen Sieg, denn ihre Verluste waren geringer. Die britische Vorherrschaft auf hoher See bedrohten sie allerdings nicht noch einmal.

Kriegseintritt der USA

Bei Kriegsausbruch bestanden keine Bündnisse zwischen den USA und europäischen Ländern, und Präsident Woodrow Wilson bekannte sich am 19. August 1914 zu einer strikten Neutralitätspolitik. Im Dezember unterstützte General Leonard Wood die Gründung des Nationalen Sicherheitsrats (National Security League) und plädierte für eine Aufstockung der US-Armee. Wilson verstärkte die Armee daraufhin von 98 000 auf 140 000 Mann. Im April 1917 traten die Vereinigten Staaten in den Krieg ein. Die Wehrpflicht wurde eingeführt, alle Männer im Alter von 21 bis 30 Jahren mussten sich registrieren lassen. Vier Millionen Amerikaner wurden einberufen, die Hälfte diente in Übersee.

Bisher hatten die USA die Alliierten mit Warenlieferungen unterstützt. Als die Deutschen am 1. Feb-

ruar 1917 den „uneingeschränkten U-Boot-Krieg“ (auch gegen neutrale Schiffe) ankündigten, brach Wilson umgehend die diplomatischen Beziehungen zu Deutschland ab. Im März wurden drei US-Handelsschiffe versenkt und das von britischen Spionen abgefangene Zimmermann-Telegramm veröffentlicht, in dem der deutsche Außenminister Zimmermann Mexiko als Gegenleistung für dessen Unterstützung die Hilfe Deutschlands bei der Rückeroberung von Gebieten in Texas und Arizona anbot. Aufgrund beider Ereignisse erhielt Wilson die Zustimmung zum Kriegseintritt, um die er den amerikanischen Kongress am 2. April ersuchte; die Armee wurde umgehend mobilisiert.

Passendale

Der britische Feldmarschall Sir Douglas Haig leitete am 7. Juni 1917 einen weiteren Angriff an der Westfront im französischen Passendale mit dem Beschuss der Höhe von Messines ein. Dieser strategisch wichtige Punkt südlich von Ypern wurde seit zwei Jahren von den Deutschen gehalten. Nach dem erfolgreichen Artilleriebeschuss begann der Angriff. Er dauerte jedoch weitaus länger als geplant: Erst am 2. November konnte Passendale eingenommen werden. Der Preis – 250 000 Opfer. Um den Siegesschwung zu nutzen, setzten die Alliierten zu einer weiteren Offensive an. Die Schlacht um Cambrai begann am 20. November 1917 mit einer Vorhut von 400 Panzern, doch die Deutschen hielten dagegen, und noch kam es zu keiner Entscheidung.

Die Russische Revolution und das Ende des Kriegs

Im Osten führte die Russische Revolution im Winter 1916 zu Unruhen, in deren Verlauf Lenin aus dem Exil nach Russland zurückkehrte – mit Unterstützung Deutschlands, dem eine innere Schwächung Russlands entgegenkam. Im März 1917 dankte Zar Nikolaus II. ab, und die neue provisorische Regierung schloss im Dezember 1917 ein Waffenstillstandsabkommen, dem im März 1918 ein Friedensvertrag zwischen der Sowjetrepublik und Deutschland (Frieden von Brest-Litowsk) folgte.

Die deutschen Truppen wurden inzwischen an die Westfront gebracht, wo noch vor dem Eintreffen der amerikanischen Truppen eine Offensive gegen Briten und Franzosen beginnen sollte. Die „Operation Michael“ startete am 21. März 1918 mit einem Vorstoß zwischen Arras und Saint-Quentin. Die Deutschen drangen über die Somme vor und nahmen Peronne, Bapaume und Albert ein, wobei die 3. und 5. britische Armee die Hauptlast zu tragen hatten. Am 26. März übernahm Marschall Ferdinand Foch das alliierte Oberkommando an der Westfront. Er erkannte, dass Amiens, eines der wichtigsten Ziele der Deutschen, unbedingt verteidigt werden musste. Der Alliiertenvorstoß endete am 8. April. General Ludendorff unternahm noch einige Versuche, doch die deutschen Verluste stiegen; auch erreichten bereits zahlreiche amerikanische Verbände das Kampfgebiet. Am 8. August zog eine alliierte Streitmacht in die Schlacht von Amiens. Sie wurde von 400 Panzern, 2000 Geschützen und der Royal Air Force unterstützt. Seither befanden sich die deutschen Streitkräfte auf dem Rückzug, und die deutsche Führung wusste, dass der Krieg zu einem Ende gebracht werden musste, zumal Deutschlands Bündnispartner zu fallen begannen. Am 11. November 1918 wurde schließlich ein Waffenstillstandsabkommen unterzeichnet.

Oben: Blick auf die britische Flotte vom Deck der „H. M. S. Audacious“
Linke Seite: Das Schlachtfeld an der Somme: Während der Kampfpause im Winter lag eine düstere Stimmung über der geschundenen Landschaft.

Der Versailler Vertrag

Am 18. Januar 1919 begann in Paris die Friedenskonferenz mit Vertretern von 32 Staaten, die 75 Prozent der gesamten Weltbevölkerung repräsentierten. Die Mittelmächte waren, als Kriegsverlierer, nicht direkt vertreten. Die Verhandlungen wurden im Wesentlichen von Woodrow Wilson (USA), David Lloyd George

EUROPA, 1919
Island
(Dänemark)
Europäisches
Nordmeer
0 200 km
0 200 Meilen
Färöer
(Dänemark)
N
NORWEGEN
SCHWEDEN
FINNLAND
Oslo
Stockholm
Helsinki
Leningrad
Tallinn
ESTLAND
Riga
LETTLAND
LITAUEN
Kaunas
Nordsee
Ostsee
DÄNEMARK
Kopenhagen
Königsberg
Danzig
Freie Stadt,
dem Völkerbund
unterstellt
Ost-
preußen
UdSSR
Glasgow
Edinburgh
VEREINIGTES
KÖNIGREICH
Liverpool
Birmingham
Bristol
London
Amsterdam
NIEDERLANDE
Hamburg
Berlin
DEUTSCHES
REICH
Warschau
Brest-Litowsk
POLEN
Brüssel
BELGIEN
Calais
Rhein
L
Frankfurt
SAARGEBIET
autonom,
dem Völkerbund
unterstellt
Prag
TSCHECHOSLOWAKEI
Krakau
Lemberg
Paris
Orléans
Wien
Budapest
FRANK-
REICH
ÖSTERREICH
UNGARN
RUMÄNIEN
Bern
SCHWEIZ
ATLANTISCHER
OZEAN
Lyon
Bordeaux
Triest
Mailand
Genua
Venedig
Belgrad
Bukarest
Donau
JUGOSLAWIEN
BULGARIEN
Sofia
Adriatisches Meer
ITALIEN
Marseille
ANDORRA
Barcelona
Rom
Neapel
ALBANIEN
TÜRKEI
Madrid
issabon
PORTUGAL
SPANIEN
Balearen
Ägäisches
Meer
Smyrna
GRIECHEN-
LAND
Athen
Alicante
Mittelmeer
Cádiz
Gibraltar
(Großbritannien)
Almería
Tanger
Internationale
Zone
von Itali
besetzt
Algerien
(Frankreich)
Tunesien
(Frankreich)
Marokko
(Frankreich)
Libyen
(Italien)

(Vereinigtes Königreich) und Georges Clemenceau (Frankreich) geführt. Wilson brachte ein 14-Punkte-Programm ein, das unter anderem die Schaffung neuer Staaten auf der Basis einer gemeinsamen Kultur und Sprache, Abrüstung sowie die Gründung des Völkerbunds zur internationalen Konfliktregelung vorsah. Frankreich und Großbritannien waren aus Sicherheitsüberlegungen heraus jedoch vorrangig an einer Entmachtung Deutschlands interessiert. Das Ergebnis der neuntägigen Gespräche waren verschiedene Verträge für die Verliererstaaten.

Am 28. Juni 1919 unterzeichneten die Alliierten und Deutschland den Versailler Vertrag. Die Konditionen waren hart: Elsass-Lothringen fiel an Frankreich, und das wiedererrichtete Polen erhielt den Großteil Ostpreußens zugesprochen (was den Verlust des Ostseezugangs für Deutschland bedeutete). Die Alliierten besetzten das Ruhrgebiet für 15 Jahre und das Saarland wurde unter Völkerbundsmandat gestellt. Die deutsche Armee wurde auf 100 000 Mann reduziert und durfte weder U-Boote noch eine Luftwaffe besitzen. Eine Klausel lastete Deutschland die alleinige Kriegsschuld an und erhob Reparationsforderungen in Höhe von 226 Milliarden Goldmark. Obwohl ein Zahlungsplan aufgestellt wurde, war die Schuldenlast erdrückend und wurde in den 1920er-Jahren reduziert. Die Deutschen unterzeichneten den Vertrag unter Protest, die USA lehnten seine Anerkennung ab.

Auswirkungen des Kriegs

Das Europa der Nachkriegsjahre war keinesfalls stabilisiert und friedlich, vielmehr wurde es geprägt von wirtschaftlicher Not und schwelenden Grenzkonflikten. Großbritannien war durch den Krieg an den Rand des Ruins gebracht, mit Kosten von rund 10 Millionen Pfund, wobei 7 Millionen Pfund geliehen waren. Die neu gezogenen Grenzen hatten Staaten mit unzufriedenen Minderheiten geschaffen. Auch Deutschland blieb ein Problem im Zentrum Eurpoas: Der Vertrag wurde als ungerecht und unrealistisch empfunden. Frankreichs Außenpolitik nach dem Krieg war dagegen von einem großen Sicherheitsbedürfnis und dem Wunsch nach einer hegemonialen Stellung in Europa bestimmt. Bereits 1919 warnten weitsichtige Beobachter, dass der Krieg keineswegs beendet, sondern nur zeitweilig ausgesetzt sei. Der Krieg von 1914–1918 stellte sich nicht wie gedacht als „der Krieg zur Beendigung aller Kriege“, sondern als Vorspiel für einen weiteren Weltkrieg heraus. 65 Millionen Soldaten waren auf der ganzen Welt für diesen Krieg mobilisiert worden, 10 Millionen von ihnen verloren in zermürbenden viereinhalb Kriegsjahren ihr Leben.

Unten: Die britischen und französischen Verhandlungsführer bei den Friedensgesprächen: In den Augen Clemenceaus (zweiter von links) und Lloyd Georges (dritter von links) lag die alleinige Verantwortung für den Kriegsausbruch bei Deutschland.

Die Weltwirtschaftskrise

Die Weltwirtschaftskrise führte zu gewaltigen sozialen, ökonomischen und politischen Veränderungen in zahlreichen Ländern, deren Auswirkungen mit zum Ausbruch des Zweiten Weltkriegs beitrugen.

Vom Kurssturz an der Wall-Street-Börse zur Spirale der Arbeitslosigkeit

Die internationale Wirtschaft hatte sich kaum von den Belastungen durch den Ersten Weltkrieg ein wenig erholt, als der Zusammenbruch des US-Aktienmarkts an der Wall Street 1929 („Schwarzer Freitag“) eine schwere wirtschaftliche Depression einleitete. Das Wachstum der 1920er-Jahre in den USA verlangsamte sich zum Ende des Jahrzehnts, als durch die verbesserte Agrartechnik die landwirtschaftliche Produktion stark wuchs und das Angebot die Nachfrage überstieg. Die daraufhin fallenden Preise bedrohten die Farmer, die ihre Produktionskosten nicht mehr decken konnten und sich zunehmend verschulden mussten. Die Folge waren Arbeitslosigkeit und interne Migration, viele Farmen wurden einfach aufgegeben. Gleichzeitig hatten gewaltige Investitionen in den 1920er-Jahren die US-Aktienkurse auf Rekordhöhen getrieben. Beobachter warnten vor einem Ende des Höhenflugs und einem Kollaps.

Als der Kollaps eintrat, wollten alle ihre Aktien möglichst schnell und um jeden Preis loswerden. Ganz Amerika wurde von der Entwicklung erfasst, und die meisten Investoren zogen sich zurück. Den Unternehmen fehlte das Geld, und sie mussten zur Kosteneinsparung massiv Personal entlassen. Die schwere Bankenkrise führte zu einer Spirale der Arbeitslosigkeit – mehr als ein Drittel der Arbeiter verlor den Job.

Ausweitung der Krise

Amerika war die führende Wirtschaftsmacht, und so breitete sich die Depression auch auf das Ausland aus. Regierung und Wirtschaft der USA stoppten ihre Auslandsinvestitionen und zogen Kredite zurück, die als Hilfe nach dem Ersten Weltkrieg gewährt worden waren. Vor allem Deutschland war extrem von diesen Krediten abhängig, denn mit diesen Geldern wurden die im Versailler Vertrag festgesetzten Reparationsleistungen bezahlt. Mittelbar waren durch den Produktionsrückgang auch die Länder betroffen, die Amerika und die anderen Industrienationen mit Rohstoffen versorgten. Bald hatte die Krise die gesamte Welt erfasst, nur die UdSSR schien weniger davon betroffen zu sein.

Internationale Auswirkungen der Krise

In einer ersten Reaktion griff man auf protektionistische Maßnahmen zurück. Die Abschaffung des Freihandels hatte jedoch unterschiedliche Wirkungen: Während Großbritannien und Frankreich effizient ökonomische Schutzmauern um ihre Einflussgebiete ziehen konnten, waren Länder wie Deutschland und Japan mangels kolonialer Zulieferer weiterhin von Rohstoffimporten abhängig, die sie bald nicht mehr bezahlen konnten. In Deutschland sank in der Folge die Produktion um rund 50 Prozent. Die Wirtschaftskrise wirkte sich hier besonders schwer aus und führte zur Ablehnung eines „Protektionismus der Großmächte“, die in einen extremen Nationalismus mündete. Die Auswirkungen zeigten sich in den 1930er-Jahren, als die Welt erneut auf einen Krieg zusteuerte.

Vom Laisser-faire zum Interventionismus

Bis zur Weltwirtschaftskrise herrschte die Ansicht vor, die Regierungen sollten der Wirtschaft freien Lauf lassen (Laisser-faire) und sich nicht einmischen. Massenarbeitslosigkeit und Armut infolge der Wirtschaftskrise schufen jedoch soziale Probleme wie Kriminalität und Alkoholismus. Die gesamte Gesellschaft wurde von diesen Problemen erfasst – es galt, eine wachsende Zahl von an der Armutsgrenze lebenden Menschen mit Nahrung und Kleidung zu versorgen.

Nachdem die Krise weite Teile der Gesellschaft erfasst hatte, wurden die Regierungen zum Handeln und zur Schaffung von Arbeitsplätzen aufgefordert. Dies bedeutete eine radikale Veränderung der staatlichen Wirtschaftspolitik. Die Staaten betrieben nun eine interventionistische Wirtschaftspolitik, wie sie früher nur dem Sowjetmodell zugerechnet worden war. In den USA propagierten Roosevelt und die Demokraten den „New Deal“ mit Arbeitsbeschaffungsmaßnahmen und staatlichen Hilfen für die Wirtschaft. In Großbritannien wurde eine „nationale Koalitionsregierung“ gebildet, das sich um die Belebung der Wirtschaft kümmerte. Überall in Europa, von Estland bis Portugal, setzten die Menschen ihre Hoffnungen zunehmend auf starke Regierungen, die eingreifen und alles zum Besseren wenden sollten.

Die Konsequenzen

Die Weltwirtschaftskrise ist eine der Ursachen für den wachsenden Nationalismus in den ersten Jahrzehnten des 20. Jahrhunderts angesehen werden. Der ökonomische Niedergang in den 1920er- und 1930er-Jahren bescherte extremen Parteien auf der Linken wie der Rechten regen Zulauf, den sie zuvor nicht gehabt hatten. Hohe Arbeitslosigkeit und verlorenes Vertrauen in die Wirtschaftspolitik der bisherigen Führung förderten zudem die Akzeptanz von Regierungen, die stärker auf nationalistische und isolationistische Lösungen zur Wirtschaftsbelebung setzten.

Die Regierungen begannen mit großen öffentlichen Projekten, um neue Arbeitsplätze zu schaffen. In Deutschland, wo die Arbeitslosigkeit 1933 bei 36 Prozent lag, sollte der Bau der Autobahnen zur Entlastung des Arbeitsmarkts beitragen. Auch die Rüstung wurde gefördert, und so fanden viele Arbeitslose in Rüstungsbetrieben Beschäftigung oder meldeten sich zu den Streitkräften. Remilitarisierung und wachsender militanter Nationalismus belasteten die internationalen Beziehungen zunehmend, bis sich in dieser prekären Situation im Jahr 1939 die Ereignisse zuspitzten.

Oben: Arbeitslose stehen während der Wirtschaftskrise in New York City in einer langen Schlange zur Ausgabe kostenloser Nahrungsmittel an.
Linke Seite: Nach dem „Schwarzen Freitag“ an der Wall Street drängen sich die Arbeiter am 29. Oktober 1929 in Panik in den Straßen New Yorks.

Der Spanische Bürgerkrieg

Tiefe politische Gegensätze führten in Spanien zu einem Bürgerkrieg, der die Welt in zwei Lager spaltete und zum Probelauf für den Zweiten Weltkrieg wurde.

Die Zweite Republik

Der Spanische Bürgerkrieg entstand infolge des Zusammenbruchs der Diktatur Primo Riveras 1930 und des Wiederaufflammens alter sozialer Spannungen. Bei den anschließenden Wahlen konnten sich die Sozialisten, die auch Unterstützung aus dem Mittelstand erhielten, gegen die durch die Diktatur in Misskredit geratene Rechte durchsetzen. Sie hatten dem König seine Zustimmung zur Diktatur vorgeworfen, und die Wahl wurde daher als Referendum über die Monarchie angesehen. Am 14. April 1931 ging König Alfons XIII. ins Exil, und hastig wurde die Republik gegründet.

Unten: Im Oktober 1936 wurde General Franco von einer Junta zum Generalissimus und Staatsoberhaupt des nationalistischen Spaniens ernannt. Rechte Seite: In Barcelona kämpfen Zivilisten hinter den Barrikaden im Bürgerkrieg.

Gegen die neue sozialistische Regierung formierte sich die spanische Rechte neu und zog alle Gegner des Sozialismus – vor allem Militärs, Monarchisten sowie das Großkapital – auf ihre Seite. Auch die katholische Kirche machte sich die Republik zum Feind, als die Erziehung säkularisiert und der Jesuitenorden aufgelöst wurden.

Zusammenbruch der Republik

Die Republik wurde mit vielerlei Hoffnungen begrüßt; doch zugleich waren viele Linke über den langsamen Wandel verärgert, während die Rechte jede Reform mit zunehmender Empörung quittierte. Der Enthusiasmus der Kleinbauern für die Regierung schwand mit den Verzögerungen bei der Landreform und durch die Auswirkungen einer Missernte. Die Regierung musste in vielen ihrer Entscheidungen unterschiedlichen Interessengruppen gerecht werden, was ihr aus den Arbeiterparteien den Vorwurf der Unterstützung der Bourgeoisie einbrachte. Durch ihre Bemühungen für eine Demokratisierung und Chancengleichheit in der Armee verloren die Sozialisten die anfangs gewährte Unterstützung der Militärs. Bei den Wahlen 1933 gelangte die Rechte wieder an die Macht.

Das führte zu heftigen Reaktionen in Katalonien, wo man befürchtete, die gerade errungene Autonomie der Region werde von der neuen Regierung zurückgenommen. Es kam zum Generalstreik, und am 6. Oktober 1934 erklärte Katalonien seine Unabhängigkeit, die von der Regierung in Madrid brutal unterdrückt wurde. Daraufhin schlossen sich viele linke Gruppen in der „Volksfront" zusammen und konnten so die Wahl 1936 gewinnen. Die Volksfront einte die Überzeugung, dass die Verfassung von 1931 und die parlamentarische Demokratie erhalten werden sollten. Die Koalition war jedoch durch die Zersplitterung in extreme und moderate Gruppen nicht sehr stabil.

Bei den Rechten hatten sich die konterrevolutionäre „Falange Española" aus Konservativen, Monarchisten und einem katholischen Bündnis zusammengefunden. Gegen die Einsetzung des Sozialisten Azaña y Díaz als neuem Regierungschef planten sie mithilfe des Militärs einen Putsch. Die Ermordung des Monarchistenführers Calvo Sotelo am 18. Juli 1936 bot dafür den willkommenen Anlass: Der folgende Aufstand veranlasste die Regierung zur Auflösung der Armee. Viele

Militärs entkamen nach Spanisch-Marokko und schlossen sich den dort seit dem Ryfkabylenaufstand (1921) stationierten Truppen an.

Bürgerkrieg

Am 19. Juli 1936 traf der rechtskonservative General F. Franco Bahamonde aus seinem Exil auf den Kanarischen Inseln in Marokko ein und übernahm das Kommando über die Armee. Von deutschen und italienischen Luftwaffenmaschinen wurden darauf die Truppen aus Marokko über das Mittelmeer ins Mutterland gebracht. Deutschland und Italien hatten sich zur militärischen Intervention auf Seiten Francos entschieden, der wie sie eine rechtsgerichtete nationalistische Koalition vertrat. Von einer Machtübernahme der Faschisten in Spanien versprachen sich beide Länder Vorteile, da dies Frankreichs Position auf dem Kontinent schwächen würde und eine Erprobung neuer Waffen und Truppen ermöglichte. Die Bombardierung der baskischen Stadt Gernika durch die deutsche Luftwaffe im April 1937 machte zum ersten Mal das zerstörerische Potenzial moderner Kriegswaffen offenkundig. Das Entsetzen darüber wurde durch Picassos Gemälde „Guernica“ für immer festgehalten.

Während Italien und Deutschland die Nationalisten unterstützten, blieb eine Unterstützung der Republik durch Frankreich und Großbritannien aus. Man kann diese Zurückhaltung einer weiter angelegten Politik des „Appeasement“, der Beschwichtigung, zuschreiben: Keines der beiden Länder sah sich in der Lage, Deutschland in Spanien Widerstand zu leisten. Man wollte sich nicht wegen einer Linksregierung gegen die neue Macht stellen, zumal sich die ideologischen Sympathien für die spanische Regierung in London in sehr engen Grenzen hielt. Der deutsche Angriff auf Gernika bewog Paris und London jedoch zur Aufrüstung ihrer Luftabwehr für den Fall eines Kriegs. Von den anderen Demokratien im Stich gelassen, nahm die Republik die sowjetische Hilfe an, um gegen Franco und die Faschisten ein Gegengewicht zu bilden. Das führte zur Spaltung der Republikanhänger, denn die Extremisten begrüßten die Unterstützung durch die UdSSR, während die Gemäßigten sie ablehnten. Die Konflikte beeinträchtigten die militärischen Aktionen, und die Republikaner verloren in der Folge Barcelona. Auch war die Hilfe der Sowjets nicht umsonst, vielmehr nahm sie die gesamten spanischen Goldreserven (nach Schätzungen 513 Millionen Dollar) in Anspruch, die als Kredit für Waffenlieferungen nach Moskau verschifft wurden. Die Republik erhielt aber auch Beistand durch internationale Brigaden. Viele Sympathisanten der Republikaner, rund 35 000 Freiwillige aus 54 Nationen, reisten nach Spanien, um dort für Demokratie und Sozialismus zu kämpfen. Ihr zum Teil vergeblicher Einsatz konnte die Republik aber letztlich nicht retten.

Ende des Bürgerkriegs

Nach fast drei Jahren Bürgerkrieg willigten im April 1939 die Republikaner in eine bedingungslose Kapitulation ein. Madrid war im März gefallen, Frankreich und Großbritannien hatten Francos nationalistisches Regime bereits im Februar anerkannt. Der Ausgang des Spanischen Bürgerkriegs wurde wesentlich durch die unterschiedlich ausfallende internationale Unterstützung der Bürgerkriegsseiten bestimmt. Während die Nationalisten von Deutschland und Italien effektiv unterstützt wurden, verschlechterte die Abhängigkeit der Republikaner von der kostspieligen Hilfe der UdSSR eher ihre Erfolgschancen. Schließlich stellte die Sowjetunion ihre Hilfe ein, und Francos Sieg stand nichts mehr im Weg. Doch der Bürgerkrieg hinterließ ein bitteres Erbe. Spanien konnte sich weitgehend aus dem Zweiten Weltkrieg heraushalten; das aber erlaubte Franco, seine diktatorische Kontrolle zu konsolidieren, die er bis zu seinem Tod 1975 aufrechterhielt.

Der Aufstieg Hitlers

Die deutsche Bevölkerung war in den 1920er-Jahren sehr empfänglich für extremistisches Gedankengut und ermöglichte es Hitler, die Macht zu ergreifen und das Naziregime aufzubauen.

Die Weimarer Republik

Nach dem Abdanken Kaiser Wilhelms II. 1918 und der Ausrufung der Republik trat die neu gewählte Nationalversammlung am 19. Januar 1919 in Weimar zusammen. Die Zeit bis zur Machtübernahme Hitlers und der Errichtung des Dritten Reichs wird folglich als „Weimarer Republik" bezeichnet. Die politische Situation in Deutschland war geprägt durch den Versailler Vertrag und seine Konsequenzen: Deutschland musste hohe Entschädigungen zahlen und war zur alleinigen Übernahme der Kriegsschuld gezwungen worden. Der Unmut der Bevölkerung über die vertragsbedingten Einschränkungen ihrer nationalen Selbstbestimmung wuchs. Hinzu kam die tief empfundene Demütigung als ehemalige Großmacht, die nun mit dem Verlust von Kolonien und Armee, der französischen Besetzung des Ruhrgebiets und einer hohen Inflation fertig werden musste. Ende der 1920er-Jahre waren jedoch die meisten dieser Hürden überwunden. Unter Gustav Stresemann war die Inflation eingedämmt worden, Frankreich hatte sich zurückgezogen, und Deutschland war dem 1918 gegründeten Völkerbund beigetreten. Der Dawesplan von 1924 sah einen besseren Rückzahlungsplan sowie internationale Kredite für die Reparationen vor, der anschließende Youngplan (1932) reduzierte die Raten und streckte den Rückzahlungszeitraum. In den so genannten „Goldenen Zwanziger Jahren" schien sich eine Wende zum Besseren anzudeuten. Doch die extremistischen Parteien nutzten die weit verbreitete Ablehnung des Versailler Vertrags und bezichtigten die demokratischen Politiker der Weimarer Republik der Kollaboration mit den Siegermächten.

Deutschland und die Wirtschaftskrise

Als am 29. Oktober 1929, kurz nach dem „Schwarzen Freitag", der US-Aktienmarkt zusammenbrach, hatte das weltweite Auswirkungen. Die amerikanischen Kredite wurden zurückgezogen, und die Großmächte schränkten den Handel durch Protektionismus ein.

Drittes Reich – Annektierte Gebiete, 1936–1939

Deutsches Reich, nach 1919
Besetzung des entmilitarisierten Rheinlands durch deutsche Truppen, März 1936
Annektierung Österreichs, März 1938
Besetzung des Sudetenlands, Oktober 1938

SCHWEDEN
Bornholm
Ostsee
Danzig Freie Stadt
Memelgebiet
LITAUEN
von Litauen annektiert, Oktober 1939
Wilnagebiet
Königsberg
Danzig
Ost-preußen
Stettin
Bromberg
Bialystok
Oder
Berlin
Weichsel
Posen
Warschau
Bug
Brest-Litowsk
Warthe
Lodz
POLEN
LAND
Teilungslinie vom 30. September 1939
Lublin
Dresden
Breslau
Prag
Böhmen
Weichsel
Lemberg
Moldau
Mähren
Dnjestr
Slowakei
Ruthenien
Donau
Linz
Wien
Preßburg
Debrecen
Budapest
TERREICH
UNGARN
RUMÄNIEN
Graz
Tisza
Mährisches Gebiet an Polen, Oktober 1938
Memelgebiet an Deutschland, März 1939
Protektorat Slowakei an Ungarn, November 1938
Tschechoslowakisches Territorium an Ungarn, März 1939
Eroberung Westpolens, September 1939
Polnisches Territorium von der UdSSR besetzt, September 1939

Deutschlands ökonomische Grundlage war bedroht und damit auch seine relative Stabilität. Die Regierung Brüning verfolgte eine strenge Sparpolitik, doch diese verstärkte die Hinwendung zu extremen Parteien: die Kommunistische Partei Deutschlands (KPD) auf der Linken und die Nationalsozialistische Deutsche Arbeiterpartei (NSDAP) auf der Rechten. Die Nationalsozialisten forderten außenpolitisch eine Revision des Versailler Vertrags, innenpolitisch propagierten sie das Ziel, das deutsche Volk zu einer Volksgemeinschaft reinrassiger Arier zu machen, durch öffentliche Projekte Arbeitsplätze zu schaffen und „unerwünschte Elemente" zu entfernen.

Hitlers Aufstieg zur Macht

Infolge der Wirtschaftskrise wuchs die Unterstützung für die NSDAP, und bei den Reichtagswahlen 1930 konnte sie bereits 18 Prozent der Sitze erringen. Vor allem Bauern, Konservative und die Mittelklasse verhalfen ihr zu diesem Erfolg. Als die Nazis auch die Arbeiter an sich ziehen konnten, wurden sie 1932 zur stärksten Partei. Der abgewählte Reichskanzler Fritz von Papen war alarmiert und überredete Reichspräsident Hindenburg dazu, Hitler den Kanzlerposten anzubieten. Er glaubte, Hitler auf diese Weise besser kontrollieren und den Einfluss der NSDAP mindern zu können. So wurde Adolf Hitler am 30. Januar 1933 als Reichskanzler vereidigt.

Machtergreifung

Die letzten freien Reichstagswahlen am 5. März 1933 fanden unter den einschränkenden Bedingungen von Notverordnungen statt. Die KPD war sofort nach dem Reichstagsbrand wenige Tage zuvor (27. Februar) verboten worden – dessen Urheberschaft schob die Nazipropaganda der Linken, speziell den Kommunisten, zu. Die Rechten erhielten regen Zulauf, und NSDAP und DNVP sicherten sich zusammen die Mehrheit im Reichstag. Wenig später, am 24. März, wurde das „Ermächtigungsgesetz" verabschiedet, das der Hitler-Regierung die gesetzgebende Gewalt übertrug. Dieses Gesetz erlaubte das Verbot weiterer oppositioneller Gruppen. Ein umfassendes Überwachungssystem, von der berüchtigten Gestapo bis zum Denunzianten in der Nachbarschaft, sorgte für die Unterdrückung und Einschüchterung abweichender Meinungen und Ansichten. Anschließend ging Hitler gegen Kräfte in den eigenen Reihen der NSDAP vor, die nun einzige Staatspartei war. Er befürchtete einen Putsch der immer mächtiger gewordenen Parteikampfgruppe SA („Sturmabteilung"). In einer „Nacht der langen Messer" ließ er am 30. Juni 1934 Ernst Röhm und andere SA-Führer verhaften und anschließend ermorden. Nach dem Tod von Reichspräsident von Hindenburg am 2. August 1934 übernahm Hitler auch dieses Amt, er nannte sich seither „Führer" und Reichskanzler. Die Innenpolitik hatte er damit voll unter Kontrolle, in der Außenpolitik musste er – noch – Rücksicht auf prominente Konservative in Militär und Außenministerium nehmen.

Ausdehnung des Reichs

Hitler verhielt sich zunächst vorsichtig, er schloss einen Nichtangriffspakt mit Polen und willigte in Abrüstungsverhandlungen mit anderen europäischen Mächten ein. Doch auch hier konnte er seine Macht festigen, indem er Schlüsselpositionen in Armee und Außenamt mit Parteigenossen besetzte: Außenminister Neurath wurde 1938 von Ribbentrop abgelöst, die konservativen Militärs Blomberg und Fritsch wurden zum Rücktritt gezwungen. Auch die internationale Situation entwickelte sich in den 1930ern zu Gunsten Hitlers. Die USA hatten sich noch immer nicht von der Wirtschaftskrise erholt und hielten sich von europäischen Problemen fern. Italien näherte sich unter Mussolini dem Reich an, seit Hitler auf Südtirol verzichtet hatte. Ideologische Gemeinsamkeiten förderten die Zusammenarbeit. Die Sowjetunion war mit eigenen Problemen beschäftigt: Stalin trieb die Industrialisierung und Kollektivierung voran, durch seine Säuberungsaktionen war die Rote Armee geschwächt. Das am Rand einer politische Krise stehende Frankreich orientierte sich außenpolitisch an Großbritannien, wo man weiterhin auf die Appeasement-Politik (Beschwichtigung) setzte. Die Großmächte waren somit nicht in der Lage, Hitler von seinen Expansionsplänen abzuhalten.

Appeasement-Politik

Als sich Arthur Neville Chamberlain im September 1938 in München mit Hitler traf, war bereits, entgegen den Bestimmungen des Versailler Vertrags, der „Anschluss" Österreichs erfolgt. Das nun geschlossene Münchner Abkommen forderte die Tschechoslowakei zur Abtretung des Sudentenlands mit seiner überwiegend deutschen Bevölkerung an Deutschland auf. Chamberlain erklärte, dieser Schritt gewährleiste „den Frieden in unserer Zeit". Diese Appeasement-Politik schien angesichts Großbritanniens militärischer und ökonomischer Schwäche, seiner begrenzten Ressourcen innerhalb eines riesigen Empire, wohl überlegt. Auch die pazifistische Stimmung in der englischen öffentlichen Meinung wirkte mit: Die Erinnerungen an den Weltkrieg waren noch frisch, und Deutschlands Forderungen nach Abänderung des Versailler Vertrags hielt man für verständlich.

Hitler bricht das Abkommen

Im Oktober 1938 wurde die Besetzung des Sudetenlands vollzogen, und die restliche Tschechoslowakei war nun vom Reich eingeschlossen. Im März 1939 marschierte Hitler unter Verletzung des Münchner Abkommens dort ein. Die Franzosen konnten ihre Beistandsgarantie nicht erfüllen, und Großbritannien sah den Beistandsfall als nicht gegeben an. Die britische Öffentlichkeit war aufgebracht über Hitlers offensichtliche Verletzung des Abkommens und forderte Taten. Chamberlain wurde gezwungen, Garantieerklärungen für Polen, Rumänien und Griechenland im Fall einer Invasion durch Hitler abzugeben. Am 1. September marschierten die deutsche Truppen in Polen ein – als Vorwand diente ein von der SS (Schutzstaffel) inszenierter Anschlag auf den deutschen Radiosender Gleiwitz. Zwei Tage später befand sich Europa wieder im Krieg.

Innenpolitik der Nazis

Die Sozialpolitik des Dritten Reichs basierte auf der Ideologie kultureller Säuberung und Schaffung einer nationalen Volksgemeinschaft. Kinder und Jugendliche wurden in den staatlich gelenkten Schulen und Jugendorganisationen indoktriniert; die Jungen wurden auf das Leben als Soldat, die Mädchen auf das als Hausfrau und Mutter vorbereitet. Das Gesellschafts- und Familienbild der Nazis war streng patriarchalisch geprägt, und alles, was nicht den sozialen und kulturellen Vorstellungen der Nazis entsprach – vom Kunstwerk bis zum Menschen – wurde verdammt. Abstrakte Gemälde bezeichnete man als „entartet“, unliebsame Bücher und Filme wurden verbrannt. Menschen mit unerwünschter ethnischer Abstammung oder gesellschaftlichem Hintergrund wurden angefeindet. Die Nazis wollten die Reinheit der deutschen Rasse herstellen – durch Zwangssterilisation und ein unter der irreführenden Tarnbezeichnung „Euthanasie“ geführtes, systematisches Törungsprogamm, dem Menschen mit körperlichen oder geistigen Behinderungen zum Opfer fielen. Proteste der Kirchen führten 1941 zur Einstellung des Euthanasieprogramms.

Mit antisemitischer Politik verfolgten die Nazis die jüdische Bevölkerung und setzten auf traditionelle antisemitische Propaganda, um sich die Unterstützung dafür zu sichern. Die Nürnberger Gesetze entzogen den deutschen Juden die Staatsbürgerschaft und schränkten ihr Leben stark ein. Die jüdische Gemeinschaft war daraufhin zunehmender Verfolgung ausgesetzt. Die Reichsprogromnacht („Kristallnacht“) am 9. November 1938 war der erste landesweite, konzentrierte Überfall der Nazis auf die Juden in Deutschland. Fast alle Synagogen wurden zerstört, und viele Juden wurden verhaftet und in Konzentrationslager deportiert.

Unten: Deutsche Soldaten schwören beim Fahneneid Adolf Hitler die Treue (1934).

Der Zweite Weltkrieg

Der Zweite Weltkrieg war der bislang größte und schwerste militärische Konflikt. An ihm beteiligten sich Länder aus allen Teilen der Welt; er forderte Millionen Todesopfer.

Kriegsausbruch

Die Aufrechterhaltung der Garantien Großbritanniens und Frankreichs zum Schutz der Souveränität Polens, Griechenlands und Rumäniens geriet zunehmend unter Druck, als Hitler und Stalin am 23. August 1939 einen Nichtangriffspakt unterzeichneten. Für die Deutschen war damit bei einem Angriff auf Polen die Gefahr einer sowjetischen Intervention zur Verteidigung des Nachbarlands ausgeräumt. Deutschland erneuerte daraufhin seine Forderungen nach einem „Polnischen Korridor" – durch den Zuspruch Ostpreußens an Polen war den Deutschen 20 Jahre zuvor im Zuge der Versailler Verträge der Zugang zur Ostsee genommen worden – und spekulierte darauf, Großbritannien und Frankreich durch Verhandlungen von ihren Garantien gegenüber Polen abbringen zu können.

Innerhalb weniger Tage wurde ein Krieg immer wahrscheinlicher. Als Deutschland Truppen an seiner Grenze zu Polen mobilisierte, begannen Großbritannien und Frankreich mit der Einberufung von Reservisten. Nationale Kunstschätze wurden an sicheren Orten deponiert, und am 31. August startete die Evakuierung britischer Kinder in sichere Landesteile.

Am 1. September 1939 begann um 5 Uhr 45 der Überfall deutscher Bodentruppen auf Polen, der von schweren Luftangriffen begleitet wurde. Die beweglichen Panzerdivisionen stießen schnell von der deutsch-polnischen Grenze nach Osten und von Ostpreußen nach Süden vor. Die polnische Armee war auf diese Art der Kriegsführung nicht vorbereitet und hatte ihr wenig entgegenzusetzen. Schon nach wenigen Tagen besaßen die Deutschen die Lufthoheit über Polen und hatten das Eisenbahnnetz lahm gelegt.

Zwei Tage lang bemühten sich Großbritannien und Frankreich auf diplomatischem Weg um eine Einstellung des Angriffs: Beide Länder schickten der Reichsregierung Ultimaten mit der Forderung nach Rückzug der Truppen bei Androhung der Konfrontation mit den beiden mächtigsten Ländern Europas. Der britische Premier Chamberlain zögerte zunächst, weil er sich der Konsequenzen einer Ablehnung des Ultimatums durch die Deutschen bewusst war. Als Unterhausabgeordnete und Regierungsmitglieder drängten, erging am 3. September um 9 Uhr das Ultimatum.

Wenig später, um 11 Uhr, war deutlich, dass Deutschland nicht auf die britischen Forderungen eingehen würde. In einer Radioansprache verkündete Chamberlain: „Dieses Land befindet sich ab jetzt im Krieg mit Deutschland." Frankreich verschickte noch am selben Tag ein ähnliches Ultimatum und erklärte um 17 Uhr ebenfalls Deutschland den Krieg. Am nächsten Tag überschritten französische Truppen die Grenze zu Deutschland. Damit hatte der Zweite Weltkrieg begonnen.

Unten: Winston Churchill inspiziert die Heimwehr des britischen Parlaments.

Drôle de Guerre – Sitzkrieg

Die Kriegserklärung am 3. September 1939 führte in Großbritannien und Frankreich auf der einen Seite zu hektischen Aktivitäten: Die Streitkräfte wurden mobilisiert, Reservisten einberufen, und die bereits ausgearbeiteten Zivilschutzmaßnahmen und Evakuierungspläne traten in Kraft. Hunderttausende Kinder, Alte und Kranke wurden aus britischen Großstädten aufs Land gebracht, wo sie besser vor Luftangriffen geschützt werden konnten. Gleichzeitig blieben jedoch beide Länder bis zum Frühjahr 1940 militärisch vorwiegend passiv.

Am 5. September verkündete Präsident Roosevelt die Absicht der USA, sich aus dem Krieg herauszuhalten, gleichzeitig aber sich um Vermittlung von Friedensgesprächen zu bemühen. Die USA wollten zunächst an keine der Kriegsparteien Waffen liefern – zwei Monate später stimmte der US-Kongress allerdings dem Waffenverkauf an die Alliierten zu: Durch das Leih-Pacht-Gesetz (Lend and Lease Act, 1941) erhielten sie Waffen- und Kriegsmaterial zunächst ohne Bezahlung; diese sollte nach Beendigung des Kriegs fällig werden.

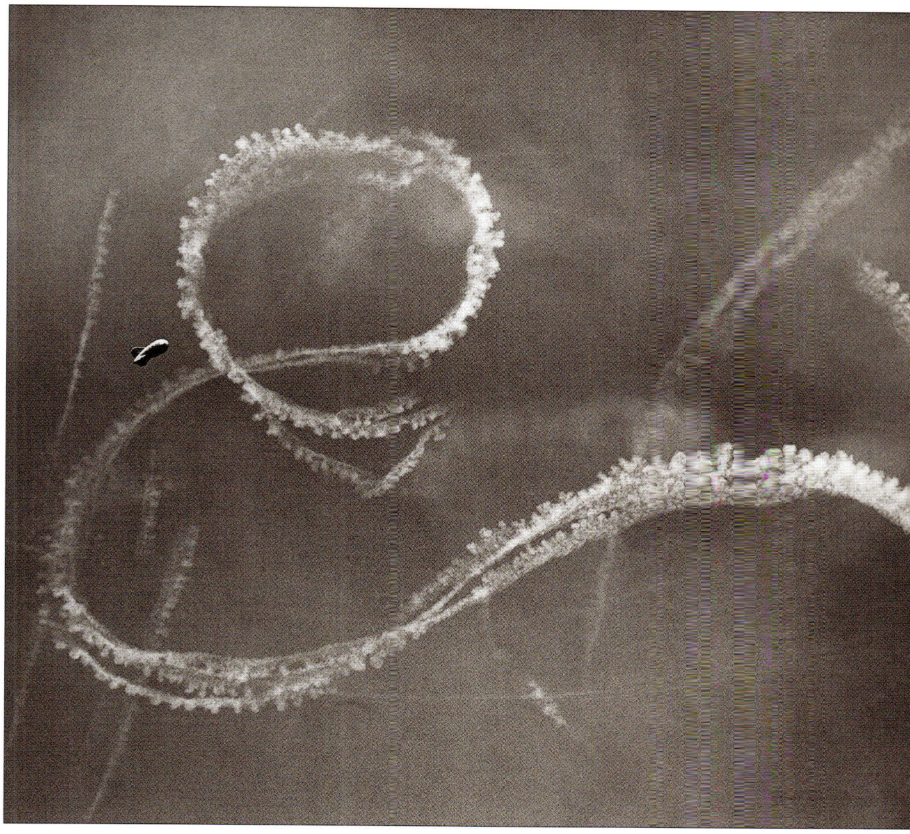

Oben: Kondensstreifen machen die Flugmanöver bei Kämpfen zwischen deutschen und britischen Flugzeugen während der Schlacht um England sichtbar.

In Europa kam es während des Winters 1939/40 kaum zu schweren Kämpfen. In der zweiten Septemberwoche hatten britische Expeditionstruppen den Kanal überquert, um gemeinsam mit den Franzosen die belgische Grenze zu verteidigen. Die Briten waren allerdings schlecht ausgerüstet und ausgebildet, denn man hatte nicht mit einem neuen Krieg gerechnet und auf die Appeasement-Politik gesetzt. Doch sie gruben sich ein und warteten – und über Monate kam es von keiner Seite zu größeren Offensiven, weder am Boden noch in der Luft. Man nannte diese Periode deshalb Sitzkrieg oder französisch „Drôle de guerre". Auf See hingegen war es nicht so ruhig: U-Boote und magnetische Haftminen bedrohten die Handelsschiffe der Alliierten und forderten die britische Royal Navy – als damals die Weltmeere beherrschende Marine – immer wieder heraus.

Blitzkrieg

Am 9. April 1940 beendete das deutsche Oberkommando die relative Ruhe. Die Wehrmacht besetzte Dänemark und eroberte Norwegen. Kurz darauf griffen die Deutschen die Niederlande und anschließend Frankreich an. Dieser Blitzkrieg fügte den Alliierten schwere Niederlagen zu. Bei Trondheim in Norwegen zwangen 2000 gut ausgebildete deutsche Gebirgsjäger 13 000 alliierte Soldaten zum Rückzug. Der Vorstoß der Deutschen im Westen machte Ende Mai die Evakuierung von rund 340 000 alliierten Soldaten notwendig, die in Dünkirchen an der nordfranzösischen Küste eingeschlossen waren.

Zu diesem Zeitpunkt hatte Deutschland bereits Norwegen, Dänemark, die Niederlande, Belgien und Luxemburg besetzt. Die Briten evakuierten zwischen dem 28. Mai und 3. Juni 1940 erfolgreich die eigenen und verbündete Truppen (u. a. die polnische Exilarmee) – doch nur, um sie später wieder in den Kampf zu schicken. Die Franzosen standen nun der deutschen Militärmaschinerie allein gegenüber, die das Land mit aller Macht angriff. Am 22. Juni war Frankreich besiegt. Großbritannien, geschützt nur durch seine Insellage, stand jetzt einem möglichen deutschen Angriff ebenfalls allein gegenüber.

Die Ereignisse des Frühjahrs 1940 hatten nachhaltige politische Auswirkungen, in Großbritannien wie auf dem Kontinent. Chamberlain musste zurücktreten, weil er die Besetzung großer Teile Westeuropas nicht hatte verhindern können. Am 10. Mai wurde Winston Churchill an der Spitze einer Koalitionsregierung neuer Premierminister.

Luftschlacht um England

Nach dem Rückzug der Alliierten aus Dünkirchen sah sich Hitler im Vorteil und plante eine Invasion der britischen Inseln. Die „Operation Seelöwe“ sah die Landung von Truppen am 15. September vor, einem Tag mit günstigen Gezeiten. Damit die Truppentransporter ungehindert anlegen konnten, musste die Luftwaffe zuvor die Royal Air Force (RAF) ausschalten. In der Luftschlacht um England lieferten sich daher die Luftstreitkräfte beider Länder den Sommer 1940 hindurch heftige Kämpfe.

Zunächst war die deutsche Luftwaffe mit 2800 in Frankreich, Belgien, Holland und Norwegen stationierten Flugzeugen den Briten vier zu eins überlegen. Sie hatte zudem im Spanischen Bürgerkrieg Erfahrungen gesammelt und besaß erstklassige Maschinen, wie die Messerschmitt 109 und 110 sowie den Junkers-Sturzkampfbomber (Stuka). Das britische Luftwaffenkommando (RAF Fighter Command) unter Luftmarschall Sir Hugh Dowding verfügte über Maschinen vom Typ Hawker Hurricane und Supermarine Spitfire. Doch die britischen Piloten hatten den Vorteil, näher an ihren Heimatflugplätzen zu sein und über dem eigenen Land zu kämpfen. Wenn sie sich mit dem Fallschirm retten oder die Maschine notlanden mussten, konnten Pilot wie Flugzeug bald wieder einsatzfähig sein. In Großbritannien niedergegangene deutsche Piloten und Maschinen waren hingegen für die Luftwaffe verloren.

Bis zum geplanten Invasionstermin hatte die RAF 915 Flugzeuge eingebüßt, die Luftwaffe 1733. Weil ein wirksamer Schutz der Bodentruppen durch die Luftwaffe nicht mehr möglich war, brach Hitler die Invasion ab.

Luftkrieg

Nach der Aufgabe der Invasion veränderte das deutsche Oberkommando seine Taktik. Zum deutschen Invasionsplan hatten zuvor auch Luftangriffe auf Einrichtungen der RAF in London gehört. Diese Angriffe auf die Hauptstadt vermittelten aber auch eine symbolische Botschaft: Deutschland war in der Lage, bis ins Machtzentrum des Gegners einzudringen und den Sitz von Regierung und Administration der britischen Nation, des Commonwealth und des Empire zu attackieren.

Die Serie von Luftangriffen auf London begann am 7. September 1940. Sie zog sich ohne Unterbrechung über 56 Tage hin und wurde von den Briten als „Blitz“ bezeichnet. Anfangs fanden die Angriffe am Tag und in der Nacht statt, doch die deutschen Ver-

2. WELTKRIEG EXPANSION DER ACHSENMÄCHTE, 1938–1942
Deutsches Reich, 1937
Ins Reich bis 1939 eingegliedert oder bis Ende 1941 erobert
Achsenmächte, 1939–1944
Eroberungen im Osten und auf dem Balkan, 1941
Invasion der Achsenmächte, 1939–1942
Sowjetische Angriffe, 1940
Landung der Alliierten in Griechenland, dann Rückzug über Kreta nach Ägypten, 1941
1942 erobert
Von Vichy kontrolliert, 1942
Von den Alliierten kontrolliert, Ende 1942
Neutrale Staaten
Wichtige Versorgungsroute der Alliierten
Europäisches Nordmeer
Nordkap
Narvik
Luleå
N O R W E G E N
S C H W E D E N
FINNLAND
Helsinki
Leningrad
Oslo
Stockholm
Ostsee
DÄNEMARK
Kopenhagen
Königsberg
Ost-preußen
Hamburg
Berlin
Warschau
DEUTSCHES REICH
POLEN
Frankfurt
Prag
TSCHECHOSLOWAKEI
München
Wien
ÖSTER-REICH
Bern
SCHWEIZ
Budapest
UNGARN
Aug. 1940 an Ungarn
RUMÄNIEN
Bukarest
Donau
Mailand
Genua
Venedig
Belgrad
JUGOSLAWIEN
Sofia
BULGARIEN
ALBANIEN
ITALIEN
Adriatisches Meer
Korsika
Rom
Sardinien
Tarent
GRIECHEN-LAND
Ägäisches Meer
Athen
Kreta
Sizilien
Tunis
Mittelmeer
Malta (britisch)
Tripolis
Libyen (italienisch)
Bengasi
ÄGYPTEN
Alexandria
an die Achsenmächte 1942 verloren
Moskau
S O W J E T U N I O N
Kursk
Kiew
Stalingrad
Kaspisches Meer
Schwarzes Meer
Istanbul
T Ü R K E I
PERSIEN (IRAN)
SYRIEN
IRAK
Zypern
Libanon
Palästina
Transjordanien
SAUDI-ARABIEN

luste waren so hoch, dass die Luftwaffe nach einer Woche dazu überging, nur noch im Schutz der Dunkelheit anzugreifen. Neben London, das bis Mai 1941 fast jede Nacht bombardiert wurde, lagen fast alle größeren Städte in Reichweite der deutschen Bomberverbände. Viele wurden ebenfalls heftig attackiert. Der Angriff auf Coventry im November 1940 markiert eine taktische Wende in der Strategie des deutschen Oberkommandos: Jetzt kamen britische Industriezentren ins Visier, um die kriegswichtige Infrastruktur zu zerstören. Birmingham, Sheffield, Manchester, Glasgow und andere Produktionszentren für Flugzeuge, Militärfahrzeuge, Waffen und Munition litten unter heftigen Bombenangriffen. Ähnlich erging es Hafenstädten wie Southampton, Bristol und Liverpool, wo Schiffswerften und Schiffe der Kriegs- und Handelsmarine angegriffen wurden.

Strategie der Vergeltungsangriffe

Großbritannien begann im September 1940 mit der Bombardierung deutscher Städte. Anfangs griff die Royal Air Force Städte wie Hamburg, Berlin und München zur Vergeltung vorangegangener Aktionen der Deutschen an. Auf die zunehmende Intensität deutscher Bombenangriffe reagierte das britische Bomber Command entsprechend – mit Unterstützung der öffentlichen Meinung in Großbritannien. Als bei der Bombardierung Coventrys die mittelalterliche Kathedrale und ein Großteil der Innenstadt zerstört wurden, warf die RAF zwei Tage später 2000 Bomben über Hamburg ab. Im März 1942 änderte das Bomber Command unter seinem neuen Kommandeur Luftmarschall Sir Arthur Harris („Bomber Harris") sein Vorgehen. Die Angriffe waren nicht mehr nur Vergeltungsschläge, sondern richteten sich gegen Häfen und Industrieregionen wie das Ruhrgebiet mit kriegswichtigen Waffen- und Munitionsfabriken.

Mit der Vorbereitung des deutschen Überfalls auf die Sowjetunion im Juni 1941 ebbten die Bombenangriffe auf Großbritannien ab. Erst im April 1942 setzte als Antwort auf die zerstörerische Bombardierung deutscher Industriegebiete und Häfen wieder eine Luftoffensive gegen Großbritannien ein. Diesmal nahm die Luftwaffe nicht wichtige Industriezentren ins Visier, sondern weniger gut geschützte Städte, um so die Bevölkerung zu verängstigen. Die Angriffsziele hätten einem Reiseführer nach Großbritannien entnommen sein können, weshalb sie auch als „Baedeker-Angriffe" bezeichnet wurden. Mit Exeter, Bath, Norwich und York wurden einige der ältesten und schönsten Städte Großbritanniens bombardiert.

Unten: Deutsche Bomber beim Angriff über Großbritannien.

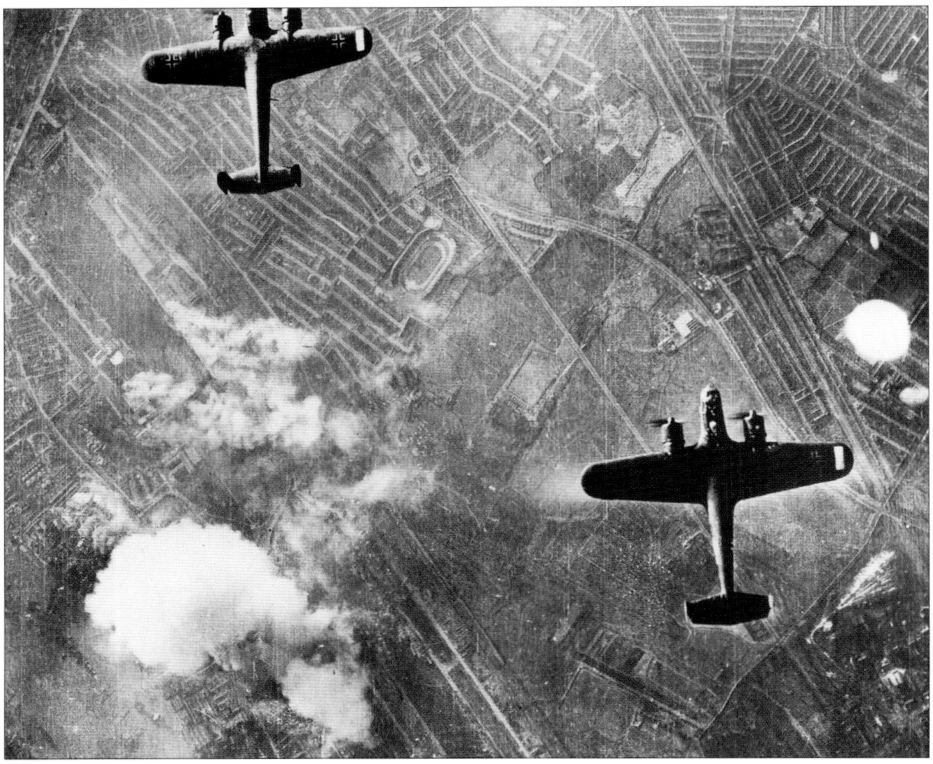

Strategie des Flächenbombardements

Bombenangriffe aus der Luft blieben für beide Seiten eines der wichtigsten Instrumente ihrer Kriegsführung. Mit dem Kriegseintritt der USA im Dezember 1941 standen den Alliierten gewaltige Ressourcen für den Luftkrieg zur Verfügung. Ein im März 1942 erstmals erkennbarer Strategiewechsel der Alliierten wurde Anfang 1943 intensiver fortgesetzt. Neues Ziel der RAF war nun die völlige Zerstörung der industriellen Basis Deutschlands. Die mit Nachtradar ausgerüsteten britischen Bomber flogen Nachtangriffe, auf die am Tag die riskanten Angriffe der US Air Force folgten. Gleichzeitig wurden größere und wirkungsvollere Bomben und immer größere Flugzeuge ent-

Oben: Deutsche Luftschutzkräfte bekämpfen in Berlin ein durch Brandbomben entfachtes Feuer.

wickelt. Für den spektakulären Angriff auf die Möhne- und Edertalsperren im Mai 1943 konstruierte der britische Ingenieur Barnes Wallis eine raffinierte „hüpfende Bombe", welche die massiven Staumauern zum Einsturz brachte.

Bomber-Command-Chef Sir Arthur Harris entwickelte das Konzept zur Zerstörung der industriellen Basis weiter. Er machte auch die Zivilbevölkerung zum Ziel von Flächenbombardements, um die deutsche Bevölkerung zum Ruf nach Frieden zu bringen. Einen schrecklichen Höhepunkt erreichte diese Strategie beim Angriff auf Dresden am 13. Februar 1945. In der Nacht warfen 800 britische Lancaster-Maschinen ihre Bomben ab, während der Tagesstunden setzten 400 amerikanische B-17-Bomber den Angriff fort. Die kunsthistorisch bedeutende, militärisch eher unbedeutende Stadt war voller Menschen, die sich dort sicher fühlten. Man geht von mindestens 35 000 Opfern aus, die durch das Flächenbombardement und den dabei entfachten Feuersturm umkamen, der die gesamte Innenstadt verwüstete.

Doch nicht nur die Alliierten verübten solche Terrorangriffe. Im Juni 1944 schlug die erste unbemannte Flugbombe in Südengland ein. Die V1-Flugkörper wurden von Nordfrankreich aus abgefeuert. Diese nicht wie ein herkömmliches bemanntes Flugzeug zu bekämpfenden Bomben verbreiteten Angst und Schrecken in der britischen Bevölkerung. Später, als die deutschen Basen in Frankreich von den alliierten Invasionstruppen erobert wurden, setzten die Deutschen die V2-Raketenbomben ein. Diese Raketen starteten von einfachen Betonrampen, hatten eine größere Reichweite und konnten einen Sprengkopf von einer Tonne tragen.

Seekrieg – Schlacht im Atlantik

Nachdem Frankreich gefallen und Hitlers Pläne zur Invasion Großbritanniens gescheitert waren, setzte Großbritannien bei seiner Verteidigung vor allem auf seine Insellage. Diese machte das Land aber auch verwundbar. Zwar wurde alles getan, um die Nahrungsquellen und Rohstoffressourcen des Landes zu nutzen, doch man blieb auf Importe angewiesen. Wichtigster Lieferant für Rohstoffe, Lebensmittel und Militärmaterial waren die USA. Solange Amerika noch nicht in die Kampfhandlungen verwickelt war, erlaubte das Leih-Pacht-Gesetz das Verleihen von militärischer Ausrüstung an ein Land, dessen Verteidigung auch für Amerikas Sicherheit von großer Bedeutung war.

Bei Kriegsbeginn verfügte die deutsche Kriegsmarine nur über 28 U-Boote. Doch der kleinen U-Boot-Flotte gelangen im Verbund mit konventionellen Kriegsschiffen und umgerüsteten Handelsschiffen zahlreiche Angriffe auf alliierte Kriegs- und Handelsschiffe. Der Erfolg veranlasste Hitler zum Bau weiterer U-Boote. Zu ihrem eigenen Schutz sowie zum Angriff auf Geleitzüge aus Handelsschiffen operierten die U-Boote in Gruppen, die man als „Wolfsrudel" bezeichnete.

Im Verlauf des Kriegs ermöglichte die Entwicklung von Radar- und Sonartechnik, Funk- und Luftüberwachung den Alliierten einige Erfolge im Seekrieg. Im Mai 1941 wurde die „Bismarck", das neueste und schnellste deutsche Schlachtschiff versenkt. Die Bedrohung der von der Royal Navy beschützten Handelskonvois blieb groß und nahm mit dem Kriegseintritt der Sowjetunion im Juni 1941 noch zu. Die Geleitzüge, die Nachschub für die UdSSR über die Nordatlantikroute nach Murmansk und Archangelsk brachten, waren ebenfalls bedroht. Im Juli verlor der Convoy PQ17 22 Versorgungsschiffe, der Convoy PQ18 im September 13 Schiffe durch Angriffe der Deutschen. Im gleichen Jahr wurden aber auch 87 deutsche U-Boote versenkt.

Hitler und Stalin

Die Unterzeichnung des deutsch-sowjetischen Nichtangriffspakts im August 1939 schuf wesentliche Vorbedingungen für den Ausbruch des Zweiten Weltkriegs. Jetzt, wo der Angriff auf Polen ohne das Risiko einer Konfrontation mit der Roten Armee möglich war, konnte sich Hitler an die Umsetzung seiner Expansionsziele wagen und den direkten Konflikt mit Frankreich und Großbritannien riskieren.

Für Stalin bot der Pakt die Möglichkeit, eigene Gebietsansprüche umzusetzen. Nur zwei Wochen nach der Kriegserklärung marschierte die Rote Armee im Osten Polens ein, und Ende September war das Land bereits zwischen Deutschland und der UdSSR aufgeteilt. Der russische Expansionismus ging im November 1939 weiter. Die Sowjets forderten die Kontrolle über Teile der Karelischen Landenge zum Schutz von Leningrad und marschierten kurzerhand in Finnland ein. Der zunächst hartnäckige Widerstand der Finnen konnte die Niederlage aber nicht verhindern: Nach 14 Wochen schwerer Kämpfe bei arktischen Temperaturen siegten die Russen, allerdings verloren fast 50 000 Rotarmisten ihr Leben. Der im März 1940 unterzeichnete Friedensvertrag verhinderte die Besetzung ganz Finnlands. Bei den ursprünglich neutral eingestellten Finnen war die Stimmung von nun an antisowjetisch geprägt.

Der gegenüber Hitlers Absichten stets misstrauische Stalin ahnte, dass sich die Ambitionen der Nazis irgendwann auch gegen die UdSSR wenden würden. Die Annexion Polens, der Winterkrieg gegen Finnland, die ungehinderte Besetzung der baltischen Staaten Litauen, Lettland und Estland im Juni 1940 waren Teil eines Plans zur Abwehr eines deutschen Angriffs. Hitlers Vorstellungen von einem „Tausendjährigen Reich" waren nur mit dem Reichtum und den Ressourcen Russlands zu realisieren.

Unternehmen Barbarossa

Der deutsche Angriff auf die Sowjetunion begann am 22. Juni 1941 unter dem Decknamen „Unternehmen Barbarossa". Hundert deutsche Divisionen fielen, unterstützt von finnischen und rumänischen Verbänden, auf einer von der Ostsee bis zum Schwarzen Meer reichenden Front in Russland ein. Zwar war Stalin durch

Unten: Ein Flugplatz und Fabriken in Berlin nach schwerem Bombardement.

den Geheimdienst über den Angriff vorgewarnt, aber diese Informationen wurden nicht an die Feldkommandanten weitergegeben. Der Überraschungseffekt und die Blitzkriegstaktiken der Deutschen führten zu einem raschen Zurückweichen der Roten Armee. Ende Juni war die russische Stadt Minsk gefallen, und die deutschen Panzerdivisionen rückten nach Moskau vor.

Die 17 Millionen Soldaten zählende Sowjetarmee war ihrem deutschen Gegner hinsichtlich Ausbildungsstand und Materialausstattung weit unterlegen. Jahrelang war an Investitionen gespart worden, und entsprechend alt und überholt war die Ausrüstung, was Waffen, Geschütze und Panzer sowie Uniformen betraf. Einst war die Rote Armee bekannt für ihre brillanten Militärstrategen gewesen, doch einige der besten Offiziere und Kommandanten waren den Säuberungen unter Stalin zum Opfer gefallen: 30 000 Offiziere waren verhaftet, gefoltert oder exekutiert worden, als Stalin seine Machtposition festigen wollte.

Ein direkte Folge des Unternehmens Barbarossa war, dass Russland und Großbritannien Verbündete wurden. Ende 1941 rollten die ersten für die russische Front bestimmten Panzer von britischen Fließbändern. Die Deutschen verfügten über moderne, mit gut trainierten Mannschaften besetzte Panzer. Der in die Tausende gehende Panzerbestand der Russen war aber meist überaltert, nur weniger als 2000 neuere Panzer vom Typ KV-1 und T-34 standen bereit.

Hitler startete den Überfall auf die Sowjetunion ein Jahr nach der erfolgreichen Unterwerfung und Besetzung großer Teile Westeuropas. Auch wenn die geplante Invasion Großbritanniens nicht möglich gewesen war, befand sich das NS-Regime nun auf dem Höhepunkt der Macht. Es hatte seine Blitzkriegstrategie mit erstaunlichem Erfolg eingesetzt. Hitler war sicher, die Sowjetunion einnehmen zu können: Die USA hatten keine Neigung zur militärischen Aktion erkennen lassen, und das mit Deutschland verbündete Japan hielt das Gebiet an der Ostgrenze der UdSSR besetzt. Hitler war sich aber auch bewusst, dass man schnell vorrücken und Territorium gewinnen musste, denn die Nachschubversorgung über die weiten Entfernungen würde im russischen Winter schwierig werden.

Schlacht um Stalingrad

Zunächst kam der Vormarsch der Deutschen in Russland gut voran. Im September wurde Leningrad eingekesselt, Kiew fiel im Oktober, und Ende November 1941 standen deutsche Truppen vor den Toren Moskaus. Auf Stalins Befehl hin verfolgten die sich zurückziehenden Truppen eine Politik der verbrannten Erde: Alles, was irgendwie von Nutzen für die Deutschen sein konnte, wurde zerstört – einschließlich Brücken, Eisenbahnlinien und Felder.

Russland war entschlossen, Moskau und Leningrad zu verteidigen. Ende 1941 begann eine Gegenoffensive gegen die Deutschen, die jetzt auch mit dem gefürchteten russischen Winter zu kämpfen hatten. Die Minustemperaturen hielten die Flugzeuge der Luftwaffe am Boden, und der Treibstoff der Panzer erstarrte in den Tanks. Die Soldaten waren für einen Sommerfeldzug ausgerüstet, es fehlte an notwendiger Tarnung und Kleidung für den Winter.

Die Rote Armee hielt stand und konnte die Deutschen im Januar 1942 vor Moskau zurückdrängen. Im Mai hatten sich die deutschen Truppen neu formiert und waren für eine neue Offensive bereit. Man plante einen Angriff auf die Krim im Süden, um dann die Ölfelder am Kaukasus zu erobern. Im Juni und Juli konnten Rostow und Sewastopol genommen werden, doch beim Vorrücken nach Norden stießen die Deutschen auf heftigen Widerstand der Russen. In den Vororten Stalingrads kam der deutsche Vormarsch zum Stehen.

Die Stadt wurde erbittert verteidigt, und bei Einbruch des Winters 1942 starteten die Russen unter General Schukow eine verlustreiche Gegenoffensive. Die Deutschen wurden von Norden und Süden bedrängt. Deutsche Truppen der 6. Armee und der 4. Panzerdivision warteten auf Nachschub und Entsatz, doch alle Unterstützungsversuche von außen scheiterten im Dezember. Einige Wochen wogten die Gefechte mit einem erbitterten Straßen- und Häuserkampf in der Stadt unentschieden hin und her. Hitler verweigerte der nun ganz eingekesselten deutschen Armee den rettenden Ausbruchversuch. Die Soldaten hatten kaum noch Lebensmittel und Medikamente, bei Temperaturen von minus 24 Grad fehlte es zudem an Winterkleidung. Am 31. Januar 1943 widersetzte sich Generaloberst Paulus dem Führerbefehl und kapitulierte. Die deutsche Armee erlitt mit 146 000 deutschen und rumänischen gefallenen Soldaten ihre schwerste Niederlage.

Die Achsenmächte

Deutschland hatte während des Kriegs eine Reihe von Verbündeten. Einige waren abhängige Länder – wie Frankreich unter dem Vichyregime oder Norwegen unter dem NS-Kollaborateur Quisling. Der wichtigste europäische Verbündete war Italien; mit Benito Mussolini herrschte auch dort ein faschistischer Diktator. Im Mai 1939 unterzeichneten die beiden Länder den Stahlpakt, ein politisches und militärisches Bündnis, das gegenseitige Beistandsverpflichtungen im Krieg vorsah.

Doch Italien erklärte Frankreich und Großbritannien erst am 10. Juni 1940 den Krieg, als Deutschland kurz vor dem Sieg über Frankreich stand. Die italienischen Truppen kämpften jedoch nicht an der Seite der Wehrmacht, sondern begannen im August 1940 eine Offensive gegen Britisch-Somaliland und im September gegen Ägypten. Einen Monat später befahl Mussolini die Invasion Griechenlands. Von Albanien, das Italien im April 1939 besetzt hatte, rückten zehn italienische Divisionen nach Griechenland vor.

Ebenfalls im September 1940 unterzeichnete Japan einen Zehnjahrespakt mit Deutschland und Italien. Die militärische Achse Berlin – Rom wurde durch den Dreimächtepakt um Tokyo erweitert. Diese so genannten Achsenmächte verband ein aggressiver Expansionsdrang, und ihr Bündnis umfasste den gesamten Globus.

Eines der Hauptziele des Pakts lag darin, die USA vom Eintritt in den Krieg abzuhalten. Während US-Präsident Roosevelt einer Beteiligung auf alliierter Seite nicht abgeneigt war, meinten viele Amerikaner lange, der Krieg sei eine rein europäische Angelegenheit. Dennoch hatten die USA bisher Frankreich und Großbritannien zuverlässig unterstützt. Die Pazifikregion im westlichen Vorfeld der USA war allerdings durch die aggressive Expansionspolitik Japans destabilisiert. 1931 hatte Japan die chinesische Provinz Mandschurei annektiert und zum abhängigen Staat Mandschukuo gemacht. Von dort setzte die japanische Armee zur Eroberung ganz Chinas an. Wenige Tage vor Unterzeichnung des Dreimächtepakts gab Kaiser Hirohito den Befehl zum Angriff auf Französisch-Indochina.

Neutralität und Kriegseintritt der Vereinigten Staaten 1941

Nach Ausbruch des Kriegs in Europa im September 1939 waren die USA entschlossen, neutral zu bleiben, und steuerten einen „isolationistischen" Kurs. Man sah den Krieg als rein europäische Angelegenheit: Wichtiger war die Festigung des Einflusses in der eigenen

Unten: Amerikaner versammeln sich zur Musterung bei der US Air Force in New York.

Region, für ein militärisches Engagement viele tausend Kilometer entfernt bestand wenig Neigung. Zudem lag der Erste Weltkrieg erst wenige Jahre zurück. Der Kongress verabschiedete mehrere Neutralitätsgesetze, das erste bereits im August 1935.

Kurz nach der Kriegserklärung machten die USA deutlich, dass sie keiner der beiden Seiten Waffen liefern werden. Doch im November 1939 rückte der Kongress auf Drängen von Präsident Roosevelt von seiner Haltung ab und erlaubte den Verkauf von Waffen und Munition an Frankreich und Großbritannien. Amerika war auch ein wichtiger Lebensmittel- und Rohstofflieferant für Großbritannien in den Jahren, in denen der Inselstaat allein gegen Deutschland und Italien kämpfte. Nach dem Eintritt der UdSSR in die Anti-Hitler-Koalition plädierte Roosevelt für jede mögliche Hilfe, ausgenommen ein militärisches Engagement.

Oben: Appell einer ägyptischen Flugzeugstaffel.

Mit diesem Kurs stießen die USA in den ersten beiden Kriegsjahren an die Grenzen ihrer Neutralität. Es gab ein pseudomilitärisches Engagement auf Seiten der Alliierten gegen die Achsenmächte: Amerikanische Seeaufklärer arbeiteten seit 1940 mit der Royal Navy zusammen, und ab 1941 – als die amerikanischen Lieferungen für die europäischen Alliierten immer wichtiger wurden – patrouillierten Anti-U-Boot-Streifen vor der nordamerikanischen Küste. Nach dem Angriff eines deutschen U-Boots auf den US-Zerstörer „Greer“ ordnete Roosevelt an, sofort beim Eindringen in die amerikanische Verteidigungszone auf jedes Schiff der Achsenmächte zu schießen.

Doch nicht die wiederholten deutschen Attacken auf amerikanische Schiffe im Atlantik führten zum Kriegseintritt der USA, entscheidend war der verheerende Angriff der japanischen Luftwaffe auf den US-Marinestützpunkt in Pearl Harbor am 7. Dezember 1941. Am nächsten Tag erklärten die USA und Großbritannien Japan den Krieg. Mit den USA als offiziellem Kombattanten und Kämpfen in Asien, Russland, Europa und Afrika hatte der Krieg endgültig eine globale Dimension angenommen.

Neue Kriegsschauplätze: Schlacht um Nordafrika

Während im Sommer 1940 im nördlichen Europa die Luftschlacht um England in vollem Gang war, eröffnete Mussolini eine neue Kampfzone in Nordafrika. Italien griff nach seinem erfolglosen Vorstoß in Britisch-Somaliland (August 1940) im September von seiner Kolonie Libyen kommend das britische Protektorat Ägypten an. Nach der Einnahme von Sidi Barrani stieß man noch rund 80 Kilometer weit auf ägyptisches Gebiet vor. Nach einer kurzen Zeit der Ruhe starteten die Briten unter General Wavell eine erste Gegenoffensive gegen die Italiener. Sidi Barrani wurde zurückerobert, und zum Monatsende hatten Truppen aus Großbritannien und dem Commonwealth die Italiener weit nach Libyen zurückgedrängt

Die britischen Zugewinne in Libyen gingen im März 1941 verloren, als General Erwin Rommel mit dem Afrikakorps eine Offensive startete. Er eroberte nicht nur Libyen zurück, sondern zwang die britischen und Commonwealth-Truppen zum Rückzug bis an den Suezkanal. Das restliche Jahr 1941 und Anfang 1942 kam es in der nordafrikanischen Wüste immer wieder zu Gefechten zwischen Rommels Afrikakorps und den britischen Truppen, die sich unter General Auchinleck als 8. Armee neu formiert hatten. Rommel behielt meist die Oberhand und begann im Mai 1942 einen Angriff auf die 8. Armee, die er zum Rückzug in die Wüstenfestung Tobruk zwang. Nach dem Fall von Tobruk wurde Auchinleck von General Montgomery abgelöst, der dank neuer Truppen eine Linie bei El Alamein halten konnte.

Im Oktober 1942 war Montgomery, ausgerüstet mit 200 000 zusätzlichen Soldaten, neuen Sherman-Panzern und Selbstfahrlafetten, bereit zum Angriff auf Rommels Afrikakorps. Die 8. Armee drängte die deutschen Truppen aus Ägypten zurück nach Libyen. Der

2. Weltkrieg Europa, 1944
Alliiertes oder von Alliierten kontrolliertes Gebiet, 6. Juni 1944
Zwischen 6. Juni und 16. September 1944 befreit
Deutsches Reich
Besetztes Gebiet oder mit Deutschland verbündet
Hauptoffensiven der Alliierten
Grenzen im November 1942
0
200 km
0
200 Meilen
Nordkap
Narvik
ISLAND
Europäisches Nordmeer
NORWEGEN
SCHWEDEN
FINNLAND
HELSINKI
Leningrad
SOWJET-UNION
OSLO
STOCKHOLM
Nordsee
Ostsee
Edinburgh
DÄNEMARK
Kopenhagen
REICHSKOMMISSARIAT OSTLAND
Königsberg
Ost-preußen
DUBLIN
IRLAND
VEREINIGTES KÖNIGREICH
NIEDER-LANDE
AMSTERDAM
Hamburg
BERLIN
WARSCHAU
Polen
REICHSKOMMISSARIAT UKRAINE
LONDON
DEUTSCHES REICH
BRÜSSEL
BELGIEN
Frankfurt
PRAG
Böhmen
SLOWAKEI
PARIS
München
WIEN
BUDAPEST
UNGARN
RUMÄNIEN
ATLANTISCHER OZEAN
FRANKREICH
BERN
SCHWEIZ
Genf
ÖSTERREICH
Banat
Mailand
BUKAREST
Genua
Venedig
KROATIEN
BELGRAD
SERBIEN
Donau
SOFIA
BULGARIEN
Marseille
MONTE-NEGRO
ALBANIEN
Adriatisches Meer
ITALIEN
TÜRKEI
LISSABON
PORTUGAL
SPANIEN
MADRID
Korsika
ROM
Tarent
Sardinien
GRIECHEN-LAND
Ägäisches Meer
Balearen
ATHEN
Mittelmeer
Sizilien
Algier
Bône (Annaba)
Tunis
Malta (britisch)
Kreta
Französisch-Nordafrika

Sieg bei El Alamein am 15. November 1942 war für die Alliierten von großer Bedeutung. Im gleichen Monat mussten sich die Vichy-Truppen im französischen Protektorat Nordafrika den unter dem Kommando von General Eisenhower einrückenden Briten und Amerikanern geschlagen geben. Die Alliierten konnten jetzt die Achsenmächte im Mittelmeerraum herausfordern.

Waffenstillstand der Alliierten mit Italien

Die alliierten Siege in Nordafrika öffneten den Weg zum Angriff auf Italien. Von nordafrikanischen Basen aus begann der Vorstoß im Juni 1943 mit einem heftigen Bombardement der Insel Pantelleria. Nach zwei Tagen kapitulierte der Inselkommandant, und alliierte Truppen gingen an Land. Ende Juli kontrollierten Eisenhowers Truppen bereits die sizilianische Hauptstadt Palermo.

Nach dem Verlust der Inseln und einem Luftangriff der Alliierten auf Rom wurde Mussolini abgesetzt und inhaftiert. König Victor Emmanuel übernahm das Kommando über das italienische Militär, und der Antifaschist Marshall Badoglio wurde Premierminister. Am 8. September unterzeichnete Italien einen offiziellen Waffenstillstand, und viele deutsche Soldaten wurden als Kriegsgefangene ihrer ehemaligen Verbündeten an die Alliierten ausgeliefert. Vielen deutschen Divisionen gelang die Flucht nach Norden, wo sie nun als Besatzer auftraten und selbst Rom noch einige Monate kontrollierten.

In einer spektakulären Kommandoaktion befreiten deutsche Fallschirmjäger wenige Tage später Mussolini aus seiner Haft in den Abruzzen und flogen ihn nach München aus. Später kehrte er nach Norditalien zurück und gründete die Republik von Salò. Im April 1945 wurde er von italienischen Partisanen bei der Flucht entdeckt und zusammen mit seiner Lebensgefährtin erschossen. Die Leiche des „Duce“ wurde kopfüber an der Piazza Loretto in Mailand aufgehängt.

Angriff auf die „Festung Europa“

Bis 1942 konnten die deutschen Truppen mit ihren Verbündeten ihre Fronten in der so genannten Festung Europa weitestgehend halten. 1942 änderte sich jedoch die Situation. Bereits Ende 1941 ergriffen die Mächte der Anti-Hitler-Koalition stärker die Initiative. Im August 1942 wurde ein Landeversuch an der französischen Küste unternommen. Über 6000 Soldaten, zusammengestellt durch Truppen aus Großbritannien, den USA, Kanada und des Freien Frankreichs, gingen bei Dieppe an Land. Trotz Unterstützung aus der Luft und von der See waren die Alliierten aber nach neun Stunden besiegt. Die Verluste waren hoch – mehr als 1000 Tote und 2500 gefangene Soldaten. Daneben verlor man schweres Gerät wie Landungsboote, Panzer, Truppentransporter und andere Schiffe sowie fast 100 Flugzeuge. Das von dem britischen Admiral Lord Louis Mountbatten geführte Unternehmen war fehlgeschlagen. Doch US-General Eisenhower und die Generäle des Alliierten Oberkommandos zogen ihre Lehren aus dem Desaster und berücksichtigten die Ursachen für das Scheitern bei ihren Vorbereitungen für den D-Day. Im April 1944 wurde Großbritannien in ein riesiges Feldlager verwandelt, Truppen aus Großbritannien, den Commonwealth-Ländern, den USA und Exilarmeegruppen, so aus Polen und dem Freien Frankreich, versammelten sich hier. Im südlichen Teil der britischen Insel fanden groß angelegte Übungsmanöver für die Landung in der Normandie statt.

Zahlreiche Maßnahmen sollten verhindern, dass das deutsche Oberkommando Details der geplanten Offensive erfuhr. Entlang der Südostküste der britischen Insel wurde eine 20 Kilometer breite Sperrzone errichtet, die nur für Militärs zugänglich war. Im März untersagte man Reisen nach Irland, um die Weitergabe von Informationen an Diplomaten in feindlichen Konsulaten zu verhindern. Im April folgten Reise- und Kommunikationseinschränkungen für ausländische Diplomaten in London. Zur Verschleierung der alliierten Pläne wurden Attrappen von Schiffen und Geräten eingesetzt, um Truppenkonzentrationen in anderen als den eigentlich für die Aktion relevanten Regionen vorzutäuschen.

D-Day – Landung in der Normandie

Die Invasion auf dem europäischen Festland begann am 6. Juni 1944, dem sogenannten D-Day. In der Morgendämmerung legten Landungsboote an den Stränden der Normandie an. Britische und kanadische Truppen landeten in den Küstenabschnitten mit den Decknamen „Gold“, „Juno“ und „Sword“ nördlich des Hafens von Caen. Die Amerikaner landeten weiter westlich in der Nähe von Cherbourg am „Utah“- und „Omaha-Beach“. Die Invasionstruppen gerieten unter heftigen Beschuss, doch die Deutschen waren überrascht worden, denn sie hatten die Invasion weiter im Osten, im Pas-de-Calais erwartet. Weil man die Manöver in der Normandie für eine Finte hielt, welche die Verteidigung auf sich ziehen sollte beließ das Wehrmachtskommando eine starke Truppenpräsenz im Nordosten Frankreichs. In den Tagen vor der Invasion hatten die Alliierten das Hinterland in der Normandie intensiv bombardiert, sodass zerstörte Brücken und Eisenbahnlinien den Deutschen die Verlegung von Truppen und

Gerät an die Front erschwerten. In den Nachtstunden unmittelbar vor der Invasion waren Fallschirmjäger und Gleitflugzeuge hinter den feindlichen Linien gelandet und hatten im Handstreich Schlüsselstellungen eingenommen. Dieses kombinierte Vorgehen machte die „Operation Overlord", so der Deckname der Invasion, vom ersten Tag an zum Erfolg. Bis um Mitternacht waren die Alliierten auf breiter Front einige Kilometer tief ins Land vorgedrungen. Insgesamt waren 155 000 Soldaten an Land gebracht worden, die Verluste lagen bei 9000 Mann.

Doch der Erfolg musste in den folgenden Tagen unter gewaltigen Anstrengungen abgesichert werden. Die Gegenwehr der Deutschen, vor allem um Cherbourg, war sehr heftig, und oft musste um jeden Meter gekämpft werden. Gleichzeitig galt es, die notwendigen Nachschublinien von Großbritannien her aufzubauen. Vor der normannischen Küste wurden künstliche Häfen errichtet, wo Schiffe mit Truppennachschub und Material anlegen konnten. Nach sechs Tagen gelang es den verschiedenen alliierten Divisionen, ihre Brückenköpfe zu vereinen und eine gemeinsame breite Front zu bilden. Diese rückte, verstärkt durch frische Truppen und neues Gerät, durch die Normandie vor.

Ende Juli war der Widerstand der Wehrmacht in der Normandie gebrochen. Das deutsche Oberkommando war nicht in der Lage, die dortigen Truppen mit Nachschub zu versorgen, denn die alliierten Luftangriffe hatten die Nachschublinien weitgehend zerstört. Die überlegenen alliierten Truppen konnten sich so gegen den zum Teil erbitterten Widerstand der Deutschen durchsetzen. Die Einnahme der Stadt Caen in der Normandie eröffnete den Alliierten die Route nach Paris, das am 25. August 1944 unter dem Jubel der Pariser befreit wurde.

Holocaust

Als die Alliierten auf das von Deutschland besetzte Gebiet vordrangen, erfuhr die Welt das Ausmaß des Schreckens in den Konzentrationslagern der Nazis. Das KZ Auschwitz wurde im Januar 1945 von den Russen befreit, die Lager Bergen-Belsen, Buchenwald und Dachau im April durch die Westalliierten. Seit Jahren war die Existenz solcher Lager bekannt, ebenso kannte man Hitlers Vorstellungen von der „Lösung der Judenfrage", doch kaum jemand hatte sich das Ausmaß von Unmenschlichkeit in den Lagern vorstellen können.

In den Lagern wurden Menschen inhaftiert, auf die die rassistische Vernichtungspolitik der Nationalsozialisten zielte: Juden aus den europäischen Ländern, Polen, Slawen, Sinti und Roma sowie Homosexuelle und andere religiöse und gesellschaftliche Minderheiten, aber auch politische Gegner. Die Bedingungen dort waren verheerend – Hunger, Infektionen und Zwangsarbeit überlebten die meisten Ofper nicht. Ein Großteil der dort internierten Menschen, darunter sechs Millionen Juden, wurde jedoch systematisch in Gaskammern ermordet.

Die von Heinrich Himmler geplante „Endlösung der Judenfrage" sah die Vernichtung aller Juden in den von den Nazis besetzten Ländern vor. Für dieses Ziel wurde eine Tötungsmaschinerie mit industriellen Ausmaßen in Gang gesetzt. Die Nazis errichteten Gaskammern, in denen gleichzeitig mehrere hundert Menschen – Männer, Frauen und Kinder – mit Giftgas getötet wurden. Zur Beseitigung der Leichen wurden große Krematorien gebaut.

Viele der Menschen, die den Holocaust (griech. „Brandopfer") überlebten und aus den Lagern befreit wurden, starben jedoch kurz danach, da sie durch die unmenschliche Behandlung zu geschwächt waren. Wer überlebte, war für den Rest des Lebens durch das am eigenen Leib Erlittene und die Erlebnisse in den Konzentrationslagern gezeichnet.

Teilung Europas und der Beginn des Kalten Kriegs

Mit Anbruch des Jahres 1945 war offensichtlich, dass die Niederlage Deutschlands bevorstand. Zwischen dem 4. und 11. Februar trafen sich Roosevelt, Churchill und Stalin als Vertreter der „Großen Drei" in Jalta auf der Krim, um über die Teilung Deutschlands nach dem Krieg zu beraten.

Am 24. März überquerten die Westalliierten den Rhein, eine wichtige Verteidigungslinie der Deutschen. Verheerende Bombenangriffe auf deutsche Städte wie Dresden und Berlin unterstützten die Bodentruppen bei ihrem Vormarsch auf die Reichshauptstadt. Die Rote Armee überschritt die Oder und hatte am 25. April Berlin eingekreist. Als sie die Stadt stürmten, beging Hitler am 30. April Selbstmord. Am 7. Mai 1945 unterschrieb Generaloberst Jodl in Reims die bedingungslose Gesamtkapitulation Deutschlands.

Im Juli 1945 trafen sich die „Großen Drei" zu einer Konferenz in Potsdam, bei der das Bündnis der Alliierten – den USA, Großbritanniens und der UdSSR – auseinander brach. Die USA wurden durch ihren neuen Präsidenten Truman vertreten, Roosevelt war wenige Wochen vor Kriegsende gestorben. Für Großbritannien kam Clement Attlee, der nach Churchills Niederlage bei den Parlamentswahlen Premierminister geworden war. Von den alten Verbündeten war als einziger noch Stalin im Amt. Das Potsdamer Abkommen legte unter anderem die politischen und wirtschaftlichen Grundsätze für die Behandlung des besiegten Deutschen Reichs fest und regelte die militärische Besetzung Deutschlands, darunter die Entmilitarisierung, Entnazifizierung, Verfolgung der Kriegsverbrecher sowie die Erneuerung des Erziehungs- und Gerichtswesens. Die deutsche Wirtschaft unterlag alliierter Kontrolle, wobei Deutschland als wirtschaftliche Einheit behandelt werden sollte; das deutsche Auslandsvermögen wurde vom Alliierten Kontrollrat verwaltet, Reparationszahlungen wurden festgelegt. Allerdings gab es dabei Unstimmigkeiten zwischen den Verbündeten ebenso wie bei den Verhandlungen über die künftigen Grenzen Deutschlands (Oder-Neiße-Linie als polnische Westgrenze). In den Konflikten in Potsdam zeichnete sich bereits die Konfrontation des Kalten Kriegs ab, und Churchill beklagte, ein „eiserner Vorhang" werde mitten durch Europa herabgelassen.

Nürnberger Prozess und Bestrafung der Kriegsverbrecher

Hitler, die zentrale Figur des NS-Regimes, hatte sich einem drohenden Prozess durch Selbstmord entzogen. Goebbels und Himmler hatten sich ebenfalls das Leben genommen. Einigen war im Chaos der letzten Kriegstage die Flucht gelungen. Die anderen NS-Täter und Verantwortlichen sollten vor Gericht gestellt werden. Die von den Alliierten gefangenen Nazis wurden im November 1945 vor einen internationalen Militärgerichtshof in Nürnberg gebracht. Von den 22 Angeklagten im Nürnberger Kriegsverbrecherprozess (einer in Abwesenheit) wurden drei freigesprochen, sieben erhielten Haftstrafen (von zehn Jahren bis lebenslänglich), die übrigen wurden zum Tode verurteilt. Zu diesen gehörten Joachim von Ribbentrop (wichtigster außenpolitischer Berater Hitlers) und Göring (der „Zweite Mann" in der NS-Hierarchie), der kurz vor der Hinrichtung eine Zyankalikapsel schluckte. Die anderen wurden am 15. Oktober 1946 hingerichtet und ihre Leichen (auch die von Göring) in München eingeäschert. Gemäß dem Urteil streute man die Asche „in einen Fluss irgendwo in Deutschland".

Unten: Die Panzerdivision von General Leclerc bei ihrem triumphalen Einzug in Paris.

Der Pazifische Krieg

Der Krieg im Pazifik wuchs aus zunächst begrenzten Zonen zu einem bedeutenden Teil des globalen Konflikts heran – bis hin zum Abwurf der Atombombe kurz vor Kriegsende.

Japans Expansionismus

Für Japan hatte die Weltwirtschaftskrise verheerende Folgen. Um diese aufzufangen, nahm man die Kolonisierung der nahe gelegenen Mandschurei erfolgreich in Angriff, auf die es Japan schon seit dem Chinesisch-Japanischen Krieg abgesehen hatte. Auf diese Weise hoffte man, neue Außenhandelsmärkte für japanische Produkte zu eröffnen, mehr Land für japanische Bauern zur Verfügung zu haben und freien Zugang zu vielen Bodenschätzen zu schaffen. Obwohl die Mandschurei nicht ganz so schnell Gewinne einbrachte wie erhofft, verfiel die japanische Bevölkerung einer allgemeinen Begeisterung für weitere Expansionen.

Die Territorien, die Japan für seine Expansion auswählte, waren bereits von den europäischen Mächten kolonisiert worden, daher entwickelte sich mit Japans Streben nach Kolonien ein Konflikt, der unweigerlich auf einen Krieg im Pazifik hinauslief. Indochina gehörte zu Frankreich, die Engländer hatten Kolonien auf Burma, Malaya und Singapur und übten Druck auf Siam (heute Thailand) aus. Das niederländische Königreich dehnte sich über die rohstoffreiche ostindische Inselgruppe aus, und selbst die Amerikaner beanspruchten die Philippinen. Japan fühlte sich unter diesen Umständen eingeschnürt – die Weltmächte waren aus Sicht der Japaner dabei, immer weiter in den natürlichen Einflussbereich Japans vorzudringen. Empört darüber, dass ihnen vor ihrer eigenen Haustür alles genommen wurde, keimte in der japanischen Öffentlichkeit eine Art Panasianismus auf: Asien sollte den Asiaten vorbehalten sein, und aufgrund seines bestehenden militärischen und ökonomischen Gewichts sollte Japan die Führungsrolle in dieser „Neuen Ordnung Ostasiens" übernehmen. So fasste die Idee in der japanischen Öffentlichkeit Fuß, eine Invasion in Südostasien sei ein Schritt zur Befreiung der asiatischen Brudervölker von der europäischen Kolonialunterdrückung. 1940 schlug die europäische Entwicklung zu Gunsten Japans um. Deutschland, bereits ein Verbündeter Japans, hatte die Franzosen und die Niederländer im Juni besiegt, und die Zukunft beider Reiche stand in Gefahr. Pétains französische Marionettenregierung in Vichy blieb auf Druck Deutschlands nur die Wahl, Japan den Eintritt ins französische Indochina zu gestatten – „zur Unterstützung", wie es hieß. Den niederländischen Verwaltungen im Pazifik gelang es zunächst noch, die Stellung zu halten. Großbritannien konnte jetzt, als einziger Kriegsgegner Deutschlands in Europa, nicht länger für die Sicherheit seiner Kolonien garantieren. Daher kam 1940 der einzig spürbare Widerstand gegen Japans Expansionspolitik von den Vereinigten Staaten.

Vor Pearl Harbor

Die Vereinigten Staaten waren Japan, was Einwohnerzahl, Größe und industrielle Wirtschaftskraft betraf, bei weitem überlegen. Die Entscheidung, gegen solch einen Feind in den Krieg zu ziehen, wird nicht leicht gefallen sein, auch wenn die USA bei der Realisierung japanischer Expansionspläne zunehmend lästig waren. Umfangreiche amerikanische Militär- und Wirtschaftshilfe für die chinesischen Nationalisten machte es der japanischen Armee in Asien zudem immer schwerer und schürte weitere antiamerikanische Ressentiments. Darüber hinaus vereitelten die amerikanischen Ölinteressen in Südostasien die Möglichkeiten der japanischen Marine, nach Süden vorzudringen. Und, was entscheidend war: Die Amerikaner weigerten sich, den Anspruch Japans auf die Mandschurei anzuerkennen.

Ende 1941 war Japan bereit, in Südostasien einzufallen. Um eine Ausweitung des Kriegs zu verhindern, unternahm Japan einen letzten diplomatischen Versuch und lud Roosevelt zu einer Unterredung auf hoher See ein. Im November 1941 scheiterte der Versuch endgültig; Roosevelt wollte sich keinesfalls dem Verdacht aussetzen, dem Faschismus Zugeständnisse gemacht zu haben – ein Vorwurf, der Chamberlain traf –, und durchkreuzte deshalb Japans Pläne für ein Treffen. Danach sah Japan nur noch eine Möglichkeit: Krieg. Die Militärs erkannten die Vorteile eines Präventivschlags auf die Pazifikflotte der USA, noch während sie im Hafen lag. Einen Angriff auf hoher See würde das Wetter in den ersten Monaten des Jahrs 1942 vermutlich erschweren, und bis zum Sommer wären die japanischen Ölreserven weitestgehend aufgebraucht. Also wurde sofort angegriffen: Am 7. Dezember 1941 (in Washington; 8. Dezember in Tokyo) starteten die Japaner ihren Überraschungsangriff auf Pearl Harbor, Hawaii, und zerstörten die US-Pazifikflotte in ihrem Heimathafen.

Japan gewinnt die Vorherrschaft

Zunächst hatte Japan freie Hand in Südostasien, da Roosevelt eine „Deutschland-zuerst"-Politik erklärt hatte. Und so baute es seinen Einfluss in der Region durch die Einnahme zweier wichtiger Städte aus, die bisher unter englischer Verwaltung standen: Hongkong am 25. Dezember 1941 und Singapur am 15. Februar 1942. Anfang 1942 hatten die Japaner die Invasion der niederländischen Ostindischen Inselgruppe Burma, Malaya, Sumatra sowie der Philippinen abgeschlossen; sie waren auf dem Höhepunkt ihrer Macht. Im Mai 1942 errangen die Alliierten jedoch in der Korallensee-Schlacht einen Sieg. Es war die erste Seeschlacht zwischen Flugzeugträgern, und obwohl die Alliierten militärisch den größeren Schaden zu verzeichnen hatten, gelang es ihnen, den Japanern hohe Verluste zuzufügen und einen japanischen Angriff auf Port Moresby in Neuguinea zu vereiteln. Port Moresby war, wie sich zeigte, einer der wichtigsten Stützpunkte der Alliierten im Pazifischen Ozean, und hätten die Japaner ihn eingenommen, wären sie in einer guten Ausgangslage gewesen, um in Nordaustralien einzumarschieren.

Oben: Nach dem Angriff auf Pearl Harbor: der Zerstörer „USS Shaw".

Seeschlacht um die Midwayinseln

Einen Monat nach der Schlacht in der Korallensee griff Japan den US-Marinestützpunkt auf den Midwayinseln im Mittelpazifik an. Das war als Vergeltung gedacht für einen Luftangriff auf Tokyo im April 1942 – den ersten so genannten „Doolittle-Angriff" auf japanischem Boden. Er wurde von Oberst James H. Doolittle von einem Flugzeugträger im Pazifik aus befehligt. Der Überfall erschütterte Japans Öffentlichkeit zutiefst, die auf einen Luftkrieg nicht vorbereitet war.

Dieser wagemutige Überfall auf die Midwayinseln, bei dem die Japaner ihre Verteidigungslinie zu stark auseinander reißen mussten, hätte den Amerikanern eine entscheidende Niederlage gebracht – wenn er erfolgreich gewesen wäre. So aber war die US-Flotte dank ihrer überlegenen Kommunikationstechnologie in die Pläne der Japaner eingeweiht, konnte zusätzliche Schiffe anfordern, die dem Flottenstützpunkt zu Hilfe kamen, und einen überraschenden Gegenangriff starteten. Unter anderem handelte es sich dabei um

U d S S R
Irkutsk
Chabarowsk
Ulan-Bator
MONGOLEI
Harbin
Mandschurei
Wladiwostok
Japanisches Meer
JAPAN
Beijng
Seoul
Kyoto
Tokyo
Pusan
IRAN
AFGHANISTAN
TIBET
CHINA
Nanking
Shanghai
Nagasaki
Lhasa
Chongqing
Delhi
NEPAL
BHUTAN
Ostchinesisches Meer
Okinawa
Taihoku
Formosa (Taiwan)
Indien
Kuming
Kanton
Iwojima
Burma
Kalkutta
XXXX
14
Hanoi
Haiphong
Hongkong
Mandalay
Franz. Indochina
Bombay
Philippinen
Golf von Bengalen
Nordmari
Saipan
Rangun
SIAM
Südchinesisches Meer
Manila
Goa
Bangkok
Guam
XXXX
15
XXXX
16
Yap
Madras
Saigon
XXXX
25
1940 von Japanern gegründete Stützpunkte im Süden von Franz.-Indochina
XXXX
SSD
SOUTH SEAS DET.
Ceylon
Colombo
Palau
N. Borneo
Malaya
Sarawak
Kuala Lumpur
Sumatra
Singapur
Borneo
Niederl. Ostindische Inseln
Holar
Celébes
Palembang
Neuguine
Javasee
Batavia
Java
Timor
Arafurasee
Kupang
Darwin
INDISCHER OZEAN
Kap York
AUSTRALIEN

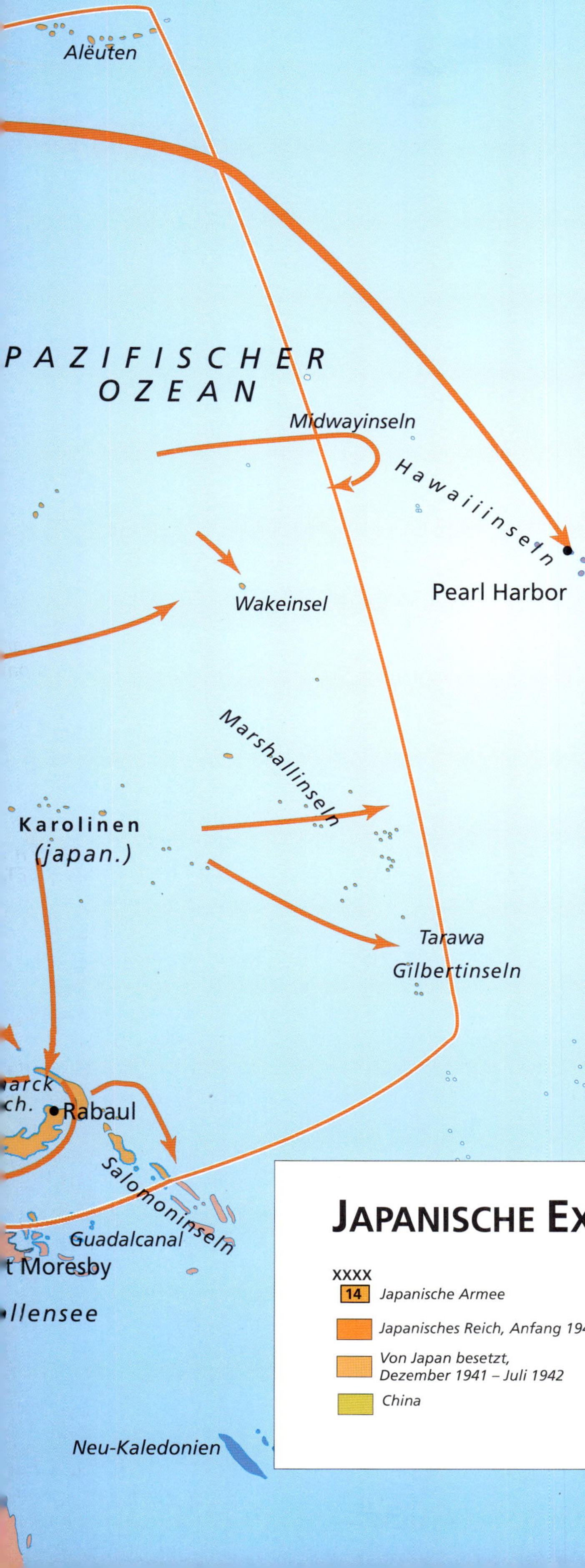

den Flugzeugträger „USS Yorktown", der im Eiltempo nach den Beschädigungen in der Schlacht in der Korallensee wieder repariert worden war. In der Seeschlacht um die Midwayinseln vom 4. bis zum 7. Juni 1942 erzielten die Amerikaner einen entscheidenden Sieg: Vier japanische Flugzeugträger wurden zerstört. Diese Schlacht gilt als Wendepunkt im Pazifischen Krieg; Japan konnte sich von diesem Verlust an Flugzeugträgern nicht mehr erholen – das Land wurde nun in die Defensive gedrängt.

Die Alliierten schlagen zurück

Der Krieg im Pazifik fand größtenteils auf See statt. Im August 1942 landete die 1. amerikanische Marinedivision auf Guadalcanal, der größten der Salomoninseln, und startete eine erbitterte Landschlacht, die erst im Februar 1943 gewonnen war. Im August 1942 attackierten die Japaner den australischen Stützpunkt in Milne Bay auf Neuguinea. Australien hatte die japanische Invasion Anfang September abgewehrt – das war der erste Sieg der Alliierten in Landgefechten. Mit zunehmendem Erfolg gingen die Alliierten nach einer Politik des so genannten „Inselspringens" vor: Sie kämpften sich von Insel zu Insel vor und befreiten sie, oft äußerst verlustreich, von den japanischen Besatzern – mit dem Ziel, dem japanischen Mutterland schließlich immer näher zu rücken. So stand ab Anfang 1943 das gesamte Neuguinea unter dem Schutz der Australier und Amerikaner, und in den folgenden zwei Jahren schritten die USA immer weiter in den von Japanern besetzten Gebieten voran; im November 1943 landeten sie auf den Salomoninseln und Mitte 1944 auf Saipan (Nordmarianen).

Schlacht im Golf von Leyte

Im Oktober 1944 fand im Golf von Leyte auf den Philippinen die größte Seeschlacht der Geschichte statt. Eine zahlenmäßig überlegene Streitmacht der Japaner versuchte, die Übernahme der Philippineninsel Leyte durch alliierte Truppen zu verhindern; mit dieser Schlacht war die japanische Marine endgültig vernichtet, sie stellte in Zukunft keine ernsthafte Bedrohung mehr dar. In dieser Schlacht setzten die Japaner zum ersten Mal Selbstmordflüge japani-

JAPANISCHE EXPANSION, Dezember 1941 – Juli 1942

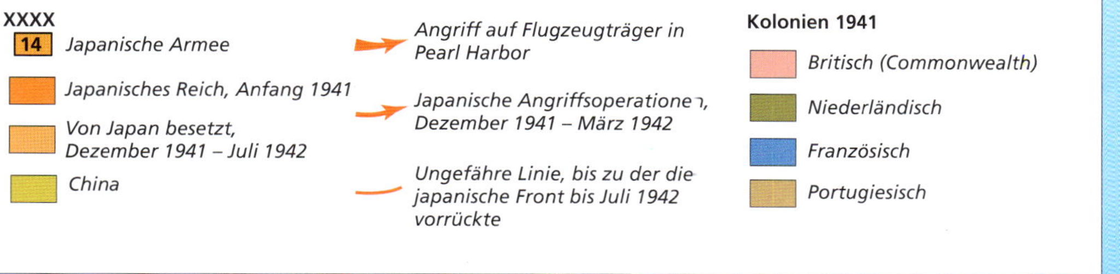

Oben: *Der Atompilz über Nagasaki stieg mehr als 6000 Meter hoch über der Stadt auf; dieser zweiten Atombombe (die erste traf Hiroshima) fielen bis zu 75 000 Menschen zum Opfer.*

scher Kamikaze-Piloten ein. Der Einsatz dieser extremen Kampftaktik wurde als Zeichen für den wachsenden Fatalismus der Japaner verstanden. Japanische Selbstmord-Piloten lenkten ihre Flugzeuge ins Zentrum der feindlichen Schiffe, um so ein maximales Zerstörungspotenzial zu erreichen. Der erste Kamikaze-Angriff wurde am 21. Oktober 1944 auf das australische Schiff „HMAS Australia" registriert.

Nach dem Sieg in der Schlacht im Golf von Leyte hatten die Alliierten noch zwei Monate Zeit bis zur geplanten Eroberung von Okinawa, deshalb beschlossen sie, in der Zwischenzeit die Insel Iwojima mit dem dortigen japanischen Luftstützpunkt einzunehmen. Der Angriff begann im Februar 1945, und es wurde erbittert gekämpft, da den japanischen Soldaten befohlen worden war, bis zum Ende zu kämpfen und dabei so viele feindliche Soldaten mit in den Tod zu reißen wie nur möglich. Die Insel wurde schließlich im März 1945 erobert – rechtzeitig vor der Invasion von Okinawa.

Kampf um Okinawa

Im März 1945 begannen die Luftangriffe der Amerikaner auf japanische Städte, die tausende von Menschenleben forderten. Den Briten gelang es, die Japaner aus Burma zu vertreiben, und im April leiteten die Amerikaner die Invasion Okinawas ein. Okinawa gehörte zu den Ryukyuinseln und damit zum japanischen Mutterland. Anders als auf Iwojima war hier die Zivilbevölkerung direkt von den Kämpfen betroffen. Schätzungsweise über 100 000 Japaner wurden getötet oder begingen Selbstmord, nachdem Propagandaberichte über amerikanische Grausamkeiten gestreut worden waren. Ende Juni war Okinawa besetzt. Das war der letzte große Kampf im Pazifischen Krieg, obwohl dies zu diesem Zeitpunkt nicht unbedingt so schien.

Atombombenabwürfe

Die Anzahl von ungefähr 12 000 Amerikanern – und etwa 100 000 Japanern –, die in Okinawa starben, veranlassten den US-Präsidenten Truman dazu, den Krieg so schnell wie möglich zu beenden, mit welchen Mitteln auch immer. Die Alliierten waren durch die lang anhaltenden Kämpfe geschwächt und, als der Jubel über den Sieg in Europa abgeklungen war, waren nur noch wenige zu einem konventionellen Angriff auf die japanischen Inseln bereit. Dazu kam, dass mit erheblichen Verlusten seitens der alliierten Soldaten gerechnet werden musste. Der Krieg in Europa war beendet, und die Russen bereiteten eine Offensive vor, die Mandschurei zurückzuerobern. Truman wollte jedoch die Expansion seiner russischen Verbündeten in der Region eindämmen. Als Ergebnis dieser Überlegungen warfen die Amerikaner am 6. August 1945 eine Atombombe über Hiroshima ab – sie zerstörte die Stadt vollständig und forderte insgesamt (inklusive der Opfer durch Spätfolgen) rund 200 000 Tote. Am 9. August 1945 warfen sie eine zweite Atombombe auf Nagasaki. Sechs Tage später, am 15. August, ergaben sich die Japaner – und der Krieg im Pazifik und damit der gesamte Zweite Weltkrieg war endlich beendet.

Auswirkungen

Von 1945 bis 1952 stand Japan unter direkter amerikanischer Besatzung unter dem Oberkommando von

Oben: 16. Juni 1948, feierliche Zeremonie in Cardiff, Wales, Großbritannien; die sterblichen Überreste von 4000 amerikanischen Soldaten treten an Bord der „US Lawrence Victory" die Rückführung nach New York an.

General Douglas MacArthur. Der japanische Kaiser Hirohito wurde nicht als Kriegsverbrecher angeklagt, stattdessen wurde er rehabilitiert und – wenn auch mit eingeschränkten Machtbefugnissen – wieder als Kaiser eingesetzt. Er diente auch als Figur vor der japanischen Öffentlichkeit, um für die Unterstützung sowohl der amerikanischen Besatzer als auch für die neue Verfassung zu werben. In der neuen Verfassung waren Abrüstung und Entmilitarisierung der Japaner festgeschrieben; zugleich wurde darin das Wahlrecht für Frauen garantiert und sichergestellt, dass das japanische Bildungssystem von Indoktrinationen befreit wurde, und zwar durch die Rücknahme des kaiserlichen Erlasses zur Erziehung, der zum großen Teil für die Entstehung des extremen Nationalismus in der japanischen Gesellschaft verantwortlich war.

Für den Pazifischen Krieg fand in Ichigaya ein „Internationales Militärtribunal für den Fernen Osten" statt, das den Nürnberger Prozessen in Deutschland entsprach. Die Prozesse wurden zwischen 1946 und 1948 geführt, die Hauptanklagepunkte lauteten: das Führen von Angriffskriegen und Misshandlungen von Kriegsgefangenen. Aussagen von Augenzeugen über das Massaker von Nanking, wo bei einem wochenlang andauernden Massaker im Dezember 1937 an der Bevölkerung mindestens 200 000 Menschen getötet wurden, führten zur Verurteilung der Angeklagten, darunter frühere Premier- und Außenminister, Generäle und Rassentheoretiker. Alle Angeklagten wurden schuldig gesprochen – einige starben im Laufe der Prozesse –, sieben von 25 wurden zum Tode verurteilt, darunter die beiden früheren Premierminister Hirota und Tojo, und am 23. Dezember 1948 gehängt.

Frieden

Die Invasion der Kommunisten in Südkorea 1950 zwang die Vereinigten Staaten, ihre Aufmerksamkeit und Kräfte von Japan abzuziehen, und so wurde nach und nach die Macht wieder an japanische Politiker übergeben. Dieser Prozess der schrittweisen Rückgabe der Souveränität an Japan mündete in den „Friedensvertrag von San Francisco", der am 8. September 1951 unterzeichnet wurde. Die vollzogene Ratifikation im April 1952 markiert das Ende der amerikanischen Besatzung Japans.

Indiens Weg zu Unabhängigkeit und Teilung

Der indische Subkontinent erlebte den Aufstieg charismatischer Führer und die erfolgreiche Erlangung der Unabhängigkeit – trotz innergesellschaftlicher Konflikte.

Unzufriedenheit und Nationalismus

Trotz Indiens anfänglicher Loyalität gegenüber Großbritannien beim Ausbruch des Ersten Weltkriegs führten Entbehrungen, die Indien als direkte Konsequenz aus dem Konflikt erleiden musste, zu ständig wachsender Unzufriedenheit im Land. Während der 1920er- und 1930er-Jahre verschärfte sich Indiens Kampf um die Unabhängigkeit von England und erlebte ein Wiedererwachen nationalistischer Gefühle. Mehr noch: Obwohl einige Zugeständnisse seitens der Engländer gemacht wurden – etwa in dem Gesetz zur Verfassung Indiens von 1919 („Government of India Act"), das Indern die Teilnahme an den Provinzregierungen gestattete –, lehnte es Großbritannien entschieden ab, ganz auf die Kontrolle zu verzichten, was zu wachsenden Unruhen in der indischen Bevölkerung führte. Teilweise äußerten sich diese in friedlichem Protest, aber auch in gewaltsamen Zusammenstößen. Mit einer wachsenden Flut nationalistischer Ideen kamen auch die ausgeprägten Unterschiede zwischen der Hindu-Partei „Indischer Nationalkongress" (Indian National Congress, INC) und der Muslimliga (All India Muslim League) wieder zum Vorschein – Differenzen, die vor dem Krieg vergeblich für die versuchte Teilung Bengalens durch die Engländer ausgenutzt worden waren und die in den Kriegsjahren auch zeitweise beigelegt werden konnten.

Gandhi

Mahatma Gandhi war ein Hindu der mittleren Kaste, der in England ein Jura-Studium absolviert hatte und danach mehr als 20 Jahre lang als Anwalt für Inder in Südafrika arbeitete, wo er die Diskriminierung selbst erlebte und sich dagegen auflehnte. 1915 kehrte er nach Indien zurück, reorganisierte nach dem ersten Weltkrieg den Kongress und begann, nationale Ideen durch Aktionen des gewaltfreien Widerstands, wie Streiks, Boykotte und die Verweigerung von Steuern, zu unterstützen. Großbritannien reagierte da-

Oben: Lord Louis Mountbatten von Burma (links), der letzte Vizekönig von Indien und Überwacher der Teilung Indiens in Indien und Pakistan, mit seiner Frau und Mohammed Ali Jinnah, Führer der indischen Muslimliga, nach Gesprächen in New Delhi, Indien 1947.
Linke Seite: Mahatma Gandhi (1869–1948).

rauf mit der Verhaftung tausender Inder, unter ihnen auch INC-Mitglieder, und selbst Gandhi kam 1922 für zwei Jahre ins Gefängnis. Nach seiner Freilassung wandte sich Gandhi den am stärksten Benachteiligten der Hindugesellschaft zu und arbeitete mit der niedrigsten Kaste, den „Unberührbaren"; Gandhi ermutigte die Menschen, zum einfachen Leben zurückzukehren. Die politisch interessierte Mittelklasse unterstützte ihn, da er aus dem INC eine Institution für das Volk gemacht hatte, und die Bauern folgten ihm, den sie wie einen Heiligen verehrten, weil er sich für soziale Reformen einsetzte. Auf diese Weise gelang es Gandhi, das hinduistische Indien für das gemeinsame Ziel der Unabhängigkeit zu vereinen. Ebenso versuchte er, eine Einigung zwischen Hindus und Muslimen zu erreichen; doch ab 1930 wurde der Ruf nach Gründung eines eigenen islamischen Staats im Norden Indiens immer lauter.

Der Weg zur Unabhängigkeit

1928 stellte Indien bei Allparteiengesprächen und in Versammlungen des INC die Forderung nach Gewährung des Dominion-Status (Status einer selbstständigen Gemeinschaft und einer dem Mutterland gleichgestellten Mitgliedschaft im Commonwealth) – und drohte anderenfalls mit der Rückkehr zu massenhaften Aktionen zivilen Ungehorsams. Nach einer Sitzung des INC im Dezember 1929, bei der der kurz zuvor gewählte Präsident, Pandit Nehru, die vollständige Unabhängigkeit forderte, lebten diese Aktionen in ganz Indien wieder auf. Der 26. Januar 1930 wurde zum Unabhängigkeitstag („Purna Swaraj") erklärt, und von März bis April führte Gandhi den berühmten „Salzmarsch" an. Mit einigen Gefährten lief er aus Protest gegen die von den Briten erhobene Salzsteuer ca. 400 Kilometer von seinem Aschram in der Nähe Ahmadabads nach Dandi, um an der Küste winzige Salzkristalle aufzulesen – was verboten war, denn damit brach er das britische Salzmonopol. Darauf wurde Gandhi erneut verhaftet. Zur gleichen Zeit fand in London die erste „Round-Table-Konferenz" statt – mit dem Ziel, die „Indienfrage" zu lösen. Doch der INC weigerte sich, an der Konferenz teilzunehmen, so lange Gandhi und andere Wortführer im Gefängnis waren.

Nach seiner Freilassung 1931 willigte Gandhi ein, den zivilen Ungehorsam auszusetzen, als Gegen-

leistung wurden, entsprechend dem Gandhi-Irwin-Pakt, alle politischen Gefangenen freigelassen. Gandhi reiste als Vertreter des Nationalkongresses zur zweiten Round-Table-Konferenz. Er war jedoch von den Ergebnissen der Gesprächsrunden enttäuscht und beschloss 1932 erneut, eine Nicht-Kooperationsbewegung zu starten. Bis 1935 waren die Verhandlungen zwischen Kongresspartei und der britischen Regierung völlig zum Stillstand gekommen, unter Vizekönig Lord Willington wurde jedoch im selben Jahr eine neue Verfassung für Indien verabschiedet – ein großer Schritt zur Unabhängigkeit des Subkontinents.

Nach Wahlen wurden elf selbstverwaltete Provinzen gegründet, in acht Provinzen gewann der INC eine deutliche Mehrheit, in den drei anderen mussten Koalitionen mit der Muslimliga gebildet werden. Für Gandhi, Nehru und viele ihrer Mitstreiter ging dies jedoch nicht weit genug: Erst die völlige Unabhängigkeit konnte ihre Forderungen erfüllen. Inzwischen befürchteten viele Muslime unter der Führung Mohammed Ali Jinnahs, die Hindu-Mehrheit werde sie alsbald unterdrücken, und so wuchs unter ihnen der Wunsch nach Unabhängigkeit, nicht nur von Großbritannien, sondern auch vom Hindu-dominierten Indien.

Der Zweite Weltkrieg und Indien

Beim Ausbruch des Zweiten Weltkriegs 1939 erklärte Vizekönig Lord Linlithgow Indiens Teilnahme am Krieg, ohne mit den Provinzregierungen Rücksprache gehalten zu haben – was Minister des INC veranlasste, unter Protest zurückzutreten und ihre Unterstützung zu verweigern. Als jedoch die Japaner immer näher an Indiens Grenzen rückten, beschloss Großbritannien, Indien nach dem Krieg als Gegenleistung für ihre Unterstützung die volle Unabhängigkeit anzubieten. Zahllose indische Soldaten wurden daraufhin zur Unterstützung Großbritanniens mobilisiert und kämpften Seite an Seite mit den Alliierten.

Jinnahs Forderungen nach einem separaten islamischen Staat Pakistan erhielten während des Kriegs mehr Gewicht, denn die Briten befürworteten nicht nur die Nachkriegsunabhängigkeit, sondern auch eine Klausel, die es den Provinzen ermöglichte, aus der Föderation auszutreten. Gandhi und Nehru waren gegen diese Pläne; stattdessen versuchten sie 1942 mit ihrer „Verlasst-Indien“-Kampagne, neue Beratungen mit Großbritannien zu erzwingen. Wieder kündigten sich Massenproteste des zivilen Ungehorsams an, Gandhi und Nehru wurden zusammen mit anderen INC-Abgeordneten verhaftet. Die Briten glaubten, dass die Japaner bald einmarschieren und der Kongresspartei zur Macht verhelfen würden.

Unabhängigkeit und Teilung

Doch zum Einmarsch der Japaner in Indien kam es nicht; ihre Kapitulation erfolgte wenige Tage nach den Atombomben auf die Städte Hiroshima und Nagasaki. Damit war der Zweite Weltkrieg beendet. 1945 war die britische Regierung unter Clement Attlee entschlossen, Indien in die Unabhängigkeit zu entlassen – jedoch unter der Voraussetzung, dass Indien eine Bundesstruktur beibehielt, während der INC ein vereintes Indien mit einer Zentralregierung forderte. Die Muslimliga verfolgte verstärkt ihren Plan eines autonomen Pakistan. Nach den Wahlen 1945 entstand in Indien eine politische Situation des Stillstands, der zu weit verbreiteten Aufständen und gewalttätigen Zusammenstößen zwischen Hindus und Muslimen führte. Die britische Armee intervenierte, doch ein Bürgerkrieg schien kaum noch vermeidbar.

Am 15. August erlangte Indien endlich seine Unabhängigkeit, Nehru wurde erster Premierminister; gleichzeitig entstanden West- und Ostpakistan (seit 1971 Bangladesch). Drei Provinzen verweigerten jedwede Integration: Junagadha, Hyderabad und Kaschmir. Die ersten beiden wurden rasch von Indien absorbiert, während die Situation in Kaschmir sich als problematischer herausstellte. Sowohl muslimische als auch hinduistische Einflüsse spalteten das Land und führten zu Konflikten, die bis 1949 andauerten. Da Millionen von Hindus und Muslime über die neu errichteten Grenzen flüchteten und sich entweder im von Hindus beherrschten Indien oder im islamischen Pakistan niederließen, brach Gewalt auch anderenorts immer wieder aus; viele, die an ihrem ursprünglichen Ort geblieben waren, wurden ermordet – in Indien wie in Pakistan. Gandhi, der zu seiner Sozialarbeit nach Bengalen zurückgekehrt war, war entschlossen, der Gewalt ein Ende zu setzen: Er schwor, dass er bis zum Tod hungern werde, wenn die Verfolgung von Muslimen in Indien nicht aufhörte. Sein Protest hatte Erfolg – doch kurz darauf, Ende Januar 1948, wurde er von einem Hindu-Brahmanen, der in Gandhi einen Verräter sah, ermordet.

Indien nach der Unabhängigkeit

Seit der Unabhängigkeit Indiens ist die Geschichte des Landes immer wieder von sporadischen Aufständen gekennzeichnet. Pandit J. Nehru regierte bis zu seinem Tod 1964 erfolgreich als Premierminister und führte die Nation durch eine Zeit relativen Friedens und weitgehender Stabilität. Seine Tochter Indira Gandhi wurde seine Nachfolgerin. Auch sie war eine machtvolle Führungspersönlichkeit, sie wurde jedoch der Korruption bezichtigt und 1978 für kurze Zeit inhaftiert. Im Jahr darauf wurde sie wieder gewählt, aber 1984 ermordeten fanatische Sikhs die Premierministerin. Der INC blieb die dominante politische Partei in Indien, abgesehen von kurzen Perioden Ende 1970 sowie von Ende 1980 bis Mitte der 1990er-Jahre. In diesen Jahren erstarkte mit der nationalistischen Hindu-Partei BJP (Bharantiya Janata Party) eine neue politische Kraft, die sich um die Führung der Nation bewarb; 1996 wurde sie mit überwältigender Mehrheit gewählt.

Indien rühmt sich einer langen demokratischen Geschichte, aber diese Geschichte war immer von Spannungen zwischen den verschiedenen ethnischen und politischen Kräften gekennzeichnet, insbesondere zwischen Hindus und Muslimen. Das bis in die Gegenwart bestehende Misstrauen zwischen Indien und Pakistan zeugt davon.

Unten: 28. Oktober 1950; Indiens Premierminister Pandit J. Nehru (links) am Seerosenteich in seinem Garten in Neu Delhi mit seiner Tochter Indira Gandhi (rechts) und ihrem Sohn Rajiv; beide wurden nach Nehru Premierminister.
Linke Seite: Nehru und Gandhi.

Die Vereinten Nationen

Nach dem Zweiten Weltkrieg bestand die Rolle der Vereinten Nationen (UN) zunächst in der eines Friedenswächters und internationalen Vermittlers. Heute begleiten sie die globale Entwicklung in der sich verändernden Welt.

Die Gründung der UNO

Am 14. August 1941 trafen sich der amerikanische Präsident Franklin D. Roosevelt und der britische Premierminister Winston Churchill auf dem Kriegsschiff „Prince of Wales“ im Nordatlantik. Sie unterzeichneten die Atlantikcharta, in der die Grundsätze einer künftigen internationalen Friedens- und Sicherheitsordnung formuliert waren. Mit dieser Charta sollte der Völkerbund abgelöst werden, der 1920 – auf Initiative des US-Präsidenten Wilson am Ende des Ersten Weltkriegs – als internationaler Vermittler und Friedensgarant gegründet, nach Auseinandersetzungen über den Versailler Vertrag jedoch von den USA wieder verworfen worden war.

Im Januar 1942 unterzeichneten 26 gegen die Achsenmächte (Deutschland, Italien, Japan) verbündete Nationen die Atlantikcharta und bezeichneten sich erstmals als „Vereinte Nationen“. Die Großen Drei – die USA, Großbritannien und die Sowjetunion – bekräftigten bei der Konferenz von Teheran im Dezember 1943 die Idee zur Gründung einer internationalen Organisation auf der Basis der Atlantikcharta. In Dumbarton Oaks (bei Washington D.C.) wurde eine Satzung erarbeitet, die am 24. Juni 1945 in San Francisco als „Charta der Vereinten Nationen“ ratifiziert wurde und am 24. Oktober in Kraft trat. Damit war die Organisation der Vereinten Nationen (UNO) offiziell gegründete. Im Januar 1946 traten in London erstmals der Sicherheitsrat und die Generalversammlung zusammen. Wenig später verabschiedete die Generalversammlung ihre erste Resolution zur Abschaffung nuklearer und anderer Massenvernichtungswaffen. Der UNO-Hauptsitz wurde nach New York verlegt.

Das System der Vereinten Nationen

Die UNO wurde als ein System mehrerer internationaler Organisationen konzipiert. Die sechs wichtigsten Organe sind: Sicherheitsrat, Generalversammlung, Wirtschafts- und Sozialrat, Internationaler Gerichtshof sowie Sekretariat und Treuhandrat.

Spitzbergen
Nowaja Semlja
UNION DER SOZIALISTISCHEN SOWJETREPUBLIKEN
NORWEGEN
SCHWEDEN
FINNLAND
Moskau
DK
ÖNIGREICH
London
NL
B
L
D
POLEN
CZ
FRANKREICH
CH
A
H
RO
BA
JUG.
BG
AL
GR
ITALIEN
SPANIEN
TÜRKEI
MONGOLEI
CHINA
NORDKOREA
SÜDKOREA
Sachalin
Hokkaido
Honshu
JAPAN
SYRIEN
LIB.
ISRAEL
IRAK
JORD.
IRAN
AFGHAN.
PAKISTAN
NEPAL
BH.
BANGLA-DESCH
INDIEN
BURMA
LAOS
VIETNAM
THAI.
KAMB.
Taiwan
Hainan
Luzon
PHILIPPINEN
Mindanao
SRI LANKA
MALAYSIA
Borneo
Sulawesi
Sumatra
INDONESIEN
Java
Timor
PAPUA NEUGUINEA
AUSTRALIEN
NEUSEELAND
ALGERIEN
LIBYEN
ÄGYPTEN
SAUDI-ARABIEN
VAE
OMAN
JEMEN
MALI
NIGER
TSCHAD
SUDAN
BURKINA FASO
NIGERIA
GHANA
TOGO
BENIN
KAMERUN
ZENTRAL-AFRIKANISCHE REPUBLIK
ÄTHIOPIEN
SOMALIA
UGAN.
KENIA
GABUN
REP. KONGO
ZAIRE
TANSANIA
ANGOLA
SAMBIA
SIMB.
MOSAMBIK
MADAGASKAR
NAMIBIA
BOTSUANA
SÜD-AFRIKA
GRÜNDUNGSSTAATEN DER VEREINTEN NATIONEN, 1945
Gründungsstaaten
Mitglieder des Sicherheitsrats

Das Sekretariat ist das Verwaltungszentrum der UN. Es wird vom Generalsekretär geleitet, der für Personal und Administration verantwortlich ist. Er wacht über die Umsetzung der Beschlüsse des Sicherheitsrats und ist direkt in die Organisation der UN-Missionen zur Friedenssicherung eingebunden.

Der Internationale Gerichtshof im niederländischen Den Haag berät die Generalversammlung in Rechtsfragen. Die 15 unabhängigen Richter aus verschiedenen Ländern werden für jeweils neun Jahre von Generalversammlung und Sicherheitsrat gewählt, eine Wiederwahl ist möglich. Das Gericht entscheidet darüber hinaus in Streitfragen zwischen souveränen Staaten sowie in Gutachterverfahren auf Antrag der Vereinten Nationen oder einer ihrer Sonderorganisationen.

Der Treuhandrat war damit beauftragt, die Treuhandgebiete im Interesse der dortigen Bevölkerung zu verwalten und deren Unabhängigkeit zu planen. Die Treuhandgebiete waren meist von den Achsenmächten im Zweiten Weltkrieg konfiszierte Territorien oder Mandatsgebiete aus der Zeit des Völkerbunds. Als letztes dieser Gebiete erlangte Palau 1994 seine Unabhängigkeit, und kurz darauf hat der Treuhandrat seine Arbeit niedergelegt.

Der Wirtschafts- und Sozialrat wacht über verschiedene Programme, Fonds und Organisationen. Ihm sind unter anderem das Kinderhilfswerk (UNICEF), die Welthandels- und Entwicklungskonferenz (UNCTAD) und der Hohe Kommissar für Flüchtlinge (UNHCR) unterstellt. Weitere Unterorganisationen sind die Weltgesundheitsorganisation (WHO), die Weltbankgruppe und der Internationale Währungsfond (IWF). Dazu kommen Fachkommissionen und Programme – etwa für Umweltschutz, Frauenrechte, Drogenkontrolle, Nahrungsversorgung, Transport, Arbeit und Wiederaufforstung. Für fast alle Weltregionen wurden vom Rat spezielle regionale Entwicklungsprogramme wie zum Beispiel das Hilfswerk für Palästina-Flüchtlinge im Nahen Osten (UNRWA) eingerichtet.

Die Großen Fünf und der Sicherheitsrat

Nach Roosevelts Ansicht scheiterte der Völkerbund daran, dass er die ungleiche Verteilung der Macht auf der Welt nicht anerkennen wollte. Die neue Organisation sollte dieses Ungleichgewicht abbilden, und so entstand die Idee eines Sicherheitsrats. Dieses Exekutivorgan der Großmächte USA, Sowjetunion, Großbritannien und China sollte deren Verantwortung für die Kontrolle der Welt umsetzen. Aus Furcht vor einem sowjetischen Vordringen nach Westeuropa intensivierte Großbritannien seine Beziehungen zu Frankreich und verschaffte dem Land einen ständigen Sitz im Sicherheitsrat. Jedem der fünf ständigen Mitglieder steht ein Vetorecht zu, mit dem es unliebsame Resolutionen ablehnen und die Intervention der UNO verhindern kann. Der Atomwaffensperrvertrag billigt nur den fünf ständigen Sicherheitsratsmitgliedern den Besitz von Nuklearwaffen zu.

Inzwischen wird über eine Erweiterung des exklusiven Clubs der Großen Fünf debattiert. Deutschland und Japan als führende Wirtschaftsnationen und Indien und Brasilien als zwei der bevölkerungsstärksten Länder der Welt erheben Anspruch auf einen ständigen Sitz im Sicherheitsrat. Die Niederlande und Italien favorisieren einen gemeinsamen Sitz für die Europäische Union, doch es erscheint fraglich, dass Großbritannien und Frankreich dafür auf ihr angestammtes Privileg verzichten werden. Neben den ständigen gibt es zehn weitere Mitglieder. Sie werden in einem Rotationssystem für jeweils zwei Jahre von der Generalversammlung gewählt. Sie haben kein Vetorecht, allerdings erfordert die Verabschiedung einer Resolution eine Mehrheit von neun Stimmen (die der fünf ständigen Mitglieder eingeschlossen), sodass gewisse Einflussmöglichkeiten für diese Mitglieder bestehen.

Generalversammlung und Nichtmitgliedsstaaten

Die General- oder Vollversammlung ist die einzige UN-Organisation, in der alle Mitgliedsstaaten vertreten sind. Aktuell gehören 191 Staaten den Vereinten Nationen an. Der Staat der Vatikanstadt und die Palästinensische Autonomiebehörde sind zwar keine Mitglieder, genießen aber Beobachterstatus. Taiwan ist nicht vertreten, weil ihm China die Anerkennung als Staat verweigert und durch sein Veto blockiert. Auch das Territorium der Westsahara ist nicht als souveräner Staat anerkannt und wird von Marokko repräsentiert. Die Vollversammlung kann über eine Reihe von Fragen debattieren, von Budgetangelegenheiten bis zu kulturellen Themen. Die Beschlüsse werden mit einfacher Mehrheit gefasst, nur in bestimmten Fällen, wie bei der Aufnahme neuer Mitglieder, ist eine Zweidrittelmehrheit notwendig. Die Beschlüsse stellen allerdings nur Empfehlungen dar, die erst durch ein gleich lautendes Votum des Sicherheitsrats rechtsverbindlich werden. Die Generalversammlung ist inzwischen zu einem wichtigen Forum der Entwicklungsländer geworden. Sie stellen die Mehrheit in der Versammlung, und die Debatten drehen sich häufig um Fragen der Entwicklung und Armutsbekämpfung.

Die Zukunft der Vereinten Nationen

In den vergangenen Jahren wurde die Zukunft der Vereinten Nationen häufig in Frage gestellt. Seit Beendigung des Kalten Kriegs entspricht der UN-Sicherheitsrat nicht mehr der tatsächlichen Verteilung der Macht. Der Einfluss der USA hat seit der Auflösung ihres einstigen Gegners Sowjetunion stark zugenommen. Die UNO ist zunehmend von der Unterstützung der USA abhängig geworden, wobei das Verhältnis nicht immer ungetrübt ist, wie die Ereignisse vor der Invasion im Irak 2003 gezeigt haben. Die amerikanische Hegemonie hat zwar die Fähigkeit der UNO zu internationalen Friedenssicherung geschwächt, doch ihre vielfältigen Wirtschafts- und Sozialprogramme sind davon nicht betroffen und tragen weiterhin zur globalen Entwicklung bei.

Unten: Der Sitz der Vereinten Nationen in New York City.
Linke Seite: Ban Ki-moon wurde im Januar 2007 neuer Generalsekretär der Vereinten Nationen. Sein Vorgänger war der Ghanaer Kofi Annan.

Revolutionen in Lateinamerika

Lateinamerika erlebte im 20. Jahrhundert Aufstände, Militärputsche und Diktaturen aus allen politischen Richtungen.

Das 20. Jahrhundert

Die meisten der lateinamerikanischen Länder hatten in der ersten Hälfte des 19. Jahrhunderts ihre Unabhängigkeit von europäischen Kolonisatoren errungen – vor allem aus Unmut über Spanier und Portugiesen, aber auch ermutigt vom Beispiel des nordamerikanischen Befreiungskampfs. Durch die stetig wachsende wirtschaftliche Stärke der Vereinigten Staaten wurden diese Staaten jedoch in ihrer Entwicklung beeinträchtigt. Sie konnten mit dem mächtigen Nachbarn im Norden nicht mithalten und gerieten fast alle in Abhängigkeit zu ihm. Der Erste Weltkrieg brachte einen ersten ökonomischen Einbruch, als die Europäer ihre Handels- und Investitionsaktivitäten von Lateinamerika in die USA verlagerten, die wiederum ihre Fertigungsunternehmen in Lateinamerika ansiedelten. Der Einbruch kam mit der Weltwirtschaftskrise und dem Zusammenbruch der Wall-Street-Börse. Finanzhilfen der USA wurden gestrichen, Kredite zurückgefordert, und die Weltmarktpreise für Rohprodukte aus Lateinamerika verfielen.

Die Folge waren die rasche Industrialisierung und ein tiefe Verunsicherung der Arbeiter und der städtischen Bevölkerung. Ab 1930 brachten Putsche in der gesamten Region Diktatoren wie Vargas in Brasilien und Perón in Argentinien an die Macht. Diese Revolten konnten aber die wachsende Kluft zwischen Arm und Reich meist nicht überwinden. In den 1930er-Jahren eingeleitete Sozialreformen verebbten bereits Mitte der 1940er-Jahre, während die Auswirkungen der Industrialisierung die sozialen Diskrepanzen verschärften. Nach dem Ausbruch des Zweiten Weltkriegs ging es mit der Wirtschaft weiter bergab, und das Bevölkerungswachstum vergrößerte zusätzlich die Zahl der Armen. Als Folge des tief greifenden sozialen Wandels fand eine Differenzierung der Parteienlandschaft statt. Nach 1929 meldeten immer mehr soziale Gruppen Ansprüche und Forderungen an, mit deren Artikulierung und Durchsetzung Parteien betraut wurden. Neben die traditionellen Lager der Liberalen und Konservativen traten nun kommunistische, sozialistische und seit dem Zweiten Weltkrieg auch christlich-demokratische Gruppierungen.

Als Resultat erlebte das Lateinamerika der 1950er-Jahre eine Reihe weiterer Revolutionen und Militärputsche, die in Guatemala, Bolivien und Kuba radikale politische Veränderungen bewirkten.

Rechts: Salvador Allende, der sozialistische Präsident Chiles, wurde 1973 bei der Machtübernahme durch das Militär ermordet.

Diktaturen

Über weite Strecken des 20. Jahrhunderts war die politische Landschaft Lateinamerikas von Diktaturen und Militärregimes geprägt. Die wirtschaftliche und soziale Situation der meisten Länder und Inseln der Region veranlasste die Menschen, nach alternativen Staats- und Regierungsmodellen Ausschau zu halten. Dabei erschienen die aus Europa bekannten faschistischen und kommunistischen Extreme besonders interessant.

Die erste Diktatur Lateinamerikas errichtete Getúlio Vargas 1930 in Brasilien. Er ergriff die Macht mit Unterstützung des Militärs, obwohl er zuvor als Kandidat der Liberalen Allianz bei den demokratischen Wahlen gescheitert war. Vargas' unblutige Revolution war im Wesentlichen ein bürgerlich-liberaler Staatsstreich, der eine kapitalistische Entwicklung und Industrialisierung in Gang setzte. Seine Diktatur näherte sich jedoch zunehmend dem europäischen Faschismus an: Er tolerierte den Antisemitismus, und sein Kapitalismus blieb ohne liberale Reformen. Die repressiven Methoden seines Regimes erinnerten an die Vorgehensweisen Mussolinis in Italien und Salazars in Portugal. 1945 wurde Präsident Vargas nach einer noch von ihm durchgeführten Verfassungsreform gestürzt. 1951 kehrte er für kurze Zeit an die Macht zurück, nach seiner neuerlichen Absetzung 1954 beging er Selbstmord.

In Argentinien vertrieb ein Militärputsch 1930 den gewählten Präsidenten aus dem Amt. In den folgenden zehn Jahren gab es mehrere konservative Regierungen. 1943 griff das Militär erneut ein und machte Juan Perón zum neuen starken Mann. Perón hatte eine große Anhängerschaft und konnte deshalb auch gegen den Widerstand einiger Militärkreise regieren. 1946 wurde er zum Präsidenten gewählt. Der autoritär herrschende, vom Faschismus inspirierte Perón leitete soziale Veränderungen ein, die besonders der Arbeiterschaft zugute kamen. 1955 schlug jedoch der Wirtschaftsaufschwung in eine Krise um. Peróns Popularität begann zu sinken, als 1952 seine von der Arbeiterschaft glühend verehrte Frau Evita starb. Nach Korruptionsvorwürfen und Auseinandersetzungen mit der katholischen Kirche wurde er 1955 vom Militär abgesetzt. 1973 gelang ihm durch den Sieg bei den Präsidentschaftswahlen die Rückkehr an die Macht, doch er starb im Jahr darauf.

In Bolivien kam nach verschiedenen Regimewechseln 1952 die nationalrevolutionäre Bewegung MNR durch den Sturz der Militärjunta an die Macht. Ihre Wirtschaftspolitik der Verstaatlichung und Neuverteilung des enteigneten Landes war wenig erfolgreich. Heute zählt Bolivien zu den ärmsten Ländern Lateinamerikas.

In Kuba wurde der Kommunismus in den 1950er-Jahren begeistert aufgenommen. Nachdem die Kubaner 1933 den von den USA protegierten Militärdiktator Gerardo Machado gestürzt hatten, kam es zu einer Periode kurzlebiger Regierungen. Schließlich kam 1940 General Fulgencio Batista an die Macht. Er führte ein strenges, diktatorisches Regime und konnte sich mit einer kurzen Unterbrechung bis 1959 an der Macht halten. Fidel Castro hatte 1956 eine Guerillabewegung gegen das unliebsame Batista-Regime gegründet. Unter seiner Führung vertrieb die nationalsoziale Revolution Batista aus dem Amt. Nach heftigen Kämpfen musste Batista im Januar 1959 in die USA fliehen. Castros Kommunisten gingen hart gegen Oppositionelle vor, und tausende Kubaner flüchteten in die USA. Die von den Kommunisten eingeleiteten Sozial- und Wirtschaftsreformen brachten großen Teilen der arbeitenden Bevölkerung bessere Lebensbedingungen. Die USA standen aber ihrem kommunistischen Nachbarland zunehmend feindlich gegenüber, und so wurde Kuba zu einer Schachfigur im Kalten Krieg zwischen den USA und der UdSSR.

In Chile konnte 1970 ein Volksfrontbündnis die Wahlen gewinnen, der Sozialist Salvador Allende wurde Staatspräsident und begann, eine sozialistische Umgestaltung der Gesellschaft auf parlamentarischem Weg einzuleiten. Eine Wirtschaftskrise und die heftige Opposition der von den Verstaatlichungen betroffenen in- und ausländischen Investoren führten jedoch zu Unruhen, die durch einen blutigen Militärputsch beendet wurden: General Augusto Pinochet herrschte als Diktator bis 1988 über Chile.

Wachstum und Gesundung

Heute gehören die meisten lateinamerikanischen Diktaturen der Vergangenheit an. Argentinien, heute eine demokratische Republik, kämpft trotz reichlich vorhandener natürlicher Ressourcen mit einer schweren Wirtschaftskrise. In Guatemala wurde 1996 mit der Unterzeichnung eines Friedensvertrags nach 36 Jahren der Bürgerkrieg beendet. Ausländische Investitionen verleihen der einst Not leidenden Wirtschaft Auftrieb. Chile profitiert vom Tourismus, seinem blühenden Weinanbau und einer modernen Telekommunikationsbranche. Vor kurzem unterzeichnete Freihandelsabkommen mit den USA, der EU und Kanada machen den Weg für ausländische Investitionen frei. Auch der Außenhandel Mexikos mit den USA und Kanada hat sich im letzten Jahrzehnt verdreifacht. Viele Länder wie Costa Rica und die Inselstaaten der Karibik, stützen sich in ihrer Entwicklung heute vorrangig auf den Tourismus.

Das kommunistische China

Das 20. Jahrhundert brachte China neben Aufruhr und Chaos auch einen bemerkenswerten, oft schmerzlichen Prozess hin zu Wachstum und Modernisierung.

Die Anfänge

Der ersten, 1911 in China errichteten Republik gelang es nicht, die sozialen und wirtschaftlichen Probleme des Landes zu lösen. China lebte in den ersten Jahrzehnten des 20. Jahrhunderts am Rande der Anarchie. Lokale Warlords ergriffen die Macht und herrschten oft mit unglaublicher Brutalität. Die fragile Machtbalance ließ keine großen Veränderungen zu. Zudem litt China immer noch unter den Auswirkungen des Kriegs gegen Japan (1894/95).

Im Jahr 1917 kam es zu Konflikten zwischen dem Norden und Süden des Landes, die schließlich zum Bürgerkrieg führten. Sun Yat-sen, der Führer der Republikaner, bildete 1917, 1921 und 1923 eigene Regierungen im Südteil und schuf die Kuomintang oder Nationale Volkspartei, um eine Einheit herzustellen. Er wollte auch Kontakte zu der aufstrebenden Kommunistischen Partei Chinas knüpfen. Doch er starb, bevor er seine Ziele verwirklichen konnte.

Bürgerkrieg

Japans imperialistisches Interesse an China war ungebrochen. 1931 kam es zur Besetzung der Mandschurei durch japanische Truppen. Während des Zweiten Chinesisch-Japanischen Kriegs (1937–1945) schlossen sich Chinas Kommunisten und Nationalisten zur Abwehr der Japaner zusammen. Die Nationalisten wurden jetzt von Chiang Kai-shek angeführt. Man wollte sich nicht gegenseitig durch einen Bürgerkrieg schwächen, sondern gemeinsam den Feind besiegen – die Allianz war allerdings sehr zerbrechlich.

Nach dem Krieg flammten die internen Konflikte wieder auf. Die Nationalisten hatten die Hauptlast im Krieg gegen Japan getragen, waren geschwächt und konnten den Kommunisten auf dem Land keinen Widerstand leisten. Anführer der Kommunisten war Mau Zedong (Mao Tse-tung), ein Bauernsohn aus der Provinz Hunan, der sich während der Kriegsjahre mit seiner Autorität gegen interne Konkurrenten durchgesetzt hatte. Die Kommunisten waren stolz auf ihre Disziplin und hatten die Unterstützung der Landbevöl-

Rechts: Dr. Sun Yat-sen gründete die Kuomintang (Nationale Volkspartei).

kerung gewonnen, während die Nationalisten meist mit Korruption und Hyperinflation in Verbindung gebracht wurden. Nach der Einnahme Beijings im Januar 1949 fielen auch die übrigen Städte Chinas an die Kommunisten. Am 1. Oktober 1949 proklamierte Mao die Volksrepublik China, aber erst im Dezember konnten die Kommunisten mit Chengdu die letzte von den Nationalisten gehaltene Stadt erobern. Die Nationalisten flüchteten sich auf die dem chinesischen Festland vorgelagerte Insel Taiwan im Südchinesischen Meer.

Konsolidierung der Macht

Nach der Flucht der Nationalisten bekam China erstmals seit Jahrzehnten eine mächtige, einheitliche Regierung. Bald nach der Einigung entschloss sich China zur Intervention in Korea, wo eine UN-Truppe unter amerikanischer Führung den Vorstoß des kommunistischen Nordkorea bis an die Grenze zu China zurückgedrängt hatte. Nach der Aushandlung eines Waffenstillstands machte sich Mao an die Festigung seines Regimes und verkündete 1953 einen Fünfjahresplan.

Dem Beispiel Stalins folgend, setzte er dabei auf die Entwicklung der Schwerindustrie und auf Verstaatlichungen. Private Unternehmen wurden abgeschafft, Fabriken, Banken und der Handel nationalisiert, und die Kontrolle der Preise sollte die unter den Nationalisten entstandene Inflation eindämmen. Im Rahmen der Bodenreform wurden die Ländereien der Großgrundbesitzer an landwirtschaftliche Produktionsgenossenschaften verteilt. Man vereinfachte das chinesische Schriftsystem, um die Analphabetenrate zu senken. Die 1950er-Jahre brachten Wirtschaftswachstum und verbesserten den Lebensstandard. Um den Aufschwung weiter zu fördern, ermutigte 1956 die KPCh die Intellektuellen zur konstruktiven Kritik an Partei und Führung. Diese Hundert-Blumen-Bewegung stand unter dem Motto „Lasst hundert Blumen blühen, lasst hundert Schulen miteinander wettstreiten". Die zunächst zurückhaltenden Intellektuellen beteiligten sich schließlich mit unzähligen kritischen Wortmeldungen. Mao stoppte daraufhin die öffentliche Diskussion im Juli 1957 mit dem Argument, die Kommentare seien subversiv und nicht konstruktiv. In einer Kampagne gegen Rechtsabweichler wurden dann viele der Intellektuellen als Dissidenten verfolgt. Die Säuberungswelle schuf ein lang anhaltendes Klima des Misstrauens zwischen Kommunistischer Partei und den Intellektuellen in China.

Der große Sprung nach vorn

Erste Anzeichen einer Entfremdung von der Sowjetunion wurden erkennbar, als Mao beschloss, dass China seinen eigenen Weg zum Sozialismus finden müsse. Nach seiner Überzeugung sollte sich China nicht länger an Stalins Modell teurer Mechanisierung und der Förderung von Kolchosen und Schwerindustrie orientieren. Vielmehr sollte das Land das Arbeitspotenzial seiner riesigen Bevölkerung für eine rasche Entwicklung nutzen.

Die Bevölkerung wurde in Volkskommunen organisiert, die viel größer als die sowjetischen Kolchosen waren. Die Familieneinheiten wurden zu möglichst sparsamem Umgang mit Ressourcen angehalten. Jede Kommune betrieb neben der Landwirtschaft auch eine kleinere industrielle Produktion. Besonderen Wert legte man auf die Stahlerzeugung, denn man wollte innerhalb von 15 Jahren Großbritannien in diesem Sektor überholen. In den Kommunen wurden kleine Hochöfen errichtet, in denen Schrott eingeschmolzen werden konnte. Zunächst funktionierte der Plan gut, sodass Mao die an die Regierung abzuliefernden Quoten erhöhte. Doch diese höheren Anforderungen konnten die Kommunen nicht mehr leisten, und die regionalen Parteikader fälschten die Zahlen. Um die stetig wachsenden Forderungen der Regierung zu erfüllen, musste die Landbevölkerung ihre Notvorräte an Getreide veräußern. Die dadurch ausgelösten schweren Hungersnöte kosteten viele Millionen Menschenleben. Zur Einhaltung der Stahlquoten sah man sich gezwungen, alle verfügbaren Metallgegenstände einzuschmelzen. Sogar Woks, für die Essenszubereitung lebenswichtige Küchengeräte, wurden zu Schrottmetall, dessen Wert deutlich unter dem der dafür eingeschmolzenen Gegenstände lag. Der große Sprung nach vorn war eine einzige Katastrophe, die zu wirtschaftlichem Stillstand führte und rund 20 Millionen Tote forderte.

Die Kulturrevolution

Nach dem Fehlschlag des großen Sprungs nach vorn trat Mao als Staatspräsident zurück, blieb aber formal Parteivorsitzender. Innerhalb der Partei hatten Deng Xiaoping und Liu Shaoqi an Macht gewonnen. Sie vertraten einen „pragmatischen Sozialismus", der die wirtschaftliche Effizienz über die ideologisch reine Lehre stellte. Mitte der 1960er-Jahre betrieb Mao sein politisches Comeback und beschuldigte die Pragmatiker einer Schwächung der sozialistischen Ideologie. Mit der 1966 gestarteten Großen Proletarischen Kulturrevolution verfolgte Mao zwei Ziele: Er wollte die kommunistische Ideologie in der Bevölkerung neu beleben und gleichzeitig wieder die Macht in China erringen. Die im kommunistischen System sozialisierten Studenten griffen den Aufruf zur Revolution begeistert auf. Sie bildeten überall im Land Rote Garden, die die Schulen besetzten, ihre Lehrer denunzierten und ihre Nachbarschaft terrorisierten. Mao nutzte die Kulturrevolution, um die Partei auf allen Ebenen von gemäßigten Mitgliedern zu säubern und die übrigen auf seine Linie einzuschwören.

Als auch die Arbeiter die Ideen der Kulturrevolution aufgriffen, geriet sie völlig außer Kontrolle. Wie die Studenten und Mao nutzten die Arbeiter die Bewegung als Vorwand, um Vorgesetzte zu denunzieren. Die Arbeit in den Fabriken wurden lahmgelegt. Mao hatte die Frustrationen einer ganzen Generation freigesetzt. Ende der 1960er-Jahre hatte er sein Ziel erreicht: Er war wieder an der Macht, und der Personenkult um ihn, den großen Vorsitzenden, war ausgeprägter denn je. Bevor die Kulturrevolution völlig unkontrollierbar wurde, befahl Mao der Roten Armee die Auflösung der Roten Garden. Sie wurden zur Umerziehung aufs Land geschickt, um dort von den Bauern zu lernen.

Maos Nachfolge

Zur Zeit der Kulturrevolution war Mao bereits über 70 Jahre alt, sodass sich sehr schnell die Frage nach seiner Nachfolge stellte. 1970 hatte sich Armeechef Lin Biao eindeutig als Maos Nachfolger profiliert, doch er kam bei einem Flugzeugabsturz ums Leben, als er in die UdSSR fliehen wollte. Die geheimnisvollen Umstände seines Tods gaben Anlass zu Spekulationen: Angeblich soll Lin ein Attentat auf Mao geplant haben. Jedenfalls war die Frage der Nachfolge wieder offen. Nach Maos Tod am 1. September 1976 kam es sofort zum Machtkampf zwischen den Parteiflügeln. Die extreme Linke mit der Viererbande unter Führung von Maos Witwe war für die Fortsetzung der Kulturrevolution. Die „Rechten" unter Deng Xiaoping hatten sich von den Säuberungen der Kulturrevolution erholt und traten für einen Reformkurs ein.

Zu aller Überraschung hatte Mao Hua Guofeng, der keinem der Flügel angehörte, zu seinem Nachfolger als Parteivorsitzender auserwählt. Hua ließ die Viererbande verhaften und vor Gericht stellen. Die Todesurteile gegen alle vier wurden in lebenslängliche Gefängnisstrafen abgemildert. Hua musste aber auch mit der Autorität des großen Vorsitzenden Mao zurecht kommen. Um seine Legitimation als Maos Nachfolger zu sichern, verfolgte er eine Politik des „Was auch immer" – was auch immer Mao gesagt und was auch immer Mao angewiesen hatte, wurde befolgt. Doch Ende der 1970er-Jahre gewann Deng, der die Unterstützung der Armee hatte, zunehmend an Einfluss in der Partei und kritisierte die Kulturrevolution. Dies zielte auch auf Hua Guofeng und seine Was-auch-immer-Politik und schwächte die Maoisten innerhalb der

Partei. 1981 hatten Deng und seine Reformanhänger Hua aus den wichtigen Leitungsfunktionen verdrängt und konnten ihren Kurs umsetzen. Hua blieb allerdings bis 2002 Mitglied des Zentralkomitees.

Deng Xiaopings Reformen

Deng war entschlossen, die Wirtschaft zu modernisieren, und dies pragmatisch und faktenorientiert anzugehen. China sollte zu einer sozialistischen Marktwirtschaft umgestaltet werden, in der die Produktionsmittel vom Staat an private Unternehmen übertragen wurden. Gleichzeitig förderte Deng ausländische Investitionen in China, indem er 1980 Sonderwirtschaftszonen wie Shenzhen einrichtete, in denen liberalere Wirtschaftsgesetze als im übrigen Land galten. Ausländischen Unternehmen bot man Steuervergünstigungen beim Abschluss von Joint-Ventures mit chinesischen Betrieben an. Die Einnahmen aus diesen Außenhandelsbeziehungen wollte Deng für die „Vier Modernisierungen" in den Bereichen Landwirtschaft, Industrie, Wissenschaft/Technologie und Militär verwenden. Chinesische Studenten wurden zum Studium ins Ausland geschickt. Dort lernten sie kapitalistische Wirtschaftstheorien kennen, die zu Hause zur weiteren Modernisierung eingesetzt werden konnten. Deng bemühte sich um diplomatische Beziehungen zum Ausland und traf sich 1979 mit US-Präsident Carter im Weißen Haus. 1984 handelte er mit den Briten die Rückgabe von Hongkong im Jahr 1997 aus. Modernisierungen und verbesserte Auslandsbeziehungen zahlten sich aus, denn China erlebte zum Ende des Jahrhunderts ein gewaltiges Wirtschaftswachstum.

Platz des Himmlischen Friedens (Tiananmen-Platz)

Viele Chinesen waren allerdings mit ihrer Regierung unzufrieden. 1989 forderten Studenten und Intellektuelle eine Demokratisierung, die die wirtschaftliche Liberalisierung der 1980er-Jahre begleiten sollte. Die politische Aufbruchstimmung in Osteuropa färbte auf China ab. Auch die Arbeiter waren mit den Wirtschaftsreformen unzufrieden, denn die neue Marktwirtschaft brachte Arbeitslosigkeit und Preissteigerungen mit sich.

Der Tod von Hu Yaobang wurde zum Auslöser für die Proteste. Der als volksnah geltende Parteichef war 1987 unter als ungerecht empfundenen Umständen zum Rücktritt gezwungen worden. Am 4. Mai 1989, dem 80. Jahrestag eines nationalen Aufstands, versammelten sich tausende auf dem Platz des Himmlischen Friedens in Beijing, um zu demonstrieren. Der Protest zog weitere Sympathisanten an, bis sich schließlich rund 100 000 Menschen auf den Platz drängten. Die wegen des bevorstehenden Besuchs von Michail Gorbatschow in Beijing angereiste Auslandspresse berichtete ausführlich über die Entwicklung. Am 20. Mai verhängte die Führung den Ausnahmezustand und beschloss am 4. Juni, den besetzten Platz gewaltsam zu räumen. Sie fürchtete den Zusammenbruch ihrer Autorität oder eine neue, von Anarchie begleitete Kulturrevolution. Die blutige Aktion forderte viele Opfer, Schätzungen gehen von bis zu 5000 Toten aus. In der ganzen Welt wurde sie heftig kritisiert, USA und EU verkündeten ein Embargo für Waffenverkäufe an China. Das wirtschaftliche Wachstum allerdings hielt an, und die politischen Proteste wurden zunächst leiser – ohne adäquate Reformen werden sie sich aber sicherlich irgendwann wieder artikulieren.

Unten: Tausende Studenten demonstrieren anlässlich der Beerdigung des Reformpolitikers Hu Yaobang auf dem Platz des Himmlischen Friedens für mehr Demokratie.

Linke Seite: Eine junge Rotgardistin legt Mao Zedong eine Ehrenarmbinde an (1966).

Das kommunistische Russland

Mehr als 70 Jahre wurde Russland von den Kommunisten regiert und durch viele Umwälzungen grundlegend verändert.

Stalins Aufstieg zur Macht

Nachdem Stalin 1922 Generalsekretär der Kommunistischen Partei Russlands geworden war, erweiterte er seine Machtbefugnisse in dieser Funktion und machte sein Amt zur einflussreichsten Position innerhalb der Partei. Lenin warnte zwar vor seinem Tod 1924 noch davor, Stalin zu viel Macht einzuräumen, doch Stalin sorgte dafür, dass die Botschaft nicht an die Öffentlichkeit gelangte. Sein größter Rivale war Leo Trotzki, aber auch andere prominente Politbüromitglieder wie Sinowjew, Bucharin und Kamenjew hatten Ambitionen, die Nachfolge Lenins anzutreten. Nach einer kurzen Allianz mit Sinowjew und Kamenjew schloss sich Stalin mit Rykow und Bucharin vom rechten Parteiflügel zusammen. Er propagierte den „Sozialismus in einem Land" im Gegensatz zu der von Trotzki favorisierten traditionellen marxistischen Idee einer internationalen „permanenten Revolution". Stalins Ziel war es, zunächst den Sozialismus in Russland zu festigen, bevor dieser auf andere Länder ausgedehnt würde. 1928 setzte er sich mit der Verkündung des ersten Fünfjahresplans gegen seinen Gegner durch, und Trotzki musste ins Exil gehen. In seinem Streben nach mehr Macht wandte sich Stalin nun gegen Rykow und Bucharin, die ihm zu seinem Aufstieg verholfen hatten. Die Säuberungen von 1936–1938 brachten ihm dann die absolute Kontrolle über Partei und Staat.

Stalinismus

Die beiden ersten Fünfjahrespläne führten zu einer raschen Industrialisierung des bis dahin weitgehend agrarwirtschaftlich genutzten Landes. Stalin ersetzte Lenins neue ökonomische Politik durch ein System zentraler Wirtschaftsplanung. Die Industrialisierung wurde durch Enteignungen finanziert und durch Lohn- und Konsumbeschränkungen gefördert. Parallel zur Industrialisierung der Städte begann man auf dem Land mit Zwangskollektivierungen. Dabei sollten hunderte kleiner, wenig effizienter Bauernhöfe zu hochproduktiven, riesigen Landwirtschaftskollektiven zusammengeschlossen werden. Doch diese Maßnahmen brachten nicht den erhofften Effekt, die Produktion sank, und es kam zu Hungersnöten mit Millionen von Toten.

1936 leitete Stalin die groß angelegte „Säuberung" (Tschistka) zur Ausschaltung vermeintlicher Staatsfeinde ein. Diese wurden nach einem Schauprozess entweder exekutiert oder in ein Straflager (GULAG), meist in Sibirien, verbannt. Zunächst unterzog man die KP einer Säuberung, der vermutlich mehr als die

Oben: Der Sowjetführer Josef Stalin mit dem britischen Premier Winston Churchill 1945 bei der Konferenz von Jalta auf der Krim.
Linke Seite: Der russische Revolutionsführer Wladimir Iljitsch Lenin (links) trifft in Gorki Josef Stalin (rechts), der 1922 Generalsekretär der KP geworden war.

Hälfte der Delegierten des XVII. Parteitags (Januar 1934) zum Opfer fielen. 1940 wurde auch Trotzki in seinem Exil in Mexiko ermordet. Danach dehnte man die Säuberung auf die gesamte sowjetische Gesellschaft aus: Jedem, der antisowjetische Tendenzen erkennen ließ, drohten Deportation oder Hinrichtung. Zwischen 1937 und 1939 säuberte man die oberen Offiziersränge der Roten Armee, um möglichen Umsturzplänen vorzubeugen. Schließlich wurde sogar das NKWD, die geheime Staatspolizei, das die Tschistka brutal umgesetzt hatte, selbst Opfer der Säuberungen. Der Chef des NKWD Jeschow wurde ebenso wie sein Vorgänger Jagoda hingerichtet.

Der Große Vaterländische Krieg

Am 23. August 1939 unterzeichneten der sowjetische Außenminister Molotow und sein deutscher Kollege Ribbentrop den Hitler-Stalin-Pakt, der neben einem Nichtangriffspakt in einem Geheimabkommen die Aufteilung Polens vorsah. Mitte September besetzten Truppen der Roten Armee den Ostteil Polens, nachdem die Deutschen am 1. September bereits Polen überfallen hatten. Später wurden auch die baltischen Staaten von Russland annektiert. Im Juni 1941, nach dem erfolgreichen Frankreichfeldzug, griff Hitler die Sowjetunion an. Der Krieg verlief für Russland zunächst katastrophal, Millionen von Russen wurden getötet, die Deutschen rückten fast bis Moskau vor. Der deutsche Vorstoß zur Eroberung der Ölfelder am Kaukasus führte zur erbitterten Schlacht um Stalingrad und damit zur Wende im Krieg. Die Sowjetarmee hatte sich allmählich von der großen Säuberung in ihren Reihen erholt, während die Deutschen an ihre Grenzen stießen. Nach dem Sieg bei Stalingrad drängten die Sowjettruppen die Wehrmacht zurück auf deutsches Gebiet und eroberten im Mai 1945 schließlich Berlin.

Stalins letzte Jahre

Nach dem Ende des Zweiten Weltkriegs hielt die Rote Armee den gesamten Osten Europas besetzt. Stalin hoffte, die UdSSR könnte nach einem Rückzug der USA aus Europa zur Vormacht auf dem Kontinent werden. Doch die Amerikaner, die sich zunächst nur zögerlich in die europäische Politik einmischten, verfolgten spätestens seit dem Ende des Weltkriegs eine Politik der Eindämmung (Containment) des sowjetischen Einflusses und versuchten, die kommunistischen Parteien in Westeuropa zu schwächen.

VON DER UdSSR ZUR GUS
Ehemalige Grenze der UdSSR (bis 1991)
Gründungsmitglied der Gemeinschaft Unabhängiger Staaten (GUS, ab 1991)
GB
Nordsee
NORWEGEN
Oslo
SCHWEDEN
Stockholm
FINNLAND
Helsinki
Barentssee
Murmansk
DK
DEUTSCHLAND
Ostsee
Danzig
POLEN
Warschau
LT
LV
EST
Riga
St. Petersburg
Archangelsk
Nowgorod
BELARUS
Minsk
RUS
Moskau
Nischnij Nowgorod
Kirow
Perm
Jekate
Tscheljabinsk
Samara
UKRAINE
Kiew
MOLDAWIEN
Odessa
Wolgograd
Wolga
Schwarzes Meer
Grosny
Astrachan
KASACHS
GE
Tiflis
AR
AZ
Baku
Kaspisches Meer
TÜRKEI
SYRIEN
Mossul
Täbris
Aral-see
USBEKISTAN
Urgentsch
TURKMENISTAN
Ashgabat
Samarkand
Taschk
TADSCHIKISTA
Amudarja
Bagdad
IRAK
Teheran
IRAN
Herat
AFGHANISTAN
Kabul
PAKISTAN
KWT
Persischer Golf
SAUDI-ARABIEN
Q

rdpolarmeer
Laptewsee
Sibirien
CHE FÖDERATION
Lena
Jakutsk
Magadan
Ochotskisches Meer
Jenissei
Sachalin
Amur
Chabarowsk
Krasnojarsk
Nowosibirsk
Baikal-see
Tschita
Irkutsk
Mandschurei
Harbin
Wladiwostok
Japanisches Meer
Ulan-Bator
MONGOLEI
Shenyang
NORD-KOREA
Seoul
SÜD-KOREA
JAPAN
Dzungaria
Ürümqi
Beijing
Huang He
Jinon
Qingdao
Gelbes Meer
CHINA
Chengchou
Lanzhou
Xi'an
Nanjing
Shangha
Ostchinesisches Meer
N
Tibet

Oben: Russischer Panzer in Budapest 1956, das durch Kämpfe gezeichnet ist. Nach Aufständen in Ostdeutschland und Polen intervenierten sowjetische Truppen in Ungarn, da die Regierung des Landes den Austritt aus dem Warschauer Pakt erklärt hatte.
Rechte Seite: Präsident Gorbatschow leitete eine neue Politik mit den Schlagwörtern Perestroika und Glasnost ein.

Stalin intensivierte deshalb die Kontrolle über Osteuropa und schuf ein System von kommunistischen Satellitenstaaten, die bis in die 1980er-Jahre bestanden. Er ließ sich als siegreicher Kriegsherr verehren und baute seine Machtposition weiter aus. Die Säuberungen wurden fortgesetzt, und Anfang 1953 diente das „Ärztekomplott" als Vorwand, um die jüdische Bevölkerung der UdSSR als angebliche Agenten der Amerikaner zu verfolgen. Stalin starb am 5. März 1953. Der offizielle Totenschein verzeichnete Gehirnblutungen als Todesursache, doch verschiedene Verschwörungstheorien gehen von Mord aus. Stalins totalitäres Herrschaftssystem begann zu wanken.

Chruschtschow-Ära

Nach Stalins Tod manövrierte sich Nikita Chruschtschow ins Zentrum des Parteiapparats und wurde im Dezember 1953 zum Ersten Sekretär der KPdSU gewählt. Zuvor war Lawrentij Berija, sein schärfster Rivale, wegen Verrats verurteilt und hingerichtet worden. 1958 übernahm Chruschtschow als Ministerpräsident auch die Führung der Regierung. Beim XX. Parteikongress 1956 überraschte Chruschtschow die Delegierten mit einer Rede, in der er Stalin wegen seines Personenkults und der Gewaltexzesse bei den Säuberungen anklagte. Gleichzeitig plädierte er vor den Versammelten für eine friedliche Koexistenz mit dem Westen.

Chruschtschows sprunghafte Politik in den folgenden Jahren stieß sogar bei seinen engsten Vertrauten auf Skepsis, und die Partei war durch sein Nachgeben in der Kubakrise (1962/63) brüskiert. Als er 1964 Moskau für einen Urlaub verlassen hatte, nutzten Mikojan, Kossygin und Breschnew die Situation aus, um ihn zu entmachten. Chruschtschow wurde bis zu seinem Tod 1971 unter Hausarrest gestellt.

Breschnew: Stagnation

Zunächst agierte Leonid Breschnew in einer Führungsgruppe mit Anastas Mikojan und Alexej Kossygin, bald konnte Breschnew jedoch seine Mitstreiter beiseite drängen. Er beendete die von Chruschtschow eingeleitete Entstalinisierung, anlässlich der Feiern zum 20. Jahrestag des Siegs im Vaterländischen Krieg lobte er Stalin als großen sowjetischen Kriegsherren.

Seit Januar 1968 kam es in der Tschechoslowakei unter Alexander Dubček zu einer Liberalisierung der KP-Herrschaft, die in die Geschichte als „Prager Frühling" einging. Diese Entwicklungen widersprachen Breschnews ideologischen Vorstellungen, und so marschierten auf Befehl von Breschnew Truppen aus fünf Staaten des Warschauer Pakts in die Tschechoslowakei ein, um den sowjetischen Einfluss in der CSSR wiederherzustellen. Die so genannte Breschnew-Doktrin formulierte nachträglich das Recht der Sowjetunion, zur Aufrechterhaltung der kommunistischen Herrschaft in den „Bruderländern" eingreifen zu dürfen.

Unter Breschnew kam es in der Sowjetunion zur wirtschaftlichen Stagnation, da diese stark von der

Agrarindustrie abhängig war, die sich noch immer nicht ganz von der Zwangskollektivierung erholt hatte. Der hohe Militärhaushalt belastete die Wirtschaft zusätzlich. Das strenge System zentraler Planung ließ wenig Raum für wissenschaftliche und technische Innovationen. Zusammen mit fehlendem Wettbewerb führte dies zu sinkender Qualität und Effizienz in der Produktion. Die mangelhafte Versorgung mit Konsumgütern beeinträchtigte den Lebensstandard und förderte den Schwarzmarkt. Korruption war weit verbreitet, anfällig dafür erwiesen sich auch Breschnew und andere führende Parteikader. Breschnews Amtszeit ging in die Geschichte daher auch als „Ära der Stagnation" ein.

Gorbatschow und die Reformen

Auf Breschnew folgte 1982 Jurij Andropow, der nur kurze Zeit an der Macht war. Er bemühte sich um die Bekämpfung der Korruption im Staatsapparat. Doch nach seinem Tod 1984 stellte sein Nachfolger Konstantin Tschernenko diese ein und orientierte sich wieder an der Ära Breschnew. Da Tschernenko jedoch häufig krank war, ließ er sich oft im Amt vertreten, bis er am 10. März 1985 schließlich starb.

Am folgenden Tag wurde Michail Gorbatschow zum Generalsekretär der KPdSU ernannt. 1987 hatte er seine Macht innerhalb der Partei so weit gefestigt, dass er seine Reformen unter den Schlagworten Glasnost („Offenheit") und Perestroika („Umgestaltung") verkünden konnte. Perestroika hatte den Umbau der sowjetischen Wirtschaft zum Ziel, um die jahrelange Stagnation unter Breschnew aufzuheben. So wurden während der Perestroika sehr einfache, aber wirkungsvolle Gesetze beschlossen, wie z.B. ein Gesetz, dass Staatsunternehmen erlaubte, die Stückzahlen eines Produkts der tatsächlichen Nachfrage anzupassen. Außerdem konnten die Betriebe bei finanziellen Schwierigkeiten künftig nicht mehr uneingeschränkt mit Staatshilfe rechnen. Ein Gesetz über „Kooperativen" ließ erstmals seit Lenins neuer ökonomischer Politik wieder private Unternehmen zu. Gleichzeitig mit den Maßnahmen der Perestroika begann Gorbatschow eine als Glasnost bezeichnete Politik der Offenheit und Meinungsfreiheit. So sollte eine Debatte über die Wirtschaftsreformen angeregt werden und konservativen Parteimitgliedern die Kritik an den Reformen erschwert werden. Doch die neue Offenheit brachte die Herrschaft der Partei ins Wanken, als für die meisten Sowjetbürger offensichtlich wurde, dass die sowjetische Wirtschaft marode und der Lebensstandard im Vergleich zum Westen deutlich niedriger war. Ihnen ging der Umgestaltungsprozess zu langsam, und bevor die Reformen richtig griffen, brach die UdSSR zusammen.

Zerfall der UdSSR

Als im Zuge von Glasnost das ganze Ausmaß der Wirtschaftskrise sichtbar wurde, hielten immer mehr der 15 Sowjetrepubliken Rohstoffe, Güter und Devisen zurück. Gleichzeitig wuchs die antirussische Stimmung in einigen Republiken, die Forderungen nach Unabhängigkeit wurden immer lauter. In Aserbaidschan und Litauen unterdrückte die Sowjetarmee nationale Aufstände. Durch die gelockerte Zensur konnten sich Berichte über diese neuen Repressionen schnell verbreiten, sodass auch andere nationalistische Gruppen zu Aufständen gegen Moskau ermutigt wurden.

Im August 1991 unternahmen orthodoxe Parteimitglieder einen letzten Versuch, um Gorbatschow zu Fall zu bringen. Während er Urlaub machte, wurde er unter Hausarrest gestellt. Der Staatsstreich scheiterte, als sich der Präsident der Russischen Sowjetrepublik Boris Jelzin ihm widersetzte. Gorbatschow kehrte nach Moskau zurück, doch seine Autorität war angegriffen, und er musste überdies eine Reihe von Mitgliedern des Politbüros wegen Beteiligung am Coup verhaften lassen. Jelzin dagegen hatte an Macht gewonnen. Als Russland schließlich erklärte, die Gesetze der Sowjetunion außer Kraft zu setzen, war die größte Sowjetrepublik der Kontrolle der Union entglitten. Die restlichen 14 Republiken schlossen sich der Vorgehensweise an, um nicht unter russische Abhängigkeit zu geraten. Am 25. Dezember 1991 trat Gorbatschow zurück, sein Nachfolger als Präsident wurde Jelzin. Die UdSSR löste sich Ende 1991 auf, und die 15 ehemaligen Sowjetrepubliken formierten sich zu einem Bündnis, der Gemeinschaft Unabhängiger Staaten (GUS).

Der Kalte Krieg

Der Wettstreit um die Vorherrschaft zwischen den Großmächten, der Kalte Krieg, überschattete die Jahrzehnte nach dem Zweiten Weltkrieg. Er wurde weltweit ausgetragen und wirkte sich auf fast alle Länder aus.

Hintergründe

Im Zweiten Weltkrieg hatten sich Großbritannien, die USA und die Sowjetunion trotz ideologischer Gegensätze zu einem Bündnis zusammengeschlossen. Im Februar 1945 trafen sich die „Großen Drei" in Jalta und stimmten der Aufteilung Europas in Einflusssphären zu: Die Sowjets erhielten den Osten, Amerikaner und Briten den Westen und den Balkan.

Die abweichenden Vorstellungen über die Nachkriegsordnung der Welt, in denen sich die unterschiedlichen ideologischen Ausrichtungen widerspiegelten, ließen sich nicht miteinander versöhnen. Jede der Siegermächte wollte in ihrem Bereich politische und ökonomische Strukturen nach heimischem Vorbild einführen. Für Briten und Amerikaner bedeutete das die Förderung von Pluralismus und freiem Handel. Die Sowjets dagegen wollten zentral verwaltete Ökonomien mit einem Machtmonopol der kommunistischen Partei durchsetzen. Die USA agitierten gegen kommunistische Parteien in Westeuropa, während die UdSSR in Griechenland, der Türkei und im Iran Expansionstendenzen erkennen ließ. Diese Situation analysierte George Kennan 1947 in einem Artikel der Zeitschrift *Foreign Affairs*, der zur Grundlage von Trumans Außenpolitik wurde. Kennan ging davon aus, dass eine friedliche Koexistenz unmöglich sei, denn die sowjetische Führung plane eine Ausweitung ihres Machtbereichs. Da Großbritannien allein nicht in der Lage war, die sowje-

Unten: Der britische Premierminister Winston Churchill (links), US-Präsident Franklin D. Roosevelt (Mitte) und der sowjetische Staatschef Josef Stalin (rechts) bei der Konferenz von Jalta im Februar 1945.

Ursprünge des Kalten Kriegs, Europa nach dem Zweiten Weltkrieg, 1945–1949
Sowjetunion, ab Mai 1945
Westgrenze des sowjetischen Besatzungs- und Einflussgebiets, Mitte 1945
Von Westmächten besetzt oder prowestlich orientiert
Sowjetisch besetzt oder kontrolliert
Sowjetische Zonen in Deutschland und Österreich
Francos prowestliches Falange-Regime ist isoliert
Jugoslawien: Bruch mit der Sowjetunion (28. Juni 1948), blockfreier Staat
Griechenland: Bürgerkrieg 1946–1949, Sieg der prowestlichen Kräfte
Gründungsmitglieder der NATO (4. April 1949)
Kolonialgebiete
Neutrale Staaten
1 Von Deutschland an Polen, 1945
2 Von Deutschland an die UdSSR, 1945
3 Von Ungarn zurück an die Tschechoslowakei, 1945
4 Von Rumänien zurück an Ungarn, 1945
5 Von Ungarn an die UdSSR, 1945
6 Von Rumänien an die UdSSR, 1945
7 1940 von der UdSSR besetzt, 1941 verloren, 1944 zurückerobert
8 1940 von der UdSSR besetzt, 1941–1944 verloren, 1947 zurück an Finnland
9 1947 an die UdSSR
10 Bundesrepublik Deutschland, Gründung am 23. Mai 1949
11 Deutsche Demokratische Republik, Gründung am 7. Oktober 1949
N
0 200 km
0 200 Meilen
EUROPÄISCHES NORDMEER
NORWEGEN
SCHWEDEN
FINNLAND
Estland
Lettland
Litauen
UdSSR
Nordsee
Ostsee
Edinburgh
Kopenhagen
DÄNEMARK
IRLAND
Dublin
GROSSBRITANNIEN
London
Hamburg
Amsterdam
NL
Britische Zone
Berlin
Warschau
POLEN
Brüssel
BELGIEN
DEUTSCHLAND
Krakau
LUX.
Prag
Amerik. Zone
TSCHECHOSLOWAKEI
Kommunistischer Staatsstreich Februar 1948
Paris
Franz. Zone
Stuttgart
Wien
Budapest
FRANKREICH
Amerik. Zone
A
UNGARN
Luxemburg 1940–1944 von Deutschland annektiert
SCHWEIZ
Fr. Zone
Br. Zone
RUMÄNIEN
ATLANTISCHER OZEAN
Elsass-Lothringen Abtretung an Deutschland (1940), zurückgegeben an Frankreich (1945)
von Italien, 1947–1954
JUGOSLAWIEN
Bukarest
Genua
kleinere Grenzgebiete zurück an Frankreich, 1945
1945 zurück an Frankreich
BULGARIEN
ITALIEN
Adria
Oporto
ANDORRA
PORTUGAL
Madrid
SPANIEN
Korsika
Rom
ALBANIEN
TÜRKEI
Neapel
Ägäisches Meer
Lissabon
Balearen
Sardinien
GRIECHENLAND
Mittelmeer
Sizilien
Gibraltar (brit.)
Tanger internationale Zone
Marokko (span.)
Algier
Tunis
Marokko (franz.)
Algerien (franz.)
Tunesien (franz.)
Malta (brit.)

Oben: Amerikanische Panzer und Soldaten an einem Kontrollpunkt im amerikanischen Sektor an der Berliner Mauer.

tische Expansion zu verhindern, entschied sich Truman für eine Politik des Containment (Eindämmung). Er beorderte US-Schiffe zur Patrouille ins Mittelmeer und leistete Wirtschaftshilfe, um die Kommunisten im griechischen Bürgerkrieg auszuschalten.

Washington befürchtete eine Ausbreitung des Kommunismus in dem vom Krieg wirtschaftlich stark angeschlagenen Westeuropa und entschloss sich zu massiven Hilfsmaßnahmen im Rahmen des Marshall-Plans. Zunächst bot man auch Osteuropa Hilfe an, doch Moskau lehnte das Angebot für die osteuropäischen Staaten ab, die unter der Kontrolle der UdSSR standen, da man durch westliche Wirtschaftshilfen die eigenen Einflussmöglichkeiten gefährdet sah.

Der Marshall-Plan ermöglichte es den USA, Westeuropa fest im amerikanischen Block zu verankern, überdies zwang er die UdSSR zu einer weiteren Intensivierung ihrer Kontrolle über den Osten. Damit hatte der Kalte Krieg begonnen, ein Kampf um die Vorherrschaft mit allen Mitteln bis an die Grenze direkter Kampfhandlungen.

NATO und Warschauer Pakt

Der Nordatlantikvertrag (NATO) wurde 1949 von zwölf Ländern unterzeichnet. 1948 hatten bereits Großbritannien, Frankreich, Belgien, die Niederlande und Luxemburg einen Brüsseler Beistandspakt geschlossen, dessen Ziel die Verteidigung Westeuropas gegen die Sowjetunion war. Da sich jedoch schnell zeigte, dass dieses Bündnis nicht in der Lage war, die kommunistische Infiltration aufzuhalten, suchte man ein erweitertes Bündnis mit den USA, Kanada, Dänemark, Island, Italien, Norwegen und Portugal. Die Länder verpflichteten sich im Nordatlantikvertrag zu gegenseitigem Beistand bei einem Angriff von außen. 1954 wurde die Bundesrepublik Deutschland in die NATO aufgenommen, ein Schritt, den die UdSSR als Provokation wertete.

Als Gegengewicht zur NATO schuf die Sowjetunion 1955 durch den „Vertrag über Freundschaft,

Zusammenarbeit und gegenseitigen Beistand" den Warschauer Pakt. Er wurde von den unter kommunistischer Herrschaft stehenden Ländern wie Polen, der Deutschen Demokratischen Republik, Ungarn, Rumänien, Albanien und der Tschechoslowakei unterzeichnet. Der Pakt war aber nicht nur ein Gegengewicht zur NATO, er diente der UdSSR auch als Kontrollinstanz über ihre Satellitenstaaten und als Machtinstrument, um sowjetische Interessen durchzusetzen. 1991 wurde der Warschauer Pakt aufgelöst, viele der ehemaligen Mitlieder sind heute Bündnispartner der NATO.

Berlin

Nach dem Zweiten Weltkrieg wurde die ehemalige Hauptstadt des Dritten Reichs in vier Besatzungszonen aufgeteilt. Während sich die Briten, Franzosen und Amerikaner bald auf eine gemeinsame Politik in den drei Zonen verständigen konnten, trennte die UdSSR den östlichen Teil der Stadt zunehmend von den anderen Sektoren ab. Ähnlich wurde auch Deutschland aufgeteilt: 1949 gründete man im Westen die Bundesrepublik Deutschland und im Osten die Deutsche Demokratische Republik. Westberlin, das mitten im Gebiet der DDR lag, hatte innerhalb der Bundesrepublik einen Sonderstatus und war im Laufe des Kalten Kriegs immer wieder Ursache für Konflike. Im Juni

Unten: Das historische erste Treffen zwischen dem sowjetischen Staatschef Nikita Chruschtschow und dem gerade gewählten US-Präsidenten John F. Kennedy in Wien im Juni 1961.

1948 verfügte die UdSSR die Sperrung aller Zugangswege durch ihre Besatzungszone für Gütertransporte nach Westberlin. Westberlin sollte von der Versorgung abgeschnitten und dadurch eine Zusammenlegung mit Ostberlin erzwungen werden. Die USA, Großbritannien und Frankreich entschlossen sich, die Stadt durch einer Luftbrücke zu versorgen. Berlin wurde über mehr als ein Jahr hinweg durch Flugzeuge, die so genannten „Rosinenbomber", mit dem Nötigsten versorgt. Schließlich gaben die Sowjets die Blockade auf.

Berlin blieb jedoch weiterhin eine geteilte Stadt. Da die Abwanderung in den Westteil zunahm, entschloss sich der Osten, seinen Sektor abzuriegeln. Am Morgen des 13. August 1961 begann man, die Berliner Mauer aufzubauen, mit der Begründung, einen befürchteten militärischen Überfall zu verhindern. Die Verkehrsverbindungen zwischen Osten und Westen wurden unterbunden, und die Grenzzonen wurden zwangsgeräumt. Als der amerikanische Präsident Kennedy 1963 Westberlin besuchte, bestätigte er die amerikanische Unterstützung für Berlin mit dem berühmten Satz „Ich bin ein Berliner". Berlin wurde in der westlichen Welt so zum Symbol für Freiheit.

Unten: Fidel Castro wurde 1959 Ministerpräsident in Kuba, nachdem die Kommunisten den Diktator Batista gestürzt hatten.

Der Koreakrieg

Nach dem Zweiten Weltkrieg hatten die USA und die UdSSR die zuvor von Japan besetzte koreanische Halbinsel in zwei Besatzungszonen aufgeteilt. Trennungslinie war der 38. Breitengrad. In dem von den Sowjets kontrollierten Norden erhielten koreanische Kommunisten bedeutende Regierungspositionen, im Süden unterstützten die Amerikaner Nationalisten und Konservative. Als 1948 die amerikanischen und sowjetischen Truppen aus dem Land abgezogen wurden, standen sich die beiden koreanischen Regierungen unversöhnlich gegenüber.

Beide Regierungen erhoben Anspruch auf ganz Korea und kämpften um die Vorherrschaft auf der Halbinsel. Nach langjährigen Auseinandersetzungen der Nachbarländer erlangte der kommunistische Führer Nordkoreas Kim Il Sung die Zustimmung Stalins für eine Invasion. Der Angriff auf den Süden begann am 25. Juni 1950. Truman entschied sich zum militärischen Eingreifen auf der Seite Südkoreas. In der amerikanischen Öffentlichkeit wurde das Engagement mit Verweisen auf die aggressive Expansion der Nazis und die damals verhängnisvolle Appeasement-Politik begründet. Überdies konnten die USA die Unterstützung der Vereinten Nationen für einen Krieg gegen Nordkorea gewinnen, denn die UdSSR boykottierte damals aus Protest gegen die Nichtanerkennung der Volksrepublik China den Sicherheitsrat. Die UN-Gegenoffensive verlief erfolgreich und drängte die Kommunisten weit hinter die bisherige Grenzlinie zurück. Die UN-Truppen überschritten den 38. Breitengrad und drangen fast an die Grenze zu China vor.

Diese neue Situation führte dazu, dass die Volksrepublik China in den Krieg eingriff, den bedrängten kommunistischen Verbündeten in Nordkorea beistand und die UN-Verbände zum Rückzug in den Süden zwang. Der sich über zwei Jahre hinziehende Zermürbungskrieg mündete schließlich 1953 in einen Waffenstillstand. Die darin festgelegte Grenzlinie hatte sich kaum gegenüber der vor dem Krieg bestehenden Demarkationslinie verändert.

Das Spionageflugzeug U2

Am 1. Mai 1960 schossen die Sowjets über ihrem Territorium ein US-Spionageflugzeug vom Typ U2 ab. Neben dem Piloten Gary Powers fielen ihnen Luftaufnahmen von militärischen Einrichtungen der UdSSR in

Oben: Amerikanische Truppen beschießen nordkoreanische Stellungen jenseits des 38. Breitengrads mit 155-mm-Geschützen.

die Hände. Um die anstehende Gipfelkonferenz von Großbritannien, Frankreich, den USA und der UdSSR in Paris nicht zu gefährden, musste Präsident Eisenhower eingestehen, den Spionageflug autorisiert zu haben. Das Treffen der Staatschefs sollte dem Abbau von Spannungen im Kalten Krieg dienen, doch der U2-Zwischenfall überschattete das Ereignis. Chruschtschow verlangte von Eisenhower eine Entschuldigung, als dieser sich weigerte, ließ Chruschtschow die Gespräche platzen. Der Kalte Krieg eskalierte weiter, als in Berlin die Mauer gebaut und in Kuba sowjetische Raketen stationiert wurden.

Die Kubakrise

Im Oktober 1962 informierte Präsident Kennedy die Öffentlichkeit über Erkenntnisse des amerikanischen Geheimdienstes: Die Sowjetunion war dabei, in unmittelbarer Nachbarschaft zu den USA Raketenbasen auf Kuba einzurichten.

Seit Castro die Macht in Kuba übernommen hatte, versuchten die USA, sein kommunistisches Regime zu stürzen. 1961 bereiteten Exilkubaner mit massiver Unterstützung der CIA eine Invasion in der Schweinebucht vor. Die sowjetische Führung unter Chruschtschow befürchtete, ihren Einfluss auf ihren Machtbereich zu verlieren: Die Gespräche über Berlin waren festgefahren, die USA besaßen ein größeres Nukleararsenal und hatten in der Türkei Raketen in Reichweite ihres Territoriums stationiert. Moskau wollte das nukleare Gleichgewicht der Macht wiederherstellen, und Castro brauchte sowjetische Unterstützung zur Stabilisierung seiner Macht. Die Stationierung russischer Raketen auf kubanischem Boden war somit beiden von Nutzen.

Der junge Demokrat Kennedy war 1961 erst zum Präsidenten gewählt worden und musste vor der skeptischen Öffentlichkeit seine Standfestigkeit gegenüber dem „roten Terror" demonstrieren. Ein Nachgeben kam für ihn daher nicht in Frage: Er forderte ultimativ den Abzug der Raketen und verhängte eine Seeblockade gegen Kuba, um die sowjetischen Schiffe zu stoppen. Als Reaktion auf die Blockade gab Chruschtschow den Einsatz von Nuklearwaffen für den Fall frei, dass die Amerikaner angreifen sollten. Die Situation brachte die Welt an den Rand eines Nuklearkriegs. Keiner der Großmächte war bereit, zurückzuweichen. Schließlich gab Chruschtschow nach, um den Ausbruch eines dritten Weltkriegs zu verhindern. Sieben Tage nach Ausbruch der Krise beorderte er am 28. Oktober die sowjetischen Schiffe zurück und stimmte dem Abbau der Raketenbasen auf Kuba zu.

Der Kalte Krieg und die Dritte Welt

Nach dem Zweiten Weltkrieg waren Briten und Franzosen nicht mehr in der Lage, ihre Imperien aufrechtzuerhalten, und der Prozess der Dekolonisation begann. Im Verlauf der folgenden Jahrzehnte erlangten

VIETNAMKRIEG, 1959–1975
Kommunistisch besetztes Gebiet Januar 1973 „Waffenstillstand"
Kommandobereiche der US-Corps
Bombenangriffe in Nordvietnam
Kommunistisch kontrollierte Gebiete in Laos und Kambodscha, 1950–1975
Von den Roten Khmer kontrolliert, um 1975
Von den Pathet-Lao-Truppen kontrolliert, um 1975
Aktionsgebiet der kommunistischen Guerilla, um 1975
VERSORGUNGSWEGE DER KOMMUNISTEN
Ho-Chi-Minh-Pfad
Sihanoukpfad
Nachschub über Seewege
Kommunistisch besetztes Gebiet, 1959–1960
CHINA
BURMA
C H I N A
Lao Cai
Cao Bang
Nanking
Tonking
Red
Lang Son
Dien Bien Phu
Hanoi
Haiphong
Sam Neua
Golf von Tonking
Luang Prabang
Mekong
Phat Diem
Hainan
L A O S
V I E T N A M
Vinh
Vientiane
Yankee Station
7. US-Flotte
Donghoi
Hue
Tourane
T H A I L A N D
1. US-CORPS
Quang Ngai
Pakse
Kontum
Pleiku
Qui Nhon
Bangkok
Siem Reap
2. US-CORPS
K A M B O D S C H A
Kratie
Ban Me Thuot
Nha Trang
Dixie Station
Golf von Thailand
Phnom Penh
Loc Ninh
Phan Rang
3. US-CORPS
Sihanoukville
Bien Hoa
Saigon
4. US-CORPS
1973 Abzug des US-Militärs
Cau Mau
0 100 km
0 100 Meilen
Ha Giang
Nanking
C H I N A
N O R D - V I E T N A M
Hanoi
Haiphong
Nam Dinh
Ninh Binh
Golf von Tonking
Thanh Hoa
Hainan
Vinh
Nape-Pass
Yulin
HaTinh
Mu-Gia-Pass
Ben-Kari-Pass
Donghoi
Thakhek
Quang Tri
Tchepone
Khe Sanh
Savannakhet
Hue
Da Nang
L A O S
Quang Ngai
Ubon Ratchathani
Kontum
Qui Nhon
K A M B O D S C H A
(K A M P U C H E A)
Battambang
Pursat
Kratie
Nha Trang
Kompong Chhnang
Mekong
Kompong Cham
Cam Ranh Bay
S Ü D - V I E T N A M
Golf von Thailand
Phnom Penh
Ho-Chi-Minh-Stadt (Saigon)
Kompong Som (Sihanoukville)
My Tho
Can Tho
Vonh Loi
0 100 km
0 100 Meilen
2000
1000
500
200
0 m
Südchinesisches Meer

die meisten europäischen Kolonien ihre Unabhängigkeit. USA und UdSSR bemühten sich, das von den Europäern hinterlassene Machtvakuum zu füllen. Die Sowjetunion förderte die Ausbreitung des Kommunismus, die USA dagegen die Errichtung freier Märkte in den jungen Staaten.

Um eine zu starke Einmischung der Großmächte in die Politik dieser neu entstanden Staaten zu verhindern, schlossen sich viele der Länder der Bewegung blockfreier Staaten an. Zugleich blieben sie so für beide Großmächte interessant und erhielten von beiden Seiten Unterstützung.

In vielen dieser Länder konkurrierten verschiedene Interessengruppen um die Macht, und häufig verlief die Dekolonisation nicht reibungslos. In diesen Machtkämpfen griffen die verschiedenen Gruppen oftmals auf die Unterstützung der UdSSR oder der USA zurück, um ihre Position zu sichern: so z.B. in Angola, wo sich nach der Entlassung des Landes in die Unabhängigkeit 1975 zwei große Gruppen unversöhnlich gegenüberstanden. Der marxistische MPLA erhielt Unterstützung aus Kuba und der UdSSR, während die nationalistische UNITA von den USA und Südafrika finanziert wurde. Aus diesen Konflikten entwickelte sich ein langjähriger Bürgerkrieg, der sogar über die Beendigung des Kalten Kriegs hinaus fortgeführt wurde. Die USA waren besonders an der Sicherung ihrer Vormachtstellung in den amerikanischen Entwicklungsländern interessiert und intervenierten gegen linke Bewegungen in Chile, Kuba, El Salvador, Grenada und Nicaragua.

Vietnamkrieg

Nach der Niederlage Frankreichs gegen die vietnamesische Befreiungsarmee wurde 1954 in Genf eine Indochinakonferenz einberufen. Das Land wurde in zwei Zonen geteilt: den kommunistischen Norden und den westlich orientierten Süden. Ursprünglich waren noch gemeinsame Wahlen vorgesehen, die jedoch nicht verwirklicht werden konnten, da der Norden und Süden unterschiedliche Wirtschafts- und Gesellschaftssysteme einführten. Zudem versuchte der kommunistische Vietcong seit Ende der 1950er-Jahre mit sowjetischer Hilfe, das von den USA geförderte Regime von Dinh Diem in Südvietnam zu unterwandern. 1963 destabilisierte ein Staatsstreich, bei dem Diem ermordet wurde, den Süden. Daraufhin entschloss sich US-Präsident Lyndon B. Johnson ab 1954 zur direkten militärischen Unterstützung Südvietnams sowie zum Kampf gegen die Vietcong-Guerrilla und die nordvietnamesische Armee. Den amerikanischen Truppen gelang es jedoch nicht, den Vietcong, der im Dschungel heimisch war und häufig Unterstützung aus der Bevölkerung erhielt, mit konventionellen Methoden zu bekämpfen. Die nordvietnamesische Armee erhielt außerdem finanzielle und technische Hilfe aus China und der UdSSR. Das harte Vorgehen gegen den Vietcong in den Dörfern, der Einsatz von Napalm und Entlaubungsmitteln forderte viele Menschenleben und führte dazu, dass die Amerikaner in der Bevölkerung an Ansehen verloren. Die Südvietnamesen wurden durch die amerikanische Intervention ins gegnerische Lager getrieben. Ende der 1960er-Jahre zeichnete sich ab, dass Amerika den Krieg nicht gewinnen konnte. Die Zahl der amerikanischen Verluste war zu hoch überdies führte das amerikanische Vorgehen in Vietnam nicht nur im eigenen Land, sondern weltweit zu heftigen Protesten.

Nach seinem Amtsantritt versprach der neue Präsident Nixon eine „Vietnamisierung“ des Kriegs. Die US-Truppen wurden abgezogen. Nach dem Rückzug der Amerikaner 1973 wurden die Kämpfe noch bis April 1975 fortgesetzt, bis der Süden endgültig kapitulieren musste.

Entspannung

Während des Kalten Kriegs wurden immer wieder Versuche unternommen, die Lage zwischen den beiden Großmächten und ihren Blöcken zu entspannen. Zwischen 1969 und 1972 wurden die so genannten SALT-1-Gespräche zur Begrenzung strategischer Waffen geführt. Ziel der Gespräche war, die Atomrüstung zu begrenzen. In Deutschland konnten die Spannungen um Berlin durch die von Bundeskanzler Willy Brandt Anfang der 1970er-Jahre eingeleitete Deutschland- und Ostpolitik abgebaut werden. 1972 führte SALT 1 zum Abschluss des so genannten AMB-Vertrags zur Begrenzung der nuklearen Arsenale und der Raketenabwehrsysteme. Diese Entspannungsphase wurde durch die Schlussakte von Helsinki unterstützt, die 1975 die Organisation für Sicherheit und Zusammenarbeit in Europa (OSZE) ins Leben rief. Die Helsinki-Akte wurde zum Prüfstein des neuen Verhältnisses zwischen den Großmächten: Man einigte sich darin über Fragen der Sicherheit, der wirtschaftlichen Zusammenarbeit und die Verringerung der Umweltverschmutzung. Alle europäischen Nationen bis auf Albanien waren vertreten. Ein Kapitel über Menschenrechte wurde aufgenommen, das die USA als Grundlage für Appelle an die Sowjetunion zur Einhaltung der Menschenrechte nutzen wollte.

Afghanistan und der Kalte Krieg

Mit dem sowjetischen Einmarsch in Afghanistan an Weihnachten 1979 endete die Tauwetter-Periode. Noch

Oben: Die im Dezember 1979 in Afghanistan einmarschierten Sowjettruppen zogen sich erst 1989 zurück.

vor dem Einmarsch hatte die amerikanische Regierung bei den Sowjets bereits für Missstimmung gesorgt, da sie der UdSSR unter Berufung auf die Helsinki-Akte Verletzungen der Menschenrechte vorwarf.

Anlass für die Intervention der UdSSR in Afghanistan waren die Rebellionen der fundamentalistischen Muslimgruppe Mudschaheddin gegen die prosowjetische Regierung. Im Gegenzug unterstützten die USA die Mudschaheddin, und so standen sich die beiden Supermächte in einem Stellvertreterkrieg gegenüber.

Bis zu ihrem Rückzug 1989 konnten die Sowjets den islamischen Widerstand nicht brechen; der Konflikt kostete sie viele Menschenleben, Geld und Ressourcen. Der Rückfall in den Kalten Krieg und die Geiselkrise im Iran waren 1981 ausschlaggebend für die Wahl des Republikaners Ronald Reagan zum neuen amerikanischen Präsidenten. 1984 begann Reagan, den NATO-Doppelbeschluss umzusetzen: Mit der Stationierung neuer nuklear bestückter Pershing-II-Mittelstreckenraketen sollte ein Gegengewicht zu den von der UdSSR 1976 entwickelten SS-20 geschaffen werden. Zugleich forderte er für die USA ein weltraumgestütztes Abwehrschild gegen Raketen. Reagan verfolgte einen kompromisslosen Kurs gegenüber der Sowjetunion, die er als „Reich des Bösen“ bezeichnete. In

DIE LAGER IM KALTEN KRIEG, bis 1991

- *Mitglied der NATO, 1990*
- *Einfluss oder Intervention der USA, 1981–1989*
- *SDI-System*
- *UdSSR, 1990*
- *Mitglied des Warschauer Pakts, 1955–1991 (im Juli 1991 aufgelöst)*
- *Rückzug der Sowjettruppen, 1989*
- *Rückzug der Sowjettruppen, 1990–1991*

Indischer Ozean
Pazifischer Ozean
Atlantischer Ozean
THAILAND
LAOS
VIETNAM
BURMA
SRI LANKA
BANGL.
B.
NEPAL
INDIEN
CHINA
PAKISTAN
AFGHANISTAN
MONGOLEI
OMAN
JEMEN
SOMALIA
IRAN
SAUDI-ARABIEN
KWT
IRAK
SYRIEN
JOR.
IL
ÄTHIOPIEN
SUDAN
ÄGYPTEN
UdSSR
TÜRKEI
RO
BG
GR
HU
CSSR
PL
A
CH
DDR
DK
BR DEUTSCHLAND
NL
B
FINNLAND
SCHWEDEN
NORWEGEN
ITALIEN
FRANKREICH
SPANIEN
PORTUGAL
GB
IRLAND
ISLAND
Grönland
TUNESIEN
LIBYEN
TSCHAD
NIGER
ALGERIEN
MALI
MAROKKO
MAURETANIEN
SENEGAL
GAMBIA
KANADA
VEREINIGTE STAATEN
MEXIKO
KUBA
HAITI
DOM. REP.
BELIZE
GUATEMALA
EL SALVADOR
HONDURAS
NICARAGUA
COSTA RICA
PANAMA
KOLUMBIEN
VENEZUELA
GUYANA
SURINAM
Fr. GUYANA
BRASILIEN
ECUADOR
PERU

Oben: Treffen des sowjetischen Generalsekretärs Michail Gorbatschow mit US-Präsident Ronald Reagan (1986).

Nicaragua unterstützten die USA die Contras gegen das sandinistische Regime, und 1983 besetzten amerikanische Truppen Grenada. Dennoch führten die Großmächte auf verschiedenen Ebenen direkte Gespräche und Verhandlungen.

Gorbatschow und Reagan

Im März 1985 kam Michail Gorbatschow in der Sowjetunion an die Macht. Der moderate Reformer bezog auch die Außenpolitik in seine Politik der Erneuerung mit ein. Er suchte die Annäherung an den Westen, um das nicht mehr finanzierbare Verteidigungsbudget abbauen zu können. Im Zuge der neuen Offenheit (Glasnost) kam es zu einer Reihe von Gipfeltreffen. Im Mittelpunkt der Gespräche standen die Reduzierung der Nukleararsenale und die Verbesserung der Beziehungen zwischen den beiden Blöcken.

Bei einem ersten Gipfel in Genf gaben beide Großmächte ihre Blockade-Politik zunächst auf. Doch ein Treffen in Reykjavik 1986 scheiterte, weil Reagan das SDI-Programm (Strategic Defense Initiative) nicht aufgeben wollte. Schließlich kam es 1987 in Washington zur Unterzeichnung des INF-Vertrags, mit dem beide Seiten den Abbau ihrer Mittelstreckenraketen beschlossen. Dies war ein wichtiger Schritt zur Beendigung des Kalten Kriegs.

Der START-I-Vertrag von 1991 führte zur Verringerung der Zahl der weit reichenden Nuklearwaffen. 1993 folgte der START-II-Vertrag und 2002 der Moskauer Vertrag zur Reduzierung der Offensivwaffen auf beiden Seiten.

Der Zusammenbruch der kommunistischen Regime in Osteuropa

Im Kalten Krieg waren die kommunistisch regierten Länder Osteuropas ein wesentlicher Bestandteil des Sicherheitssystems der Sowjetunion. Mit der Entwicklung verbesserter weit reichender Raketen sank ihr strategischer Wert, und sie wurden zunehmend zu einer wirtschaftlichen Belastung. 1988 erklärte Gorbatschow die Breschnew-Doktrin für überholt. Die UdSSR würde künftig nicht mehr zur Stützung eines kommunistischen Regimes intervenieren.

Die osteuropäischen Staaten waren damit innenpolitisch auf sich selbst gestellt. Nachdem die Gefahr einer sowjetischen Militärintervention nicht mehr bestand, wurden vielerorts oppositionelle Gruppen mit Demonstrationen und Streiks aktiv. In Polen und Ungarn sahen sich die Regierungen zu Verhandlungen am runden Tisch mit der Opposition gezwungen, als die Unterstützung der Bevölkerung für die Herrschaft der KP zunehmend schwand. In beiden Ländern handelte man freiere Wahlen aus. In Polen profilierte sich die Solidarność unter Führung von Lech Walesa zur wichtigsten Oppositionsgruppe; 1981 war sie nach der Verhängung des Kriegsrechts verboten worden. Walesa wurde 1990 der erste nichtkommunistische Staatspräsident Polens.

Die Veränderungen in Polen und Ungarn setzten eine Kettenreaktion im gesamten Ostblock in Gang. Bald ging auch in Bulgarien und der Tschechoslowakei die kommunistische Alleinherrschaft zu Ende, als die Bevölkerung dem Beispiel ihrer Nachbarn folgend Reformen einforderte. Die wachsende Freiheit öffnete auch den DDR-Bürgern neue Wege in den Westen. Zunächst flüchteten sie in Massen in die westdeutschen Botschaften der osteuropäischen Länder, dann öffnete Ungarn seine Grenze zu Österreich. Angesichts der Massenflucht ihrer Bürger und der wöchentlichen Proteste sah sich die neue DDR-Führung unter Egon Krenz gezwungen, die ständige Ausreise zu erleichtern. Nach einer Pressekonferenz, in der die neuen Reisegesetze missverständlich interpretiert wurden, versammelten sich am Abend des 9. November 1989 unzählige Ostberliner an der Mauer. Unter dem Ansturm der Massen öffneten die Grenzposten die Übergänge zum Westteil der Stadt. Der Fall der Mauer löste aber nicht die wirtschaftlichen Probleme der DDR und die anhaltende Abwanderung aus dem Osten. Nach einem Jahr intensiver Verhandlungen kam es am 3. Oktober 1990 zur deutschen Einheit.

Lediglich in Rumänien verlief die Revolution gewaltsam. Hier hatte Nicolae Ceausescu ein besonders autoritäres und auf seine Person zugeschnittenes Regime errichtet. Doch die Nachrichten über die Revolutionen in den Nachbarländern drangen rasch bis Rumänien vor, und ebenso schnell erfuhr die übrige Welt von den Missständen dort. Es kam zu Protesten der rumänischen Bevölkerung und zu Straßenkämpfen. Schließlich erhoben sich auch Teile der Armee. Ceausescu wurde verhaftet und nach der Verurteilung in einem Schnellverfahren an Weihnachten 1989 hingerichtet.

Links: Der ehemalige Werftarbeiter Lech Walesa wurde zum Führer von Solidarność in Polen.

Der Nahe Osten seit 1948

Die Gründung des Staates Israel führte zu Konflikten mit den Nachbarn im Nahen Osten. Die daraus resultierenden Probleme belasten bis heute die gesamte Region.

Israelisch-Arabischer Krieg (Palästinakrieg)

Bald nach dem Abzug der Briten aus Palästina begann 1948 ein erster Krieg zwischen Israelis und Arabern. Am 14. Mai 1948 wurde der Staat Israel ausgerufen, doch viele Araber lehnten den von den Vereinten Nationen im November 1947 verabschiedeten Teilungsplan ab. Er sah die Errichtung eines jüdischen und eines arabischen Staates in Palästina vor. Milizen aus beiden Lagern versuchten, Gebiete im jeweils gegnerischen Bereich unter ihre Kontrolle zu bringen. Die Palästinensermiliz wurde dabei von Truppen aus Syrien, Ägypten, Jordanien, dem Irak und dem Libanon unterstützt. Fast eine Million Palästinenser flohen aus dem israelischen Gebiet, umgekehrt flüchteten rund 600 000 Israelis aus arabischen Territorien. Während die israelischen Flüchtlinge in den neuen Staat integriert wurden, erhielten die palästinensischen wenig Hilfe aus der übrigen arabischen Welt. Sie waren gezwungen, sich in Flüchtlingslagern überall in der Region anzusiedeln, wo viele bis heute leben. Es gab aber einige Ausnahmen: Der marokkanische König weigerte sich, die in seinem Land lebenden Juden auszuweisen, und auch die israelische Stadt Haifa forderte die Araber zum Bleiben auf. 1949 wurde auf Rhodos ein Waffenstillstand geschlossen, ein Friedensvertrag wurde jedoch nicht unterzeichnet.

Suez-Krise

Israel marschierte 1956 zusammen mit Großbritannien und Frankreich auf dem Sinai ein, um die Verstaatlichung des Suezkanals und die Blockade der Straße von Tiran durch den ägyptischen Präsidenten Nasser rückgängig zu machen. Israel war an einer Öffnung des Kanals für seine Schiffe interessiert, während Großbritannien und Frankreich ihre angestammten Rechte zurückhaben wollten, die durch Nassers Nationalisierungskampagne bedroht waren. Die Invasion verlief erfolgreich, doch die USA sahen sich gezwungen, gegen ihre drei engsten Verbündeten einzuschreiten. Die von den Amerikanern angedrohten Wirtschaftssanktionen zwangen sie zum Rückzug. Israel erhielt als Gegenleistung das Durchfahrtsrecht für den Suezkanal. Die Vereinten Nationen schickten zur Absicherung eine Friedenstruppe, während eine politische Lösung ausgehandelt wurde.

Sechstagekrieg (1967)

Die politische Situation im Anschluss an die Suez-Krise war noch nicht angemessen gelöst, als Ägypten die Straße von Tiran erneut blockierte und die UN-Truppen vom Sinai vertrieb und durch ägyptische Verbände ersetzte. Außerdem rief Nasser alle Araber zum Kampf gegen Israel auf. Israel entschloss sich daraufhin zu

Rechts: Der britische Premierminister James Callaghan trifft sich 1978 mit dem ägyptischen Präsidenten Anwar as-Sadat. Rechte Seite: Der israelische Stabschef David Elazar (Zweiter von rechts) und der spätere Premierminister Itzhak Rabin (links) landen im Jom-Kippur-Krieg 1973 nahe der Frontlinie auf den Golanhöhen.

einem Präventivschlag gegen Ägypten und zerstörte bei einem Luftangriff fast die gesamte noch am Boden befindliche ägyptische Luftwaffe. In der sich anschließenden Bodenoffensive eroberte Israel den Gaza-Streifen und den Sinai zurück. Syrien und Jordanien nutzten Israels Offensive im Südwesten, um ihrerseits Israel von Norden und Osten her anzugreifen. Die Israelis konnten sie schnell abwehren und besetzten im Gegenzug das Westjordanland (ehemals jordanisch) und die Golan-Höhen (ehemals syrisch). Der Krieg veränderte die bisherige Machtbalance grundlegend: Israel war nun zu einer wichtigen Regionalmacht aufgestiegen.

Jom-Kippur-Krieg (1973)

Am 6. Oktober 1973, dem jüdischen Festtag Jom Kippur, starteten Ägypten und Syrien gleichzeitig einen Angriff auf Israel, um den Sinai und die Golan-Höhen zurückzuerobern. Zunächst verlief ihr Vorstoß erfolgreich, doch nach mehreren Wochen kamen die USA Israel zu Hilfe und lieferten über eine Luftbrücke Munition und Nachschub. Die amerikanische Beteiligung half beim Aushandeln eines Waffenstillstands, doch die israelische Öffentlichkeit war durch die schweren Verluste an Menschen und Flugzeugen schockiert. Ein von US-Außenminister Henry Kissinger ausgehandelter Vertrag sah den Rückzug der Israelis vom Sinai und die Stationierung einer multinationalen Truppe zur Überwachung der Grenze vor. Schließlich unterzeichneten Israel und Ägypten 1979 das Abkommen von Camp David, den ersten Friedensvertrag zwischen Israel und einem arabischen Land. Ägypten wurde daraufhin aus der Arabischen Liga ausgeschlossen; 1981 ermordete ein islamischer Extremist den ägyptischen Präsidenten Anwar as-Sadat.

Die Syrer waren nicht so erfolgreich wie die Ägypter, denn die Israelis waren bis auf Schussweite an die syrische Hauptstadt Damaskus herangerückt. Die Syrer wurden in einem Waffenstillstand gezwungen, sich hinter die ursprüngliche Grenzlinie zurückzuziehen. Israel behielt die Kontrolle über die Golan-Höhen

Libanonkrieg

Während des Bürgerkriegs im Libanon konnte sich die von Jassir Arafat geführte Palästinensische Befreiungsorganisation (PLO) eine halbautonome Enklave im Süden des Landes in unmittelbarer Reichweite zu Israel schaffen. Nach einer Serie von Feuerüberfällen auf israelische Städte entschloss sich Israel 1982 zum Einmarsch in den Libanon. Die Basen der PLO wurden zerstört, und ihre politische Führung musste sich nach Tunesien zurückziehen. Die Aktion stieß auf heftige internationale Kritik, denn die libanesischen Christenmilizen (Phalange) hatten während der Invasion mehr als 1000 Palästinenser in Flüchtlingslagern in Westbeirut ermordet, ohne dass Israel dagegen eingeschritten war. Obwohl die Gefahr durch die PLO zunächst gebannt war, zog sich Israel mit seinem Schritt die Gegnerschaft weiterer arabischer Gruppen wie der Hizbollah („Partei Gottes") zu. 1985 zog sich Israel aus dem Libanon zurück, nur der äußerste Süden blieb noch bis zum Jahr 2000 besetzt.

Erste Intifada

Während der jahrelangen Militärkontrolle der Israelis über das Westjordanland und den Gaza-Streifen wuchs der Zorn der palästinensischen Bevölkerung, zumal sich ihre Lebensbedingungen verschlechterten und die Beziehungen von Ägypten und Jordanien zu ihren besetzten Gebieten schwächer wurden. Für einen breiten Volksaufstand fehlte nur noch ein auslösender Funke. Als 1987 ein israelischer Siedler ein palästinensisches Schulmädchen in den Rücken schoss, brach dieser los. Die PLO versuchte, aus dem Exil in Tunesien den spontanen Protest zu koordinieren, musste nun jedoch mit zwei weiteren Oppositionsgruppen um die Kontrolle der Bewegung konkurrieren: mit der Hamas (Bewegung des islamischen Widerstands) und dem Djihad Islami („Heiliger Krieg des Islam"). Diese drei Interessengruppen mit ihren unterschiedlichen Programmen zogen die Intifada in die Länge. Mit seiner überlegenen Militärmacht konnte Israel den Aufstand erfolgreich eindämmen, doch das schuf innenpolitische Probleme: Berichte über Verletzungen der Menschenrechte teilten die öffentliche Meinung in Israel. 1992 wurde mit Itzhak Rabin ein Vertreter einer moderaten Politik zum Ministerpräsidenten gewählt. Seine Bereitschaft zu verhandeln ermöglichte den Friedensprozess, der schließlich zu den Oslo-Verträgen führte.

Die Oslo-Verträge

Die Oslo-Verträge sahen endlich den Rückzug Israels aus dem Gaza-Streifen und dem Westjordanland vor – als ersten Schritt zur Schaffung eines Palästinenserstaats. Der israelische Ministerpräsident Itzhak Rabin und der Palästinenserführer Jassir Arafat reichten sich vor dem Weißen Haus die Hand und unterzeichneten am 13. September 1993 die Osloer Prinzipienerklärung.

Unten: PLO-Chef Jassir Arafat im Jahr 1988.
Rechte Seite: US-Präsident Bill Clinton mit dem israelischen Ministerpräsidenten Ehud Barak beim Nahostgipfel in Camp David (2000).

Sie enthielt erstmals die gegenseitige Anerkennung des Staates Israel und der PLO. Allerdings blieben schwierige Probleme wie die israelischen Siedlungen im Gaza-Streifen und im Westjordanland, der Status von Jerusalem und die Grenzsicherung Israels ungelöst.

Das Abkommen ermöglichte Jordanien im Oktober 1994 die Unterzeichnung eines Friedensvertrags mit Israel – seit 1967 hatte es zwischen beiden Ländern keinen Krieg mehr gegeben. Die weitaus schwierigeren Verhandlungen mit Syrien und dem Libanon waren noch nicht weit gediehen, als Rabin im November 1995 von einem rechtsradikalen Israeli ermordet wurde. Das Attentat fiel in eine Zeit der allgemeinen Unzufriedenheit mit den Oslo-Verträgen, die das kontroverse Thema der israelischen Siedlungen bisher nicht ausreichend berücksichtigt hatten. Die nachfolgenden israelischen Regierungen unter Benjamin Netanjahu und Ehud Barak verweigerten sich palästinensischen Forderungen. Der Friedensprozess kam zum Erliegen, als sich Arafat aus den Verhandlungen zurückzog. Auch die Beziehungen Israels zur übrigen arabischen Welt litten darunter: Das Verhältnis zu Jordanien normalisierte sich nicht, und die Weigerung Israels, die Golan-Höhen zurückzugeben, machte ein Abkommen mit Syrien unmöglich.

Zweite Intifada

Im September 2000 besuchte der israelische Oppositionsführer Ariel Scharon den umstrittenen Tempelberg und erklärte ihn zum immer währenden Bestandteil Israels. Der Tempelberg ist die heiligste Stätte der Juden, aber die dort ebenfalls stehende Al-Aksa-Moschee gilt als drittheiligste Stätte des Islams. Die Hoheitsansprüche über diesen Ort sind höchst umstritten. Die Israelis hatten ihn 1967 im Sechstagekrieg besetzt, doch die Oslo-Verträge hatten die Ansprüche nicht geklärt. Scharons Erklärung löste eine heftige emotionale Reaktion in der islamischen Welt aus, in Jerusalem und dem Westjordanland kam es zu Aufständen. Als die Bilder von der Erschießung eines zwölfjährigen Palästinenserjungen (vermeintlich durch israelische Sicherheitskräfte) um die Welt gingen entwickelten sich die Unruhen zu einer Zweiten Intifada. Im Februar 2001 wurde Scharon zum israelischen Ministerpräsidenten gewählt. Bald darauf entstanden neue israelische Siedlungen. Selbstmordattentate wurden zur bevorzugten Strategie der Aufständischen. Israel reagierte darauf mit harten Gegenmaßnahmen und begann, eine umstrittene Mauer um das Westjordanland zu bauen. Doch im August 2005 räumte Israel schließlich seine Siedlungen auf dem Gaza-Streifen und teilweise im Westjordanland.

Teilung und Konflikte in der arabischen Welt

Konflikte aus religiösen und ethnischen Unterschieden erschüttern die arabische Welt, die durch ihre Ölreserven im Zentrum internationaler Aufmerksamkeit steht.

Öl und Entwicklung

Die Entdeckung und Ausbeutung der Ölvorkommen hat die Geschichte des Nahen Ostens im 20. Jahrhundert wesentlich geprägt. Die Region war lange von den osmanischen Türken besetzt, was die Entstehung des arabischen Nationalismus förderte. Nach dem Zusammenbruch des Osmanischen Reichs am Ende des Ersten Weltkriegs stand sie zunächst unter britischer und französischer Mandatsverwaltung, bis die Länder nach dem Zweiten Weltkrieg in die Unabhängigkeit entlassen wurden. Nach Jahrhunderten der Fremdherrschaft begleitete eine panarabische Bewegung die Dekolonialisierung. Die Vereinigte Arabische Republik, eine Union von Syrien und Ägypten zwischen 1958 und 1961, war Ausdruck dieser Tendenzen. Der panarabische Nationalismus scheiterte jedoch, weil die neuen Herrscher nicht bereit waren, auf ihre Macht zu verzichten. Bedingt durch die ungleiche Verteilung der Ölvorkommen in der Region war der Wohlstand der einzelnen Staaten sehr unterschiedlich. Auch die Religion trug nicht zur Einheit bei, denn die arabische Bevölkerung spaltet sich innerhalb des Islams in Schiiten und Sunniten, hinzu kommen Christen.

Nach dem Palästinakrieg, in dem Israel um seine Unabhängigkeit kämpfte, ließen sich viele Palästinenser in der gesamten Region in Flüchtlingslagern nieder. Viele der arabischen Länder verweigerten jedoch den Flüchtlingen die jeweilige Staatsbürgerschaft, selbst wenn sie im Land geboren waren – ein weiterer Aspekt der Undurchführbarkeit der panarabischen Gemeinschaft. Zudem dominieren in nahöstlichen Ländern wie der Türkei, Ägypten und dem Iran nichtarabische Bevölkerungsgruppen.

Revolution im Iran

Im Iran bereitete 1951 der populäre Premierminister Mohammed Mussadegh die Verstaatlichung der englisch-iranischen Ölgesellschaft (Anglo-Iranian Oil Company) vor. Die USA ermunterten den Schah dazu, Mussadegh abzusetzen. Das Volk stellte sich daraufhin hinter Mussadegh, und der Schah wurde nur mehr als Marionette der Amerikaner betrachtet. Er floh ins Exil, um einer möglichen Revolte zuvorzukommen. Mithilfe der USA gelang dem Schah die Rückkehr, doch das machte ihn in den Augen der Bevölkerung noch suspekter. Die dadurch bedingte Unzufriedenheit bekämpfte der Schah mit Repressionen. In den nächsten zwei Jahrzehnten gelang ihm aber eine erfolgreiche Industrialisierung und militärische Aufrüstung. Allerdings führten die Verteidigungsausgaben Ende der 1970er-Jahre zu einem hohen Defizit und einer Wirtschaftskrise. Die iranische Gesellschaft hatte sich in dieser Zeit stark verändert, und eine kleine westliche Elite war entstanden. Die schnelle Industrialisierung förderte die Zuwanderung in die Städte, was dort zu Armut und Arbeitslosigkeit führte. Durch die strengen Zensurvorschriften des Schahregimes konnte sich die Unzufriedenheit der Menschen nicht in Medien und öffentlichen Versammlungen artikulieren, die Moscheen blieben die einzige Möglichkeit für einen freien Gedankenaustausch. Dort kamen die Schahgegner mit den Ideen der schiitischen Geistlichkeit in Kontakt. Besonderes Ansehen genoss Ayatollah Khomeini, der die Revolution zur Schaffung einer islamischen Republik und den Kampf gegen die Säkularisierung und Verwestlichung des Landes predigte. Als Ende 1978 ein Artikel in der offiziellen Presse Khomeini kritisierte, kam es zu heftigen öffentlichen Protesten. Wehrpflichtige weigerten sich, auf die Demonstranten zu schießen und wechselten die Seite. Khomeini forderte aus seinem französischen Exil nun die Errichtung einer islamischen Republik. Der Schah – nicht mehr vom Militär gestützt – floh, und am 11. Februar 1979 wurde die Islamische Republik Iran ausgerufen. Das Revolutionsregime war noch dabei, seine Position zu festigen, als 1980 das Nachbarland Irak den Iran überfiel.

Erster Golfkrieg (Iran – Irak)

Saddam Hussein wollte den Irak zu einer Regionalmacht ausbauen, und der Iran war ihm dafür ein erstes Ziel. Zwischen Iran und Irak bestanden seit langem Auseinandersetzungen über den Grenzverlauf am strategisch wichtigen Fluss Schatt el-Arab sowie über die ölreiche Provinz Khusistan. Der Iran schien durch die gerade erfolgte Revolution und eine Säuberung innerhalb der Armee geschwächt. Zudem kritisierte Khomeini heftig den irakischen Machthaber wegen dessen säkularer Herrschaft. Hussein selbst ist Sunnit – und er

ETHNISCHE UND RELI-
GIÖSE GRUPPEN IM IRAK
Sunnitische Kurden
Sunnitische Kurden und Araber
Sunnitische Araber
Schiitische und sunnitische Araber
Schiitische Araber
Terroranschläge, bis Januar 2005
Gegen Zivilisten
Gegen das Militär
GEORGIEN
RUSSISCHE FÖDERATION
ARMENIEN
ASERBAIDSCHAN
Sewansee
TÜRKEI
zu Aserb.
Vansee
Urmiasee
SYRIEN
IRAN
IRAK
JORDANIEN
SAUDI-ARABIEN
KUWAIT
Persischer Golf
Zakhu
Rawanduz
Tall Afar
Mosul
Arbil
Kirkuk
Baiji
Tuz
Tigris
Tikrit
Euphrat
Hadithah
Balad
Miqdadiyah
Bani Sad
Ba'qubah
Ramadi
Bagdad
Fallujah
Rutbah
Musayyih
Suwayrah
Mahawil
Hillah
Numaniyah
Karbala
Najaf
Anbar
Amarah
Samawah
Nasiriyah
Kurnah
Basra
Safwan
N
0 100 km
0 100 Meilen

behandelte die im Irak lebenden Schiiten sehr schlecht. Der Irak entschloss sich zum Angriff auf den Iran, den er mit der iranischen Unterstützung eines Attentatsversuchs auf den irakischen Außenminister Tarik Aziz rechtfertigte. Unterstützung fand der Irak bei den ölreichen Nachbarländern Kuwait und Saudi-Arabien, die ein Überspringen der iranischen Revolution auf die schiitischen Minderheiten in ihren Ländern fürchteten. Der Irak konnte Waffenkäufe in der UdSSR nebst ihren Satellitenstaaten und den meisten arabischen Ländern tätigen. Der Iran hatte jedoch seit dem Sturz des Schahs den Zugang zu amerikanischen Waffen verloren. Dementsprechend waren iranisches Kriegsmaterial und auch die Kriegsführung im Vergleich zum Irak veraltetet. Kinder wurden an die Front zur Räumung irakischer Minenfelder geschickt, um die wenigen vorhandenen Panzer zu schonen. Trotzdem konnte der Iran 1982 zunehmend militärische Erfolge erringen. Dies führte zum Eingreifen der USA und ihrer Verbündeten auf irakischer Seite: B- und C-Waffen wurden zum Schutz irakischer Öltanker geliefert. Inzwischen wurde bekannt, dass die Reagan-Administration auch Waffen an die Iraner lieferte und den Erlös zur Unterstützung der rechtsgerichteten Contras in Nicaragua nutzte (Iran-Contra-Affäre). Nach einem sechsjährigen Stellungskrieg begann der Irak 1988 damit, iranische Städte einschließlich der Hauptstadt Teheran zu bombardieren. Der Iran schlug ein Friedensabkommen vor, in das der Irak einwilligte. Der lange Krieg hatte der Wirtschaft und der Moral der Bevölkerung stark zugesetzt. Rund 1,5 Millionen Menschen waren in einem Krieg umgekommen, der den Grenzverlauf kaum verändert hatte. Der Irak hatte hohe Kriegsschulden angehäuft, allein Kuwait erhob Anspruch auf 14 Milliarden US-Dollar. Dies war einer der Gründe für die irakische Invasion in Kuwait 1990.

Zweiter Golfkrieg

Saddam Hussein glaubte, allen Nationen der arabischen Welt durch die Eindämmung der iranischen Revolution einen großen Dienst erwiesen zu haben, deshalb sollten dem Irak die Kriegsschulden erlassen werden. Während des irakisch-iranischen Kriegs hatte Kuwait mit Ölbohrungen auf irakischem Territorium begonnen. Parallel erhöhte Kuwait seine Fördermenge, um eine für das Land günstige UN-Resolution zu Grenzfragen zu erzielen. Allerdings sank dadurch der Ölpreis, das wiederum widersprach irakischen Interessen, die einen hohen Ölpreis zur Finanzierung der Kriegsschulden benötigten. Außerdem wollte sich der Irak durch Annexion kuwaitischen Gebiets einen Zugang zum Persischen Golf verschaffen. Die Invasion begann im August 1990, und Irak nahm das Nachbarland quasi im Handstreich. Die Vereinten Nationen verabschiedeten sofort eine Resolution, die den Rückzug der irakischen Truppen forderte und mit wirtschaftlichen Sanktionen drohte. Eine internationale Intervention wurde beschlossen, als man befürchten musste, Saddam Hussein werde von Kuwait aus auch auf die saudi-arabischen Hama-Ölfelder zugreifen. Diese gehörten zu den reichsten Ölvorkommen des Landes, und der Irak hätte mit ihrer Besetzung ein Monopol in der Ölförderung erlangt. Ölimportierende Länder wie die USA und Japan wären dann zu Verhandlungen mit Husseins Regime gezwungen gewesen. Im August wurden US-Truppen zum Schutz der Ölfelder in das saudische Königreich verlegt. Im November 1990 verabschiedete der UN-Sicherheitsrat die Resolution 678, die den Irak bis zum 15. Januar 1991 zum Rückzug aus Kuwait aufforderte. Nachdem die Frist verstrichen war, ohne dass sich die Iraker zurückgezogen hatten, begann die Aktion „Wüstensturm" der Koalitionstruppen aus 34 Staaten. Intensiven Luftangriffen auf den Irak folgte am 24. Februar eine Bodenoffensive. Die irakischen Truppen zogen sich hinter die alte Grenzlinie zurück, setzten zuvor aber noch die kuwaitischen Ölfelder in Brand. Am 27. Februar verkündete US-Präsident George Bush die Befreiung Kuwaits.

Libanesischer Bürgerkrieg

Seit der Unabhängigkeit 1943 lebten die verschiedenen gesellschaftlichen Gruppen Libanons auf Basis eines ungeschriebenen „Nationalabkommens" zunächst in relativer Harmonie, die bei Unruhen 1958 erstmals in ernsthafte Gefahr geriet. Der demokratische Konsens zerbrach in den 1970er-Jahren, als die Christen den Einfluss der Palästinenser einzudämmen suchten, während die Muslime für die Palästinenser eintraten und gleichzeitig, angesichts demografischer Entwicklungen, größere Machtbeteiligung forderten. Den Attentatsversuch auf den Führer der christlichen Milizen (B. Gemayel) beantworteten diese mit einem Angriff auf einen von Palästinensern besetzten Bus. Den anschließenden gegenseitigen Vergeltungsaktionen fielen mehrere hundert Menschen zum Opfer. Die muslimischen Libanesen verbündeten sich mit den in Flüchtlingslagern im Süden Beiruts lebenden Palästinensern. Zusammen besetzten sie Westbeirut, während die Christen den Ostteil der Stadt besetzten. Nachdem die Kämpfe das ganze Land erfasst hatten, rief der Präsident syrische Truppen zur Intervention auf. Syrien besetzte daraufhin weite Teile des Landes und sorgte einige Jahre für Ruhe, doch dann kam es 1982 zum Einmarsch israelischer Truppen (Libanonkrieg) und zu Massakern der libanesischen Phalangisten in den Palästinenserlagern Sabra und Shatila. Die USA intervenierten, um das Blutvergießen zu beenden. Ein gemeinsames Abkommen sah den Abzug aller fremden Truppen aus dem Libanon vor. Doch als sich die Israelis aus dem Süden und auch die US-Truppen zurückgezogen hatten, weigerten sich die Syrer, das Land zu verlassen.

1987 flammten die Kämpfe wieder auf, als der christliche Präsident Amin Gemayel General Auon, ebenfalls Christ, zum Regierungschef ernannte. Dies widersprach den Regeln des Nationalabkommens von 1943, nach dem einem christlichen Präsidenten ein muslimischer Premierminister zur Seite stehen sollte. Die Muslime verweigerten Aoun die Anerkennung und errichteten unter Salim al-Hoss eine Gegenregierung in Westbeirut. Es kam zu heftigen Kämpfen, bis ein mit syrischer Unterstützung geführter Angriff Aoun zur Flucht ins Exil zwang. Das von beiden Seiten unterzeichnete Abkommen von Taif 1989 brachte seither eine bessere Vertretung der muslimischen Bevölkerungsgruppen im Land. Erst 2005 wurden die syrischen Truppen aus dem Libanon abgezogen („Zedernrevolution" nach der Ermordung des Präsidenten Rafiq al-Hariri).

Dritter Golfkrieg

Nach den terroristischen Anschlägen auf das World Trade Center in New York am 11. September 2001 begann US-Präsident George W. Bush einen „Krieg gegen den Terrorismus". Der erste Schritt bestand in der Invasion Afghanistans und im Kampf gegen die dort diktatorisch herrschenden Taliban, deren Regime die USA nach dem Einmarsch der Sowjetunion in den 1980er Jahren allerdings massiv unterstützt hatten. Ziel war außerdem die Zerstörung des von Osama bin Laden dort aufgebauten Terrornetzwerks al-Qaida („die Basis"). Die Bush-Administration sah ihr Ziel mit dem Einmarsch in Afghanistan jedoch noch nicht erreicht und vermutete eine Verbindung zwischen Saddam Hussein und den Terror-Organisationen. Eine deutlich kleinere Koalition als 1991 griff am 20. März 2003, unter Führung der USA und Großbritanniens, den Irak an – ohne zuvor eine entsprechende UN-Resolution abzuwarten. Bush ging davon aus, dass die Massenvernichtungswaffen des Diktators nicht wie vereinbart vernichtet waren. Die UN-Inspektoren konnten jedoch keine weiteren Spuren dieser Waffen finden. Zwar wurden am 1. Mai 2003 die Kampfhandlungen für beendet erklärt und Saddam Hussein wurde im Dezember desselben Jahres verhaftet und 2006 hingerichtet, doch das Land wird seither durch zahlreiche Selbstmordanschläge und Bombenattentate erschüttert.

Links: Der ehemalige irakische Staatschef Saddam Hussein im Jahr 2001.

Der Balkan

Der künstlich geschaffene Balkanstaat Jugoslawien hatte über 70 Jahre Bestand, bevor er unter den Spannungen zwischen den verschiedenen ethnischen Gruppen in Einzelstaaten zerfiel.

Die Geschichte Jugoslawiens

Jugoslawien als gemeinsamer Staat der auf dem Balkan lebenden Südslawen wurde nach dem Ersten Weltkrieg als „Königreich der Serben, Kroaten und Slowenen" geschaffen. Zuvor war das Gebiet Teil von Österreich-Ungarn und des Osmanischen Reichs gewesen. Seit byzantinischer Zeit war hier der Einfluss der orthodoxen Kirche sehr groß, doch konvertierten viele während der osmanischen und habsburgischen Herrschaft zum Islam oder Katholizismus. Die religiösen Unterschiede wurden aber durch die gemeinsame slawische Volkszugehörigkeit zurückgedrängt, die den Menschen der Region als Integrationspunkt im Kampf gegen die fremden Machthaber diente. Nach dem Zusammenbruch der österreichisch-ungarischen Monarchie 1918 sah daher der Vertrag von Saint-Germain die Schaffung des Königreichs der Serben, Kroaten und Slowenen vor. 1929 wurde der Staat in Königreich Jugoslawien umbenannt. Die serbisch dominierte autokratische Monarchie weckte jedoch sehr bald den Unwillen der nichtserbischen Nationalitäten. Als 1941 das Land von deutschen Truppen und ihren Verbündeten angegriffen und besetzt wurde, zerbrach der Staat. Mit deutscher und italienischer Unterstützung wurde der unabhängige Staat Kroatien ausgerufen, dessen Führung der faschistische Politiker Ante Pavelić übernimmt. Seine Macht stützt er auf die Ustascha, eine faschistische kroatische Bewegung. Serbien stand dagegen direkt unter deutscher Besatzung. In dieser Zeit wurden tausende in kroatischen Gebieten lebende Serben von Kroaten systematisch ermordet.

In den besetzten Gebieten formierten sich zwei wichtige Widerstandsgruppen. Die Tschetniks waren eine nationale Widerstandsbewegung, die mit der ins Exil gegangenen königlichen Regierung verbunden war. Die kommunistische Befreiungsarmee stand unter der Führung von Josip Tito. Als bekannt wurde, dass die Tschetniks geheime Waffenstillstandsverhandlungen mit den Nazis führten, um die Kommunisten auszuschalten, verlagerten sich die Sympathien im Volk auf die Seite der Kommunisten. 1944 zogen sich die Deutschen aus der Region zurück, um die Ostfront gegen die Russen zu verstärken. Die Tschetniks waren abgedrängt, und so fiel der Erfolg der Vertreibung der Achsenmächte den kommunistischen Partisanen zu.

Titos Jugoslawien

Zunächst hatte der Westen versucht, Tito und die Kommunisten in die geplante Nachkriegsordnung für Jugoslawien einzubinden. So sollte Jugoslawien wieder eine Monarchie werden, doch der König befand sich bei Kriegsende noch im Exil, und so entstand eine Präsidialrepublik. Dank seiner Popularität als Befreier von der Nazibesatzung wurde Tito 1945 zum Ministerpräsidenten und 1953 zum Staatspräsidenten gewählt und konnte so seine Macht festigen. Tito gelang die Einigung der verschiedenen jugoslawischen Teilrepubliken und Minderheiten in einer sozialistischen Föderation. Er erreichte sehr früh den Abzug sowjeti-

Oben: Der ehemalige jugoslawische Präsident Slobodan Milosević steht seit 2002 vor dem Kriegsverbrechertribunal in Den Haag.
Linke Seite: Josip Tito konnte die Balkannationen in der Föderativen Republik Jugoslawien einen. Sein Land spielte eine bedeutende Rolle im Nachkriegseuropa.

scher Truppen aus dem Land, und seine kommunistische Partei löste sich als erste aus der Dominanz der Sowjetunion. So wurde Jugoslawien zum Vorkämpfer der blockfreien Staaten und genoss international große Glaubwürdigkeit. Innenpolitisch setzte Tito jedoch auch auf Zwangsmittel wie eine starke Geheimpolizei, um seine Gegner auszuschalten und die Einheit Jugoslawiens nach seinen Vorstellungen zu festigen. 1971 kam es zum so genannten kroatischen Frühling, als sich die Kroaten erneut gegen die serbische Vorherrschaft innerhalb der Union auflehnten. Anlass für die Unruhen war die Unterdrückung ihrer nationalen Kultur und die Ausgleichszahlungen, die Kroatien an ärmere Teile des Landes zahlen musste. Der Aufstand wurde gewaltsam niedergeschlagen. In der Folge wurde 1974 eine neue Verfassung verabschiedet, die die Teilrepubliken Jugoslawiens formal gleichstellte.

Tito starb im Mai 1980, aber der Staat hatte durch die Integrationswirkung der Verfassung von 1974 auch ohne ihn Bestand.

Der Zerfall Jugoslawiens

Nach Titos Tod profilierte sich Slobodan Milosević, der Führer der serbischen KP, als wichtigste Figur der jugoslawischen Politik. Als serbischer Nationalist wollte Milosević die Dominanz der Serben stärken, ein provokanter Schritt angesichts der kroatischen Aufstände in der Vergangenheit. Beim 14. Parteikongress im Januar 1990 forderte Milosević eine Demokratisierung der Verfassung von 1974. Dabei ging es ihm nicht wirklich um eine Demokratisierung, sein Ziel war vielmehr, den Serben bei den nächsten Wahlen die Mehrheit zu sichern. Die kroatischen und slowenischen Delegierten verließen unter Protest den Kongress.

Bei den Wahlen 1990 gewannen in Serbien die Befürworter der Union, in Kroatien und Slowenien die Vertreter der Unabhängigkeit. Das Ergebnis alarmierte Belgrad, und die jugoslawische Volksarmee forderte die Verhängung des Ausnahmezustands. Serbien und die von ihm abhängigen Gebiete Kosovo, Montenegro und Wojwodina stimmten zu, Makedonien, Kroatien, Slowenien und Bosnien dagegen. Kroatien und Slowenien, die keine Perspektiven unter dem bisherigen System sahen, erklärten ihre Unabhängigkeit.

Krieg in Kroatien und Slowenien

Die Slowenen sprachen sich im Dezember 1990 mit überwältigender Mehrheit für die Unabhängigkeit aus, und am 25. Juni 1991 erklären Slowenien und Kroatien ihre Unabhängigkeit. Daraufhin eröffnete Jugoslawien den Krieg gegen die Teilrepubliken, aus Slowenien zogen sich die Serben allerdings nach wenigen Tagen wieder zurück.

In Kroatien war die Situation komplexer, denn dort gab es Regionen wie die Krajina und Slawonien mit einem großen serbischen Bevölkerungsanteil. Milosević wollte alle Serben in einem großserbischen Reich vereinen. Kroatische Städte wurden von der serbischen Armee unter Beschuss genommen, um die Kroaten einzuschüchtern. Der Einmarsch der Serben

ETHNISCHE VIELFALT IM EHEMALIGEN JUGOSLAWIEN, um 1990

Slowenen
Kroaten
Serben
Bosniaken (unter osmanischer Herrschaft zum Islam konvertierte Slawen)
Makedonier
Deutsche
Italiener
Ungarn
Rumänen
Albaner
Türken
Griechen

bestärkte die Kroaten aber in ihrem Widerstand. Nach langer Belagerung konnten die Serben die Stadt Vukovar in der Krajina einnehmen. Gleichzeitig wurden auf beiden Seiten in Kroatien ethnische Säuberungen durchgeführt: Kroaten wurden ins Landesinnere abgedrängt und Serben aus Kroatien vertrieben. Angesichts der Schwere und Tragweite der Krise stimmten die UN einer Intervention mit Schutztruppen zu. Diese sollten einen Waffenstillstand aushandeln, den Rückzug der Serben überwachen und den Frieden sichern. Die

Krajina und Slawonien erklärten ihre Unabhängigkeit von Kroatien und gründeten eine autonome serbische Republik. Erst 1995 kam es zu einem Waffenstillstandsvertrag, doch die Kroaten eroberten beide Provinzen in einem schnellen Vorstoß zurück und vertrieben die serbische Bevölkerung aus diesen Region.

Bosnien

Bosnien verkündete im April 1992 seine Unabhängigkeit. Es war die heterogenste der jugoslawischen Teilrepubliken mit Serben, Kroaten und Bosniaken als wichtigsten ethnischen Gruppen. Nach der Unabhängigkeitserklärung rebellierte die serbische Volksgruppe und besetzte fast das gesamte Land, obwohl sie nur ein Drittel der Bevölkerung bildeten. Die Kroaten annektierten umgehend den Großteil des Restgebiets und überließen der Bevölkerungsmehrheit der Bosniaken nur ein kleines Gebiet. Die bosnischen Serben gingen, unterstützt von Serbien, mit ethnischen Säuberungen gegen die muslimische Bevölkerung vor. Gleichzeitig begannen sie die Belagerungen der Städte Sarajevo und Mostar, bei denen nicht nur Soldaten, sondern auch viele Zivilisten ums Leben kamen. Die Belagerung von Mostar dauerte neun Monate, die von Sarajevo fast vier Jahre.

Ursprünglich hatten Kroaten und Bosniaken gemeinsam gegen die Serben gekämpft, doch 1993 begannen sie mit Waffengewalt um ein kleines, von den Serben nicht beanspruchtes Gebiet zu kämpfen. Nach einem Jahr beendete ein Abkommen den Krieg, doch das Land war bereits zuvor noch weiter zerteilt worden. 1993 hatten die UN-Friedenstruppen in Kroatien ihre Tätigkeit auf Bosnien ausgedehnt und Schutzzonen eingerichtet. 1995 drangen serbische Truppen unter der Führung von Ratko Mladić in die UN-Schutzzone bei Srebrenica ein und ermordeten mehr als 7000 Bosniaken. Die internationale Öffentlichkeit stellte sich nun entschieden gegen die Serben, die, abgesehen von den Gräueltaten in Srebrenica, auch Waffenlager der NATO angriffen und die Flugverbotszone über Bosnien verletzten. Die NATO sah sich dadurch zum Einsatz militärischer Mittel gegen Serbien gezwungen: Serbische Flugzeuge wurden abgeschossen und serbische Depots bombardiert. Für die Serben stand nun ihr bisheriger Kriegserfolg auf dem Spiel, sie willigten schließlich in einen Waffenstillstand ein. Durch das so genannte Dayton-Abkommen wurde Bosnien später in einen serbischen und einen kroatisch-bosnischen Bereich aufgeteilt.

Nach dem Krieg wurde das Internationale Tribunal für Verbrechen im früheren Jugoslawien eingerichtet, das die Verbrechen aller beteiligten Seiten untersuchen soll. Einige Urteile sind bereits ergangen, doch mit Ratko Mladić (verantwortlich für Srebrenica) und Radovan Karadzić (Anstiftung zu ethnischen Säuberungen) werden noch immer einige der Haupttäter gesucht.

Kosovo

Als Reaktion auf die serbische Unterdrückung gründeten die im Kosovo lebenden Albaner 1996 die Befreiungsarmee des Kosovo UÇK, die gegen Serben und serbische Einrichtungen Guerillakämpfe führte. Tausende von Albanern flüchteten vor diesen Kämpfen aus dem Kosovo nach Makedonien, was dort allerdings das fragile Gleichgewicht zwischen albanischen und slawischen Gruppen in Gefahr brachte. Ein instabiles Makedonien konnte aber den ganzen Balkan destabilisieren.

Unter dem Druck der NATO willigte Milosević der Entsendung einer OSZE-Beobachterkommission zu, doch diese konnte die Kämpfe nicht stoppen. Nach einem Massaker der serbischen Polizei an 45 Albanern und dem Scheitern von Verhandlungen entschloss sich die NATO zum militärischen Eingreifen. Die Bombenangriffe begannen am 24. März 1999 und dauerten bis zum 10. Juni. Angriffsziele waren das Militär sowie Industrie- und Kommunikationseinrichtungen der Serben. Als jedoch ein albanischer Flüchtlingstreck und auch die chinesische Botschaft von Bomben getroffen wurden, mehrten sich die kritischen Stimmen. Während die NATO dann aber mit der Planung einer Bodenoffensive begann, drängte Russland Milosević zum Nachgeben. Er stimmte schließlich der Stationierung einer Friedenstruppe (KFOR) im Kosovo zu.

Die Intervention der NATO wurde heftig kritisiert, da sie zum einen ohne UN-Beschluss erfolgte und zum anderen gegen das NATO-Statut verstieß, das Sanktionen nur bei einem Angriff auf ein Mitgliedsland zulässt. Nach dem Krieg kehrten hunderttausende Albaner in den Kosovo zurück, zugleich wurden tausende Serben von dort vertrieben. Der Verlust des Kosovo trug entscheidend zum Volksaufstand in Jugoslawien bei, der Milosević 2000 zu Fall brachte. Er wurde gefangen genommen und an den Internationalen Gerichtshof in Den Haag überstellt.

Das postkoloniale Afrika

Der Kampf um Freiheit und Unabhängigkeit nahm in Afrika unterschiedliche Formen an; noch heute belasten viele Probleme aus der Kolonialzeit den Kontinent.

Britische Dekolonisation

Nachdem Großbritannien seine fernöstlichen Kolonien im Zweiten Weltkrieg an Japan verloren hatte, erlebten die britischen Kolonien in Afrika eine Intensivierung der wirtschaftlichen Ausbeutung. Die dazu erforderliche industrielle Basis förderte den Aufstieg einer schwarzafrikanischen Arbeiterklasse. Die über 300 000 schwarzen Exsoldaten, die zuvor für den Krieg gegen Deutschland rekrutiert worden waren, begannen nun, zusammen mit dieser neuen Arbeiterklasse, eine bessere Vertretung der Schwarzen in den Kolonialregierungen einzufordern.

Briten und Franzosen gewährten mehr Mitsprache, in der Hoffnung, so die Wirtschaftsentwicklung in der Nachkriegsphase zum eigenen Nutzen zu fördern. Doch die Entwicklung brachte auch sozialen Unfrieden, als Probleme wie Arbeitslosigkeit, Inflation und Korruption entstanden. Die europäischen Kolonialherren hatten sich das Monopol bei Rohstoffen und im Handel gesichert, was in mehreren afrikanischen Ländern zu Aufständen führte. Der erste Zwischenfall ereignete sich im Februar 1948 in Accra in der Kronkolonie Goldküste (dem heutigen Ghana). Die Briten entschieden sich für die Unabhängigkeit als kostengünstigste Variante, denn eine Polizeiaktion konnte langwierig und teuer werden und auf internationale Kritik stoßen. Gleichzeitig erkannten sie, dass eine Veränderung in den politischen Beziehungen zu den Kolonien nicht unbedingt die Wirtschaftsbeziehungen beeinträchtigen musste.

Französische Dekolonisation

Als Algerien 1954 seine Unabhängigkeit von Frankreich suchte, kam es zu schweren Konflikten. Algerien und Frankreich waren sehr eng miteinander verbunden, denn die Kolonie besaß nicht nur strategische Bedeutung, hier wohnten auch viele französische Siedler. Frankreich war nicht bereit, die Unabhängigkeit zu gewähren, und so kam es zum Krieg zwischen der Befreiungsbewegung FLN (Front de Libération Nationale)

Unten: Französische Soldaten auf Wachposten in der algerischen Hauptstadt Algier am 22. März 1962, vier Tage nach dem Abkommen von Evian.

Unabhängigkeit Afrikas
1966 Jahr der Unabhängigkeit
Hauptstadt eines unabhängigen Staates
Hauptstadt einer Kolonie oder eines Schutzgebiets
Britisch
Französisch
Portugiesisch
Spanisch
Italienisch
Nie in kolonialer Abhängigkeit
N
0 500 km
0 500 Meilen
Mittelmeer
Rotes Meer
ATLANTISCHER OZEAN
INDISCHER OZEAN
SPANISCH-MAROKKO 1956
Rabat
1956 MAROKKO
Sidi Ifni
El-Aaiún
1975
SPANISCH-SAHARA
WESTSAHARA 1975–79 umstritten zwischen Mauretanien, Marokko und der Befreiungsfront POLISARIO
Algier
ALGERIEN 1962
Tunis
TUNESIEN 1956
Tripolis
Bengasi
LIBYEN 1951
Kairo
ÄGYPTEN
Nil
1922–1954 britischer Besatzungsvertrag 1956 Abzug der britischen Truppen aus der Suezkanalzone
1965 Nouakchott
MAURETANIEN 1960
1960 MALI
Niger
NIGER 1960
TSCHAD 1960
Khartoum
SUDAN 1956
ERITREA
Addis Abeba
ÄTHIOPIEN
1960
1960
Mogadischu
Dakar 1960
Bathurst
SENEGAL
GAMBIA
Bamako
Niamey
Ouagadougou
OBER-VOLTA
1960
1960
Bissau
1975
GUINEA
Conakry 1958
Freetown
SIERRA LEONE 1961
Monrovia
LIBERIA
ELFENBEIN-KÜSTE 1960
Abidjan
GHANA 1957
Accra
TOGO
Lomé
DAHOMEY
Porto Novo
NIGERIA 1960
Benue
Lagos
Tschadsee
Fort Lamy
ZENTRAL-AFRIKANISCHE REPUBLIK 1960
Bagui
Yaoundé
KAMERUN 1960
1960
Santa Isabel
Fernando Poo
1975 zu Äquatorialguinea
Principé
SPANISCH-GUINEA
1968
Libreville
GABUN 1960
São Tomé 1975
1960
REPUBLIK KONGO
Brazzaville
Kinshasa
Ubangi
Kongo
DEMOKRATISCHE REPUBLIK KONGO 1960
UGANDA
Kampala 1962
KENIA 1963
Nairobi
Viktoria-see
1962
R.
Kigali
B.
1962
Bujumbura
TANSANIA 1961
Tanganjika-see
Pemba
Sansibar
Daressalam
Mafia
Nyasasee
Luanda
ANGOLA 1975
SAMBIA
Lusaka
1964
1964
Malawi
Lilongwe
1975
Sambesi
SÜDWESTAFRIKA
Harare (Salisbury)
RHODESIEN
MOSAMBIK
1965 einseitige Erklärung der Unabhängigkeit 1980 nach Wahlen als SIMBABWE unabhängig
Windhuk
1971 Südafrikas Mandat wird von der UN für illegal erklärt. 1990 als Namibia unabhängig
BOTSUANA 1966
Gaborone
Limpopo
Pretoria
Mbabane
SWAZILAND 1968
Maputo
Maseru
LESOTHO 1966
Oranje
SÜD-AFRIKA
1910 Selbstverwaltung als britischer Dominion
1961 Austritt aus dem Commonwealth
Kapstadt

und der französischen Kolonialmacht. Zwar siegte Frankreich militärisch, scheiterte aber politisch. Die Unterdrückungsmaßnahmen verschafften der FLN immensen Zulauf, und Frankreich wurde international kritisiert, weil es Algerien das Selbstbestimmungsrecht verweigerte. Die USA fürchteten zudem die Annäherung der FLN an den Ostblock und drängten Paris zu einer moderateren Lösung.

In Frankreich selbst führte die Algerien-Frage 1962 zu heftigen innenpolitischen Spannungen, sodass sich Präsident Charles de Gaulle entschied, Algerien in die Unabhängigkeit zu entlassen, um die nationale Einheit zu wahren. Um die blutigen Erfahrungen der Dekolonisation in Algerien nicht noch einmal wiederholen zu müssen, gewährte Frankreich bald allen seinen afrikanischen Kolonien die Unabhängigkeit.

Andere Dekolonisationsprozesse

Die meisten europäischen Kolonialmächte lernten aus Frankreichs Fehlern in Algerien und begegneten daher

Forderungen nach Unabhängigkeit wohlwollend. Nach einem Aufstand 1960 in Leopoldville (Kinshasa) in der Kolonie Belgisch-Kongo entwickelten die Belgier einen Plan zur Schaffung eines unabhängigen Staats.

Nur die Portugiesen konnten ihre Kolonien in Mosambik und Angola länger halten. Der im Mutterland herrschende Diktator Antonio de Oliveira Salazar hatte kaum mit innenpolitischer Kritik an der Kolonialpolitik zu rechnen, und die nationalistischen Bewegungen in Afrika wurden gewaltsam unterdrückt. Die USA hielten sich mit Kritik zurück, denn sie waren auf die Militärbasen auf den zu Portugal gehörenden Azoren angewiesen.

Ursprünge der Apartheid in Südafrika

In Rhodesien wie auch in Südafrika konnten die weißen Siedler die Unabhängigkeit von Großbritannien erreichen und eine politische Mitsprache der schwarzen Bevölkerung zunächst verhindern. Die von ihrer Überlegenheit überzeugten Weißen wollten auch weiterhin die wirtschaftliche Entwicklung des Kontinents bestimmen. Das galt besonders für Südafrika, das mit seinen wertvollen Bodenschätzen (Gold und Diamanten) viele europäische Siedler angelockt hatte. Nach dem Burenkrieg (1899–1902) gewährten die Briten dem Land die Unabhängigkeit. Die neue Regierung schränkte umgehend die Freiheiten der schwarzen Bevölkerung ein und erließ Gesetze zur Rassentrennung, angefangen mit dem „Native Land Act" (1913), das den Landbesitz der Schwarzen stark einschränkte und reglementierte.

Um die Alliierten im Zweiten Weltkrieg mit Rohstoffen unterstützen zu können, vollzog sich in Südafrika eine ähnliche industrielle Entwicklung wie in anderen afrikanischen Staaten. Die neue schwarze Arbeiterklasse forderte verstärkt die Rücknahme der Politik der Rassentrennung. Aus Angst um ihre wirtschaftliche Vormachtstellung wählten die weißen Südafrikaner Daniel Malans Nationale Partei (National Party), die sich für eine konsequente Einführung der Apartheid, die strikte Trennung der Rassen, einsetzte. 1950 wurde per Gesetz jeder Südafrikaner einer Rasse zugeordnet und einem bestimmten Wohngebiet zugewiesen; in öffentlichen Einrichtungen herrschte strikte Rassentrennung. Die Weißen besaßen alle politischen, sozialen und kulturellen Privilegien.

Obwohl viele Weiße zunächst von der Apartheid irritiert waren, ließ sie der militante Widerstand der Schwarzen gegen die Rassentrennung zu Anhängern der Idee werden. Die Schwarzen gründeten den African National Congress (ANC), um sich im repressiven System Mitsprache zu verschaffen. Nach dem Massaker in

Sharpeville (1960), bei dem 67 schwarze Demonstranten von der Polizei erschossen wurden, entschloss sich der ANC zum bewaffneten Kampf. Dies führte 1964 zur Verhaftung der ANC-Führung, zu der auch Nelson Mandela gehörte. Im folgenden Jahrzehnt änderte sich zunächst wenig an dem System der Apartheid.

Ende der Apartheid in Südafrika

Als 1976 der Aufstand in dem Township Soweto bei Johannisburg begann, hatte sich die Situation jedoch verändert. Nachbarstaaten wie Botswana, Angola und Mosambik waren inzwischen unabhängig geworden und hatten von Schwarzen dominierte Regierungen. Das isolierte die südafrikanische Führung in der Region. Gleichzeitig boten diese Nachbarländer eine Rückzugsmöglichkeit für schwarze Oppositionsgruppen. Auch die internationale Meinung hatte sich gegen Südafrika gewandt. Nach dem Tod des schwarzen Aktivisten Steve Biko durch Misshandlungen während der Haft, beschlossen die UN ein Waffenembargo für das Land. Als Mitte der 1980er-Jahre der Kalte Krieg allmählich zu Ende ging, folgten auch die USA nicht mehr blind der Argumentation der südafrikanischen Regierung, Apartheid sei mit Antikommunismus verbunden. Trotz eines Vetos von Präsident Ronald Reagan verabschiedete der US-Kongress ein Gesetz (Comprehensive Anti-Apartheid Act), das den Import südafrikanischer Waren verbot und ein Ölembargo errichtete. Viele andere Länder reagierten entsprechend, und die wirtschaftliche Situation Südafrikas wurde zunehmend schwieriger.

Oben: Nelson Mandela, Präsident des African National Congress (ANC) kurz nach seiner Freilassung aus dem Gefängnis auf Robin Island (1990).
Linke Seite: Apartheidgegner bei der Beerdigung von Steve Biko im Jahr 1977: Steve Biko, geboren in King William's Town, war Gründer und Führer der Bewegung „Black Consciousness" (Schwarzes Selbstbewusstsein) und Vorsitzender der Südafrikanischen Studentenorganisation. In seinen letzten Lebensjahren wurde er viermal inhaftiert und starb nach Misshandlungen im Gefängnis.

Auch große Unternehmen distanzierten sich von der Regierung und ihrer Apartheidpolitik, einige begannen sogar, mit dem ANC im Exil zu verhandeln. Bei den Wahlen 1989 verlor die Nationale Partei die Mehrheit, und der neue Staatspräsident Frederik Willem de Klerk kündigte am 2. Februar 1990 das Ende der Apartheid und die Aufhebung des Verbots des ANC an. Wenig später wurde auch Nelson Mandela nach 27 Jahren (Rivonia-Prozess 1963) aus der Haft entlassen. 1994 durften die schwarzen Afrikaner erstmals bei Parlamentswahlen ihre Stimme abgeben und verhalfen dem ANC zu einen eindrucksvollen Sieg – und Nelson Mandela wurde Staatspräsident. „Eine Wahrheits- und Versöhnungskommission" zur Aufarbeitung der Apartheidvergangenheit legte 2003 ihren Abschlussbericht vor.

Postkoloniale Probleme

Bürgerkrieg

Der Übergang in die Unabhängigkeit verlief in Afrika oft mit großen Problemen. Schon bald erwies sich die Idee einer Panafrikanischen Union als illusorisch, denn die aus den nationalen Befreiungsbewegungen hervorgegangenen neuen Regierungen waren nicht bereit, auf ihre gerade erst gewonnene Macht zu verzichten. Zusätzlich flammten in den jungen Staaten weit zurückliegende Stammeskonflikte wieder auf.

Das postkoloniale Afrika war geprägt von Bürgerkriegen, die durch Machtkampf oder Separationsbestrebungen verschiedener Volksgruppen und Stämme entstanden. In Nigeria versuchten die überwiegend christlichen Ibo 1966 die autonome Republik Biafra zu gründen. Die Ibo verweigerten den Zusammenschluss mit den muslimischen Hausa im Norden und den Yoruba im Süden, mit denen sie ihre reichen Ölvorkommen teilen mussten. In Ruanda begannen 1994 extremistische Vertreter der Bevölkerungsmehrheit der Hutu mit einer Kampagne zur Ausrottung der Tutsi, die zwar in der Minderheit, aber politisch dominant waren. In Äthiopien entbrannte ein 30 Jahre dauernder Bürgerkrieg über die Unabhängigkeitsbestrebungen Eritreas. Die vormals italienische Kolonie Eritrea hatte unter britischem Mandat gestanden, bevor die Vereinten Nationen seine Angliederung als autonomes Gebiet an Äthiopien beschlossen. In ähnlicher Weise entstanden in Afrika überall dort Konflikte, wo neue Staaten geschaffen wurden, deren Grenzen ohne Beachtung religiöser Zugehörigkeiten und vorkolonialer Stammesgebiete gezogen wurden.

Armut und Hunger

Die Kombination aus prekären Umweltbedingungen und der Anfälligkeit für die Auswirkungen einer instabilen Weltwirtschaft hat Afrika jahrzehntelang in Hunger und Armut gestürzt. In Jahren extremer Trockenheit waren die Regierungen nicht fähig oder gewillt, entsprechende Hilfe zu leisten, und zahllose Menschen verhungerten.

Äthiopien erlebte Anfang der 1980er-Jahre eine besonders schwere Hungersnot mit fast einer Million Todesopfern. Die Bevölkerung wurde abhängig von Lebensmittelspenden, denn das kaum industrialisierte Land ist äußerst anfällig für Dürreperioden und Desertifikation. Hinzu kam ein rasches Bevölkerungswachstum, das zur Rodung der Wälder und Überweidung der Grasflächen führte. Für die wenigen Exportprodukte gab es nur einen begrenzten Marktzugang. Äthiopien war zudem auf Ölimporte für das Militär im Krieg mit Eritrea angewiesen, und die Ölpreissteigerungen in den 1970er-Jahren entzogen den Hilfsprogrammen der Regierung für Lebensmittel weiteres Geld. All diese Faktoren kamen zusammen und lösten eine schwere Hungersnot aus. Nach einem Waffenstillstand (1991) flammten die Kämpfe Ende der 1990er-Jahre wieder auf – und damit kam auch der Hunger zurück.

Verschuldung

Die Erdöl produzierenden Länder deponierten ihre gewaltigen Gewinne aus den in den 1970er-Jahren stark angestiegenen Ölpreisen bei westlichen Banken. Diese nutzten die Einlagen, um afrikanische Staaten – oft zu

Oben: Rückkehr von Flüchtlingen nach Ruanda (1996): Über 800 000 Flüchtlinge kehrten nach Ruanda zurück, nachdem Tutsi-Rebellen die Hutu-Milizen in einigen großen Flüchtlingscamps an der Grenze zwischen Zaire und Ruanda besiegt hatten.
Linke Seite: Der irische Rockmusiker Bob Geldof organisierte erstmals 1985 Live-Aid-Konzerte in London und Philadelphia, um Geld für den Kampf gegen den Hunger in Äthiopien zu sammeln.

hohen Zinsen – mit Kapital für deren Wirtschaftsentwicklung auszustatten. Die schlechte Konjunktur der Weltwirtschaft in den 1980er-Jahren führte dann in die Schuldenkrise: Viele afrikanische Staaten kamen mit der Rückzahlung in Verzug und mussten sich zu schlechteren Konditionen weiter verschulden. So wird heute ein Großteil ihres Budgets für die Tilgung der Schulden eingesetzt anstatt für den Ausbau von Industrie, Bildung und Gesundheitswesen. Ein Teufelskreis der Armut, aus dem sie sich nicht befreien können, hält diese Länder gefangen. Unter den Vorschlägen, wie dieser durchbrochen werden kann, bauen moderate Ansätze auf eine Umschuldung, sodass die Staaten wieder mehr in die interne Entwicklung, speziell in Ausbildung und Gesundheit, investieren können. Sobald dann eine industrielle Basis entstanden ist, könnten in der Zukunft auch die Schulden bezahlt werden. Andere Vorschläge sehen dagegen die einzig wirksame Lösung darin, den Ländern die Schulden komplett zu erlassen.

Aids

Mangelnde sexuelle Aufklärung, fehlende Mittel für Kondome und sterile Instrumente im Gesundheitswesen haben die Zahl der HIV-Infektionen südlich der Sahara stark ansteigen lassen. In einigen afrikanischen Ländern sind schätzungsweise 25 Prozent der Erwachsenen HIV-positiv. Anders als in westlichen Ländern sind entsprechende Medikamente hier kaum verfügbar, und so erkranken immer mehr Menschen an Aids. In vielen Ländern bleibt die Krankheit ein Tabu, und die Regierungen nehmen nur widerwillig das Ausmaß der Gefahr zur Kenntnis. Aids scheint im 21. Jahrhundert zur großen Herausforderung im südlichen Afrika zu werden. Die Krankheit zwingt immer mehr Menschen im arbeitsfähigen Alter zur Untätigkeit und macht sie von Hilfsleistungen abhängig, viele Kinder verlieren durch Aids Eltern und Familie. In den betroffenen Staaten stellt die Krankheit mittlerweile auch ein ernstes wirtschaftliches Problem dar.

Europäische Integration

Die Integration und Zusammenarbeit auf europäischer Ebene hat zur Gründung der EU und der Eurozone geführt. Der Erweiterungsprozess der EU hält noch weiter an.

Die Ursprünge der westeuropäischen Integration

Im Verlauf der Geschichte gab es in Europa mehrfach große, unter einer einheitlichen Führung integrierte Territorien: das Römische Reich, das Frankenreich unter Karl dem Großen, das Heilige Römische Reich und das von Napoleon beherrschte Europa. Meist wurde dabei eine Nation von einer anderen Macht gewaltsam unterworfen.

Nach der Katastrophe des Zweiten Weltkriegs gewann die Idee eines geeinten Europas vermehrt Unterstützung: Die nationalen Rivalitäten sollten besser kontrolliert und beendet werden. Auch die USA befürworteten eine europäische Einigung, denn sie erhofften sich durch diesen politischen Schritt eine Belebung der Wirtschaft in Westeuropa und vor allem die Eindämmung des sowjetischen Einflusses. So formulierten westeuropäische Politiker wie Churchill bereits unmittelbar nach dem Krieg die Forderung nach einem vereinten Europa. Es sollte die sowjetische Bedrohung abwehren, die Wirtschaft in Europa stärken und Deutschland in eine europäische Staatengemeinschaft einbinden, um erneute Aggressionen von deutscher Seite zu verhindern. Eine entscheidende Voraussetzung für die Einigung Europas war die deutsch-französische Aussöhnung.

Erste Schritte der Integration

1949 wurde der Europarat gegründet, mit dem Ziel, die Zusammenarbeit der Mitgliedsstaaten zur wirtschaftlichen und sozialen Integration zu fördern. 1950 schlug der Außenminister Robert Schuman die Schaffung einer Montanunion vor, die die Kohleförderung und Erzeugung von Stahl in Frankreich und Westdeutschland kontrollieren sollte. Der Plan ebnete den Weg zur Europäischen Gemeinschaft für Kohle und Stahl (EGKS), die 1951 von Frankreich, Deutschland, Italien, den Niederlanden, Belgien und Luxemburg gegründet wurde. Großbritannien fürchtete um seine Souveränität und lehnte den Beitritt ab. Die EGKS wurde von der Hohen Behörde der Mitgliedsstaaten geleitet, die damit die erste unabhängige, übernationale Institution der europäischen Integration darstellte.

Nach diesem ersten Einigungsschritt folgten Pläne zu einer politischen und militärischen Föderation mit einer Europäischen Verteidigungsgemeinschaft (EVG) und einer Europäischen Politischen Gemeinschaft (EPG). Im Rahmen der EVG sollten die amerikanischen Forderungen nach einer Wiederbewaffnung Westdeutschlands im Rahmen einer europäischen Vereinigung umgesetzt werden. Als die französische Nationalversammlung die Ratifizierung der EVG ablehnte, ließ man zunächst auch das Vorhaben einer politischen Gemeinschaft fallen.

Die Europäische Wirtschaftsgemeinschaft

Die Unterzeichnung der Römischen Verträge am 25. März 1957 brachte die europäische Integration mit Gründung der Europäischen Wirtschaftsgemeinschaft (EWG) und der Europäischen Atomgemeinschaft (EURATOM) einen wichtigen Schritt voran. Die EWG sollte einen gemeinsamen Markt schaffen und eine Annäherung der Wirtschaftspolitik der Mitgliedsstaaten bewirken. EURATOM hatte die gemeinsame friedliche Nutzung der Atomenergie zum Ziel. 1967 wurden EWG, EURATOM und EGKS durch einen Fusionsvertrag als Europäische Gemeinschaften (EG) zusammengefasst. Gemeinsame Organe waren die Europäische Kommission, der Ministerrat und das Europäische Parlament. 1979 fand in den Mitgliedsstaaten die erste direkte Wahl zum Europäischen Parlament statt.

Erweiterung

Frankreich, die Bundesrepublik Deutschland, die Niederlande, Belgien, Luxemburg und Italien waren die Gründungsmitglieder der EWG. Großbritannien trat zunächst nicht bei, da es durch die Teilnahme an einer europäischen Zollunion Beeinträchtigungen seines Handels innerhalb des Commonwealth befürchtete. Diese Befürchtungen wurden in den 1960er-Jahren zu Gunsten eines Beitritts in die EWG aufgegeben, da nun die Zollunion für Großbritannien wirtschaftlich vorteilhafter war als der wenig ergiebige Handel im Commonwealth. Allerdings scheiterten die britischen Aufnahmeanträge am Veto des französischen Präsidenten Charles de Gaulle. Erst sein Rücktritt machte 1973 die Aufnahme Großbritanniens, zusammen mit Irland und Dänemark, möglich. In Norwegen wurden die Beitrittsabsichten der Regierung durch ein Referendum vereitelt. Die Ablösung der autoritären Regierungen in Griechenland, Spanien und Portugal Mitte der 1970er-Jahre ermöglichte auch diesen Staaten die Mitgliedschaft: Griechenland trat 1981 bei, Spanien und Portugal 1986. In einer weiteren Erweiterungsrunde kamen 1995 Österreich, Finnland und Schweden dazu, während sich die Norweger erneut gegen eine EU-Mitgliedschaft aussprachen.

Nach dem Zusammenbruch der UdSSR und dem Ende der kommunistischen Herrschaft in Osteuropa stellten eine Reihe von ehemaligen Staaten des Ostblocks Anträge zum Beitritt. Im Dezember 2002 stimmte die EU in Kopenhagen der Aufnahme von Estland, Lettland, Litauen, Polen, Slowenien, der Slowakischen und der Tschechischen Republik, Ungarn, Malta und Zypern zu. Seit der Erweiterung am 1. Mai 2004 zählt die Europäische Union 25 Mitgliedsstaaten. Rumänien und Bulgarien haben ihre Aufnahme in die EU für 2007 ausgehandelt. Mit der Türkei, deren Aufnahme in Europa heftig diskutiert wird, sollen demnächst Verhandlungen geführt werden.

Die Europäische Union

Der Vertrag über die Europäische Union (Vertrag von Maastricht) wurde am 7. Februar 1992 unterzeichnet. Im Mittelpunkt des Vertrags stand die Förderung des sozialen und wirtschaftlichen Fortschritts in den Mitgliedsländern. Binnengrenzen sollten aufgehoben werden. Überdies wurde eine gemeinsame Wirtschafts- und Währungsunion vereinbart, ebenso wie die Einführung einer Unionsbürgerschaft. In diesem Rahmen übernahm die EU die Verwaltung der Zollunion und der gemeinsamen Agrar- und Fischereipolitik. Die EU-Mitglieder wurden zur künftigen Koordinierung ihrer Politik in vielfältigen Bereichen, von der Umwelt bis zur Sicherheit im Straßenverkehr, aufgerufen.

Ein wichtiges Ziel der EU ist eine gemeinsame Außen- und Sicherheitspolitik (GASP) mit Richtlinien, an die sich die Mitglieder halten, auch wenn sie ihre außenpolitischen Entscheidungen weiterhin souverän treffen können. Zu den Vorgaben gehören die Unterzeichnung der UN-Charta und die Beachtung der Demokratie und der Menschenrechte. Die EU wurde zu einer internationalen Organisation, die ihre Mitgliedsstaaten zur Aushandlung von Handels- und Hilfsabkommen, zur Umsetzung von Sanktionen und Waffenembargos nutzen. Hinzu kommt eine vertiefte Zusammenarbeit von Polizei und Justiz in den Bereichen Drogenhandel, Asylanträge und Grenzkontrollen. Viele der Binnengrenzen sind heute frei passierbar.

Amsterdam und Nizza – eine Europäische Verfassung

Der Vertrag von Amsterdam (1997) stellte eine Fortentwicklung des Vertrags von Maastricht dar, um die EU an künftige Erweiterungen anzupassen und den Bürgern mehr Mitsprachemöglichkeiten zu geben. Weitere Reformen der als zu kompliziert kritisierten EU-Bürokratie brachte der Vertrag von Nizza, der 2003 in Kraft trat. Mit Blick auf eine erweiterte Union wurden Größe und Zusammensetzung der EU-Institutionen reduziert. Geplant ist, die bisher existierenden verschiedenen Vereinbarungen und Verträge durch eine europäische Verfassung zu ersetzen.

Die 2003 entworfene Verfassung bedarf der Zustimmung aller Mitgliedsländer, die entweder in den Parlamenten oder durch Volksabstimmung ratifiziert werden muss. In Frankreich und den Niederlanden wurde die Europäischen Verfassung zunächst durch Referenden abgelehnt.

Wirtschafts- und Währungsunion (WWU)

Der Vertrag von Maastricht sah auch die Schaffung einer Wirtschafts- und Währungsunion vor. So soll die gemeinsame Währung die Koordination der Wirtschafts- und Finanzpolitik innerhalb der EU vereinfachen, den Binnenhandel fördern und den Menschen innerhalb der Eurozone mehr Bewegungsfreiheit ermöglichen. Am 1. Januar 2002 wurde der Euro in zwölf von 15 EU-Ländern als gesetzliches Zahlungsmittel eingeführt.

Die Euro-Länder unterstellten sich der geldpolitischen Kontrolle durch die Europäische Zentralbank. Vor der Einführung des Euro muss ein Land durch die Erfüllung bestimmter Konvergenzkriterien die Stabilität seiner Wirtschaft belegen. Großbritannien, Dänemark und Schweden lehnten eine Teilnahme ab. Großbritannien und Dänemark konnten in Maastricht eine Opting-out-Klausel aushandeln, die die Entscheidung den nationalen Parlamenten überträgt.

Die Welt im Wandel

Ozonschicht und globale Erwärmung

Die Klimaänderung ist eines der bekanntesten Umweltprobleme unserer Zeit. Das Klima unterlag schon immer Veränderungen. Die heutigen klimatischen Veränderungen führen aber einige Wissenschaftler in gleichem Maße auf menschliche Einflüsse wie natürliche Ursachen zurück. Der Treibhauseffekt gilt als größte Bedrohung des Weltklimas. Gase in der Erdatmosphäre sind notwendig, denn durch die so zurückgehaltene Wärme wird überhaupt erst Leben auf der Erde möglich. Die vom Menschen freigesetzten Treibhausgase und Schadstoffe zerstören die natürliche Atmosphäre und die Ozonschicht. Diese Klimaänderung, speziell die globale Erwärmung, wird allgemein für das zunehmend extreme Wetter verantwortlich gemacht: Kennzeichen sind häufigere Trockenperioden und ein steigender Meeresspiegel durch das Abschmelzen der Polkappen. 1992 griffen die Vereinten Nationen das Problem der Klimaänderung und der Zerstörung der Atmosphäre durch den Menschen auf. Die UN-Klimakonferenz verabschiedete 1997 in Kyoto ein Protokoll, das die teilnehmenden Länder verpflichtet, die Emission von Schadstoffen zu reduzieren. Das Kyoto-Abkommen wurde im Februar 2005 als internationales Gesetz verabschiedet. Seine Wirkung bleibt aber stark begrenzt, denn nur die Unterzeichnerländer sind daran gebunden. Einige wichtige Länder – darunter die USA, der größten Energieverbraucher der Welt – haben das Kyoto-Abkommen nicht unterzeichnet.

Energieverbrauch

Industrielle Entwicklung ist einer der Hauptgründe für einen hohen Energiebedarf. Hoch industrialisierte Länder verbrauchen mehr Energie in Form von Kohle, Öl, Elektrizität und Kernkraft als weniger industrialisierte Staaten. Auch die Bevölkerungsgröße wirkt sich auf den Energiekonsum aus: Je mehr Einwohner ein Land hat, umso mehr Energie benötigt es. Je wohlhabender oder je bevölkerungsreicher ein Land ist, umso mehr Energie konsumiert es. China, die USA, Australien und Europa sind stark von einer guten Energieversorgung abhängig. Viele Länder bemühen sich zwar um eine Reduzierung ihres Energieverbrauchs, doch vermeiden die meisten Staaten radikale Veränderungen, die notwendig wären, da diese sich nachteilig auf die Wirtschaftskraft auswirken könnten. Die Wissenschaft hat

Grönland
ISLAND
NORWEGEN
SCHWEDEN
FINNLAND
EST
LV
LT
GB
DK
NL
B
D
POL
BY
CZ
SL
UKRAINE
A
HU
FRANK-
REICH
CH
SLO
R
M
HR
BIH
YU
BUL
ITALIEN
AL
GR
PORTUGAL
SPANIEN
RUSSISCHE FÖDERATION
KASACHSTAN
MONGOLEI
GE
AR
AZ
USBEKISTAN
KS
TM
TJ
TÜRKEI
JAPAN
NORDKOREA
SÜDKOREA
CHINA
TUNESIEN
CY
SYRIEN
RL
IRAK
IRAN
AFGHAN.
ISRAEL
JOR
MAROKKO
ALGERIEN
LIBYEN
ÄGYPTEN
SAUDI-
ARABIEN
PAKISTAN
NEPAL
BD
INDIEN
TAIWAN
MYANMAR
WEST-
SAHARA
MAURETANIEN
MALI
NIGER
TSCHAD
SUDAN
THAI-
LAND
PHILIPPINEN
SENEGAL
GAMBIA
B FASO
GUINEA
NIGERIA
KAM
VIETNAM
SIERRA LEONE
LIBERIA
ELFEN-
BEIN-
KÜSTE
GH
ZENTRAL-
AFRIKAN. REP.
ÄTHIOPIEN
SRI
LANKA
KAMERUN
ÄQUAT.GUINEA
GABUN
KONGO
UG
SOMALIA
KENIA
MALAYSIA
SI
INDONESIEN
TANSANIA
PAZIFISCHER
OZEAN
PAPUA
NEUGUINEA
ANGOLA
MALAWI
INDISCHER
OZEAN
SAMBIA
SIMBABWE
MOSAMBIK
MADAGASKAR
NAMIBIA
BOTSUANA
AUSTRALIEN
SÜD-
AFRIKA
NEU-
SEELAND
Wichtige Ölströme
5 Prozent und mehr
1 Prozent und weniger

inzwischen erneuerbare Energiequellen wie Windkraft und Sonnenenergie nutzbar gemacht, die allerdings noch relativ teuer und weniger effizient sind. Die Kernenergie schädigt zwar nicht die Atmosphäre, stößt aber aus Sicherheitsgründen auf starke Ablehnung.

Die Tsunami-Katastrophe

Naturkatastrophen sind weltweit eine immer gegenwärtige Bedrohung. Am 26. Dezember 2004 löste ein schweres Seebeben im Indischen Ozean einen Tsunami aus, der im südlichen Asien schwere Verwüstungen anrichtete.

Durch das Beben brach der Meeresboden auf, und eine Serie von Riesenwellen verbreitete sich über 4500 Kilometer bis nach Somalia an der Ostküste Afrikas. An den Küsten von Sri Lanka, Thailand, Sumatra, den Malediven, den Adamanen und in Südostindien zog sich das Meer plötzlich zurück und legte viele hundert Meter des Meeresbodens frei. Danach rollte die Tsunami-Welle heran und drang an manchen Stellen bis zu einem Kilometer ins Landesinnere vor, bevor sie sich wieder zurückzog. Die Gesamtzahl der Todesopfer ist noch immer nicht bekannt, man schätzt, dass rund 240 000 Personen in etwa 13 Ländern umkamen. Viele Millionen Menschen verloren ihren gesamten Besitz. Die Bilder des Elends gingen um die Welt und lösten eine gewaltige internationale Hilfsaktion von Regierungen und Privatpersonen aus.

Bedrohung der globalen Sicherheit

Weltweite Katastrophen werden ebenso von Menschen verursacht, wie die Bedrohungen durch den internationalen Terrorismus gleich zu Beginn des 21. Jahrhunderts deutlich gemacht haben. Besonders schwer wiegend war der Anschlag auf das World Trade Center in New York am 11. September 2001. Terroristen brachten vier Passagierflugzeuge in ihre Gewalt. Um 8:45 Ortszeit steuerten sie das erste Flugzeug in den Nordturm des World Trade Center, 15 Minuten später schlug ein zweites Flugzeug im Südturm ein, beide Türme stürzten wenig später in sich zusammen. Die dritte Maschine traf eine Stunde später das Pentagon, das US-Verteidigungsministerium in Washington. Etwas später stürzte die vierte Maschine auf ein freies Feld bei Pittsburgh. Der Angriff wurde von Luftpiraten ausgeführt, die vermutlich aus Saudi-Arabien und Ägypten stammten und Verbindungen zu al-Qaida hatten. Rund 2800 Menschen sind bei den Anschlägen ums Leben gekommen, darunter auch die 260 Passagiere an Bord der Flugzeuge und etwa 300 New Yorker Feuerwehrmänner, die bei ihrem Rettungseinsatz in den einstürzenden Türmen starben. Die Terrorattacke hatte eine weltweite Wirkung, sie schuf ein Klima der Unsicherheit und löste den Ruf nach einem „Kampf gegen den Terrorismus" aus.

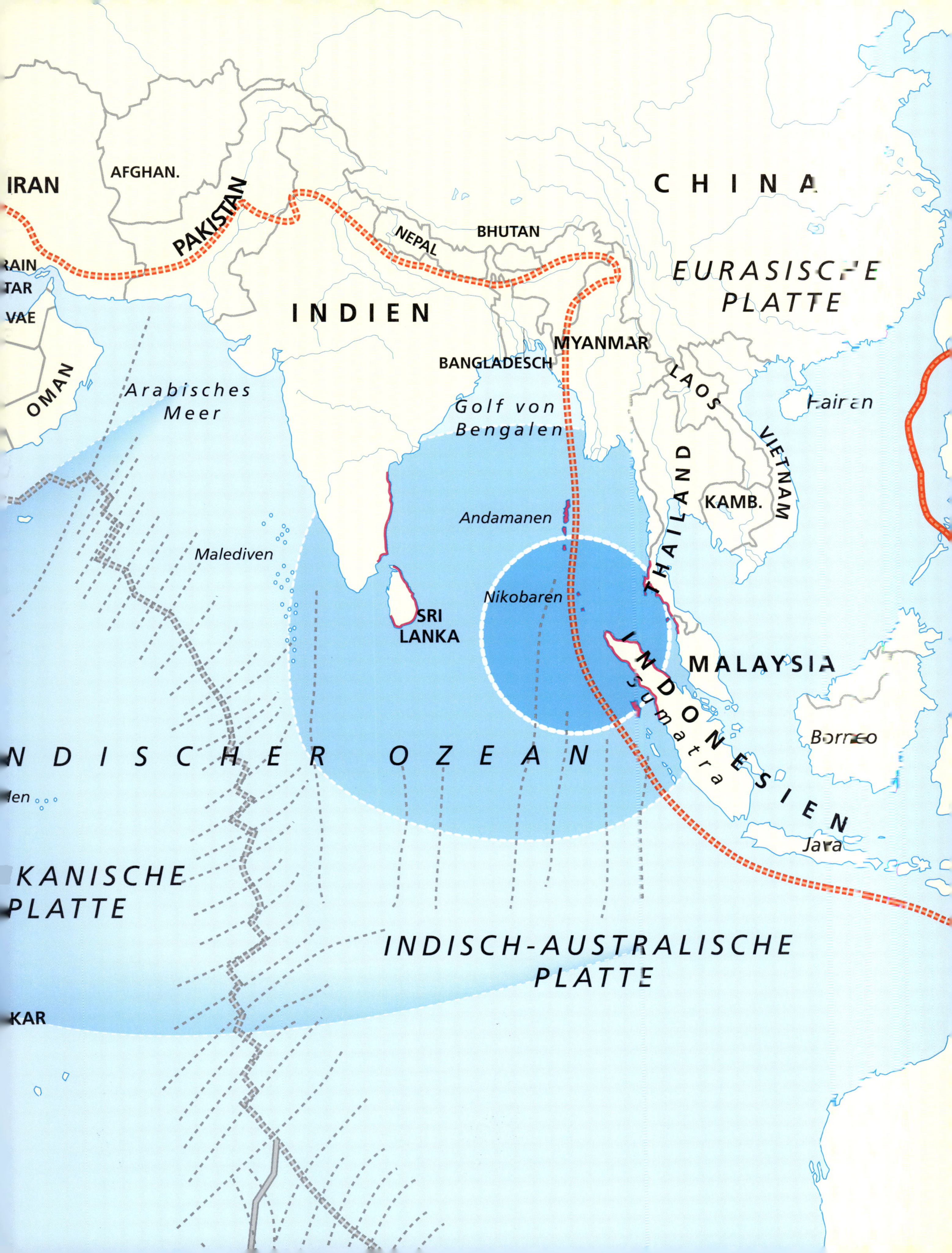
IRAN
AFGHAN.
PAKISTAN
NEPAL
BHUTAN
CHINA
EURASISCHE PLATTE
INDIEN
MYANMAR
BANGLADESCH
LAOS
Hainan
VIETNAM
THAILAND
KAMB.
OMAN
VAE
Arabisches Meer
Golf von Bengalen
Andamanen
Malediven
Nikobaren
SRI LANKA
MALAYSIA
INDONESIEN
Sumatra
Borneo
Java
INDISCHER OZEAN
INDISCH-AUSTRALISCHE PLATTE
KANISCHE PLATTE
KAR

Register

Abbildungsnachweis

Der Herausgeber dankt folgenden Instituten für die Reproduktionsgenehmigung der unten aufgeführten Abbildungen:

Seite 10 National Geographic/Getty Images; 20 AFP/Getty Images; 21 AFP/Getty Images; 24 AFP/Getty Images; 25 Robert Harding Picture Library/Getty Images; 35 National Geographic/Getty Images; 45 Robert Harding Picture Library/Getty Images; 49 National Geographic/Getty Images; 58 Robert Harding Picture Library/Getty Images; 73 AFP/Getty Images; 76 Time Life Pictures/Getty Images; 87 Robert Harding Picture Library/Getty Images; 90 Time Life Pictures/Getty Images; 92 Lonely Planet Images /Getty Images; 96 The Bridgeman Art Library/Getty Images; 97 Robert Harding Picture Library/Getty Images; 100 The Bridgeman Art Library/Getty Images; 101 The Bridgeman Art Library/Getty Images; 105 Lonely Planet Images/Getty Images; 107 Lonely Planet Images/Getty Images; 117 National Geographic/Getty Images; 118 National Geographic/Getty Images; 122 The Bridgeman Art Library/Getty Images; 126 Time Life Pictures/Getty Images; 128 The Bridgeman Art Library/Getty Images; 132 Time Life Pictures/Getty Images; 136 The Bridgeman Art Library/Getty Images; 140 The Bridgeman Art Library/Getty Images; 145 The Bridgeman Art Library/Getty Images; 149 The Bridgeman Art Library/Getty Images; 151 The Bridgeman Art Library/Getty Images; 153 Lonely Planet Images/Getty Images; 164 The Bridgeman Art Library/Getty Images; 182 The Bridgeman Art Library/Getty Images; 194 Time Life Pictures/Getty Images; 199 Time Life Pictures/Getty Images; 200 Time Life Pictures/Getty Images; 214 Time Life Pictures/Getty Images; 258 Time Life Pictures/Getty Images; 264 360b/Shutterstock.com; 272 AFP/Getty Images; 302 AFP/Getty Images; 304 AFP/Getty Images; 305 AFP/Getty Images; 307 Liaison/Getty Images